Adolf Bastian

Völkerstämme am Brahmaputra

Salzwasser

Adolf Bastian

Völkerstämme am Brahmaputra

1. Auflage | ISBN: 978-3-84608-354-3

Erscheinungsort: Paderborn, Deutschland

Erscheinungsjahr: 2015

Salzwasser Verlag GmbH, Paderborn.

Nachdruck des Originals von 1883.

VÖLKERSTÄMME

AM

BRAHMAPUTRA

UND

VERWANDTSCHAFTLICHE NACHBARN.

———

REISE-ERGEBNISSE UND STUDIEN

VON

A. BASTIAN.

MIT 2 TAFELN.

———

BERLIN

FERD. DÜMMLERS VERLAGSBUCHHANDLUNG

HARRWITZ UND GOSSMANN

1883.

Wenn man Alles dies in langen Reihen, rein objectiv zusammengestellt, übersichtlich vor sich liegen sähe, so würden voraussichlich in den daraus fliessenden Erläuterungen, die Thatsachen selbst eine festbestimmte Entscheidung über manche der wichtigsten Punkte auszusprechen, die bisher, trotz allerlei geistreicher Hypothesen darüber, vorläufig dadurch mitunter mehr verwirrt, als geklärt sind.

Und dasselbe dürfte für rechtliche und sociale Verhältnisse gelten, wenn das einzeln umschriebene Terrain (so viele sich davon bieten), eine jedesmal derartig monographische Behandlung erhielte, wie es nach den tausendjährigen Vorstudien in der Classicität auf deren Gebiete mit weit besserer Aussicht auf Erfolg jetzt bereits in die Hand genommen werden kann, als auf den ungesichteten Weiten der Ethnologie, wo für allererste Ansammlung des elementaren Materials kaum noch zögernde Schritte geschehen sind und die Hoffnung auf einen künftigen Ausbau jedenfalls noch in weitester Ferne liegt.

Wie die Induction ihre Stütze in der comparativen Methode findet, indem die jedesmaligen Einzelnheiten ihren im besonderen zukommenden Eigenthümlichkeiten nach, für gegenseitige Beziehung vergleichend geprüft werden, so hat dieses Princip der Naturwissenschaft auch in historischen Forschungen zur Geltung zu kommen. „Die grösste Hülfe, welche zur Erforschung der Grundlage und des Zusammenhangs der Mythologie und der Bedeutung vieler einzelnen Punkte von der neueren Wissenschaft geboten wurde, ist in der Vergleichung[2]) der verschiedenen Völker", bemerkt Welcker, und die unklaren Vermischungen der Symbolik verloren den Reiz ihrer lockenden Verführungen, als K. O. Müller die Eigenthümlichkeiten des griechischen Geistes, besonders dem Orient gegenüber, zur Geltung brachte, und sodann Hartung und Preller in mythologischen Studien die Sonderung der italischen und hellenischen Vorstellungen betonten, für jede derselben ihre Originalität festhaltend. So darf auch die Ethnologie nicht ferner die Schöpfungen der Naturvölker nur unter der uns gewohnten Brille betrachten, um nach der unter dieser erscheinenden Schablone zuzuschneidend, zu zerschneiden (in dann, leicht erklärlich, oft genug absurd und sinnlos erscheinenden Lappenfetzen), sondern hier auch muss als Vorbedingung anerkannt werden, zunächst für jede der geographischen Provinzen ihren anthropologisch-ethnischen Typus in deutlich bestimmten Anschauungen, in eigener Selbstständigkeit, hinzustellen, da erst, nachdem von jeder Einzelheit zuverlässige Rechenschaft gegeben werden kann, sich bei Einleitung für Vergleichungen für das Tertium comparationis ein fester Rechenwerth fixiren lassen würde. Auf die Ansicht vom Lateinischen, als „ein wunderbares Gemisch von Hellenischer und Barbarischer oder ein dialectus linguae graecae" folgte eine andere Periode, „in welcher Männer, wie Gottfried Herrmann, Lobeck, Buttmann, Schneider jenes Identificiren griechischer und lateinischer Formen mit misstrauischen Blicken betrachteten, bis endlich auch hier die neue vergleichende Methode die beiden Sprachen unter einem höheren und richtigeren Gesichtspunkt zu vereinigen gelehrt hat" (s. Roscher), und so wird bei der organischen Einheit[3]) im Wachsthumsprocesse menschlicher Geistesschöpfungen der Zeitpunkt nicht ausbleiben, wo sich auf der Breite ethnischer Thatsachen, den gesammten Globus umfassend, eine vergleichende Mythologie begründen lassen würde. Bei dem bis dahin jedoch noch weitesten Weg bleibt es vorläufig rathsam, mehr auf die, zu beiden Seiten desselben, beständig neu auftauchenden Gestaltungen die Aufmerksamkeit zu heften (um jede derselben, als abgeschlossene Werthgrösse, an

den rechtmässig zugehörigen Ort, bei späterer Vergleichung sogleich einfügen zu
können), ehe man sich, durch zu häufigen Hinblick auf den Nebel des noch un-
deutlich fernen Zieles, die in der Nähe unterscheidbaren Bilder bereits wieder verwirrt. Die Schwierigkeiten der vorliegenden Aufgabe vermehren sich, da nicht nur
die elementaren Spannungsreihen mit ihren Combinationen zu vergleichen sind, sondern in historischer Entwicklung ausserdem, nach den fortschreitenden Stadien des
Wachsthums in den einander entsprechenden Proportionen. Bei allen diesen hat
die Ansammlung von Material voranzugehen, in successiver Aufschichtung, bis un-
gefähre Vollständigkeit des Ueberblicks erreicht sein mag, wenn nach allen Seiten
hin dafür gesucht.

Seit der vergleichenden Sprachforschung gehört zur Sprachwissenschaft (neben
der Erforschung einer Hauptsprache) die Erforschung auch der fernsten und un-
vollkommensten Dialecte, „hinsichtlich der Kunst genügt ebenso nicht die Beschäfti-
gung mit den hervorragendsten Culturgebieten, um zu einer Wissenschaft der Kunst
zu gelangen, es gehört dazu eine Aufmerksamkeit auf die scheinbar nutzlosesten
Manufacte. Endlich verlangt die Religionswissenschaft die Beachtung auch der
barockesten religiösen Ideen aus dem ethnographisch bedingten Chaos der hierher
gehörigen Erkenntnisse" (s. Dörgen). Für Alles ist ein statistischer Ueberblick
anzustreben.

Wenn über allmählige Entwickelung gehandelt werden soll, dürfen in diesen
Process der Auswicklung, nicht schon die für dieselbe gebreiteten Unterlagen, als
Vorbedingungen der Existenz selbst, ihrerseits mithineingezogen werden in's
Werden, wie in den, die Grenzen des thatsächlich Gegebenen[4]) (und, unter der Ga-
rantie gesetzlicher Rechtfertigungen, Erweiterungsfähigen) überschreitenden Theorien
einer in unfruchtbare Speculationen verlaufenden Descendenz. Und so gilt es auch
für die Erörterungen über den Ursprung der Sprache, um nicht aus den Augen zu
verlieren, dass für den Menschen, als Zoon politikon, Sprache in ihren primären
Formen ebenso nothwendig bereits vorauszusetzen ist, wie Athmungs- oder Ver-
dauungsorgane für sein physisches Vegetiren. Hierüber hinaus weiter gesponnene
Ideenverbindungen fallen in beiden Fällen aus den deutlichen Beziehungen des Relativen in den Bythos des Absoluten hinein, wo sie ferner der Physiologie oder
Linguistik nicht mehr angehören, sondern aus metaphischen Maschen, wenn es an-
geht, sich ein neues (luftiges) Gewand zusammenzuweben suchen mögen.

Wenn nach Hegel die zeitliche Aufeinanderfolge der philosophischen Systeme
der logischen Aufeinanderfolge der reinen Begriffe entspräche, so müsste doch immer
solche Zeitfolge beim räumlichen Nebeneinander in jedem der charakteristisch spe-
cifischen Areale sich demgemäss eigenthümlich gestalten, so dass für den Ausgangspunkt der Forschung zunächst die Principien der Induction als leitende zu gelten
haben (für das Gesetz organischer Entwicklung im Aufbau aus den Völkergedanken).

Im Denken, als Rechnen, schliessen sich, wenn richtig vorgegangen wird, die
Folgerungen logisch an einander, im consequenten Gedankengang. Für die relativen
Verhältnisse besteht also ein in sich gegliederter Zusammenhang. Der erste Aus-
satzpunkt liegt aber bei der Deduction darüber hinaus, und so laufen die philosophischen Systeme, auch die in Einzelnen als Gedankenthat anerkannten, für ihre
absoluten Prätensionen unverstanden in ihren Verschiedenheiten neben einander her.
Die Bedeutung naturwissenschaftlicher Betrachtungsweise liegt nun zunächst darin,

dass sie auf ihrer breiten Basis für jede Wissenschaft ihr objectives Material im gleichartigen Forschungsgange liefert, so dass sie alle und jede im gegenseitigen Verständniss, unter Theilung und Ergänzung der Arbeiten nebeneinander fortschreiten. Die an die bisher vorwiegend philosophische Behandlungsweise der historischen Wissenschaft Gewöhnten werden eine Zeit lang vielleicht allerdings ähnliche Schwierigkeiten empfinden, wie die Vertreter der alten Medicin, nach Reform der Physiologie (s. Wunderlich), sich in die Terminologie dieser hineinzufinden, obwohl sich dieselben gar bald als die einfachere erweisen wird, wie überall auf den durch die Induction umgestalteten Forschungswege, so auch hier in der auf ethnische Thatsachen begründeten Psychologie. Eine Vorfrage freilich bleibt (über das vorhandene Material und seine Beschaffung), eine Vorfrage leider: ob wir nicht zu spät zu dieser Arbeitsaufgabe erwacht, um genügende Ernte einzubringen, ehe die Nacht des Untergangs über die psychische Existenz für die Mehrzahl der ethnischen Originalitäten hereingebrochen. Ein schönes und klugweises Wort, das μηδέν ἄγαν! aber wenn aussergewöhnlich die Krisis, werden sich als ungewöhnlich auch die Vorkehrungen verlangen, und dass solche Krisis aussergewöhnlichster Art augenblicklich für die Ethnologie eingetreten ist, das liegt vor Augen, für Jeden, der Augen hat zum Sehen. Dem Blinden freilich ist nicht zu helfen — so von je her, und so wohl auch diesmal wieder. Doch wozu einen weiterer Prologus galeatus, wo die Thatsachen zu sprechen beginnen und die Zuschauer bei Ablauf der Handlung selbst jetzt bald entscheiden werden, wenn die Thesauren ethnologischer Sammlungen, wie überall im Bau begriffen, fertig gestellt sind.

Nachdem Plutarch die verschiedenen Deutungen ägyptischer Mythen in Beziehung zum Mond, zur Sonne, zum Nil oder der Wüste u. s. w. durchgegangen, bleibt ihm die Auffassung des maasslos Ungeordneten in Typhon, dem Geordneten gegenüber, in der nach der Nachahmung des Osiris strebenden Isis, und wie früher die Rückführung der Götter auf Vergötterung der Abgestorbenen verworfen ist, so in anderer Hinsicht die Erklärung aus dem Ackerbaugeschäft, obwohl bei Trauerfesten die an sich gegebene Beziehung zu der Hoffnung des Neupriessens als unabweislich zugegeben wird. Doch habe man in solchen Dingen die Philosophie als Führerin zu nehmen (μυσταγαγόν), — obwohl nun freilich alles derartige Symbolisiren und Allegorisiren für unser besser naturwissenschaftliches Verständniss eitel Zeittändelei⁵) (zum Theil auch als Plinius' „portentiora Graeciae mendacia") erscheinen würde, wenn nicht eben in den Mythen der psychologische Schatz eigenen Wachsthumsgesetzes zu heben wäre (im zunächst directen Anschluss an das practisch soweit Verständliche).

Wie ein leises Geflüster in griechischen Flöten tönen herüber die alten Mythen (nach Bacon), wie schon Herodot von solchen Entlehnungen aus Aegypten redet (und sonst von Thraciern oder Scythen), sowie aus Babylonien (bei Aristoteles) oder durch Orpheus (nach Röder), und Plato habe zugestanden, dass die Philosophie⁶) von den Barbaren gestohlen sei, meinte Clem. Al. (wie ähnlich Plutarch).

Mais qui pouvait voir sans rire toutes les peines, que se donnent aujourd'hui nos savants pour éclaircir les rêveries de la mythologie (s. Rousseau), so lange nicht das psychologische Gesetz erkannt (aus den Keim-Ideen oder Ideen-Keimen der Naturstämme).

Griechenlands concentrirte Essenz hat weiterhin, als andere Culturen den

Globus durchtränkt, und wohl preis't mit Recht der Römer die Vorzüge seiner heimischen Halbinsel: Ergo in toto orbe quocumque caeli convexitas vergit, pulcherrima omnium est in rebusque merito principatum naturae optinet Italia, rectrix parensque mundi altera (s. Plinius). Aber: Zwischen den Sonnsystemen (classischer Kunst) ist Raum für andere Systeme (nach Herder), für Fixsternsysteme, die uns ferner liegen und weniger glänzen, aber an räumlichen Dimensionen übertreffen (auf Territorien ·der Ethnologie).

Für ihren Aufbau hat jetzt die Induction zu beginnen mit Sammeln[7]), wie am ˙Beginn der humanistischen Studien für diese, mit Reisen auch, wie damals schon und Errichtung von Museen, die in diesem Falle nicht nur als Hülfsapparate[8]) zu betrachten sind für eine auf den Texten bereits erbaute Wissenschaft, sondern, soweit schriftlose Stämme in Frage kommen, für diese den Thesaurus sämmtlicher Documente einschliessé. Und in den Ornamenten[9]), einem Uebergang zur Zeichenschrift gleichsam (im Drang des Gedankens nach seinem Ausdruck), wird bei dem Canon des Schönen[10]) dadurch einem Monopole vorgebeugt, das bei mangelnder Scheu vor Rivalen, dann leicht, fünf grade zu machen, sich nicht scheut.

In jenen Zeiten, wo der Umblick[11]) ein beschränkter war, wie im römischen Orbis terrarum oder unter Indocopleuste's Glasglocke, als es im Sprichwort hiess: „Hinter Malea vergiss der Heimath", und sich auf Kreta, dem „Bindeglied zwischen drei Welttheilen" die Keime der künftigen Cultur - Entwickelung concentrirten, da musste, unter ὁπόσοι θέλουσι γενέσθαι καὶ τραφῆναι παρὰ σφίσι Δία (Pausan.), das dortige Grab der Κρῆτες ἀεὶψευσταί (bei Callimach.), als das heiligste betrachtet werden des Gottes im Stein für die Menschen (von Pyrrha und Deucalion her), als λίθινον γόνον, Δαοὶ δ᾽ὀνόμασθεν (s. Pind.), mit natürlicher Zuwendung zum jüngsten (bei Hesiod.), und weil auf Erden geboren, nächsten Gott, während bei Verbindung mit dem (bei Homer) auf dem Olymp (von wo Ophion mit Eurynome durch Kronos und Rhea in den Okeanos vertrieben) thronenden Herrscher, und Ausbildung der himmlischen Hierarchie, dann wieder unter seinen Nachkommen jüngere Zeugungen (wie in Dionysos), die Mittlerrolle zu übernehmen hatten, von des Aether's Sohn (ex quo etiam Proserpinam natam ferunt et Liberum), und neben dem arcadischen (unter „Joves tres") stellten die „Theologi" noch alterum patre Caelo, qui genuisse Minervam dicitur (dann: Saturni filium). Indem Τεύταμας die Auswanderung von Hestiaeotis nach Kreta leitet, so führt sich dadurch auf dieser Insel der nordische Himmelsgott in die chthonischen Mysterien Aegypten's ein, über gestorbene und begrabene Götter. In italischen Deutungen, wo (im Anschluss des Kronos, als Chronos) sich Saturn „mit den Jahren sättigt" (und die Entmännungsmythe auf die geschlechtlichen Zeugungen indifferent voranstehende Schöpferkraft bezogen wird), ipse Jupiter, id est juvans pater, quem conversis casibus appellamus a juvando Jovem, a poetis pater divomque hominumque dicitur, a majoribus autem nostris optimus maximus, und neben ihn stellt Cicero dann „Junonem a juvando", also die zum Helfen (Schützen und Berathen) stets nahen. Quae autem dea ad res omnes veniret, Venerem nostri nominaverunt, und sie musste, aus mütterlicher Zuneigung, zum Beistande des Ahnherrn in der Legende, stets vor Allem bereit sein, zum Beistande herbeizukommen, während die später mit griechischer Aphrodite eingeleitete Verbindung, auf Abwege bis zu denen syrischer Göttinnen führen mochte, in dem (von Lucrez empfohlenen) Cult der Venus Vulgivaga erleichtert, unter den Verführungen der Γενετυλλίς, dea Veneris comes (δαίμων περί τήν Αφροδίτην). Dabei die Warnung jedoch, wie Balbus von Cotta vorgehalten: „Nullum erit nomen, quod non possis una littera explicare, unde ductum sit" (magis tu mihi natare visus es, quam ipse Neptunus). Und mit Verfeinerung philologischer Scheidung schwirren um so wirrer die Ansichten durcheinander, und trotz jahrtausendjähriger Concentration auf eng umschriebenes Gesichtsfeld scheint doch, dort selbst, geltende Maxime kaum festgestellt, wenn (1881) die Römischen Forschungen (leitender Autorität) „von groben Fehlern und ungeheuerlichen Behauptungen wimmeln" (bei Klimke), oder in den griechischen auf fundamentalsten Punkten die Ansichten diametral sich gegenüber stehen.

Das Hauptaugenmerk für die Vergleichungen bieten die mythologischen Grundanschauungen in ihrer primär originellen Form, die sich aus einfacher Umgebung am leichtesten herausschälen lassen, um sie darauf auch unter complicirten Verhältnissen wiederzufinden und festzuhalten. Je mehr sie dann, nachdem sie eine Zeit lang vielleicht durch künstlerische Gestaltung erfreut haben (bei den mit Schönheitssinn begabteren Völkern), in geheimnissvolle Mysterien zu verlaufen beginnen, desto gleichgültiger werden diese (in der Mehrzahl) willkürlich phantasie-reichen (oder wenn phantasie-arm, desto langweiligeren) Combinationen für ernstliche Forschung, die sich im Studium der menschlichen Denkgesetze, um das psychische Wachsthum zu verstehen, vorerst den elementaren Spannungsreihen zuzuwenden hat, um diese auf eine naturwissentlich gesicherte Basis zu begründen. Zunächst bedarf es dafür der Materialansammlungen, nach allen Richtungen hin, von allen Seiten her, — hin und her, her und hin, bis Alles bei einander in statistischen Ueberblick.

Dies stets veränderte Gruppiren und Zurechtrücken, Umbrechen und Neuwiederaufstellen, bildet eine Art Geduldspiel, für das nicht jedermann die Geduld[11]) haben mag, das aber den geduldig Ausharrenden dermaleinst mit Gemälden eines psychischen Kosmos erfreuen wird, da der Zusammenhang da sein (und also gefunden werden) muss (wenn plötzlich Alles einspringt, nach den Gesetzen harmonischer Wahlverwandtschaft).

An sich ist klar, dass Klarheit oder Unklarheit in selbstthätig neu aufspriessenden Vorstellungen für die Augen der Zuschauer zum Theil von der Färbung der Brille abhängen wird, durch welche gesehen, und wenn diese aus classischen Reminiscenzen hergestellt ist, mag eine auf naturwissenschaftlichen Boden erwachsene Anschauungsweise etwas exotisch wild vorkommen, vielleicht selbst nach dem Barbarenthum schmeckend, aus welchem indess Manche der Hellenen selbst Anklänge an früheste Vorzeit, noch über orphische[12]) oder musäische Lieder hinaus, heraushören zu können meinten.

Ueberall durch die gespenstischen Schöpfungen seiner Phantasie gebunden, fühlt sich der Mensch, wenn das ersehnte Licht der Hoffnung von dem Jenseits her noch nicht hereingeleuchtet, hülfloser Sklave jener, in der Leidenswelt als feindliche, fühlbaren Mächte, die durch übernommene Gelübde zu mildern sind. Wie der Indianer im Totem, der Australier im Kobong, verpflichtet sich der Fiot Loango's in den Mokisso (und sonst afrikanischen Seitenstücken), von bestimmter Speise oder Trank sich zu enthalten, diese oder jene Farbe nicht zu tragen, einen gewissen Weg nicht zu gehen, u. s. w., und wenn Uebertretung statt haben sollten, unterwirft er sich Büssungen, wie der Hellene, der sich in der Beichte anklagt, ὡς τόδε φαγόντος ἢ πιόντος ἢ βαδίσαντος ὁδὸν, ἢ οὐκ εἴα τὸ δαιμόνιον (s. Plut.), und im directen Anschluss an das heilige Thier (wie unter Bechuanen u. s. w.) droht bei Indigestion vom Fischessen her, die Syrische Göttin (s. Menander). Die Helfer stehen dann bereit, wie in den Metragyrten, in den Ganga und ihren Collegen in Afrika, und auch diese sind nicht unerfahren in der schwarzen Kunst, einen (finnischen) Hexenpfeil in die Ferne zu senden, um den Feinden zu schaden (s. Plato), wie es die Orpheotelesten aus den Büchern des Musäus gelernt (bis dann etwa der Staat eingriff, gegen Liebesträuke der Priesterin Ninas oder Theocris, und in Rom bei den Bacchanalien).

Im frommen Glauben gehen die Thiere schon als leuchtende Beispiele voran, Pagoden verehrende Elephanten in Indien (bei Hiouenthsang), und Nichts dem Herakles Heiliges auf seiner Insel im Schwarzen Meer berührenden Mäuse (s. Aelian), aber freilich, wie Kuka von den Kamschadalen, wurde Dionysos (bei Aristophanes), und (s. Plaut.) Zeus sogar in der Komoedie verspottet, und in Arkadien, wenn die Jagd fehlschlug, mochte es selbst Prügel setzen für Pan (s. Theocrit), wie im rohen Mittelalter für die Heiligen.

So lange die Furcht vor dem Gott noch nicht als fromme Gottesfurcht [14]) empfunden, blieb es schwierig oft im Schachspiel weisser und schwarzer Magie die Farben richtig zu unterscheiden, und König Manasse richtete ein Blutbad unter den Propheten an (nach Josephus), wie bei Patagoniern periodische Ausrottung der Zaubergeister statt hat (im Uebergang zu den Hexen-Verfolgungen). Gegen weibliche Pseudopropheten [15]), das Volk verführend, erhielt Ezechiel Auftrag, zu weissagen (wogegen sie selbst weissagten bei Montanisten).

Nach Varro (bei Aug.) hatten die Römer bis auf Tarquinius ohne Bilder verehrt (s. Ambrosch), und ehe sich die Heroen zu Götter verklären, treten, wie in den Reisslein der Wogulen (und Tscheremissen) Embleme auf, ähnlich japanischen Gohai (der Ainos). Struppi vocantur in pulvinaribus fasciculi de verbenis facti, qui pro deorum capitibus ponuntur (s. Festus). Pro diis immortalibus hastas coluere (die Römer) in alter Zeit (s. Justin.), die Scythen das in die Erde gesteckte Schwert. Non signa externorum artificum, nec aera ant marmora (zu alter Zeit) in atriis (s. Plinius). Als abgestumpften Kegel an der Hausmauer (neben dem Thürpfosten) wurde Apollo in Agyieus, als Apotropaios (Alexikakos) und Prostaterios (Paian) verehrt (mit dem Lorbeer daneben), und die Analogien bei Kachar. Parmeniskos wurde zum Lachen gebracht durch das unförmliche Holzstück, das die Mutter Apollo's im Tempel zu Delos darstellte (s. Athen).

Als den Idolen, nach Däedalus' Zeit, die Beine gelöst, musste dem Weglaufen oft durch Anketten (von den Inca bei Feindesgöttern zur Anwendung gebracht) vorgebeugt werden (wie in Sparta und sonst), auch bei den Cemi in den Antillen (und am Ogoway). Das Bild der Hera (als Γόνεα) war an dem Lygos-Stamm festgebunden [16]), um sein Entfliehen zu hindern (in Samos), und Petrus auch liegt in Ketten.

In rechtlos ungeordneten Verhältnissen macht sich, wenn die Lebensbedingung temporäre Ordnung fordert, der segnende Eindruck derselben um so mächtiger geltend, in der Heiligkeit des (arabischen) Gastrechtes für die Privatverhältnisse wandernder Stämme, oder in der Verehrung des Deus Fidius (deus, qui sancit) oder Ζεύς Πιστίος, an dessen Alter Verträge in Bündnissen beschworen wurden (s. Dionys.), unter dem geöffneten Dach für den Durchblick des Himmels (Divum) oder (sabinisch) Sancus (s. Lydo).

So waren es auch die, im geflügelten Donnerkeil eines Ζεύς Κεραύνιος (oder Ukko's, als Ukonkiwi) vielleicht (gleich dem von Astarte in Tyrus geweihten Stern), zur Erde (wie in Ephesus) gefallenen Steine[17]), die als Zeugen der Verträge, in den, von Coelus (nach Sanchuniathon) gebildeten Bätylien oder (nach Borchard) Beth-El (als Haus des Herrn) ihre Oelung (zum Dank für Träume nicht nur) empfingen, wie der des Kronos in Delphi (nach Paus.), und bei Verwendung der Wohlgerüche (s. Bellermann) im evaporirenden Duft derselben dabei aus dem Starren auch eine Art Lebensäusserung aufsteigen liessen. Solche dann „in der Mitte des Versammlungsortes" als Symbol der Einheit den δαιμόν οἰχοδέσποτην repräsentirenden Steine (s. von Dalberg) gewannen doppelte Bedeutung, wenn sie, gleich den Kindern Catequil's, mit eigenem Munde ihre Namen angeben konnten, wie Gennäo (auf dem Berge Emesa's), oder etwa redeten mit der (orphischen) Stimme „recens nati infantis". Wie Gudrun beim (weissen) Stein, schwören auch die Wenden (die ihn dann in's Wasser werfen), und heilig jener der Kaaba (als schwarzer).

So, wie in dem als Heiligthum verehrten Mittelpfeiler siamesischer Dörfer (im Phra Lak Myang, als Chao Myang), wurde ein Gemeinwesen gefestigt, das auf demokratisch gleichartigem Niveau unstät schwankend, sich, wie das sabinische, nur in Zeiten der Kriegesnoth der souverainen Gewalt eines Feldherrn (Embratur) beugte, obwohl auch hier Ranggliederungen nicht ausbleiben konnten, wenn, wie bei den mit ihrem σαυνίον erobernden Samniten, Mischungen mit unterworfenen Eingeborenen (wie Opikern u. s. w.) hinzuzutreten begannen.

Während die Slaven einige Gottheiten im Tempel verehrten „veluti Plunense idolum Podaga, alii silvas habitant, ut est Prove, quibus nulla eius effigies expressae (Helmold), als Pan (oder Faunus der Silvane), wie Jupiter (s. Lucan) est quodcunque vides, quocunque moveris (qui omnia permeat). Der Laig-Fail oder Cloch na cine amhna (als irischer Königsstein) hatte durch Laut die Wahl zu bestätigen (tönend, wie Memnon's Säule), und Irminsul, als fanum et lucum (der Sachsen bei Heresburg) wird erklärt (von Ruodolf von Fuld) als „universalis columna, quasi sustinens omnia", entsprechend den Thorsseulen (in Schweden) und Rolandssäulen (s. Grimm). Nemus dicatum Deo Proven (für Verträge und Volksbeschlüsse) sanctissimum fuit universae terrae (für einen slavischen „sacerdos mundi" gleichsam im Titel des Flamen dialis), im Walde ohne Bild, wie der über afrikanische Gemeinwesen herrschende Geheimbund der Purrah (im Schrecken des Vehmgerichts' oder einer „Vigilance Comity").

Im Stein steht der Grund gefestigt, und bei Ζεύς λίθος ('Αρης και 'Ενυάλιος) schwuren (s. Polyb.) die Römer, deren Fetialen, als Kieselstein, Jupiter Lapis[1]) trugen. Jedes Volk hatte in der Mitte seines Versammlungsortes einen Stein als Symbol der Einheit, την πόλιν ἐστησαν), einen Local-Schutzgott (δαιμον οἰχγέσποτην) mit Priester und Haus (s. Dalberg). Bei Jacob's Scheiden von seinem Schwiegervater wurden Steinhaufen (Sabadutta und Gilead) gesammelt (zum Malstein).

Mit schlüpfriger[18]) Oelung kam Leben in den harten Stein (in die λίθοι λιπαροί) und der Windelstein (des Zeus) wurde (in Delphi) täglich mit Oel[19]) gesalbt und an Festtagen mit unbearbeitet frischer Wolle umwickelt (s. Pausanias).

Den Baetylen aber, als belebten Steine, vom Gott Coelus gebildet (nach Sanchuniathon) und so, wie Astarte's Stein in Tyrus (s. Euseb.) oder Diana's in Ephesus vom Himmel gefallen, wohnte von dort her, als Blitzsteinen[20]) schon die Donnerstimme des Zεὺς Κεραύνιος ein, und als lapidem vocalem gab Apollo (seinem Wahrsager Helenos) den Siderites oder Ophites zum Orakel [21]), wie der pessinuntische Stein dem Munde der Göttin eingefügt wird (in signa oris).

Als Eusebius (hörte Asclepiades) den (auf dem Berge Emessa's) als Bätyl erkannte Stein beim Aufheben fragte, welchem Gotte er zugehöre, kam die Antwort: dem Gennão, einer Gottheit, welche zu Heliopolis in Löwengestalt verehrt ward (nach Photius), und wenn durch Gebete angerufen, antwortete der Stein „durch einen dem Zischen ähnlichen Laut" (s. Dalberg) auf die Fragen, von einem Dämon bewohnt (nach Isidor), und γραμματα ἐν τῳ λιθῳ γεγραμμένα (bei Damascius). In Guamachuco gab sich ein von Indianerinnen gefundener Stein auf Befragen des Zauberer's als Tantaguaganay (Sohn Catequil's) zu erkennen (Verehrung erhaltend), ein anderer dann als Tantazaro, und so weiter, vielerlei bunte Steine [22]) in den verschiedenen Dörfern (1550).

In Emesa wurde die Sonne als schwarzer Spitzstein verehrt (s. Strabo), Tlalocteuctli als weisser [23]) Stein auf Bergesgipfel (bei Tolteken) oder Abadir (ein Steingott) als Theusares oder Dusares (von Nabathäer), und wie der Stein Cybele's von Pessinunt nach Rom gebracht (s. Appian), so der schwarze Stein (Hhadjar-el-assouad) ◀ durch Gabriel nach der Kaaba (als weisser).

Die von Mongolen (in den Obo), wie von den Peruanern auf den Höhen errichteten Steinhaufen [24]), die bei den Arabern Antar's Seelengeist herabpressen sollten und bei den Juden auf Absalon's Grab durch die Vorübergehenden erhöht wurden, zeigen sich im Ἑρμαιός λοφός heilig. Die Zechier und Albaracher (Indien's) pflegten „projicere lapides in acervum, qui quasi pro honore Diis exstruebatur" (Vinc.) Und dann als Gedenksteine zum Gedächtniss der Verstorbenen nicht nur, sondern auch für internationale Verträge.

Wenn in der durch die Schreken gegenseitiger Zauberfurcht durchtobten Nacht der Stammesfeindschaften (von Australiern bis Lappen) in der Gastfreundschaft der erste Lichtstrahl des als „Gott der Freundschaft" verehrten Eros (s. Athenäus) hervorbricht, dann wird, im blendenden Glanze froher Verheissungen strahlend, diese Treue die ihr bei den Arabern noch jetzt gewährte Heiligung erlangen, und der Göttin der Treue opfert Numa's Priester mit bis zu den Fingern verhüllter Hand (in den Indigitamenten).

Beim Alter des Dius Fidius (Ζεὺς Πίστιος) mit der Dachöffnung des Tempel's (für das Divum oder den Himmel) wurden die heiligsten Verträge in Bündnissen beschworen (nach Dionys.) und wie das Gastrecht (des Zeus Xenios) wurde die Treue im Ehebunde gehütet (mit Rocken und Spindel im Heiligthum). Sancus ist der sabinische Indigitalausdruck für den deus qui sancit (s. Scheiffele). Bündnissurkunden (in Rom) wurden niedergelegt in dem Tempel des Sancus (Sangus oder Sanctus), welcher Vater des Sabinus (im Stammvater der Sabiner) als Dius Fidius [25]) (Ζεὺς Πίστις) vergöttert wurde.

Verborgen trugen die Priester der Tolteken ihre Götter, und so die Führer der Quichès: Balam-Quitze das Mysterium Tohil's, Balam-Agab das Avilax', und Mahucutah dann Hacavitz oder Iqui Balam noch Nicahtagah. In Cambodia sind die Regalien der Hut der Brahmanen anvertraut, um sorgsam als Palladien gehütet zu werden, da von ihnen das Bestehen des Reiches abhängt, wie von dem Himmelsschilde [26]), das den Saliern übergeben war. Als Erymata oder Schutzwehren (s. Zoega) rühmte sich Rom, sieben Dinge zu besitzen, „quae tenent Romanum imperium“, nämlich: die Nähnadel der Mutter der Götter, die Vegische Quadriga von gebranntem Thon, die Asche des Orestes, das Scepter des Priamus, der Schleier der Ilionea, das Palladium, die Ancilia (s. Servius); und ähnlich bei den Häuptlingen der Antillen (bei Las Casas).

„Wie die alten Rachegöttinnen und ihr Recht in der neuen Weltordnung eingetreten sind, und hier die rechte Stellung und wahrhafte Geltung erst empfangen haben“ (s. Schoemann), zeigt sich in den Eumeniden Aeschylus', das „letzte, das herrlichste Werk seiner riesigen Kunst“ (s. Droysen), während wenn (bei Goethe) die Gnade der Götter dem Orestes (s. Schoemann) „um der Schwester willen“ („der reinen Schwester Segenswort“) gewährt wird, dies „weit mehr ein bloss Aeusserliches ist, als die Lossprechung durch die Athene“ (auf dem Areopag). Bei Euripides erscheint grade die Schwester, in Electra, als diejenige, welche Orestes zu dem von ihm gescheuten Muttermorde anstachelt. Auf einen Mord innerhalb der Familie kann (in Arabien) keine Blutrache folgen (weshalb kein Gesetz für Vatermord bei Dracon).

Der an Orestes geknüpfte Rechtsstreit[27]) zeigt den Brauch des archaistischen Mutterrechtes (wie unter Indianern, Australiern u. s. w.) fortdauernd, mit denjenigen Erörterungen, die sich bei dem in jedem der fünf Erdtheile, trotz scheinbarer Eccentricität, gleichartig hervorspriessenden Brauch der Couvade wiederholen (mit seinen Verzweigungen bis in geschichtsbewegenden Kirchenstreitigkeiten).

Wenn die, wie bei den Ariki, vom Vater auf den Sohn (zunächst dem Erstgeborenen, als ältesten[28]) übergehende Tradition bei der Erweiterung des priesterlichen Wissen's für genauere Kenntniss desselben schon die Erblichkeit voraussetzte, gewann dann der Tempel, worin der Stamm wurzelte, das mit der Dauer dem Vorübergehenden überwiegende Ansehen. Beim erblichem Priesterthum[29]) wurde im Erlöschen eines Geschlechts ein anderes an die Stelle gesetzt, wie bei den athenischen Lykomiden, als Daduchen in Eleusis (s. Herrmann).

Von dem Gotte aufgefordert, weihte Xanthos (lykischer Sklave des Cajus Orbius) einen Tempel (für Eranisten) dem Men Tyrannos (in Attica), mit Vorschriften der Reinigung (durch Wasserbegiessung des Kopfes), sowie über die Theilung des Opferthieres, dafür die Gunst des Gottes versprechend, aber mit dessen Zorn drohend den Verächtern (II. Jahrh. p. d.). In Rivalität mit Clisthenes (aus dem Haus der Alkmäoniden), der die Pythia (betreffs Sparta's) bestach, opferten die Geschlechtsgenossen des Isagoras (Sohn Tisander's) dem Karischen Zeus. Ovid bezieht den von Evander mitgebrachten Dienst des Pan auf den Flamen[30]) dialis (als Priester des Dium). Dium a Jove dicebatur et Dialis Flamen et dius heroum aliquis ab Jove genus ducens (s. Festus).

Wie in den Genossenschaften der Indianer das sacrale Band ein Einheitsgefühl, den Fremden gegenüber, zur Geltung bringt, so bei der nationalen[31]) Erweiterung unter dem jedesmal als orthodox festgestellten Staatscult, auch hier noch Stärke in der Verbrüderung bewahrend (sacra privata perpetua manento), aber den Abfall schon des Einzelnen, zum Besten des Ganzen strafend[32]).

In der vergleichenden Methode ist beim Denken als Rechnen für Hauptaugenmerk zunächst festzuhalten, dass nur gleichwerthiges in entsprechende Beziehungen gebracht werden darf, dass die Ziffer nicht als solche, sondern in der für sie fixirten

Werthgrösse bei positiven Bestimmungen berücksichtigt wird, unter der ihr jedesmal zukommenden Bedeutung, und wie das Uebersehen, ob sie, in geometrischen und arithmetischen Reihen, als Ausdruck für die Componenten in der Spannungsreihe verwandt wird, oder für die Exponenten, heilloseste Verwirrung anrichten würde, so das symbolische Höllengebräu in der Mythologie.

Die Cultusgötter, als die „eigentlichen Nationalgötter des griechischen Volkes" (s. Preller), dürfen, für herbeigezogenen Vergleichungen, nur auf historischen Wegen verwerthet werden, und daneben haben die Götterhimmel (positiver Religion) „überall ihr eigenthümliches Gepräge und sind eng mit dem Volk und seiner Geschichte verwachsen" (s. Hartung), als selbstständig abgeschlossene Einheiten, als Spiegelungen der geographischen Provinz aus anthropologischer Wurzel im ethnologischen Horizont. Soll hier nun, um bei der Einheit des menschlichen Geisteswachsthum's das tertium comparationis zu gewinnen, comparativ verfahren werden, so haben dabei psychologische Principien zu leiten, nach den aus der Physiologie des Völkergedanken ableitbaren Gesetzen. Der Geschichtsphilosoph mag mancherlei Vergleichungen über Culturpflanzen anstellen aus den verschiedenen Theilen der Erde, wie dorthin verführt und angewandt, der Dichter oder Maler über Aehnlichkeit der Blumen und der Pflanzenphysiognomie, der Landwirth über den Nutzwerth der Nährpflanzen, wie nach dem Klima erziehbar und benutzt, doch durchaus verschieden dann die Gesichtspunkte des wissenschaftlichen Botaniker's, wenn wieder für vergleichende Physiologie, bei einheitlichem Zellleben, die Pflanzen nach ihren geographischen oder localen Standorten [33]) zusammengelegt und verglichen werden.

Bei den durch Speculationen gewonneuen Elementen genügten, auch mit Reduction auf den (prädicatlosen) Urstoff (bei Aristoteles), die physikalischen Eigenschaften (aus denen sich schon die Philosophen der jonischen Schule nach ihren Prädilectionen hatten aussuchen können) im Kalt- und Warm-, Trocken- und Feuchtsein, während bei der practischen Aufgabe der Metallverwandlungen sich die chemischen Elemente erforderlich erwiesen, zunächst in Geber's Schwefel und Quecksilber (dem Basilius Valentinus dann das Salz zufügte), als letzte Bestandtheile nicht nur die Metalle, sondern der Körper überhaupt (bei Paracelsus), in Dreiheiten (oder mit Zutritt von Erde und Wasser oder Phlegma) in Fünfheiten, bis dem Chymista Scepticus „seine Zweifel aufstiegen, dass da wohl noch mehr sein möchten", Zweifel freilich ihrer Zeit weit voran, um erst in Stahl, Becker's Schüler, gleichgestimmte Bestätigung zu finden, und dann in Reform dessen Theorien durch Lavoisier die wissenschaftlichen Fundamentirungen, — und damit die zuerst fest gesicherten Grundlagen breitend, für das gesammte Gebäude, das in der Naturforschung emporzusteigen hat.

Lavoisier's reformatorisches Eingreifen in die Chemie beseitigte das Phlogiston und damit auch die irrigen Ansichten über die Elemente, Sauerstoff, Wasserstoff, Stickstoff, Schwefel, Phosphor, Kohlenstoff, die Metalle wurden jetzt als Elemente erkannt, dagegen die von den Phlogistikern als einfache Körper angesehenen Säuren und Metallkalke als Verbindungen des Sauerstoffs nachgewiesen (s. Hell). Dann folgt die systematische Begründung durch Berzelius, gleich jeder Reform mit excentrischen Abweichungen, wie „wenn Dumas seine Typen ästhetisch begründet (s. Rau).

Um bei dem Ineinandergreifen fremder Reize, wie bei geschichtlicher Entwickelung zu neuen Schöpfungen verwirklicht, die Wahlverwandtschaften richtig zu verstehen, muss in der elementaren Spannungsreihe erst für jede der geographischen

Provinzen (aus anthropologischer Wurzel ethnologische gebreitet) die charakteristische[34]) Physiognomie festgestellt sein, physisch und psychisch. Athenäus benutzt
das Beispiel der Arcadier für den Einfluss der umgebenden Luft, und der daraus
resultirenden Verschiedenheit auf der Erde im Charakter sowohl, wie Gestalt und
Farbe (psychisch und physisch), wie in Montesquien's Auffassung (von Hippocrates her).

Die Cultusgötter, als „die eigentlichen Nationalgötter des griechischen Volkes",
haben die ganze Geschichte dieses Volkes in allen ihren äusseren und geistigen
Bewegungen mit durchgemacht (s. Preller). Die Religio civilis lag dem Römer[35])
als civis Romanus auf (s. Krahner). Der Candidat um die Archontenwürde musste
bei der Prüfung nachweisen, dass er ein Verehrer des vaterländischen Apollo und
des Zeus Herkeios sei (εἶτ Ἀπόλλωνος πατρῴου καί Διὸς ἑρκείου γενεται) in Athen
(s. Mayer). Die athenischen Gesandten bei dem Vertrage mit Sparta berufen sich auf
den hellenischen Zeus (s. Herod.). Je nach dem Zeichen[36]) des Himmels wurden
bei den Volksversammlungen in Athen (für politische Unternehmungen) die Opfer
den entsprechenden Göttern beschlossen (s. Demosth.). Der Beruf der Auguren
war die Nuntiatio, während die Spectio (des König's) auf die patricischen Magistrate überging.

Gegen die unsichtbare Welt wird, wie im Schutz gegen Uebel der Krankheiten
(und Tod), die Hülfe (wie später für moralische[37]) Qualen auch, zunächst) für
Gewährung der Lebensbedürfnisse bei Jagd oder Feldbau gesucht, wie durch iro-
kesische Ordner der Jahresfeste. Zu Numa's Zeit wurden, neben Fornax (Ofengöttin)
in den Fornicalien, und Terminus (Markgott), die Göttin des Säen (Seia) und die
Göttin der Saat (Segesta) verehrt (in Rom).

Die Preussen (s. Lucas David) bitten „Purskaitos, dass er ihnen Glück zu dem
Gewächs der Erde geben wolle, auch seine Marcopolen erleuben, auch seine Par-
stucken, die kleine Menlein in ire Scheuern senden, dass sie darein Getreide
bringen, und was sie darein gebracht haben, woll wolten behutten und verwahren"
(s. Hennig). Die Bahnar verehren Jangogairi (le dieu du riz) und als ihren Stammvater Basegeur (le Père du tambour), qui échappa au déluge en se cachant dans un
tambour (s. Morice). Als Hiawatha wird der Himmelsjüngling im Mais wiedergeboren (bei Indianern). Die Tremsemutter (in Osnabrück) trauerte zur Erntezeit
(wie die Roggenmuhme), und bei Karen (auf einsamen Stumpf).

In ein paar einfachen Anschauungen gleich diesen (die sich durch Analogien
über die Erde ungezählt vermehren liessen) liegt das ganze Mysterium aller My-
steriendienste, die sich dann (in symbolischem Anschluss an den Todten-Cult) Jeder
Einzelne in Einzelheiten weiterbilden mag.

Gleich den Hottentotten erblicken die Grönländer Symbole des Fortlebens in
den Wandlungen des Mondes, der auf Fiji ebenfalls in den Schöpfungen Owe's
waltet und mit dem Mond[38]), jung oder voll, zeigen sich die Zeugungen (im Zen-
davesta).

Wie bei den Eskimo jeder Gegenstand in der Natur seinem Innuae oder Besitzer eignet (und also nur nach Sühne des Innerterrisok, als Verbieter, zum Niess-
brauch zu leihen), so fühlten sich die römischen Vorfahren, als Religiosissimi mortales
(s. Sallust.) überall durch die gespenstischen Vorstellungen der Geistesschöpfungen
(aus der Einbildungskraft) gebunden — deorum assidua insidens cura (bei Liv.) —
durch die dii certi certas habent tutelas, licentias, potestates (Aug.) — in den indi-

gitamenten (bei Varro), denn (wie timor der Anfang der Religion) „fear is the controlling principle of the Indian mind" (Schoolcraft) und pontifices dicunt, singulis actibus proprios deos praeesse (Serv.), wobei jeder Fehler im Ritual (nach dem jus divinum) die Handlung erfolglos gemacht haben würde. Nomina numinibus ex officiis constat imposita (Serv.), und wie das Naturvolk anfangs nur in der Sprache denkt, — für jeden Gedanken gewissermassen seine Wortdeckung zu schaffen suchend, bis mit der steigenden Masse das Detail (in den Beschreibungen sowohl, wie Sprachwendungen) die Spitze abbricht und Verallgemeinerungen (im denkenden Rechnen) nöthig werden (die Complicationen in der Sprache vereinfachend, und diese dann nur, als Werkzeug, zum allgemeinen Ausdruck der, aus früherer Bindung in die Freiheit der Unendlichkeit fortstrebenden, Gedanken zu verwenden) —, so treten (mythologisch) aus der Menge der dii certi (und incerti) die dii selecti (atque praecipui) hervor, um sich, bei Verbindung mit dem Staatscult, orthodox zu fixiren, an den für den Ackerbau wichtigen Cyklus der Jahresfeste angeschlossen. Jano duodecim aras pro totidem mensibus dedicatas (s. Macrob.), auf dem Janiculum (bei Victor)

Das Indigitiren (bei Macrob.) „ist eine bestimmte Art des Gebet's, in welcher man den Gott mit Beziehung derjenigen Eigenschaft anrief, von welcher man seine Hülfe erwartete" (s. Becker), ursprünglich durch jene Fingerstellungen, welche in den Cultusriten lamaistischer Klöster die göttlichen Kraftäusserungen magisch zu binden suchen, und den Daktylen („idäischen Fingern") ihre zauberkundige Macht verliehen über die Kräfte der Natur.

Wie in Elis ein gemeinsamer βωμός stand, τῶν δωδέκα, und (seit Pisistratus) auf Athen's Markt der Altar der Zwölfgötter (als Meilenzeiger nach dem Tempel des olympischen Zeus in Pisa), so errichtete Tatius Altäre den zwölf Göttern der Sabiner, und zwölf Götter fanden sich bei den Samnitern (s. Fest.), ebenso bei Etruskern, und (wie Ennius aufgeführt) ein Calendarium Colotianum, als Schutzgötter der zwölf Monate, im Anschluss an die Jahresfeste (und dann in natürlicher Weiterführung oft im Sonnen-Cult). Die Deos selectos (bei Varro) zählt Augustus auf (in quibus omnibus ferme viginti duodecim mares, octo sunt feminae).

Als nach (latinischen) Ramnes (mit Janus, Jupiter, Juno u. s. w.) die (sabinischen) Tities siedelten, brachten sie ihre eigenen Götter, und (neben dem gemeinsamen Sacellum des Jupiter, der Juno und der Minerva) wurde dann, bei Vereinigung der Stämme, jedem der beiden der Zutritt in den Tempel des anderen gestattet (wie in den Meda-Ceremonien sich die gemeinsame Kraft magischer Bindungen aus den Einzelnstämmen zum Besten des Ganzen vereinigt), doch trat später (als auch die Etrusker hinzugekommen) die Anrufung des Janus, θεός ἀρχαιότατος (Herodian.), vor der des Jupiter zurück, im Eidschwur heilig, per Jovem Lapidem (Polyb.). Antiquum Jovis signum lapidis siliceni putaverunt esse (Servius), wie der Salagram das des Vishnu (in Pataliputra).

In der Verehrung der Hidatsa (s. Matthews) „every thing not made by human hands, which has an independent being or can be individualized, possesses a spirit or, more properly, a shade" (idahi). Wie auf den Fiji, werden in Guiana gleichfalls auch leblose Dinge von Seelen belebt, und so mit ihnen die subjective [39]) oder objective Schöpfung der Fetische, mit Rückwirkung der Cultvorschriften wieder.

Alles liegt am Anfang[40]) (s. Ovid), für wichtige Wirksamkeit des Cult, und so die Recitationen der Entwicklungsgeschichte in den Schöpfungsliedern hawaischer

Tempel, nebst damit verknüpfter Silbenzählung heiliger[41]) Metren, gleich denen der Veden (oder in Spruchbändern fixirt).

Auf den Gestalten wandelnder Meeresgott[42]) Proteus[43]) oder (nach Diodor) Cetes (in Aegypten) folgt (bei Herodot) Rhampsinites, aus den im Mysteriencult erbauten (und populär mit Schätzen, oder deren Diebstahl, ausgeschmückten) Kellergewölben, mit der geeehrten Statue des Sommer's und der gehassten des Winter's (am Eingang), in der Jahreszeit des letztern niedersteigend in Amenti oder Hades, um mit Demeter oder Isis (dort neben Dionysos herrschend) zu würfeln um die Seelen, die er (in Verknüpfung mit Minos) dann auf elisäischen Inseln der Metempychose zu entziehen vermochte, unter den Ceremonien des in der Einsamkeit gelegenen Tempels der Demeter, wohin bei ägyptischen Fest, der Priester, durch Binde geblendet, geführt wurde von den Wölfen (als chthonisches Thier).

Wie später mit Piratenzügen des in Geheimnissen schwarzer Kunst schützenden Mithras, wurde durch die Fahrten der Carier (an der auf den Vorgebirgen mit Tempeln des Poseidon geschmückten Küste) der Cult des in Kreta begrabenen Zeus (aus dem mit Lydier und Mysier gemeinsamen Heiligthum), verbreitet, dann im olympischen Zeus das Symbol der Vereinigung (wie Jupiter Latiaris bei dem durch Tarquinius gestiftetem Fest, für die lateinischen Stämme) gewährend (und der hellenische schon im Vertrage zwischen Athen und Sparta), während Jupiter als Sohn des Aether (bei Cicero) oder des Himmels (in Vaterschaft der Minerva), von Ops geboren, auf (scythischen) Apia[44]) führt, mit Beziehung zu König Apis (bei Aeschylos) im Peloponnes, und Papaeus (s. Herodot) als Papias (in Bithynien).

Als jungfräuliche[45]) Schiffergöttin (eine Santa Maria der Matrosen) leitet Artemis die Fahrten der Phocäer durch die Priesterin Aristoche, und in Odyssea (Iberien's) fand sich ein Tempel der Athene (und Proserpina mit Ceres verehrt auf den Inseln Britannien's).

Wie in China für den zur See anlangenden Fremdling den am meisten augenscheinlichen Gegenstand, beim Cultus der Schiffer in den Häfen, die jungfräuliche Göttin mit dem Säugling auf dem Arme bildet, so verehrte „cuncta Graecia" (zu Cicero's Zeit) Leucotheam, quae fuit Ino, und als Matuta (mit dem auf Bacchus bezogenen Schwesterkind) in den Matralien verehrt, wie als Leucothea (worin sich auch Halia auf Rhodus verwandelt in Folge der Schandthat „östlicher Dämone") von den Seefahrern, (seit Ulysses Zeit), mit ihrem Sohn Palaemon, — dessentwegen Phrixus und Helle in Heroengestalten später (und durch ihre Götter die älteren in das Meer verdrängenden) Einwanderer Verfolgungen erlitten, — die Einfahrt auf die Rheden öffnend, als Portumnus. So verfolgt sich aus den weiten Meereszügen der Karier der Cult des Alabandus, und das den Namen seines Ahn Mäander (Vater der Callirhoë) bewahrende Symbol, auch weit durch Amerika, eckig gebrochen, besonders in Guiana, wo die Verzierungen[46]) der Cariben „are distinguished from those of the other tribes in this, that they are never composed of straight and broken lines, but always of waving lines" (s. R. Schomburgk). Dazu denn leicht Rivalitäten, und wie den Namen Tangaroa's in Tokelau auszusprechen verboten war, so den des Achill im Tempel des Tenes auf Tenedos, während „Achillem Astypalaeenses insulani sanctissime colunt" (in den Cycladen). Ergo (meint Stratonicus) „mihi Alabandus, tibi Hercules sit iratus“, denn „in Graecia multos habent ex hominibus deos: Alabandum Alabandis, Tenedii Tenem“, und „ii, qui interiores scrutantur reconditas litteras, kennen des Namen's Hercules gar viele, denn zu dem carthaginischen (oder tyrischen) des Melcarth, (als Sohn der Asteria) kommt noch der Sohn der Lysithoë (mit Apollo streitend, wie dieser mit Zeus auf Kreta), der ex Idaeis digitis (cui inferias afferunt), der Nilo natus (quem ajunt Phrygias litteras conscripsisse in den Schutzformeln der Ἐφέσια γράμματα), der indische (qui Belus dicitur, als Bali durch Vichnu verstossen), und hic ex Alcumena, quem Juppiter genuit, tertius Juppiter (plures Joves etiam accepimus).

In den (blonden) Ροίτουλοι [47]) (bei Strabo) oder Rutiler, deren Abhärtung Turnus (Enkel des Pilumnus, der mit Danae den Daunus gezeugt) den (weibischen) Phrygiern (des Aeneas) gegenüber rühmt (bei Virgil), sprenkelt sich nördliche Schicht der Rasener, mit (lydischen) Tyrheniern gemischt in Etrurien, wo der Oberkönig Mezentius in Caere herrscht, auch über Ardea (der Rutuler), im feindlichen Gegensatz zu Latium, wo Latinus (von Herakles mit Faunus' Tochter gezeugt) Lavinium (mit den Aborigines) gegründet (für den Zutritt der Troer). Hier, wo Janus (Than) zu Schiff anlangt, aber auch Saturnus aufnimmt, soll Jov oder Jun auf Jupiter führen, dem eher als dem etrurischen König der Weinertrag gelobt wurde (s. Macrobius), und nach Festus wohnt Jupiter Latiaris früher als Latinus auf der Erde, während die Römer im Symbol der Lanze (ξόανον) ihren Mars verehrten.

Nachdem die auf das, aus troischem Stamm entsprossene, Königsgeschlecht zurückgeführten Brüder unter den Hirten an der Tiber eine Freistätte errichtet, wählte Romulus (mit Lictoren und andern Königssymbolen Etrurien's geweiht) dann die Patres für die Patrizier, also die Adligen unter den Flüchtlingen, die trotzdem ihre Abneigung gegen die zweifelhafte Geburt (von ihnen unter der Form der Vergötterung als Quirinus getödteten) Königs nicht verbergen konnten, besonders nach dem Zuzug (mit Titus Tatius) der von Kures (s. Livius) als Quiriten bezeichneten Sabiner, also auch deren Adelsgeschlechter, und wurden die Sacra dann durch Numa und Cures in den Stammesgeschlechtern festgestellt, unter öffentlicher Verehrung des, dabei (vor den etruskischen Götterbildern, wie im Cerestempel, bei Varro) in Jupiter übergehenden, Dium (im Anschluss an den von Evander mitgebrachten Pan im numen, und numina einer animus mundi, und dem Dialis, als universi mundi sacerdos bei Festus) mit seinem Flamen dialis, und neben ihm den Mars oder pro diis immortalibus hastas (s. Justin), sowie den Quirinus (in der Apotheose der Städtegründer im Anschluss an Janus Quirinus für den Beginn) mit Priester versehend, während aus Latium, von wo die grosse Masse des Volkes, als auf eigenem Boden stammte, der heimische Heerddienst der Vesta eingeführt wurde. Als darauf (bei Verrath des gemeinsam gegen Etrusker geschlossenen Bundes) mit Alba's Zerstörung die lateinische Einwanderung statt hatte, kamen in ihr die dortigen Adelsgeschlechter (die Julier, Servilier, Qinctier, Geganier, Curiatier, Clotier, mit Aufnahme unter die Patres), und der Cultus derselben wurde durch den Stamm aus den Albaner-Bergen gehütet. Unter Ancus Martius wanderte aus Tarquinii des Corinther's Demaratus Sohn Lucumo ein, als Lucius Tarquinius Priscus, der nach der Thronbesteigung, trotz seiner Skepsis als Ausländer hellenischer Bildung gegen die vorgefundene Religion roher Stämme, dennoch durch den von

Attius Nävius geliefertem Beweise von allzu radicalen Reformen abgehalten wurde. Dem durch verheissungsvollen Glanz als Nachfolger bezeichneten Servius (vom Lar Familiaris gezeugt), war nicht nur die das Volk einigende Schatzung zu verdanken, sondern auch nach dem Vorbilde des von den Städten Asiens (s. Livius) gemeinsam erbauten Dianentempel zu Ephesus, (im Anschluss an allgemeine Einigungen, wie im Metroon der Göttermutter, unter dem Conflux im Piräus) der Bau des Dianentempels zu Rom, als Mittelpunkt der latinischen Städte, die dadurch die Hegenomie anerkannten. Der zunehmende Verkehr unter den Stätten damaliger Civilisation führte mit Tarquinius Superbus auch bereits, als „ingenia Graecorum atque Tuscorum fingendis simulacris urbem inundaverant" (s. Tertullian) zu einer Befragung des Orakels zu Delphi, bis dann mit Einführung der Republik ein temporärer Rückschlag Statt fand, und noch zu Cato's Zeiten griechische Bildung nicht nur verdächtig, sondern selbst verderblich erscheinen konnte.

Als in Achäa Phthiotis, dem alten Sitz des Hellen (in Aeolis oder Aemonia residirend), wurde Achilles im Epos als nationaler Heros der Achaeer[48]) gefeiert, die bei ihrer Ansiedlung in Laconia (auf kretischen Vorschichtungen) und Argos bereits (als phthiotische Achaeer) mit Pelops in Verbindung gebracht wurden, obwohl diesem Sohne des Tantalus auf Tmolus mit den Lydiern aus Sipylos die unterworfenen Phrygier folgen mussten, von denen in Laconien Erdhügel[49]) als phrygische Gräber (s. Athenäus) gezeigt wurden (wie die von Vazimba in Madagascar oder der Jaga in Congo). Wenn nach Argos, durch Pelasger unter Phoroneus, Sohn des Inachus (wie Sicyon vom Autochthonen Aegialeus) gegründet, Danaus[50]) aus Aegypten geführt wird, so wiederholt sich ägyptisches Theben in Cadmeis (unter den eingeborenen Stämmen der Aones, Ectenes, Temmices und Hyantes) in Cadmus' Gründung der Phoenizier, vom persischen Golfe hergewandert, den Sitzen der Gerrhaei, mit denen die mit den Atramitae (der Sabaei) grenzenden Minaei den Handel Arabien's theilten, und in der Stadt Orchomenos dann, erscheinen Minyer in Andreis, (durch Andreus, Sohn des Peneius, bereits auf Thessalien weisend), während das in Arcadien durch den Sohn Lycaon's gegründete Orchomenos dem Elatus, Sohn des Arcas, zufiel. Als mit der Ausbreitung thessalischer Reitervölker (aus Thesprotia in Epirus) in der Ebene des Peneius[51]), darauf die (mit dem Aufbruch der Dorier aus den Sitzen der vertriebenen Dryoper in Doris später abschliessenden) Fortwanderungen aus Arne begannen, erscheinen die Aeolier aus Böotien als äolische Pelasger, in den Beziehungen der Jonier zum schweifenden Seeleben (als Orang Laut), schon durch Arne, die von Poseidon geliebte Tochter des Aeolis, der auf der Insel Lipara die Winde[52]) vorhersagt (oder in den Versen des Dichters auch vertheilt, wie die Siggonen der Prazi beim Fischfang). Und aus den Kreuzungen dann die Fortentwicklungen, wie überall bei Naturvölkern, auf primärer[53]) vorangegangener Schichten, mit mehr weniger kenntlicher Absorbirung derselben.

Die Nationalität der Hellenen (mit sog. Rückwanderung der Herakliden zur Entfaltung kommend) wurzelte im Stamm der Dorier, denn Dorus, ältester Sohn des Hellas (und der Nymphe Orseis) herrschte zu Phtiotis, in dem nach seinen Bruder Aeolus genanntem Lande Thessalien's, während von dem Bruder Xuthus dessen Söhne Achaeus und Jon erst in folgender Generation auftreten. Auf dem Boden des eigentlichen Griechenland dagegen war Achaeus bei der dorischen Besetzung, aus Phthiotis (wo noch bei dem griechischen Eide, zur Perser Zeit, Achaeer erwähnt werden) ausgewandert, der Frühere, bis zur Südspitze des Peloponnes (wohin Pelops asiatische Schätze bringt und Danaus aus Aegypten Namen der Danaer) in Lacedämon (mit dem Hauptsitz in Argos) zur Heroen-Zeit über die eingeborenen Stämme herrschend, mit welchen in Attica⁵⁴ dagegen, (durch Verknüpfung in dem Jungfernsohn Jon), nur losere Durchdringung statt hatte. In fremdem Lande⁵⁵), war jene Umwälzung verlaufen, worunter bei der Usurpation des jüngeren Göttergeschlechtes mit den besiegten Titanen, in Prometheus (Gemahl der Asia) auch der anfängliche Bundesgenosse der Strafe verfiel, und in der Fluth des Deucalion verknüpfte sich die Flucht über das Meer, worin sich auch die mythische Gestalt des Windgottes Aeolus bewahrte. Weil dabei, in Phthiotis schon mit den vorgefundenen Achaeern in verwandtschaftliche Beziehungen getreten, wurden diese bei Eroberung des Peloponnes durch die Dorer, von ihnen wiedererkannt, unter Aufnahme auch der Jonier, mit ihren Verzweigungen nach den Cycladen, woraus Minos die Karier vertrieben (nach Thucydides), unter der politisch hergestellten Einheit.

Zur Verherrlichung Athenä's, (die mit dem Gorgo-Schilde zur Hülfe im Gigantenkampfe herbeigeflogen) bedarf es (bei Euripides) künstlicher Combinationen,. um Jon (dem bei Entgegenkommen aus Apollo's Tempel Angetroffenen) als Xuthus (geschenkten) Sohn (oder in den „Nachtfeiern der Mänaden" ·gezeugten) durch Kreusa (vom Gott geschwängert) in das einheimische Königsgeschlecht der Erechthiden (im pelasgischen Stamme, der sich über eingeborene Schichte erhoben), wurzelnd, einzuschmuggeln, damit die Fortführung des Geschlechts durch den „Fremdling" Xuthus gerechtfertigt werde, und dann selbst den Vorrang, aus dem später nach Attica zurückgedrängten Adel über Dorus und Achaeus gewinne, (die nachgeborenen Söhne Kreusa's, also hier secundär die zweiten, während primär die ersten).

Zur Hülfe im Kriege mit Euboea war der (blonde) Xuthus erschienen, aus den Scythen, die gleich (Xatrya in Indien) durch die Kunst (des goldgelockten Gottes) im Bogenschiessen⁵⁶) siegten, wie sie Herakles, der Ahn der Scythen⁵⁷) durch die Schlangenfrau, übte, und Ulixes, der aus Schifffahrten auf nordischen Meeren zum Denkmal die „aram" (s. Tacitus) zurückliess, bei Asciburg „Ullixi conservatam" (als Odysseus in Odina Asburg').

Bei Ankunft des Danaus, zur Zeit des Königs Pelasgus in Argos, hatte sich über die eingeborenen Schichten Griechenland's die pelasgische Herrschaft gebreitet, auch in Attica, wo Herodot die Athener als „sicherlich" pelasgischen Ursprungs bezeichnet, obwohl derselbe, nach den durch Jon eingeleiteten Zuwanderungen, bereits ein halbbarbarischer erschien, so dass die für den Bau der Festungen berufenen Pelasger (als tyrrhenische) dann wieder gleich fremdartigen Volkes behandelt wurden (und schliesslich vertrieben).

Wie psychologische Betrachtung, bei dem Menschen als Zoon politikon, den Gedanken des Einzelnen, als Theilgrösse innerhalb des Volksgedankens secundär zu bestimmen hat, ist gesellschaftlich die primäre Einheit erst in der Phratrie gegeben, bei den Stufenreihen⁵⁸) von Genos, Phratrie und Phyle (wie Gens, Curie und Tribus bei den Römern), und in der Confoederation der Irokesen lassen sich die Abschattirungen von Populus oder Natio verfolgen, wie in den übrigen der ethnischen

Parallelen, um die Bilder anderer Erdtheile neben denen des unsrigen zu stellen, für den Faden des beständig Gleichartigen im wandelbar Verschiedenen.

Innerhalb der Völkergruppe '(natio oder Thiuda) der (gothisch-germanischen Sprache) steht (Vandalen, Gepiden u. s. w. gegenüber) die gens Gothorum, als gothisches Volk, und „der einzelne Volksstamm ist populus, wie Ost- und Westgothen [59]) in ihrer Zusammengehörigkeit und ihrem Gegensatz zugleich" (s. Köpke). Alle Germanen bilden (bei Tacitus) eine gens (wie im Gegensatz zu „natio" der Tungern), wogegen auch wieder die Abtheilungen in singulae gentes unterschieden werden (Chauken, Katten, Sueven u. s. w.).

Wie sich bei den Irokesen, und andern Indianern, Vereinigungen bildeten, (Amphictyonien, gleich poseidonischer zu Kalauria und spätere), die zur Vermehrung der politischen Macht auch ihre Culten in gemeinsamer Medicin concentrirten, so schlossen sich Joniens zwölf Komen im παυιώνιων zusammen (unter dem Schutz des Ἀπόλλον παυιώνιος, und als Ausdruck der Verbrüderung [60]), welche, beim Einfall der Perser, die Athener in Sparta suchten, hörte in Tegea der Bote die Stimme des wohlgesinnten Pan, der, durch Fackelläufe verehrt, dem Feinde Schrecken einjagend, den Sieg sicherte, wie Aegipan den des Zeus, der in der Aegis das durch das Bild der Gorgo (wie die Sonne auf den Antillen) versteinernde Schild schwang, die zerstörende Gewalt des flammenspeienden Ungeheuers (Gaia's) einschliessend, deren von den Titanen in Aex (Tochter des Helios) gefürchteter Glanz von der Mutter Erde in unterirdischer Höhle (wie die Sonnengöttin Japan's) auf Kreta verborgen war.

Wie besonders im Nomadenleben der Wanderungen das Bedürfniss der Symbole zur Einigung hervortritt, waren es, gleich den an der Tiber das Asyl (des Vejovis) begründenden Hirten, in Hellas die der Ziegenheerden, welche mit Aegikoreis (von Aegeus stammend, der seines Vater's Pandion's Reich wiedererobert) im Waldgott Pan (einem unbestimmt waltenden Namen) die Verallgemeinerung ermöglichten, wie sie in Evander's Pan bei der Beziehung zum Flamen dialis (des Dium), beim „sacerdos mundi" hervortritt, und zu Panopeus, als Ausgang des nach Prometheus Schöpfung überall hin verbreiteten Geschlechts, wurden noch zu Pausanias Zeit die nach Menschen riechenden Lehmsteine gezeigt, die dann aus den Steinen des in Ὁπους (in Lokris) siedelnden Deucalion als λαος erstanden, auf autochthonen Schichtungen unter den Lelegern, deren Trennung nach dem Zwischengreifen des Zeus für Opus, Sohn des Locrus (Urenkel des Deucalion) statt hatte.

Ta-atua (Schlangen des Gottes) gilt als grösste Sünde (in Mangaia) als Trugüben gegen Cultgenossen wie auf Fiji (und so das Fest der Apaturia bei den Phratrien von Apate und Trug). Tanta fuit sodalitatis religio ut publicis etiam legibus sodales prohiberentur quominus eam laederent (s. Mommsen). Magnum est eadem habere monumenta majorum, iisdem uti sacris, sepulcra habere communia (bei Cicero). Djemmaa (der Araber in Algiers) „signifie à la fois réunion et mosquée" (wie die Curie des römischen Senats einen Tempel bildete). Der Jungfrauen-Sohn Jon wird im Tempel Delphi's auferzogen (bei Euripides), bis adoptirt von Xuthus (mit Kreusa vermählt).

Die Ceremonien im Cult des Sabazios zerfielen in l'initiation précédée d'une purification, puis le spectacle réservé „aux initiés", von denen die erste öffentlich war, „accessible même aux profanes" (s. Foucart). L'initié était dépouillé de tout vêtement, la purification répandait sur lui l'eau du cratère (wie bei Cotytto's βαπται), und so trat zu der allgemein zugänglichen Taufe (im Fluss) das Geheimniss des Sacraments (in Abgeschlossenheit). Les dieux adorés par les membres des thiases et[41]) et des autres sociétés du même genre, étaient étrangers, et le plus souvent antipathiques au génie grec (s. Foucart). „Mercurii aedem" bauend, bestimmt der Senat „mercatorum collegium". Deum maxime Mercurium colunt (*Caesar*) die Kelten und Germanen, deorum maxime Mercurium colunt (*Tacitus*) als schützender Gott der Kaufleute von diesen zu fremden Stämmen getragen, wie Tangaroa überall an den Küsten polynesischer Inseln abgesetzt (und die Schiffszimmerer hütend). Sodales sunt qui ejusdem collegii sunt, quem Graeci ἑταιρίαν vocant, mit Freiheiten eigener Gesetze (dum ne quid ex publica lege corrumpant). Sodalitates (zu Cato's Zeit) constitutae sunt, sacris Idaeis magnae matris acceptis (bei Mahlen).

Die von den Priestern zunächst zu gewährenden Hülfen, in Schutz gegen die (besonders in den Schmerzen der Krankheit spürbaren) Feindlichkeiten der dämonisch unsichtbaren Welt, werden dann weiter, wie für das Schicksal der Seele nach Aufhören des Lebens, während der Dauer dieses für Regelung seines Unterhalt's in Anspruch genommen. So vor Allem in Einwirkung auf die meteorologischen Processe, als Regenmacher vorerst auch bei Hirtenstämmen schon (während den Jägern magische Herbeiziehung des Wildes bedürftig), und bei den Ackerbauern treten die, weil an dem Umlauf der Sonne geknüpften, nothwendigerweise stets mehr weniger nahe um die Zwölfzahl schwankenden Jahresfeste hinzu. Für solche Zwecke schwängert sich der Häuptling (auf Vancouver), in der Einsamkeit zurückgezogen, mit den solaren Influenzen, um dann in Vollkraft derselben zurückkehrend und in excentrischer Gottähnlichkeit demgemäss agirend), dem ihm anvertrauten Gemeinwesen die Wohlthaten der erworbenen Macht zu Gute kommen zu lassen. Auch mag er dann als constanter Behälter, (gleich dem Paje der Tupis) dauernd in seine Hütte eingeschlossen sein (wie der Fürst zu Saba), oder als Ariki auf den Marquesas in der Zurückgezogenheit der Berghöhle verweilen, in fortgehender Meditation dann die um ihn versammelten Schüler in den überlieferten Traditionen für weitere Vererbung belehrend. Erst nach politisch, für gesetzliche Orthodoxie, festgestellten Götterkreis mag sich aus dem Glanz des Inca der Abglanz eines Cultus der Sonne anknüpfen, während sonst diese, gleich den übrigen Himmelskörpern, weit eher, weil allzu vertraut, populärer Mythenbehandlungen verfällt.

Neben Jupiter (Sohn des Saturn), dessen Grab sich in Kreta fand, und dem (Minerva zeugenden) Jupiter (Sohn des Himmel's) kennt Cicero den Sohn des Aether als Jupiter[42]) (Vater der Proserpine und Bacchus). Pontifices (bei Aug.) quattuor diis faciunt rem divinam, Telluri, Tellumoni, Altori, Rusori. Porro anti quissimos deos Jovem, Junonem, Minervam refert (s. Tert.). Jupiter wurde als Papaeus, Tellus als Apia verehrt (bei den Scythen), und bei dem Jovialerzeugen gilt Ops als Mutter (in Rom). Im Peloponnes, als Apia, herrschte König Apis. Jupiter als Sopita (für Geburten) wurde (wie Diana) bewaffnet dargestellt, cum pelle caprina, cum hasta, cum scutulo (und Scheere zum Nabelabschneiden) als Juno[43]) Martialis, um das Feindliche zu verscheuchen (wie bewaffnete Begleitung der Wöchnerin auf den Philippinen). Als Knabe verehrt, sass Jupiter als Säugekind mit der Juno[63]) auf dem Schooss der Fortuna (im Tempel neben der Umzäunung der aus dem Stein geschnittenen Lose) in Präneste (s. Cicero). Zeus[64]) heisst jüngster der Götter (bei Hesiod). Nach Manilius bezeichneten die Novensiles (Novensides), die neuen Götter, welchen Jupiter die Erlaubniss gab Blitze zu schleudern. (s. Arnob). In der Vervielfältigung[65]) (des Jus pontificium) zählt Varro „trecentos Joves" (s. Tertall.)

Cincius numinâ peregrina novitate ex ipsa appellata pronuntiat, nam solere Romanos religiones urbium superatarum partim privatim per familias spargere partim publice consecrare, ac ne aliquid deorum multitudine aut ignorantia praeteriretur, brevitatis et compendii causa uno pariter nomino cunctos Novensiles invocari (s. Arnob).

Als die vom „Animus mundi" durchdrungene Welt ausmachend, sind die Elemente (Feuer, Luft, Wasser und Erde), als „partes mundi", selbst Gott (bei Varro), und die „dii selecti" nur als Symbole der „partes mundi" anzusehen (s. Krahner), si dii seliguntur ut bulbi (Aug.). Tria genera tradita deorum, unum a poetis, alterum a philosophis, tertium a principibus civitatis, (unterschied Scaevola). Expedire igitur existimat falli civitates in religione (ipse Varro non dubitat). [66])

Aus Tarrisso's Hirn wird Olifat geboren (auf Ulea), und Hirngeburten zeigen sich in der Mythologie auf Hawaii, wie in Hellas[67]). Der die Kaufleute schützende Gott des Handels war, in Mercur, zugleich der der Diebe[68]), wie Whiro (in Polynesien) der Piraten, und Tama-te-Kapua, der gefeierte Ahn in Stammesgeschichten der Maori, steht auf den Stelzen, die seine Fusstritte verbergen sollten (im Ahnenhaus).

Die in völliger Reinigung[69]), unter Enthaltung von Befleckung gewahrte Heiligkeit erlangte zugleich Macht, auf die göttlichen Kräfte in der Natur bedingend rückzuwirken, durch Kraft des Gebetes, und solche Persönlichkeiten, deren einwohnende Begabung sich (im Traducianismus besonders, wie bei Ariki) vom Vater auf den Erstgeborenen fortpflanzen musste, wurden dann, wie in den Bulagatu der Bechuanen oder anderen Regenmacher, für Wohlergehen[70]) der Ernteverrichtungen[71]) herangezogen, — wenn mit königlichen Ehren bedacht, dann freilich auch von Gefahren[72]) des Priesterkönigs[73]) bedroht, um bald, oder je nach priesterlichen Ansprüchen auf Theocratien, zur weltlichen[74]) Abscheidung zu dringen, wo dann der Herrscher schon als gesalbter (als aus priesterlicher Weihe, wie im persischen Magismus) auftrat, während sonst, wenn nur als physisch[75]) hervorragend, durch Reichthum und (für den Krieg) durch Stärke (als dux) die Würde oft, wie bei sog. Königlein in Guinea (oder Rajahs sonst) nur durch die, von den (in Civilisation überlegenen) Fremden gestellten, Ansprüche künstlich[76]) geschaffen wurde, bald dann, in Genealogien, auch (zum mythologischen Anschluss) identificirt mit archaistischen Ueberbleibseln, oder auch neu gestaltet, wie die von den Brahmanen an Stelle der Xatrya erhobenen[71]) Rajputen.

Die Celtae hielten jährliche Volksversammlungen im Gebiet der Carnutes, wo die Druiden Recht[77]) sprachen (s. Caesar) als (griechische) Missionäre, wie in der Südsee (auch bei Karen u. s. w.). Germani neque Druides habent, (neque sacrificiis student).

Die Gesellschaft im primitiven Zustande zeigt sich, wie bei Naga, Kunama u. s. w. durch die väterlich gegebene Gesetze regiert, und obwohl, theoretisch, „le gouvernement monarchique" gilt (sans contredit) als „le plus ancienncement et le

plus universellement établi" (b. Goguet), erweist sich doch im ethnologischen Ueberblick erst, der Phasen-Verlauf im Hervortreten aus priesterköniglichen Wurzeln
oder dem im Kriegsglück gekröntem Usurpator, und stets dann unter den politischen Verhältnissen so, wie diese mitzusprechen haben, auch unter Gliederung
der Stände[79]), sowie der Regierung mit Bevorzugung aus persönlichen Beziehungen.

Durch Freigebigkeit wird unter den Beluchen, wie bei den Haidah der Rang
eines Orang kaya (der Malayen) erworben unter den Boni homines (Spanien's), als
der Begüterten (der Goden), und im Austausch des (Anfangs stummen) Handels
stellt sich dann im Marktverkehr der modus vivendi her. Wer bedeutenden
Besitz hat, ist Reiks, πλουσιος σφοθρα, gabeigs filu, oder die χρήματα ἔχοντας, faihu
habundans (bei Ulfila). Unter den ἄρχοντες trugen die Hairu das Schwert, als Diener
Gottes, guths andbahts, mit der Machtvollkommenheit, valdufri, von Gott eingesetzt, fram gutha gasatida. Den höchsten Sinn aber hat Thiudans, der Herrscher
des Volk's, der König, βασιλεύς und der höchste Thuidans ist Gott, sein Reich,
wie jedes König's, ist Thiudinassus, Königsburg ist Thiudangards" (s. Köpke). Und
dann von Caesar der Keiser (s. Matthias von Kemnat) „das er kiesen soll das
recht" („Richter des reychs").

Mit dem Verlust des Quareno oder Glanzes (der Majestät) geht die Königswürde verloren (bei den Persern), wie (im Schanameh), die Herrschereigenschaften
an die Farr geknüpft sind (und davon abhängen), als Schechina (der Rabbiner).

Wenn dann im Waffengeräusch die Gefahren herantreten, und nicht von Natur
schon der Prädestinirte durch Kopfeslänge überragt, so mag, wenn nicht andere
Wahl, das Loos entscheiden, (wie bei den Sachsen, wo „a tribus etiam principibus
totius gentis ducatus administrabatur,") über die Oberfeldherrschaft im Kriege[80]).
Non enim habent regem iidem antiqui Saxones, sed satrapas plurimos suae genti
praepositos, qui ingruente belli articulo mittunt aequaliter sortes (Beda).

Dabei, um der Dictatur eines Empratur (der Samniten), wenn siegreich zurückkehrend, sichernd vorzubeugen, empfahl die Klugheit dann die Doppelung des
Oberbefehl's, in Rom und Sparta, wie bei Irokesen, und vielfach sonst. Die richterliche Befugniss der Regierung konnte für die schwersten Streitfälle erst allmählig
eingreifen, nachdem die unmittelbar mit dem Seelencult verwachsene Blutrache des
Geschlechtes durch Ablenkung nach fremden Götterdiensten, wie priesterlich eingeführt, gelockert zu werden begann, und da „dii certi certas habent tutelas,
licentias, potestates", mochte den Bedürfnissen, wie sie auftauchten, vorgesehen
werden, doch hielt man gern die δίκη noch im Hintergrund, als vernichtend durch
den Blitzschlag des Zeus (Διοσμακέλλη).

Im Geschlechte der Pelopiden wirkt die πρώταρχος ἄτη (die Furien einheimisch),
als 'αλάςτωρ ein Rachegeist[81]) des Frevel's (bei Aeschylos) wie der Kunaima (in
Guiana), und unter sonstigen Formen (in den Schreckbildern der Vendetta).

Neben den praktischen Zwecken einer objectiv vorurtheilsfreien Beurtheilung
des geistigen Lebens fremder Völker, ausserhalb des europäischen Kulturkreises,
und so ihrer richtigen Behandlung im commerciellen Verkehr sowohl, wie bei Regierung in den Ansiedlungen (oder für Colonisation), hat die Ethnologie dann einmal
die Aufgabe einer systematischen Beschreibung der nach den geographischen Regionen vertheilten Völkerkreise, eines jeden in seiner Eigenthümlichkeit, und dann die
Begründung und Physiologie der gesellschaftlichen Psychologie, also der Erforschung

der Denkgesetze nach ihrer Entwicklung aus den elementaren Grundlagen. Für
diese letzteren ist das wichtigste Stadium der Beobachtung dasjenige, in welchem das
Naturvolk noch völlig eingesponnen daliegt in den Schöpfungen eigener Geistes-
thätigkeit, beherrscht von der Furcht und den Gespenstern seiner Einbildung, indem sich dann noch deutlich die Wirkungseffecte von Ursache und Wirkung im
wechselweisen Reflex als Reiz und Gegenreiz erkennen und abwägen lassen, wogegen, nachdem in der Civilisation die Freiheit des Gedankenschwunges erlangt
ist, die in die Ewigkeit hinausstrebenden Ideen, in ihren unendlichen Reihen nur
durch einen höheren Calcül, und vorheriger Feststellung der hier herrschenden
Gesetze, zu berechnen sein würden. Auch hier werden, wenn die Zeit dafür gekommen, Vergleichungen aus dem dafür zusammengetragenen Material zu ver-
werthen sein, obwohl selbstverständlich die Betrachtung ändert, wenn in derselben,
statt primärer Grundlagen einer elementaren Spannungsreihe, die Progressionen
fallen, wie sie sich in organischer Entwicklung successiv emporsteigend manifestiren,
und dass die comparative Behandlung also ihr tertium comparationis anders zu
suchen hat, wenn populäre Volkseigenthümlichkeit zu einander vergleichend, anders,
wenn diese zu philosophischen Ideen in Beziehung setzend (anders für die Primär-
gedanken der Naturstämme unter sich, anders für ihre Verhältnisswerthe zu den
geistigen Schöpfungen der Culturvölker), — bedarf keiner Erwähnung für gesunden
Menschenverstand. Mann kann 2, 3, 6 und auch 36 mit einander vergleichen, aber
der einfachen Reihe 2, 3, 6, mag 36 als das in Multiplikation gewonnene Product
gegenüberstehen, und eben in der Richtigkeit der Rechnungen hier liegt das Pro-
blem selbst, das zu lösen.

Indem das im Körper lebendig Bewegende mit dem Tode entwichen, wurde
es wiedergefunden bei dem sonst in der Natur lebendig Bewegten, und also zunächst in den (auch schon als Behälter von Menschenseelen oder, wie durch Con,
verwandelte Menschenseelen gedachten) Thieren, wie z. B. der Amakosa die herum-
kriechende Schlange von der Seele des Verstorbenen belebt glaubt, im directen Anschluss noch an die Begrabung, bei chthonischen Thieren. Daraus folgt dann die
Vermeidung des Genusses solcher Wesenheiten, in welchen die Seele eines Verwandten vermuthet wird, und weiter mag dann eine an besondere Verhältnisse hervorragender Persönlichkeit gerade geknüpfte Thiergestalt sich als stereotypes Symbol
vererben, und durch das auf sie concentrirte Interesse dann das den andern Formen zugewandte verbleichen lassen. Wenn sich dann der Totem im Thierwappen
festgestellt, wird er unter solchem Bilde, und mit den auf dämonische Hülfen (wie
am directesten von den verwandten Ahnengeistern her) gestellten Hoffnungen, auch
ferner noch gesucht werden, nachdem vielleicht bereits die Seelen (um ihnen die
Rückkehr zu erschweren) in fremde Jagdgründe des Jenseits localisirt sind, das
Thier dann also nicht mehr seelisch (wie am unmittelbarsten im Zurücklassen der
Menschenseelen auf der Flucht, bei den Aht), sondern durch die mysteriös seinem
Instinkte innewohnende (in Peru mit den Prototypen in thierischen Sternbildern
verknüpfte) Macht, als wirksam gedacht wird, für übernatürliche Hülfen. Und indem nun der Einzelne im Lebenstraum solche nur ihm selbst eignende Hülfen
sich schafft, die Gemeinschaft auch wieder auf das Symbol des einigenden Bandes
als Schützer und Helfer trauen, und ihn dadurch in Bundesgenossenschaft gegen
Feinde verwenden kann, so wird, weil vorläufig jeder Fremde ein Feind, Jeder

den Andern auch mehr noch, als in seiner sichtbaren Person (die weil gesehen, vermieden werden könnte) des übernatürlichen Bundesgenossen wegen zu fürchten haben,
zugleich mit den Schlussfolgerungen, dass durch etwaige Zufügung des Jenes zu
dem Eigenen die Kraft sich verdoppeln müsse. Daraus folgen dann die Einigungen,
wie im Medicin-Tanz der Indianer, wo bei den Mysterien der Meda die Gewalt
der Zaubersäcke auf ein gemeinsames Ziel concentrirt wird, daraus dann auch,
wenn sich so ein sociales Gemeinwesen hergestellt hat, das Verbot, einen Sacralcult
zu Grunde gehen zu lassen, um nicht das Ganze zu schwächen, (und dieses auch
nicht dadurch etwa zu schädigen, indem die fortan gemeinsam bindenden Pflicht-
gebote übertreten würden, da die durch den Fehler des Einzelnen herbeigerufene
Rache das Ganze mit Strafe schlagen müsste).

Die Chippeways erhielten den Mais oder Mondamin (Spirit's Grain) von einem
ihrer Häuptlinge (who received it as the prize of a victory, he obtained over a
spirit), und so ringen die patagonischen Zauberer mit dem feindlichen Geist, wogegen Maui in Polynesien sich (wie Jeshl der Koloschen) auf's Stehlen legt (als
Hermes dolios, der listiger den in Prometheus' Strafe drohenden Gefahren entgeht).
Statt res nullius eignet jeder Naturgegenstand seinem Besitzer (oder Jnnuä) und
ist erst von „dem Verbieter" (bei den Eskimo) zu erlangen, etwa durch Gelübde
(wie in afrikanischen Mokisso), bis sich rechtlich (nach der socialen Lage) Eigen-
thumsverhältnisse [82]) festsetzen.

Wie in den Banden [83]) der Mönnitaris, und sonst, schaart sich stets das Gleich-
artige zusammen, in den Altersklassen (bei Kru u. s. w.) und ihren Weihe-Cere-
monien (bei Australier, Bantu, Fiot u. s. w.) sowohl, wie nach den Geschlechtern
(am Gabun, auf Palau u. s. w.), mit getrennten Ceremonien, bis etwa das gemeinsame Wohl wieder Einheit [82]) anstreben liess.

Bei spartanischen Festen sangen drei Chöre der Alten, der Männer und der
Jungen (s. Plut), und zum einigenden Band der Freundschaft erhielt Eros Opfer
(nach Athenäus). Als Praetextatus (in der Altersklasse unter den Juniores) konnte
das tirocinium militare gemacht werden, noch vor Annahme der toga virilis in (plena)
pubertas (bei gemeinsam öffentlicher Einkleidung am Jahresfest), und so die Altersklassen [84]) (bei Mönnitarri, Kru, Naga u. s. w,). Die von Herodot in archaistischen
Resten angedeutete Führung des Mutternamen's [85]), wie bei den Naturstämmen vorwiegend, wurde, als vor dem väterlichen zurückgetreten, auf athenischer Bühne selbst
als „schandhaft" für das Kind bezeichnet. Auch weist dort Orestes (der Anklage
der Erinnyen gegenüber) die Bluts-Einheit mit der Mutter ab, die, nach Apollo's
Worten, nur als „Nährerin des jungen Keim's" denselben gleich „fremdes Pfand"
im Schoosse birgt, wogegen der Vater das Kind erzeugt, und auch ohne Mutter
Vaterschaft möglich (wofür Pallas selber Zeugniss ablege).

Wie bei Irokesen die Totem, schlossen sich die gentes in den Curien zusammen mit den, den Apaturien [86]) (griechischer Phratrien) entsprechenden Festen [87])
der Compitalien neben den Paganalia der Landbevölkerung (plebejischer) Pagi
um die Urbs [88]) (im Kreis), und wie im Medicintanz der Indianer, hält stets ein
sacrales Band zusammen, je nach Zeit und Ort gefärbt in localer Eigenartigkeit.
Die älteste Form des Gildenwesens besass, weil Vereinigung von Geistlichen
(Kalandsgilden, Lichtgilden etc.) gleichsam ihren Grundstock bildete, einen rein
christ - katholischen Charakter, mit katholischen Heiligen als Schutzpatronen

(s. Hoffmeister). Servius Tullius liess die Patricier im „vicus patricius" wohnen (wie der Taikun die Daimio in Jeddo).

Die Abwägung der grösseren Schwere in graduirendem Vergleich ergab sich spontan aus dem materiellen Besitz der Boni homines oder Begüterten. Der Adel (von Od oder Gut) mochte neben den Allodia, auch als feudum oblatum oder feuda (fe-odu), das benificium besitzen (des Königs).

Im Landeigenthum festigte sich dauernd der Bestand, beim Uebergang der Societas im Civitas, wie in der Reformirung Attika's durch Kleisthenes. Die Gesippten[88]) (die cognatio bei Caesar) waren eine Verbindung auf gemeinsamem Boden, als Markgenossen (s. Freybe).

Wie auf heilige Thiere in Africa oder America, führten sich die gentes auf mythische Ahnherrn und vom Eponymus Romulus als Starken (ῥωμαλέος) bezeichnete sich die Stadtbevölkerung der Pubes als (populus) Romanus, zu denen die (später neben den Rittern als Fussvolk dienenden) Quiriten (der Spiesse) kamen (und dann die Plebejer des Blachlandes). Das Rom der Könige war griechische[89]) Stadt (nach Ennius).

Von der Stadt-Bevölkerung[90]) als populus Romanus Quiritesque (die Edeln und Spiessbürger) wurden die Feste der Compitalia gefeiert (in 30 Curien), wie die Paganalia von der Plebs (auf dem Lande), im Gegensatz zu gentes civium patriciae (nach Ateius Capiton), wie die „civitas" zerfällt „in patres et plebem" (bei Sallust), während „comitia centuriata ex patribus et plebe constant" (s. Festus) und primores plebis (equo publico) als Reiter oder Ritter (neben dem Fussvolk). Die 1200 Ritter der Rhamnes, Tities und Luceres waren durch 300 Patres im Senat repräsentirt unter dem quiritischen Volk der 30 Curien in der Stadt (als Populus Romanus Quiritium in Reiterei und Fussvolk) und neben dem Plebs des Landes bildeten die Clienten die städtische (der patricischen Patrone, die ihre Landgüter bestellen liessen) .Beim Tode eines Freigelassenen der Claudii beanspruchten, als seine Verwandte, die Marcelli die Erbschaft, „en vertu de la parenté" (stirpe) und die Claudier „par droite de gentilité" (gente). Les Claudii patriciens et les Marcelli plebeiens appartenaient á la même gens Claudia (Bellot). Der in ursprüngliche Verwandtschaft verbleibende Pfandsklave war in den Clan seines Herrn übergegangen. Die gens Domitia „fut plebéinne jusqu'au règne de l'empereur Claude" (s. Bellot). Die gens Claudia wurde in die Stadt aufgenommen und a patribus in patriciis cooptata (s. Suet.), jussu populi (b. Livius).

Romae tribus factae (aus den Pagi hinzutretend), indem (während in kritischer Entwicklungsphase der attischen Geschichte die Phylai in Demen fixirt wurden) in Rom der lebendige Organismus der Societas gekräftigt aufwuchs, auch das Aussenstehende zuziehend, bis mit materieller Masse desselben, unter gigantisch weiterer Ausdehnung, die Stabilität der Civitas aufgezwungen wurde.

Die patricischen gentes in ihren Curien (unter Dreitheilung der Stämme mit drei Auguren) vereinigten sich beim Cult der Juno Curites (auf dem Palatin), um die in Mitte der Versammlung aufgesteckte Lanze, die dann der Göttin in die Hand gegeben wurde, wie Heiligthümer oder Schätze überhaupt zu deren Schutz. Die Götterbilder, waren den Pelasgern (s. Herod.) aus Aegypten (oder sonst woher) überbracht, während in Aegypten selbst wieder (weil alles Fremde eindrucksvoller) von Ptolemäus zum Ueberfluss aus dem Pontus geholt, und Serena's gewaltsamer Tod, als sie das Halsband der Rhea zum Schmuck anlegte, wurde von der alten Vestalin, die bei Räumung des Tempel's allein zurückgeblieben (s. Zosimus), prophezeit (wie sich in nordischer Sage so mancher Fluch an Geschmeide knüpft.) Zosimus datirt Rom's[91]) Untergang von der Zeit, als Theodosius aus Sparsamkeit die Opfer aufhob, welch der Senat fortgefahren, für die Wohlfahrt des Staates darzubringen.

Wie das alldurchwaltende Numen[92]) bei jedem der einzelnen Gegenstände wieder in den numina (s. Plinius) hervortritt, und im Genius Jovialis (mit weitern Anschluss an die dii selecti bei Servius) im Menschen dann in dem Genius (oder Juno für die Frauen bei Seneca) wirkt (a gignendo bei Censor.) so lässt Varro solchen Genius im Menschen dem Deus im Universum enttsprechen, während (Paul. Diac.): Genium appellant deum, qui vim obtineret rerum omnia generandarum, und: Genium autem dicebant antiqui naturalem deum unicujusque loci vel rei aut homines (s. Servius)

Zu solchem naturgemäss dem Boden innewohnenden (und auch „plerumque" in Schlangengestalt gesehen), zu solchem, seit Schöpfung der Existenz ihr inhärirendem, Besitzer (als archei insiti unter dem archeus influus) treten dann aus den animales (bei Labeo) genannte Götter (quod de animis fiant) mit den Vergötterungen (siamischer) Chao, die Lares hinzu, als selbstwillig gewissermassen Besitz ergreifend, und auch der menschliche Schutzgeist, in den an sich gegebenen Berührungen mit der Seele, ist von Naturnothwendigkeit freilich zugewiesen, — denn: deus est cujus in tutela, ut quisque natus est, vivit (Censorinus), als δαίμον (s. Apulejus) oder Geniūs, — kann aber dann gerade solcher zwingenden Naturnothwendigkeit wegen, im Kinde schon (um dasselbe mit den der Idiosynkrasie entsprechenden Ceremonialvorschriften zu versehen) von den Eltern (oder durch den Priester) erkannt werden, indem er sich beim Wählakt zwischen Namen unter Aussprechen des richtigen enthüllen muss (auf Samoa oder sonst), und ebenso ist der dem fastenden Indianerknaben im Totem offenbarte Schutzgott nicht etwa ein willkürlich herbeigezogener, sondern eben der von Anbeginn, und durch den gesetzlichen Zusammenhang der Dinge, für ihn im besondern Bestimmte. Ut animae nascentibus ita populis fatales genii dividuntur (s. Symmachus).

Bei dem unterbrochenen fortgehenden Sterben konnte bald kein Platz mehr ohne „Umbra" bleiben, und unter den Manen mögen die Lemuren dann als Lavae spuken, oder im Hause (besonders bei der Bequemlichkeit eines dort Begrabenen) walten als Lar (s. Apulejus) oder auch Kobold (dienend und neckend).

Und dann im Innern des Hauses („juxta focum" besonders, oder im Heiligthum Vesta's) erscheinen die Penaten (omnes di qui domi coluntur), gespiegelt zugleich im Reflex des Macrocosmos: Penates introrsus atque in intimis penetralibus coeli deos esse, erklärt Varro (bei Arnobius) das „Herz des Himmel's (in Guatemala), ein „penetralis deus" (wie Jupiter bei Festus), als die schöpferisch das All durchdringende Lebensquelle: Penates esse dixerunt per quos penitus spiramus (Macrob.) [87]).

Da jedoch der Mensch nicht von der Luft[93]) allein lebt, konnte ihn Gucumatz erst ins Leben rufen, als der Mais, die seiner würdige Speise,[94]) aufgefunden, (oder im Selbstopfer des Vater's die Brotfrucht für die Araea oder rothe Erde essenden, Tabiter), und so die nächste Verknüpfung mit der Vorrathskammer. Dii penates sive a penu ducto nomine (est enim omne, quo vescuntur homines penus), sive ab eo quod penitus insident (s. Cicero), und obwohl dies auf unergründliche Geheimnisse sacramentaler Mahle weiterführen mag, läuft es für das Volk im Allgemeinen meist eher in die Küche aus. Singula enim membra domus sacrata sunt diis ut culina diis penatibus (Servius). Aeneas' Gefährten verzehrten sogar die Schüsseln bei der Penatengründung[95]) (wie es in Mexico mit den aus Mais hergestellten Tellern geschehen mag). Als bei einer Auseinandersetzung über die vielgestaltige Götterwelt Tonga's an den wohlunterrichteten Berichterstatter die Frage gestellte wurde, welcher unter diesen poetisch geschmückten Erscheinungen er im besondern nun persönlich seine Huldigung bringe, kam mir die Antwort, dass er es so halte, wie seine Landsleute im Allgemeinen, dass er den „Gott des Essens" verehre, um täglich satt zu werden, und damit nicht nur genug, sondern auch genug zu thun habe, mit Aa-whai-kai (dem Gott der Speise).

Eine, als deus penetralis, Alles durchdringende Gottheit (qui omnia permeat) gleich dem Grossen Geist der Indianer, lässt in der gleichartig fortgehenden Gestaltung des Kosmos (durch Thätigkeit der Atua in Polynesien) in dem an sich Naturgemässen nichts Besonderes für den Eindruck übrig, der erst im Prodigium trifft, dem augenfällig hervortretenden (als ostentum oder monstrum). Hier nun gewinnt die Religion zugleich ihre practische Bedeutung, indem der Mensch, als Theil in dem gesetzlichen Naturganzen einbegriffen, auch darauf für sein eignes Bestes zurückzuwirken fähig ist, denn „omina vel improbare vel recipere", hält Servius, für möglich. In Augurien certe disiplina constat, neque diras neque ulla auspicia pertinere ad eos, qui quamque rem ingredientes observasse ea negaverint, quo munere divinae indulgentiae majus nullum est (s. Plinius). Eine Hand wäscht die andere, und so waren die Götter ihrerseits gerecht, wenn gerecht behandelt. Est enim pietas justitia adversum deos (Cicero). Andererseits wieder stand der θεός ἀπό μηχανῆς den Priestern zu Gebote, für jedes Bedürfniss, neu, wie dieses (in Akua Kii).

Als Beschützer des Penus waren die Penaten [88]) der Römer gleichbedeutend mit den Κτήσιοι der Griechen, die an demselben Ort in gleichem Sinn verehrt wurden (s. Petersen). Οι μέν πατρωους ἀποφαίνουσιν, οἱ δὲ Γενεθλίους εἰσί δ' οἱ κτησίους, ἀλλοι δὲ Μυχίους, οἱ δὲ Ἑρκίους (Dionys.), als Penaten, „per quos penitus spiramus, per quos habemus corpus, per quos rationem animi possidemus" (Macrobius). Die dii Penates des Innern (als θεοι μυχιοι oder verborgene Götter) erhalten sacrificia occulta.

Vesta[96]) war die lebende Flamme (nach Ovid), als focus patrius (ἑστια πατρωα), und in den orphischen Hymnen wird das Feuer des Heerdes angerufen, wie zu Olympia das erste Gebet an den Heerd, das zweite an Zeus gerichtet wurde (in Agni's Verehrung, auch auf Samoa).

Von Caesius wird der Genius Jovialis unter die Penaten gerechnet (bei Arnob.). Ut animae nascentibus, ita populis fatales genii dividuntur (s. Symmachus). Singulis aut Genium aut Junonem dederunt (Seneca), den Frauen (in Rom). Dem Genius[97] im Menschen entspricht der Deus im Universum (nach Varro), wogegen Tibull den Genius zur Feier des Geburtstag's einladet.

Die zur Heilung von Pestilenzen, Seuchen und Krankheiten[98]) (s. Seybold) eingeführten Spiele am Säculum (als säcularische) oder (bei den Griechen) Aeon, wurde von dem im sabinischen Flecken Erebus (b. Val. Mal.) wohnenden Valesius,

dessen Hain vom Blitz getroffen, zur Nachtfeier (nach der Reise nach Tarent) geordnet, als Manius Valerius Tarentinus, indem die unterirdischen Götter bei den
Römern Manes gehiessen, gesund werden aber valere (s. Zosimus), und dann unter
dem Consulat des Marcus Potitus eingeführt (durch Spruch der sibyllinischen
Bücher.)

Kane und Kanaloa (als langdauernder Tane oder Tangaroa) wandern über die
Erde, als Genien des Lichts und des Dunkels, des Lebens und des Todes, wie
Nanabojoo, der in Kchemnito's Auftrag die Weihen der Mysterien schenkt, und
sein der Unterwelt⁹⁹) verfallner Bruder Chipiapoos, für die Seelen seiner Verwandten
das Feuer entzündend, als Dioscuren, (Gefährten gleich Phra-Naret und Phra-
Narai oder Narada und Narayana), in den eingeborenen Zwillingen¹⁰⁰), bei denen der
von Zeus dem Pollux geöffnete Olymp abwechselnd auch von dem menschlich verstorbenen Kastor getheilt werden kann, in Hoffnungssternen erscheinend, aber
nur schimmrigen Abglanz jener „ältesten der Götter", der Cabiren, als Söhne des
Uranos, in Pergamos von den Διοσκουρῖται verehrt (ἄνακτης παῖδες in Lokris), in
in Doppelpaaren, wie Aswin (der Vedas), Alces u. A. m. Wenn solche, im
Paar der Speerträger, wie von Dionys. Hal. in römischen Penaten-Capellen (und
sonst als Lares praestites) gesehen, symbolisirbare Mythen, in localen Sagen ihre
Anknüpfungen an einheimische Heroen erhielten, (in δελφοι und dem einen δελφινος,
als brüderlichem, erichteten Altar), den Zwillingen des Tyndareus in Sparta (obwohl
noch Ἀμβουλιοι) oder ihren messenischen Rivalen in Idos (durch die Rivalität mit
Apollo um Marpessa ebenfalls das Himmlische und Irdische verknüpfend), mit
seinem Bruder Lynceus, oder in Theseus und Perithous für ihr Niedersteigen zum
Hades, in Herakles und Iphikles, in Remus, das Fest der Lemuralien verlangend
(bei Ovid) neben vergöttertem Romulus u. s. w., — so verliert sich die Bedeutung für
allgemein comparative Mythologie, da, was sich dann noch an Vergleichungen
bietet, vom historischen Gesichtspunkt zu betrachten ist, also unter durchaus ver-
schiedenem Maassstab, um rationelle Proportionen für die Ausrechnung der Resultate
zu bewahren.

Auch die Theilung der Geschlechter¹⁰¹) führt auf Doppelpaare, wie in Apollo
und Artemis, mit Tod sendenden Pfeilen für Männer und Frauen, oder jener dem
Heerdenhüten der Hirten, diese den Entbindungen der Wöchnerin vorstehend (wie
schon aus Deucalion's Steinen Männer, aus denen der Pyrrha Frauen, erwachsen).
Als ursprüngliche Auffassung, bei den Pelasgern steht (wie unter den dii animales
die Scheidung der Laren in Penaten und Viales bei Servius) dem Strassengott, als
Hermes da draussen, in Steinhaufen (der ἑρμα) und Säulenpfeiler, die im Innern
waltende Göttin des Heerdes, als Hestia gegenüber, ἐντὸς νοῦ ναοῦ (s. Paus.) im
Olympieion, wo ihr Opfer dem des Zeus voranging. Primi tres, qui appellantur
Anaces, Athenis ex rege Jove antiquissimo et Proserpina nati, Tritopatores: Zagreus,
Ebuleus, Dionysus (unter den Διόςκουροι).

„Aus Allem, was wir von den Dioskuren hören, ist deutlich zu erkennen, dass
ihre ursprüngliche Bedeutung dem Bewusstsein entschwunden war", bemerkt
Schoemann, und so überall in den späteren Metamorphosen primitiver Unterlagen,
die in einem regen aufblühenden Geschichtsleben mit den Träumen der Kindheit
verbleichen mussten, bis mittelst der Erinnerungen der Naturstämme, durch das jetzt
darüber allmälig sich ansammelnde Material, neu wieder erweckt, nicht für prak-

tische Verwerthung etwa (wie sich auf jenen höheren Stufen der Culturvölker entnehmen lässt aus nutzbringenden Erfahrungen), sondern für die der inductiven
Methode erforderlichen Vergleichungen, zum Eindringen in den psychische Wachs-
thumsprozess (und dann später vielleicht ebenfalls nutzbringend für gesundheitliche
Regulirung desselben).

Im Begraben[91]) der Todten verknüpfte sich dann die Pflege der aus dunkler
Erde sprossende Pflanzen und später symbolische Wiedererscheinung in Blumen
oder den Früchten, mit den Mysterien des Ackerbaues, wie in den Socii oder Juncti,
als Cabiren (im Auf- und Absteigen wechselnd, gleich Castor und Pollux), und die
vier Götter Ceres (Terra Mater), Proserpina, Pluto et Mercurius (θεοί χθόνιοι oder
„dii inferi") „in mortuorum cura communes operas jungunt".

Als Söhne des Phokas[92]) und der Asterodia stritten Panopeus und Krissos im
Mutterleibe, wie Proitos und Akrisios oder Esau und Jacob (Φαρὲς und Ζαρά). Die
Priester der Alces (Castor und Pollux verglichen) trugen Weiberkleider (bei den Ger-
manen). Der Priester des Holtschy genannten Brüderpaares, wohnte im heiligen
Hain (im Riesengebirge). Die von Aeneas nach Lavinium und (über Alba longa)
nach Rom gebrachten Penaten wurden in Gestalt zweier sitzender Jünglinge mit
Speeren verehrt (Dion. Hal.).

In Polynesien verdankt die Menschheit die Künste des Leben's der schlauen
Verschlagenheit ihres (indianischem Nanabozhu entsprechenden) Maui[102]), der das
Feuer bringt (aber auch stiehlt, wie Yeshl die Elemente der Schöpfung bei den
Koloschen), den Sonnenlauf regelt, die Gefahren des Erdbeben's mindert u. s. w.,
ein ῾Ερμῆς λόγιος gleichsam (als διάκτορος) nicht κερδῷος nur, sondern ἐριούνιος (χθό-
νιος), und zugleich (unter den Tiki) die durch schöpferische Naturkräfte (wie in
Guatemala) als Atua oder (bei Eusthatius) θεοί, in's Dasein gerufene Menschen-
Anlage durch freiere Gliederung vollendend, im Character eines Quetzalcoatl (oder
Prometheus anderswo).

Mercurius a mercibus dictus, (bei Festus), aber Hermes Sohn der Maja, diente
als Bote aus den Himmelswelten nach dem Menschenvolk, mit der von Zeus be-
lobten Zuneigung zu demselben, auch die Seele, als ψυχοπομπος zur einstigen Ruhe
führend.

Seine europäische Verbreitung, bei Galliern (nach Gaesar), bei Germanen
(nach Tacitus), als Ahnherr thracischer Könige (s. Herodot) brachte (im Handelsverkehr unter des Handelsgottes Schutz) durch die Pelasger, neben den Steinhaufen
(ἑρμα) die Bilder, welche als einzige galten, vor dem Eintritt der Insassen ägyptischer Tempel, und bei der Verbindung mit Kabiren (in Sparta localisirt in der
nach Italien, als Doppelgänger der in den von Dion. H. gesehenen Penaten verbreiteten
Form der Dioscuren) fand sich in den Mysterien dann Berührung mit den phalli-
schen Riten, von Melampus (schwarzfüssig, wie die Priester Dodona's) mit Dionysos
eingeführt.

Als Heros konnte andrerseits zum Himmel Herakles[93]) steigen, der mit star-
ker Hand, gleich den Nimroden anderswo, den Menschen bei den noch straucheln-
den Schritten zur Gesittung geholfen, und also gleichfalls zu verfeinerter Ausbildung
der Schöpfung beigetragen. Im Tempel des Asklepios (bei Panopeus) wurden
zwei lehmfarbige Steine gezeigt, als Reste des Lehm's, aus dem Prometheus die
Menschen geformt (s. Paus.). Noum (Nef) schwimmt als Gottesgeist im Boot auf
den Gewässern und Pthah bildet Menschen (mit der Töpferscheibe).

Nachdem die vergleichende Mythologie die Elementarformen psychischer Grund
anschauungen festgestellt hat, verliert sich für sie, auf dem ethnischen Standpunkt,
(und von diesem aus) das Interesse in weiter secundär, tertiär, quaternären Fort-
wucherungen symbolisirender Ausdeutungen, wie sie (obwohl für historische Gesichtspunkte hier und da brauchbare Kerne einschliessend) sich z. B. im Kopfe
eines lycischen Sklaven aneinandergeschoben haben mögen, wenn Xanthos, der
Hörige des Cajus Orbius, bei Eröffnung (oder Anerbietung) seines Tempellokal's [103])
für die Benutzung durch Eranisten, sich nach seiner Geschmacksdilection das
Schulter- und Hinterstück des Opferthieres vorbehält, dagegen den Knoblauch,
mit welchen er von den (wie Stilpion) an Geldmangel Leidenden wohl also zu ver-
schwenderisch bedacht gewesen sein würde, lieber von vornherein abweist (den drohenden Aerger seines Men Tyrannos als Entschuldigung vorschiebend). Dergleichen Lieb-
habereien, oder was sonst in späteren Attribute der Götter-Syncrasien hinzugedacht
sein mag, kann (wenn selbst zu orthodoxer, und dann gewöhnlich auch pretensiösester
Geltung aufgeschwungen) wenig praktischen Werth haben, so wenig wie der mit
seiner gegenwärtig überreich emporblühenden Wissenschaft genugsam beschäftigte
Chemiker in einem Lehrbuche schon, nachdem er im Allgemeinen vielleicht die
Auffassung der Alchymisten berührt hat, ihre Deutungen über den „rothen Löwen"
mit Verwandten nachgehen, sondern dies der für Curiositäten bestimmten Literatur
überlassen wird, auch kaum viel Zeit übrig haben mag für Schweigger's „untergegangene Naturwissenschaft", die im Alterthum zusammengehangen „mit den wichtigsten religiösen Beziehungen und eben dadurch auf Kunst und Poesie vom grössten
Einfluss".

Wenn die Kaufleute aus Citium durch Volksbeschluss die Erlaubniss zum Bau
eines Tempel's in Attica erlangten, und nun in der Hafenstadt [104]), — wo die
Σωτηριασταί (wie auch auf Rhodus) an den Schiffern gute Kunden (für purpurne
Schwimmgürtel aus Samothrake u. dgl. m.) finden mussten, — ihre Aphrodite zu den
übrigen hinzutritt, so lässt sich mit derartigen Vervielfältigungen, wie sie Cicero besonders noch bei Dionysos kennt, und ihren Annäherungen auf's Gerathewohl aus philoso-
phischem Herumschweifen oder poetischem Ausschmücken, in ethnisch-psychologischer
Hinsicht nicht mehr viel machen, auch nicht bei Zeus unzähligen Namen, bis zum
androgynischen Zeus Labraundos, wenn auch unbestimmt verwischende Allgemein-
heiten deshalb gerade desto besser für Verschiedenheit der religiösen Bedürfnisse
vorsorgten, bei Λυδοὶ καὶ Φρύγες καὶ Σύροι και αλλοι παντοδαποὶ βαρβαροι (s. Xenophon). Dagegen würde sich historisch wieder, besonders für die ersten Stadien
solcher Reproduktions-Processe, wichtige Untersuchungen ergeben, um z. B. den
Verzweigungen aus kretischem Grabe nach karischem Nationalheiligthum nachzu-
gehen, oder dem vom Staat geduldeten Cult des Zeus Stratios bei Isagoras' karischem
Geschlecht in Athen.

Im heiligen Taumel [105]) der Corybanten und Bacchanten wurden, bei der Feier
nächtlicher Mysterien, (durch die Gottheit, mit welcher man in der Exstase in
Rapport getreten) übernatürliche Kräfte mitgetheilt (s. Plato), um alle Hindernisse
zu besiegen, unbeschädigt Abgründe zu überspringen oder die wilden Thiere zu
bezwingen u. dgl. m., und Aehnliches beabsichtigen die Indianer in ihren Medicin-
tänzen zu erreichen, in Vorbereitung für die Büffeljagd u. s. w. Bei der Rückkehr,
wie auch unter den Stämmen Südafrika's, findet dann die Reinigung statt, die

sich (nach Arrian) nicht nur auf die Jäger zu erstrecken hat, sondern auch auf seine Hunde.

Qui totos dies precabantur et immolabant, ut sibi sui liberi superstites essent, superstitiosis sunt appellati, quod nomen patuit postea latius. Qui autem omnia, quae ad cultum deorum pertinerent, diligenter retractarent et tanquam relegerent, sunt dicti religiosi ex relegendo (s. Cicero), wie sich die Bestrebungen der zunächst nur auf Erlangung von Nachkommenschaft (durch Opfer) gerichteten Brahmanen dannin philosophische Anschauungen erweiterten (rascher als im Semitismus).

Seit sich die Griechen mit dem durch Bacchus vom rothen Meer (in den Phöniziern Theben's) gebrachten Wein berauschten (nach Philonides), blieb die Bekränzung in dem gegen Kopfweh angelegten Binden (s. Athen.), obwohl der rettende Zeus dann die Wassermischung lehrte, während im Handelsverkehr mit den Skythen wieder ungemischter Wein diente (wie Feuerwasser bei den Indianern). Die Halva-Gondh vergöttern ihre Distiller (des Rauschtrank's).

Wie im siamesischen Teufelstanz (unter Herberufung des Chao) wurden (in Hellas) durch korybantische Katharmen die Besessenen[106] im Mittanzen curirt (wie auch dem heiligen Veit bekannt). Vorwiegend, wie auch in Hinter-Indien, fungiren hier die Frauen, am Hämus von Altersher rasend für Dionysius und Orpheus (s. Plut), und auch den Germanen (nach Tacitus), als solche bekannt. Desgleichen in Hellas: Γυναικες γαρ εἰσιν αἱ προηγουμένως μητρίξουσαι, ἀῤῥένων δὲ ὀλιγοστοῖ καὶ ὅσοι ἂν ὦσιν ᾿απαλώτεροι (s. Jamblich.)

Wie Odhin durch Handauflegen[107] seine Krieger segnend (in der Ynglingasaga) weiht bei den Maori der Tohunga durch die Taufe, und die Brahmanen, als (siamesische) Phu-loi, reinigt ihr heiliges Wasser gleich abwaschendem λᴕτρον (bei Clem.) mehr noch von Sünden der Seele als am Körper, da für diesen sich oftmals eher der heiligere Kuhmist empfiehlt, oder für die Eingeweide das Trinken des Kuh-Urin (nach den Shastra). Dicunt aliqui doctores, quod in urina propter defectum aquae posset baptizari (s. Guido) Bei Mangel an Wasser mag getauft werden in quovis alio liquore (Beza). Völlig ausgekochtes Bier kann (nach Clavesius) zur Taufe nicht gebraucht werden, wohl aber wässriges (umgekehrt wie bei der Fuchstaufe)[108]).

Brühe (ohne Salz oder Butter) müsste vorher mit Wasser vermischt werden, eher als zur Taufe geeignet betrachtbar (nach Major). Quid faciendum, si puer urinaret in fontem? (und darauf die Antwort der „Doctoren“). „Concorporatio eorum (bei Tertull.) bezeichnete „intima conjunctio aquae et spiritus“ oder des (in's Wasser gezauberte“) Dämon (s. Augusti) mit „der Lehre von der Taufe im Aberglauben verbunden“ (bei Münster). Nach Cyrill kann die Seele nicht anders, als durch Beschwörungen gereinigt werden (im Exorcismus oder Taufact).

Zur Besprengung mit Wasser trat die Oelung bis zur Salbung in heiliger Weihe, und in segnender Handauflegung die traditionelle Fortpflanzung jener (in Abyssinien schlauchweise verschickten) Kraft, die bei den Ariki mit der Zeugung selbst, vom Vater auf den Sohn (wenigstens den der Erstgeburt) übergeht, und ihre Manifestation in prophetischen[109] Verkündigungen selbst zu künden vermag,

Durch Bekanntschaft mit schamanistischem Ausfahren der Seele bei (sibirischen) Scythen, wurde Aristeas (zu Proconnesus) in dionysischer Begeisterung bis zu den Issedonen (auf welche einäugige Arismasper drängten) geführt, und in Folge der Wiederbelebungsfähigkeit des bei solchen Operationen zurückbleibenden Körper's, konnte er, nach dem Verschwinden in der Werkstatt des Walker, lebend auf der Strasse nach Cyzicus gesehen werden, oder später in Proconnesus wieder erscheinen (s. Herodot), wie auch mit seiner Begleitung als Rabe (der Gestalt der ausgefahrenen Seele) die Einführung von Apollo's Cult, vielfach (wie nach Delphi auch) auf Schiffen umhergeführt (und schwimmenden Inseln), in Metapontum verknüpft wurde.

Im homerischen Hades schwanken schattenhaft die Seelen, kaum zu Zwitschern fähig, und wie sie in den Etagen des Reinga tiefer und tiefer hinabsinken, schwinden dementsprechend ihre Kräfte den Seelen der Gemeinen, während in den Fürsten, wie bei den Chao der Siamesen, die Vergötterungen beginnen. So rufen die Kaffern die Seele der Häuptlinge an, „gone to high places" (s. Theal), auch im Kriege den Heerreihen voranzuziehen, und seit sein Geist in der Schlacht von Marathon vorangezogen, wurde Theseus (469 a. d.) als Heros verehrt (in Attica). In seiner Leichenrede für die bei Samos Gefallenen vergleicht Perikles die Gestorbenen mit den Göttern, die auch den Sinnen entrückt, in der Verehrung, die ihnen zukommt, und die Wohlthaten, die sie gewähren, für unsterblich erkannt werden (v. Schöll). Bei den Batta bewahren die in Jugendkraft (besonders also in gewaltsamem Tod) Entrafften, die Kräfte ihren Nachkommen zu helfen (und so vielfach).

Unter den weissagenden[110] Jungfrauen (den Balin der Dayak entsprechend, mit Seitengängern in Celebes), wie sie aus den Veleda (virgo nationis Bructerae), Aurinia (b. Tac.), Ganna (s. Cassius), Thiota oder Jettha und anderen „perita augurii femina" (b. Saxo) in Völva's nordischen Liedern der Voluspa fortklingen, wie auch mit Libussa oder (als Tochter des Zeus und der Lamia) Libyssa (als libysche Sibille) und ihren Schwester (in Böhmen) hervortretend, oder als Wanda (imperatrix Polonorum), wie von ferner dann in Herodot's Tauben zum Orakel Dodona's geflogen, — erscheint die Σίβυλλα Δελφίς (bei Suidas), aus Tochterschaft des Berosus (mit Erymanthe) in der bei Hebräern orakelnden (gleich Unholdinnen in Chulda oder Hulda bei Königssegen fluchenden) Σάββη (b. Paus.), als Babylonische oder Aegyptische Sybille, bis nach Cumae (s. Pichard), als „muse de prédilection" (für Mos. Ch.) oder Geliebte (Odhin's beim „Zauberweib Hulda") versetzt, um in Rom's heiligen Büchern nachzuwirken (in Amathea's „folia Sibyllae"). Berosos, der als älterer Vorgänger (b. Fabricius), den „Namen eines gefeierten Priester's" (s. Wachler) in den Geschichtsbüchern bewahrend, (unter chaldäischen Astrologen) eine Schule der Genethlialogie auf Kos gestiftet (s. Gutschmid), erhielt von den Athenern „wegen seiner Prophezeiungen aus den Sternen eine Bildsäule mit vergoldeter Zunge gesetzt", und die Glossologie kam wieder unter den begeistert besessenen Frauen der Montanisten (in Phrygien) zur Geltung, im Anschluss an die Hierodulen (Cappadocien's) mit ihren auf Bacchantinnen, gleich cimbrischen (oder britischen) Priesterinnen, weiterführenden Culte (in den Reptauchenes und anderen Kopfschütteleien).

Wie aus der Natur der Sache nahe liegend, wählen die Schamanen (bei Buräten nnd sonst) besonders Kinder nervösen Temperament's für die Erziehung im Unterricht, und wenn aus gelegentlich hinzutretenden Gründen Mädchen anstatt Knaben gewählt sein sollten, etwa eine Tochter (wie Daphne die des Tiresias oder Hippo des Chiron), so musste sich, bei der grösseren Disposition zu hysterischen An-

Bastian, Assam.　　　　　　　　　　　　　　　　　　　c

fällen beim weiblichem Geschlechte, leicht die Ansicht feststellen: inesse quin etiam sanctum aliquid et providum, wie auch auf der schwarzen Kehrseite des Hexenswesen's oder der Besessenheit) dieses Geschlechts, als schwächeres, am meisten unterlag.

Andererseits konnten dann die Sprüche, die auch unter Hellenen, ehe Python am Schlangensitz Delphi's Besitz ergriffen, auf Dodona's Priesterjungfrauen (in Taubengestalt für die von Tiresias gekannte Vogelsprache) zurückgeführt wurden, wenn mit der Autorschaft aus fernem Osten über Cumae in sibyllinischen Büchern [113]) nach Rom gelangt, dort mit der Weltstadt emporwachsend in den Weltbewegungen bewegend mitwirken.

Gleich den „guden Hollen" (1519) oder (in Island) dem Huldufolk (Huldra's), wachten (in Tahiti) die Oromatua über Eintracht in der Familie, aber bei „Unordnung im Haushalt" (s. Grimm) verkehrt sich Frau Holda (wie die schöne Lamia in hässliches Schreckbild) in „Unholdam" (bei Burchard), unter „diu unholde" oder (seit XVII. Jahrh.) Hexen, vor denen der Hex (gleich dem Unholdaere) zurücktritt, wenn nicht wieder, ein Atli die Hexen (jarnvidgur u. s. w.) tödtet, als Hexenmeister meisternd (im Schachspiel schwarzer und weisser Zauberkunst).

Zur Hexe gehört der Hexenkessel (und die Hexenküche), wie bei den Weirdsister's (Urdr's oder Wunth's), „Seidmadres ist Zauberer Seidkona kluge Frau, die sich auf's Sieden und Kochen zauberkräftiger Heilmittel versteht, (s. Grimm), und dann Seidberendr, sowie (für Frauen) Seidkonor (sioda, sieden). So weissagen (bei Strabo) die cimbrischen Priesterinnen aus dem Opferkessel [114]), und wie die Völva (Skass oder Valkyrja) beim Weisssagen auf vierbeinigen Stuhl oder Schemel (seidhiallr) sassen, so auf einen Kessel (über dem Dreifuss [115]) mit schlangenumwundenen Beinen) „la Pitia che da le riposte sopra il Tripode d'Apollo" (bei Rocheggiani).

Zwar war ὁ τρίπους ὁ ἐν Δελφοῖς (s. Arist.) über die Erdspalte gesetzt, doch sollte die Begeisterung dem Lorbeerkauen vertrauen, und das Orakel mehr den ὕδωρ λάλον (im Gerede des siedenden Wassers, und dessen auch den Ganga geläufigen Deutungen), ἐπάνω γὰρ τοῦ τρίποδος ἦν τίς φιάλη, ἐν ᾗ αἱ μαντικαί ψῆφοι ἤλλοντο (Eudoc.), denn wenn auch die δελφικοὶ τρίποδες, als χορηγικοί τρίποδες, zu unterscheiden sind (s. Wieseler) von dem „τρίποδες schlechthin, den τράπε αι τρίποδες, mensae tripedes" (und dann wieder „mensa pythica"), so stand doch auf dem heiligen auch der „λέβης", und von der im Haushalt gebräuchlichsten Art (τρίπους ἔμπορος) stammt „der mehr oder weniger bauchige Kessel der anathematischen Dreifüsse" (verbreitet bis zu musivischen Agonen). Statt des ὅλμοσ (auf drei Ringe gelegte Scheibe) oberhalb des „von drei Füssen getragenen Kessel's" bei (K. O. Müller), wurde der κόλος aufgelegt, „pour faire un siège à la Pythie" (s. Bröndsted), ein bequemerer Sitz als der in der Höhlung (der cortina), die eine Zeitlang dazu benutzt sein mochte, — wohlverstanden: nachdem das Sieden aufgehört hatte, da es sonst ungemüthlich warm hätte sein müssen, wie Indra (als Phra-In wenigstens) aufspringend fühlt, wenn es unter seinem Sitze zu brennen beginnt (wegen lasterhafter Aufführung auf der Erde drunten).

Als beim Bruch der alten Blutrache blutigwüthenden Brauch' (der Kunaima und sonstiger Furiengestalten), — da zum Besten des Gemeinwesens in gesellschaftlicher Gesittung, das Recht, als selbst für Verwandtenmord sühnekräftig, höher zu stehen hat, (zumal wenn geraubt „ein edler Mann mit gottverliehenem Königscepter hochgeehrt"), — die Erinnyen in Entrüstung über solche Verachtung uralt geheiligter

Natursatzungen, das Land mit der Schädigung ihrer Flüche bedrohen, veredeln sich diese in die Segnungen der „gnädigen Eumeniden", auf Athene's Vorstellungen, unter Verlängerung der schuldigen Ehren, — ihnen, die „Wohlgesinnten wohlgesinnt, und Bösen ·nur furchtbar". So auch walten die Oromatua über Einheit und Frieden der Familie, wie die Volksgöttern über den des Staates, segnend in der Harmonie so lange sie besteht, aber bei ausbrechender Zwietracht durch die gellend verletzenden Misstöne schon schadend.

Mit dem jüngeren Göttergeschlecht wird dem (auch nach den von Prometheus verliehenen Kunstfertigkeiten, noch stumpfsinnig dahinlebenden) Menschen die neue Gesittung (in der von Zeus gezeugten Dreiheit der Horen) geschenkt, gegenüber uralten Naturgesetzen, worin die Titanen gewaltet, und wenn sich die Erinnyen auf ihr Recht zur Verfolgung des Muttermordes berufen (während die Erschlagung des Gatten keine Blutsverwandten betroffen), so protestirt doch Apollo gegen so zu verachten der „Ehegötter Hera und Zeus heiliges Band". Die directe Befleckung (um ohne Schaden in der Gesellschaft verkehren zu können) musste erst „durch des Opferferken Blut" (s. Schoemann) am Altar des Phoebos (und durch Quellenbad) weggespült werden, aber alsdann auch noch von · den Rächerinnen gehetzt, wagt es Orestes (an Pallas appellirend) den Richterspruch zu verlangen, vertrauend auf die für das bürgerliche Beste abzugebenden Entscheidung, zumal durch Loxias selbst, die That im Orakelspruch anbefohlen, denn auch für der Blutrache blutige Rache muss Sühne (der Fehde) sein im Recht (und anders das Urtheil, ob Todtschlag, ob Mord, slahta oder mordar).

Auf Melampus [116]), der mit seinen durch Belecken (bei Sigurd durch das Herz) der Schlangen gereinigten Ohren die Sprache der Vögel, wie der aztekische Priester (und der Huarochiri's die der Füchse) verstand, wurde die Einführung dionysischer Mysterien aus dem ägyptischen Land der Melampodes (gleich den Schwarzfüssen in Dodona) zurückdatirt, und geheimnissvoll war der Zutritt zum Isis-Tempel in Tithorea, als nur den von den Göttern selbst in Traumoffenbarung Berufenen zugänglich. Die Bettelmönche dieses Cult's wurden indess zur Lagidenherrschaft erst, im Hellas häufiger, während früh schon die Metragyrten schwärmten, die als Menagyrten auf phrygischen Men führen (sowie auf syrische Orgien der Orgeonen), und dann aus Thracien die Orpheotelesten, um auf die Bücher des Musäus mancherlei Art der Thiasen zu begründen, wo sich Eranisten (zum Pic-nic) dafür fanden. Ihre „Ueberlieferungen redeten von einer angeborenen Sündhaftigkeit des aus der Asche der götterfeindlichen Titanen [117]) entstandenen Menschengeschlecht's, von einem Kreislauf der Seelen durch irdische Leiber, in die sie, gleichwie in einem Kerker, gebannt seien, um die alte Schuld zu büssen, und dann gereinigt auf den Sternen bessere Wohnsitze zu erhalten, von der Strafe der Ungereinigkeiten und von der Nothwendigkeit einer Läuterung durch religiöse Weihen und Anwendung der Gnadenmittel, welche durch Orpheus offenbart seien" (s. Schoemann).

Es liegt hier der Anschluss vor an autochthone Mythen eines erdgeborenen Jarbas oder phlegräische Giganten Alkyoneus, und Gäa, welche die Giganten für ihre Titanomachie geboren, hatte auch als „grosse Mutter" die Gebeine geliefert, aus deren Steinen sich die Menschen erhoben, als Deucalion den durch das trügerische Opfer seines Vater's Prometheus (Sohn des mit Kronos in den Tartarus geschleuderten Japetos) in Sicyon, bis zur Zerstörung dessen Lehmmenschen erbitterten, Zeus mit dem an Phyxius auf dem Parnassus dargebrachten besänftigt hatte. Neben der grossen Masse des gemeinen Volkes, das so (gleich den Sachsen) aus Gestein (wie in Birma aus Kräutern und Gräsern) in's Dasein trat, springen die Fürsten von des Schöpfer's eigene Lenden, in Hellen, Sohn des Deucalion, der unter den (aus eingeborenen Wandlungen zusammengeflossenen) Lelegern siedelte (in Lokris). Für sie, die somit Frieden geschlossen mit dem Götter-geschlecht, kamen deshalb die orthodoxen Mysterien der Demeter nach dem Hause des Keleus (und seines Bruders Dysaules, Vater des Triptolemos, mit ursprüng-lichen Anrechten auf den Felddienst) in Eleusis aus Kreta, der Insel des heiligen Grabe's (ὧδε μέγας κεῖται, Ζὰν ὅν Δία κυκλήκου σιν), und dorthin hatte sich auch, als in Aigialea (zn Sicyon oder Mekone) zurückgewiesen, Apollo zur Reinigung für Python's Erschlagung zu wenden, als mit der Herakliden Siegeszug durch Hellas der Ruhm der Orakelstätte zu Delphi immer lauter ertönte. Man vergass dann Delphus, durch Poseidon in Gestalt eines Delphin's mit Melantho gezeugt, aber in Thelpusa wusste man noch von der Stute zu erzählen, in deren Gestalt fliehend Demeter von Poseidon, als Hengst, überwältigt sei. Doch dem Reinen ist alles rein, da es auch hier an Reinigungen weder, noch Sühnen fehlt, so wenig, wie bei den Orpheotelesten, nach den Dionysos (dem jüngsten Spross des Himmels-vater's Zeus) von Rhea ertheilten Lehren. Ἀγύρται δε καί μάντεις hatten (θυσίαις καί ἐπῳδαῖς) durch Opfer und Sprüche Kraft erlangt, die Verbrechen der Vorfahren (προγονων) auch zu sühnen (μεθ ἡδονῶν τε καί ἑορτῶν), mit Vollmacht der Sünden-vergebung (aus des Orpheus und des Musäus Schriften). Bei Voraussetzung von Wiedergeburten, (wie gleich den Thrakern auch den Galliern geläufig), hatten dann die Priester vielerlei Gelegenheit zum Eingreifen in den Beutel, für die bei den Bonzen nach der Höhe des Geldbetrages geregelten Begünstigungen in China, wo das gemeine Volk seine Bedürfnisse in den Klöstern Fo's oder Laotse's befriedigt, ohne sich (so wenig wie in Hellas) um den Staatscult viel kümmern[118]) zu können, noch dürfen, da sich dieser in seinen offiziellen Formen mit der Welt des Un-sichtbaren abzufinden hat.

Als von den Titanen stammend, ging das (menschliche) Fürstengeschlecht durch Japetos auf dessen Eltern in Uranos und Gäa zurück (aus Theogonien in kosmologische Urkräfte), immerhin jedoch, damit nicht der Erdgeborene (besonders bei den Steinen des "Laos" ohne ätherische Beimischung) wieder zur Erde werden, blieb die Nothwendigkeit, mit dem jüngeren Usurpator, weil nun einmal actuellen Be-sitzes in Aetherhöhen, ein Abkommen zu treffen, weil sonst auf jeden Antheil am Himmelreich von vornherein zu verzichten gewesen. Damit leiteten sich dann, unter stillschweigender Anerkennung des Thatbestandes, die chthonischen Ceremonien des Auferstehen's ein, die in der Mythe von Zagreus noch die alte Feindschaft der Titanen durchklingen lassen, während sie sich in Demeter's Mysterien an hei-mischen Triptolemos anschliessen.

Es liess sich hier ein regelmässiger Cyclus von Ceremonien feststellen, um unter dem vorgeschriebenen Cursus von Heiligungen geläutert, während des irdi-schen Leben's für das bessere im Jenseits Vorbereitungen zu treffen.

Anders dagegen die aus dem spätern Sitze der Montanisten (und weiblicher Pro-pheten) nach Hellas gelangenden Culte des Sabazius und Genossen, wo der im wirklichen Leben schon vom Taumel des Gottes Ergriffene für die Bedürfnisse

hienieden bereits, in wunderbaren Begabungen, Hülfe und Beistand zu erlangen
strebt, durch den mit dem Uebernatürlichen hergestellten Rapport, ohne sich gerade
um die Zukunft Sorgen zu machen, denn Aristion, — sie, die so fröhlich mit ihren
Castagnetten (Crotalen) für Cybele getanzt, — sie ruht (wie Thyillos es singt), statt
unter Blumen, im Dunkel des Grabes jetzt, und auf dem des kleinen Täubchen,
„petite colombe" (s. Dehèque), der sich den Orgien der Cypris freuenden Tryphea,
mögen die Veilchen blühen, die Philodemos ihr wünscht, aber ohne Sicherheit
gegen Dornen und Disteln, so lange die an die Erde gerichtete Bitte ohne
Antwort bleibt. Für Offenbarungen richtet sich stets der Blick nach oben, auch
in Guiana für Begründung der dortigen Mysterien. Das Geheimniss, das Jeder,
wenn ihm im eigenen Cult auch entschwunden, in dem des Fremden zu sehen
oder (wie bei Finnen, Australiern und sonst überall) zu fürchten meint, führte zu dem
Anstreben gegenseitiger Unterstützung, Jedes durch den Anderen, im heiligen Medicin-
Tanz oder afrikanischen Geheimbünden sowohl, wie in Attica's Thiasen, und so
bei Sodales in Rom, wo indess das Durchgreifendere des politischen Zweckes solch'
private Bestrebungen in den Collegien (der zugewiesenen Tempel) wieder zugleich
für Staatszwecke verwehrtete (in den collegia opificum ausserdem mit Annäherung
an das im Mittelalter bei den Gilden Mitwirkende im Bürgerthum).

Wie weit es sich bei dergleichen um Verschiedenheiten oder Aehnlichkeiten
handelt, hängt von der Graduirung des Werthmesser's ab, der jedesmal angelegt
wird. Die Stüber mit den Kreuzern zu verwechseln, wird der bedächtige Rechen-
mann vermeiden, aber dennoch lässt sich im Gulden (oder anderen Münzsorten)
wieder eine für Vergleichungen direct verwendbare Einheit gewinnen, und so ist
es für sorgsame Forschung allerdings durchaus nothwendig, attische Thiasen und
römische Collegien als grundverschiedene Dinge aus einanderzuhalten, bei Special-
studien, obwohl für allgemein vergleichende Gesichtspunkte das tertium comparationis bald genug hervortritt. Der den Menschen, als solchen, eingeborene Trieb
der Geselligkeit hat sich überall zu manifestiren, im Kleinen, wie im Grossen,
und jedesmal wieder dem Masstab entsprechend.

Im Hades spricht man von „den Todten oben" (bei Aristophanes), und den
seeligen Mysten hatte die Oberwelt als Reich des Todes und des Elend's zu gelten
(s. Welcker). Ehe er (an Xanthias' Stelle) dem Dionys sein Päckchen trage,
(selbst nicht für neun Obolen), verschwört sich der Todte lieber wieder lebendig
zu sein, während Achill's Schatten vorziehen würde, als Tagelöhner auf der Oberwelt zu dienen (b. Homer). So hat auch im christlichen Volksglauben, der Todte
(bis durch den Nachsterbenden abgelöst), traurige Wacht auf dem Kirchhof zu
halten, trotz verführerischen Psalmensingen's der Frommen zu himmlischem Georgel
(oder der bei St. Basilius tanzenden Engel). Für die Grönländer kommen nur
die Faulen in den Himmel, wo es kalt und frostig ist, gegenüber dem heimisch
warmen Mutterschooss der Erde, und dort findet ebenso der Indianer seine Jagdgründe, während es aristocratischem Stolze schmeichelt in der Sonne zu glänzen
(bei Aztekenfürsten) oder in Sternen, von dort herabschauend (bei den Maori).
„Das Leben der Götter ist das sittlich erhöhte Leben der Griechen, an diesem
Masstab hat der Mensch sich zu messen, diesem Ideal hat er nachzustreben"
(s. Dunker). Darüber nun dachten die Kirchenväter freilich anders. Doch Verschie-
heit der Ansichten verschönert die Monotonie.

Der durchgehende Grundzug im Leben der Völker ist die Furcht vor dem feindlich Bösen, das aus dem Unbekannten ringsum droht, und in dem Leid des Lebens seine thatsächliche Begründung findet, in der Natur eben selbst.

Im Alterthum nahm man es im Ganzen mit den Dämonen ziemlich familiär, weil sich in der geschichtlichen Entwicklung des Cultus, überall, wo das Bedürfniss eingetreten, die entsprechenden Vorsichtsmassregeln hatte treffen lassen, so dass, wenn das Hülfssystem auch ziemlich complicirt vorlag, es doch für jeden etwa vorkommenden Fall mehr weniger genügende Aushülfe bieten mochte.

Anders als unter dem Gegensatz einer fremden Religion durch das Christenthum der Bruch mit Früherem eingetreten war, und nun auch nach Besiegung desselben, doch noch allerlei Unheimliches in dem niedergeworfenen Gegner versteckt zu sein schien, das schon die Kirchenväter genugsam beängstigte, aber mit Ausbreitung der Missionen auf bis dahin unbetretenen heidnischem Boden, an Schrecken's-Eindruck gewann, und bald die Luft überall mit den Teufeleien füllte, wie von den Hexenriechern (der Bantu) kundig hinausgewittert, bis durch ein Directorium Inquisitorum in Methode gebracht, das Hexenwesen hervorrufend, mit seinen Folgen, das Mittelalter hindurch.

Erst die geographische Umschau des Globus, die Ethnologie vorbereitend, hat hier die Befreiung eingeleitet, die sich manchmal an einzelne Namen, jener die, (gleich Baco und Andere) die heranziehenden Ahnungen früher fühlten, angeknüpft, in Wirklichkeit aber aus kaum merklich unscheinbaren Anfängen allmählich hervorwuchs, unter der inductiven Behandlung der Naturwissenschaften, wie sie aus der astronomisch und geographisch gleichzeitigen Umgestaltung zu folgen hatte, in der die Neuzeit eröffnenden Revolution. Indem in den Weltreisen das massenhaft anschwellende Material für comparative Behandlung geliefert war, und man nun mit eingehenden Studien der Detail's begann, wurde das bisher als teuflisch unbekannt Aeffende aus einem Winkel der Natur nach dem andern vertrieben, so dass sich die Umrisse eines wissenschaftlichen Verständniss des Kosmos zu klären beginnen konnte.

Schrecklich genug hat es geäfft, Jahrhunderte hindurch im europäischen Mittelalter, unter Autorisation päpstlicher Bullen grauenhafte Schandthaten häufend, wofür die Ethnologie aus keinem Theile der Erde gleichwerthige Paralellen zu liefern vermöchte, da sich selbst von Dahomeer weder noch von Azteken die Menschenopfer in irgend welcher Annäherung aufrechnen liessen, bis zu der, wenn auch wohl etwas willkührlich angenommenen Zahl, von 9 440 000 (bei Thomas.).

Doch auch bei all' zulässigen Reductionen bleibt es schrecklich genug, um, wie Heinroth meint, nicht leugnen zu können, „dass etwas Satanisches in dem Menschen ist, der sich dem Bösen ganz ergeben hat" (1833), wenn man sie bedenkt die „confusiones et turbae universales ac injustitiae horrendae sub specie pietatis", wie aus der Einführung des „Processus inquisitorius" folgend[119]) (s. Thomasius), und doch auf leichteste Schultern genommen, wenn bei der über den Feuertod schwankenden Schaale, auch die Etymologien des Küchenlatein in die Wage geworfen werden mochten. „Femina a fe et minus" war (wegen der „flexibilitas complexionis") mehr der Zauberei ergaben (nach dem Malleus maleficorum). [120])

Mit fröhlichem Jubel beging man sie, die „in gloriam" des Höchsten dargebrachten Holocausten. Innumerabiles haereticos peregrini nostri cum ingenti gaudio

combusserunt (bei Pierre de Vaux Cernay) in Montfort's Kreuzzug, auf dem (nach
Joachim Pieron) 32 Millionen Menschen getödtet wurden, und 6000 Stedinger durch
die in 40 000 Kreuzfahrern Conrad's von Marburg materialisirten Absurditäten, die
von Gregor IX. auf Vorstellung seiner Erzbischöfe und Bischöfe, gegen sie geschleudert waren. Dass überall der Teufel steckte, bestätigt neben dem Liber
Revelationum (des Abtes Richalmus), auch Cäsar's von Heisterbach's Dialogus mira-
culorum, und an Qualen Gefallen zu finden, schien in Jedermann's Natur zu liegen,
selbst heiliger, gleich der St. Agnes', die, „im Thau des Mai gebadete", die mit
andern Vasallen Johann's von Schwaben, auch Rudolf von Wart martern liess, drei
Tage lang hindurch, unter erzwungenem Zuschauen seiner Gemahlin, welche Gnade
flehend herbeigeeilt war, und dafür einem Schauspiel beizuwohnen hatte, das der
seinen Gefangenen quälende Hurone wenigstens rascher zu beenden pflegte. In-
quisitores debent esse proni ad torturam (Antonino Diana) im „Directorium Inqui-
sitorium" (Eymerich's), und von der Inquisition erst wurde das Hexenwesen geschaffen (nach Soldan) bei Verbindung der Heresie der Waldenser mit den Teufels-
Anrufungen (s. Görres), in der dann damals gerade (Ende des XV. Jahrhunderts)
die Neger des dunkeln Afrika mit ihren Fetizeiro's ausstattenden Form. Kaum
giebt es ein Dorf, in dem nicht eine Hexe der vier Gattungen (mit 41 Zauberkünsten) sich findet, wie Trithemius klagt, besonders weil, „seitdem die Exorcismen
nicht mehr geübt werden, die Verhexungen in Schrecken erregender Weise überhand genommen" (s. Schneegans), und deshalb wird eine Universalmedicin
empfohlen. „Die Beschreibung dieses Hexenbades und der ganzen Procedur, die
dabei zu beobachten, mit allen Sprüchen und Gebeten, nimmt nicht weniger als
61 Seiten ein" (also für eine Copie zu lang). Die Predigerbrüder Instititor und
Sprenger wurden mit dem Recht der Inquisition betraut, gegen die, durch Incuben
und Succuben, Menschen, Thieren und Pflanzen schadenden Zauberer, wie in der
Bulle Innocenz's VIII. im Einzelnen des Detail ausgeführt (für Information der
Teufelspriester bei den Ethnikern) und darauf hin begann der Malleus maleficorum
(1487) zu klopfen, als anerkannt durch die theologische Facultät zu Cöln, unter
Feststellung des Glaubens an die durch den Teufel bewirkte Zauberbosheit, als
katholischen, also als orthodoxen im positiven Sinne (und im negativen dann mit
all den, Heterodoxen daraus drohenden, Gefahren). Der Syllabus (1864) anathemati-
sirt diejenigen, welche das Recht der Kirche, Gewalt anzuwenden, bezweifeln (in
Glaubenssachen) oder das Ausreichende der Scholastik (in wissenschaftlichen Fragen).

Wenn dabei auch hier, wie es mitunter scheint, die Verantwortlichkeit etwas
leicht genommen wird, käme es doch im Grunde nicht viel darauf an. Bei
Zweifel über die Abschwörung des Catechumen (in Castres) entschied Simon de
Montfort für seine Verbrennung, da das Feuer, bei Aufrichtigkeit, ihn von den
Sünden um so besser reinigen, sonst aber mit Recht bestrafen würde (1209 s. d.).
Auf dem Kreuzzuge gegen die Albigenser galt der Grundsatz des päpstlichen Le-
gaten (Arnaud-Amauri's), Alle zu tödten, da der Herr die Seinigen schon unterscheiden und erkennen werde. Das überhebt dann der Sorgen, auf einem jener
Schlummerkissen, wie sie die Theologie sich dem Gewissen unterzuschieben be-
mühen wusste, wenn bei allzu weiter Abirrung von der Natur der Bruch mit derselben schmerzhaft wird. Und Ausheilen wird er nur im harmonischen Verständniss

des Kosmos, wenn der Ausbau desselben durch die Naturwissenschaften sich einstens mit der Psychologie krönen wird, in der Wissenschaft vom Menschen.

Nach Demetrius wurde Theotimes, der gegen Epicur geschrieben hatte, auf die Anklage Zeno's hingerichtet (s. Athen.). Voilà un athée qui fait périr un homme, qui croirait un dieu, ainsi les prêtres firent périr Vanini, le forcené Calvin fit brûler Servet, les canniballes en soutane, du Concile de Constance, assistérent tous au supplice de Jean Hus (Villebrune). Der Teufel erscheint in Arona (1590), als heilige Ursula, und dem heiligen Martin „sous la figure même de Jésus Christ", bei den Besessenheiten Nicole Aubry's, der Schneiderin, ihrerseits den Exorcisten[121] exorcisirend und einfahrend (nach Görres), par le bas de notre corps, du coté opposé à ce qu'il y a de plus noble et de sacré dans la forme humaine (s. Baissac). Der Malak Jehovah trat Balaam als Satan entgegen (stetit contra eum). Terribilis supra omnes deos, erscheint sein Gott dem Psalmist und „fear is the controlling principle of the Indian mind" (bei den Chippewas), the persuasions to a life of peace are most effectively made under the symbols of war (s. Schoolcraft). Gott hat geschaffen den Menschen zum ewigen Leben, (im Buch der Weisheit), aber durch des Teufels Neid ist der Tod in die Welt gekommen (bei Luther), und überall quälen sich die Naturstämme ab, über die Ursache des Todes, der eigentlich, wie die Abiponen meinen, nicht in die Welt gehöre, oder, wie Buräten und Kasya wollen, nur durch betrügerische List bei der Schöpfung hineingebracht sei. Durch den Neid[122] des Diabolos kam der Tod in die Welt (lehrt die Sophia) und per peccatum mors (bei Paulus). Aesculap, viele Todte zum Leben erweckend, wurde von Jupiter mit dem Blitz erschlagen, wogegen auf Apollo's Ueberredung die Parzen den Sterblichen Unsterblichkeit gewährten, und darüber wird vielfach Streit geführt, zwischen den Schöpfungsgewalten in Grönland sowohl wie in Guiana (und sonst).

Wegen Unpopularität der Hexenverfolgungen (weil sich der gesunde Sinn des Volkes gegenüber dem Unsinn sträubte), sahen sich ie Ketzerrichter (s. Schneegans) genöthigt, den Beistand des Papstes Innocentius VIII. anzurufen, und dieser hat durch die berüchtigte Bulle vom 5. Dez. 1484 — Summis desiderantes — „das ganze Unwesen sanktionirt" (in geplanter Absicht demnach dem Volke einen Glauben aufzuzwingen, wie er finsterer nie auf Erden irgendwo im Fetizismus bedrückt hat).

Wie bei den Karen sieben Seelen, hat der Mensch dem Angekok (Grönland's) „fünf Seelen, und wenn eine oder mehrere loswürden, so verursacht das Krankheit, die er durch seine Kunst curire, indem er die Seele wieder an ihrem Wohnsitz festige" (s. Cranz) in der Seelenflickerei[123] der Tacullies und Verwandter.

Und wenn man sich in solchen Gedankengang hineindenkt, wie er ursprünglich gegangen, kommen aus medicinischen Systemen auch manche der entsprechenden Gedanken gegangen, denn „die Krankheit als Folge des Zorn's, Erschrockenseins, der Trägheit oder des tumultarischen Auftretens des Archeus, kann nur beseitigt werden, wenn man ihn beruhige, schmeichelte oder zur Thätigkeit reizte" (nach Helmont.) Durch die Gelegenheitsursache die Krankheit entsteht, die idea morbosa in Archeus (bei Helmont), als fremde, krankhafte Idee (s. Spiess).

Das Feindliche bleibt zu bekämpfen, indem man sich, wie der Häuptling der Haidah mit solaren Einflüssen schwängern[124] mag, aus der Atmosphäre (nach Fr. Hoffmann) angesogen, oder im directen Ringen mit dem Bösen, wie der (dabei

von Verrenkungen bedrohte) Zauberpriester der Patagonier es wagt. Cur nomen
magiae perhorrescimus? frägt Helmont (da es um einen Kampf der aus dem Menschen selbst entsprungenen Geister untereinander sich handelt), und Paracelsus war
durch den Abt Trithemius (und Fugger) in die morgenländisch kabbalistische Weisheit eingeweiht, (gegen Aristoteles und Galen, sowie Avicenna und Rhazes polemi-
sirend).

Dabei kreuzte dann die Orthodoxie ihren Degen mit der Heterodoxie, in all'
jenem verwirrenden Widerspiel weisser und schwarzer Magie durcheinander, bei
den Exorcisationen sowohl, wie im Hexengetriebe. Helmont unterscheidet die Mens
von der anima sensitiva (die erst nach dem Sündenfall hinzugekommen) für die
Seele (des Menschen unter der Thierwelt).

Die Krankheit steckt im Körper, als Wurm in Indien (s. Kuhn), als Herzwurm
im Magenkrampf (in der Oberpfalz), auch durch Kräuteraufbinden aus dem Nabel
zu locken, sonst als Stein oder Splitter, wie ausgesogen überall, von den Aerzten
Australien's bis hinauf zu den nördlichsten Regionen auf östlicher und westlicher
Hemisphäre. Nach Helmont ist die Krankheit kein Accidens, sondern ens vere
subsistens in corpore, während es (nach Stark) keine Krankheit, sondern nur ein
Kranksein giebt (in naturhistorischer Richtung). Eine jegliche Krankheit ist ein
ganzer Mensch und hat einen unsichtigen Corpus und ist ein Corpus Microcosmi
und ist auch Microcosmos (nach Paracelsus). Im Animismus, als des von Stahl
aufgestellten System's der Medicin, wurde die vernünftige Seele[115] (anima) als das
Princip des Lebens betrachtet und war für ihre innerlichen Bewegungen, als Reactio-
nen gegen die Krankheitsursachen, in solchem Kampfe zu unterstützen (durch die
ärztliche Behandlung).

Weil drinsteckend im Körper, mag sie auch hineingeschossen sein die Krankheit (die der Schmerzergriffene im Körper wüthen fühlt), je nach den mythologischen Vorstellungen, durch die Zauberfliege im finnischen Hexenschuss, oder durch
den Bogen des erzürnten Gottes, der in das Lager der Hellenen die tödtlichen
Pestpfeile entsendet. Nach Sidi-Khelil, „la phlyctène de la peste est produite
par la piqùre des traits, que lancent les Djinns ou lutins" (s. Bertherand).

Statt sich mit solch' misslichen (und in verschiedentlicher Hinsicht auf gefährlichen) Ergründungen zu befassen, oder unter den kaleidoscopischen Phantasmagorien
auf die naturgesundene Wurzel (aus der sie in labyrinthischen Verwirrungen fort-
gewuchert) hindurchzudringen, erschien es bequemer, „die Erscheinungen des Lebens lediglich auf speculativem Wege zu ergründen" (bei P. E. Schelling's), und
gab es (an jenem im Protest der Himmelszeichen inaugurirten Wendepunkt der Induction) „Lehrer der Heilkunde, welche es unter ihrer Würde hielten, einer Leichen-
öffnung beizuwohnen" (s. Haeser), und hoffentlich wird, aus derartigen und ähnlichen
Beispielen vorgewarnt, die Geschichtsschreibung der Ethnologie der Unannehmlich-
keit entgehen, unter ihren Lehrern allzuviele solcher zu verzeichnen zu haben, welche
es vorgezogen, frühreif superkluge Systeme aus theoretisch im Kreise gedrehten
Fäden zu spinnen, statt sich in die Details[126] der in Ethnologischen Museen mehr
und mehr angehäuften Sammlungen hineinzuwagen.

Berlin, Oct. 1882.

Anmerkungen.

1) Auf Hawaii hängt die Wirksamkeit des Cultus von der Richtigkeit der Vornahmen ab, und soll z. B. Kane angerufen werden, muss der Speisetisch in der ihm zusagenden Weise angerichtet sein, oder ebenso beim Awa-Trinken die ihm passende Form der Gebete gesprochen werden. Die Speiseverbote der Eanda (Kasten), unterscheiden nicht nur die Thiere, sondern auch ihre Farben u. s. w. (bei Damara).

2) Waagen schlug (auf seinen Reisen) den Weg ein, „durch eine Anzahl von einzelnen Anschauungen und Vergleichungen in der Kunstgeschichte zu allgemeinen Ergebnissen zu gelangen" (1843). Vincent de Beauvais wendet sich von der geschichtlichen Betrachtung der Einzelheiten (wofür es keine Wissenschaft gäbe) zum Allgemeinen (worauf Einmischung der Sagenkreise in das Historische beginnt).

3) Jedes Volk hat seine eigenthümliche Bewegung, aber der Fortgang aller Völker unterliegt gewissen allgemeinen Gesetzen der Entwickelung (s. Rossbach). „Wie der Mensch, so sein Gott" in die Objectivität wird verlegt, was im Subject vorgeht (s. Platner), bei Rückspiegelung des Makrokosmos aus dem Mikrokosmos (in ethnischer Weltanschauung).

4) Gegeben (datum) ist ein Verhältnissbegriff, dessen Correlatum das Unbekannte ist (s. Klügel). Nach den „Axiomata oder Allgemeinen Bekanndtnussen" folgen die Petitiones und Postulata (Zusagungen oder Erlaubnissen), „man erlaubts oder gestehet es gar gern" (s. Burckhardt von Pürkenstein) d. h. innerhalb der begriffsfähigen Verhältnisswerthe, aber mit zurückweisendem Protest gegen die Postulata oder Petitiones einer in das Absolute hinausführenden Metaphysik.

5) „Eine untergegangene Naturwissenschaft hing im Alterthum zusammen, mit den wichtigsten religiösen Bezeichnungen, und eben dadurch auf Kunst wie Poesie von grösstem Einfluss (s. Schweigger). Quid est enim temeritate turpius, ant quid tam temerariam tam que indignum sapientis gravitate atque constantia, quam aut falsum sentire, aut, quod non satis explorate perceptum sit et cognitum sine ulla dubitatione defendere (Cicero).

6) Principium philosophiae esse inscientiam (s. Cicero). Von Xenophanes wurde Homer und Hesiod angeklagt, ruchlose Werke von den Göttern geschrieben zu haben (bezüglich von Kronos' Verstossung). Als dienender Knabe in Delphi meint Jon, dass wenn sein Gott, oder dessen Gevatter, für ihre Liebessünden Busse zu zahlen hätten, die Tempel-schätze bald ausgeleert sein dürften (bei Euripides).

7) Nach Petrarca's Geschenk an Carl IV. zu Mantua, wurde von Nicoli und Poggio in Florenz die erste Sammlung von Münzen und Gemmen angelegt, und Lorenzo il Mag-nifico fügte andere Alterthümer (Statuen, Gefässe u. s. w. hinzu, worauf dann durch Ciriaco aus Ancona zuerst eine (archaeologische) Reise für wissenschaftliche Zwecke unternommen wurde (nach Griechenland, Aegypten u. s. w). Mabillon wurde durch Colbert (1685) auf wissenschaftliche Reisen ausgeschickt, zum Sammeln von Bücher und Handschriften für die Bibliothek von Paris. Mit Beginn der humanistischen Studien wurde durch Cosimo von Medici in Florenz (beim Dominikanerkloster) die erste Bibliothek angelegt (XV. Jahrh.). Ambrogio Traversari, der die Zeit zwischen den sacris literis und den studiis humanitatis zu theilen räth, preist Nicoli (1438) als totius humanitatis condimentum.

8) Im Verhältniss zu den Schriftwerken (literarischen Denkmäler) bilden (für die grie-chischen Mythen) die Kunstdenkmäler „nur eine untergeordnete, ergänzende Klasse von Quellen" (K. O. Müller), wogegen ethnologische Sammlungen die Quelle selbst. Classici dicebantur non omnes, qui in classibus erant, sed primae tantum classis homines (s. Aul. Gell.), und so liesse sich sagen, dass die Geschichtsvölker nicht alle Völker begriffen, welche Geschichte haben, sondern nur die der bedeutendsten (oder classischen). Die von Aulus Gellius über dunkle Punkte der Zwölf Tafeln befragten Rechtsgelehrten meinten, dass solche nur denen verständlich sein möchten, die das Gesetz der Faunen und Abori-giner kännten (wie manche der archäistischen Gebräuche bei den Culturvölkern sich erst aus denen der Naturstämme erklären lassen).

9) Beim Uebergang aus der geraden Linie (wie optisch gegeben) in die gezackte, ergiebt sich zuerst selbstständig willkürlicher Zutritt in Auffassung des Ornament's, für weitere Entwickelung desselben mit Anschluss an technische Unterlagen.

10) Die Märtyrer-Schindereien, die sich im Mittelalter und später die Kunst von dem stoffartigen Interesse der Religion dictiren liess, sind ein grasses Beispiel der Verirrung in eine auch der Malerei verwehrte Steigerung des Hässlichen (Vischer). Winckelmann, die Werke des Mittelalters für barbarisch erklärend (nach dem Massstab der Antike), „nannte auch die Gestalt des Heiland's in dessen Köpfen von Michel-Angelo niedrig und pöbelhaft" (s. Piper). „Das erregte Gefühl trieb zu mancherlei hastiger, schroffer, seltsamer Geberde und Bewegung" (in der nordischen Malerei der romanischen Periode), so dass „daraus häufig ein abenteuerlich verzwicktes und verkrüppeltes Wesen hervorging" (s. Kugler).

11) Wenn die alte Welt den Schauplatz ihrer Geschichte nur auf dem beengten Orbis terrarum beschränken musste, das Mittelalter ihn schon bis an die äussersten Enden der Gliederungen der Alten Welt, nach dem Norden, Süden und Osten ihrer grossen Landveste ausdehnte, so spannte die Geschichte der neuen Zeit ihr reiches Gewebe der Begebenheiten über den ganzen Erdball aus (s. Ritter). Die Cultur gelangte vom Orient nach dem Abendland und über die Römer zu den Franken (nach Otto von Freising). Librorum copia nimia ad misocosmiam ducit (Schröder. Als Geiferer oder (bei Cato) Vitiligatoren haben die Recensenten keine andere Absicht, als Zank zu suchen (meint Plinius). „Und es wäre doch unfreundlich, nur einige Fehler herauszuheben, was die Meisten thun, für das Gute, das Nützliche, das Wahre, das Neue hingegen (dessen sich in den Schriften des Tragus so vieles findet) kein Wort des Lobes und Dankes beizufügen" (Conrad Gessner).

12) Plinius verfasste sein Inhaltsverzeichniss (nach dem Beispiel des Valerius Soranus) für die Bequemlichkeit des Kaisers Vespasian, in usum Delphini, doch giebt es keinen ὁδός βασιλικός für Arbeiten der Induction. Die Rhetoren (bei Them.) „zerren an einem Büchelchen länger umher und brauchen darauf längere Zeit als die Griechen vor Troja" (s. Sievers). Dafür fehlt die Musse in der Ethnologie, der es aber desto mehr zur Mitarbeit manches Κοινωνός bedarf (wie Calliopius für Libanius, dann Gaudentius u. s. w.). In alt ausgearbeiteten Disciplinen mag das Feilen und Feilschen, im Glätten der Musterbücher, nicht nur zulässig, sondern auch nützlich sein, wogegen beim ersten Urbarmachen des Brachfeldes, der aus dem Rohen schöpfenden Materialiensammlungen, die feineren Künste der Verschönerung noch ferner stehen, so dass es nicht auch etwa sich um eine „Weltgeschichte zur Unterhaltung" handelt (wie „in Halle beim Buchhändler Dreissig zu haben") u. dgl. m.

13) In der nach Hyperboräer auf der einen (auch von Uscudama nach Euscaldunac), nach Phrygier auf der andern Seite führenden Generalisation der Thracier (mit Graier und Sintier) unter ihrem König Orpheus, während aus den als scythisch bezeichneten Wanderungen der einfach rohe Naturstamm passiver Aufnahme hervortritt, wie (in Anacharsis) zum Lernen nach Griechenland kommend, und von dort im Handel den berauschenden Wein erhaltend, den die Thracier mit dunkeln Mysteriendienst verknüpften. Die in den Vorstädten Jerusalem's (von Salomo bis Josias) fortbestehenden Cultusstätten der Astarte u. s. w. werden auf Handelsverträge mit Moabiter, Ammoniter, Phönizier u. s. w. bezogen (s. Movers).

14) Varro religiosum super a titioso ita decernit, ut a superstitioso dicat timeri deos, a religioso autem tantum vereri ut parentes, non ut hostes timeri, atque omnes ita bonos dicit, ut facilius sit eos nocentibus parcere, quam laedere quemquam innocentem (Aug.). Nach Solon ist die Gottheit allezeit neidisch, Verwirrungen stiftend (bei Herodot).

15) Propheten, die ohne Aufforderung sich in Jehovah's Namen zu weissagen vermessen, sollen sterben (bei Moses). Bei den Patagoniern werden periodisch die falschen Propheten in allgemeiner Treibjagd ausgerottet. In den Propheten, „vierhundert Mann", die weissagten (mit Zedekia, der sich eiserne Hörner gemacht), war ausgegangen ein falscher Geist (wie Micha seinerseits behauptet). Die durch Theodoros' Anklage einsetzenden Verfolgungen wurden von Valeus dem Festus übertragen, „damit Niemand übrig bliebe, der sich mit den Wissenschaften beschäftige" (bei Zosimus), so dass von dieser Zeit fast der Name der heidnischen Philosophen erlosch (nach Heyne), durch christliche Geistliche (s. Seybold).

16) Les Samiens, gens aussi grossiers que les Cariens, dont ils descendaient (s. Ville-
brune) banden (syrtonoos) beim Raub der Tyrrhenier die geflüchtet vermuthete Statue der
Juno, bis durch die Priesterin Admetes (aus Argos) von den Fesseln gelöst (im literarischen
Prioritäts-Streit über den carischen Kranz mit Ephestion).

17) Jupiter lapis, als Stein verehrt, wie (nach Pausanias) Cupido zu Thespis, Herkules
in Böotien, die Grazien in Orchomenos oder (nach Herodian) Venus in Paphos. In Delphi
wurde der Stein des Kronos geölt (nach Paus.).

18) Lubricatum lapidem et ex olive unguine sordidatum, tanquam inesset vis praesens
(hatte Arnobius verehrt).

19) Beim Salben des Traum gewährenden Steines durch Jacob wurde Luz als Bethel
(Haus des Herrn) bezeichnet, oder (nach Bochard) Bätylos. βαίτυλος (s. Hesych) ἐκαλεῖτου
δοθεὶς λίθος τῷ χρόνῳ, mit dem ἀργοὶ λίθοι (bei Paus.).

20) Sothacus unterschied schwarze und röthliche Ceraunien (nach Plinius). Die blauen
Cerauniae Karamanien's wurden von parthischen Magiern gesucht (nach Plinius). Zoroaster
wurde in Kreta vom Priester Morgos geweiht, mit einem Donnerstein (nach Porphyrios).
Athene allein, von allen Göttern, kennt den Schlüssel zu der Kammer, wo Zeus seine Blitze
verwahrt (bei Aeschylus). Metapontini quoque templo Minervae ferramenta, quibus Epeos
a quo conditi sunt, equum Trojanum fabricavit, ostentat (s. Just.).

21) Der orakelnde Stein (der Orphiker) subito edit vocem recens nati infantis, nutricis
in sinu plorando lac efflagitantis (s. Gesner).

22) An Indian will pick up a round stone, of any kind, and paint it and go a few rods
from his lodge, and clean away the grass (um ihn als Gott aufzusetzen) bei den Dacotah
(s. Schoolcraft), und so in Peru (die aus den Andesthäler Heraufkommenden). Nach Plinius
zauberte Zoroaster mit dem Astroides genannten Stein.

23) Ammon und Moab (filii Loth) duo colebant idola, unum ex albo factum lapide, quod
Mercurium, alterum ex nigro, quod Camos appellabant (in der Caaaba), ex nigro lapide in
honorem Saturni, altrum ex albo in Martis (s. Breitenbach). Als die Römer die Götter
sine simulacro (bei Varro) noch verehrten (s. Aug.), wurde Mars durch einen Speer bezeichnet, Jupiter durch Kiesel (bei Servius), Vesta durch Feuer (nach Plut.).

24) Aegisthes wirft mit Steinen nach dem steinernen Gedächtnissmahl Agamemnon's
(bei Euripides), wie auf Absalon's Grab Steine geworfen wurden (und sonst). Die Pua-
Reinga werden (bei den Maori) durch den einfallenden Sonnenstrahl getödtet (welcher bei
Cariben versteinert).

25) Nachdem Numa den Dienst der Fides und der Vesta gestiftet, wurde für die Fides
publica das Priesterthum der Fetialen eingesetzt. Zu den Semones dii (als Semihomones)
gehörten die dii medioxumi. Nach Lydo bezeichnete Sancus Himmel (im Sabinischen).
Mana (Genita) stand den Semunes vor. Dialis, quia universi mundi sacerdos, qui appellatur
Dium (s. Festus).

26) Clypeus pendens in pariete des Tempels (durfte nur in Kriegszeiten bewegt werden)
in Bamberg (s. Ludewig). Illa παλαιὰ μηνίματα sunt dirae ultrices sive parentum sive
aliorum nefarie occisorum furiae, temeratam domum coeca tabe urgentes, ἡ μῆνις τῶν
τετελευτηκότων (Plat.), quorum tanta erat religio, ut ex quovis vehementiore animi corpo-
risve affectu statim suspicio incesseret, ne deorum manium numina irata haberent (s. Lobeck). Ihrem heiligst frömmsten Spruchhof begründeten die Götter, als bei Halirrhothio's
Mord das allererste Blutgericht abgehalten wurde auf dem, dem Ares geweihten, Hügel (s.
Euripides). Romani et Deum, in cujus tutela urbs Roma est, ut ipsius urbis Latinum
nomen ignotum esse voluerunt (Macrob.). Beim dreihäuptigen Block fand Oedipus (nach
Sophokles) seine Todesstätte (am Hain der Semnai) zum Schutzpfand Athen's im Krieg bei
dem Vertragsbruch durch Theben (s. Thucydides). Kimon brachte die Gebeine des Theseus
(aus Scyros). Der Ellootis genannte Myrthenkranz wurde mit den Knochen-Reliquien der
Europa beim Fest der Ellotien (in Corinth) getragen (nach Seleucus).

27) Auf die Kinder selbst erstreckt sich das Schänden, „wenn sie nicht nach Vater's
Mannesnamen heissen, sondern nach ihrem Mutternamen" (s. Minckwitz), in Bezug auf
Orestes' Rache (bei Euripides). Bei Sonnenfinsterniss dürfen Männer, bei Mondfinsterniss
Frauen nicht ausgehen (in Grönland), und „wenn eine Mannsperson stirbt, nimmt die Sonne

vor Freude ihr Ohrgehenke, wegen des Hasses, den sie gegen den Mond, welcher ihr Bruder ist, hat" (s. Egede). Und so Geschlechts-Rivalität bei Kurnai u. s. w. Wenn Pilia Tschutschi mit dem Regenbogen als Saum des Kleides (Sonne als rechtes, Mond als linkes Auge) in den Wolken erscheint, verbergen sich die Walfische vor seiner im Donner hallenden Stimme (bei den Kamschadalen, als Konchalo der Koriäken).

· 28) Das geheime Schutzwort Athen's, von Oedipus dem Theseus mitgetheilt, war dem ältesten Sohn zu sagen, der Erbe wird (s. Bruch), „und erb es also fort vom Vater auf den Sohn" (bei Sophokles). Der Todte erbet den Lebendigen (le mort saisit le vif). Während, wenn bei der Gottheit geschworen, ihre Barmherzigkeit Bruch des Eides verzeihen möge, erklärt Jovius den Schwur beim Haupt des Kaisers für unverletzlich (s. Zosimus).

29) Ἀμυνανδρίαι γένος ἐξοῦ ἱερεῖς Ἀθηνησιν (Hesych). Κοιρωνίδαι γένος stammte „a Coerone", Bruder des Κρόκωνος (παῖδες Τριπτολέμου). Unum quatuorvirum, quibuscum archonte rege cura mysteriorum quotanis demandabatur ex Eumolpidarum gente a populo legendum fuisse constat; alter ἐπιλήτής τῶν μυστηρίων e Cerycibus, duo reliqui ex universo populo legi poterant (s. Bossler). Χαρίδαι, γένος ἐξ οὗ ἱερεύς τοῦ Κρανάου (s. Hesych). Φιλλεῖδαι γένος ἐστιν Ἀθήνησιν, ἐκ δὲ τούτων ἡ ἐν Ἐλευσῃ τῆς Δήμητρος καὶ Κόρης, ἡ μυοῦσα τοὺς μύστας ἱερειαευσίν (Ἱεροφαντίδες αἱ τὰ ἱερά φαίνουσα τοῖς μυουμένοις). Pythaistae (s. Strabo) oraculi jussu fulgura Pythia quotannis rite observabant, visu ad jugum Parnethis montis ,harma dictum) converso (s. Bossler). κυννίδαι, γένος Ἀθηνησιν, ἐξοῦ ὁ ἱερεύς τοῦ κυννίου Ἀπόλλωνος (s. Hesych). γένος ἐστί παρ Ἀθηναίοις οὕτω ὀνομαζόμενον Εὐνεῖδαι, ἦσαν δὲ κιθαρφδοὶ πρὸς τὰς ἱερουργίας παρεχοντες τὴν χρείαν (Εὐνεῖδαι ὁσίον γένος ὀρχηστῶν καὶ κιθαριστῶν). Leogorae et Andocidis famila stammte (in Athen) a Mercurio (s. Bossler). Ποιμενίδαι, γένος ἐξ οὗ ὁ τῆς Δήμητρος ἱερεύς (Hesych.). Δηλιασταί, οἱ εἰς Δῆλον ἐξελθόντας θεωροί (in Athen). Τῆς δὲ πομπῆς ταύτης Ἡσυχίδαι, ὃ δὴ γένος ἐστι παρά τὰς σεμνὰς θεάς, καὶ τὴν ἡγεμονίας ἔχει (Polemo). Εὐμολπίδαι γένος Ἀθήνησιν ἀπὸ Εὐμόλπου, τῶν Θρακός, οἳ καὶ τὴν μύησιν εὗρεν (ἐγενετο δὲ Εὔμολπος Μουσαίου ὑιος ἢ μαθητής τοῦ τά μυστήρια εὑρηκότος). Κρυκωνίδαι γένος ἱερόν Ἀθήνησιν (in ipsis Atticorum et Eleusiniarum finibus prope τοὺς Ῥείτους). Πραξιεργίδαι, οἱ τό ἔδος τό ἀρχαῖον τῆς Ἀθηνᾶς ἀμφιέννοντες (Hesych.). διαφέρει δὲ οὐδέν τῷ θεῷ τίς ὁ Ἐτεοβουτάδης, καὶ τίς ὁ μανὴς νεώνητος (Synesius). In Elis fanden sich in den Jamiden, Clytiaden und Telliaden erbliche Priestergeschlechter. Sacerdos, quum simul Κλειδοῦχος esset, in aede Poliadis ipsa domicilium habuit (ἡ ἱέρεια τῆς Πολιάδος Ἀθηνᾶς) aus dem Geschlecht der Eteoboutaden (s. Bossler). Βουζυγία γένος το Ἀθήνησιν ἱερωσύνην ἔχον, Βουζύγης γάρ τίς τῶν ἡρώων, πρῶτος βοῦς ζεύξας τὴν γὴν ἤροσεν, ἀφ'οὖ πένος Βουζυγία (ἐκαλεῖτο δὲ Ἐπιμενίδης). Das Priesterthum des Κικρουψ gehörte der Familie der Amynandriden (in Athen). Crecrops (διφυης), über Cypern (aus Sais in Aegypten) kommend, führt unter den Pelasgern Attica's (nach Cranaus' Tochter benannt) den Dienst des Zeus ein neben dem der Athene 'aus deren Begegnung mit Vulkan die schlangenfüssigen Erichthonius entstanden). Thot richtet „les deux Rehous" (les deux soeurs, les deux yeux déesse), als Set und Horus (oder Shou und Tefnout), ayant deux faces (s. Pierret). οἱ μὲν ἀπὸ τοῦ πατάξαντος Σωπάτρου Βούτυποι καλούμενοι πάντες, οἱ δὲ ἀπὸ τοῦ περιελάσαντος Κεντριάδαι, τοὺς δ'ἀπὸ τοῦ ἀποσφάξαντος Δαιτρούς ὀνομάζουσι, διά τὴν ἐκ τῆς κεφανομίας γενομένην δαῖτα (Porphyr). Familia, quae prima portasse boum aratro junctorum inclaruit usu Βουζυγία. singuli gentiles Βούζυγαι appellati sunt, familia bubulcorum Βουτεία, singuli gentiles Βούται; adde Φρεωρύχους puteariorum familiam, Δαιδάλους artificum, Κήρυκας praeconum, Δαιτρούς divisorum, Βουτύπους bovicidarum (s. Bossler) u. s. w. Neben den zwei Abtheilungen der Ritter (equo publico und equo privato) fanden sich die Zimmerleute in der ersten Klasse der Centurien (s. Cicero) [Tonga].

30) Neben den Flamen dialis des Dium (oder Jupiter) fand sich der Flamen Martialis (des Mars) und Flamen Quirinalis. Dialis autem appellatur a Dio, a quo vita dari putabatur hominibus (Festus). Durch die Lex Ogulnia waren die grossen Priester-Collegien (der Pontifices, decemviri sacris faciundis und Augures) den Plebejern zugänglich gemacht. Jamus weissagte aus den Opferfeuern (Ahn der Jamiden in Olympia). Tellias (aus dem Sehergeschlecht der Telliaden in Elis) bewirkte durch List die Besiegung der Thessalier durch die Phokier. Popularia sacra sunt, ut ait Labeo, quae omnes cives faciunt, nec

certis familiis attributa sunt: Fornacalia, Parilia, Laralia, porca praecidanea (s. Fest.). Caesarum familia sacra retinebat Apollinis (Serv.). Nautiorum familia Minervae sacra retinebat (sabinische Aurelier „a Sole"). Nave primus in Graeciam ex Aegypto Danaus advenit, antea ratibus navigabatur (s. Plin.).

31) In Elis waren die Zwölfgötter in einem βωμὸς κοινός πάντων θεῶν vereinigt (τῶν δώδεκα). Dem mächtigen Einfluss athenischer Kunst und Wissenschaft ist es beizumessen, wenn das altattische Dodekatheon gemeinhin als das einzige erscheint, welches im Alterthum gültig war (s. Gerhard). Nach Pausanias führte Deucalion den Dienst der Zwölfgötter ein. Ueber den Consentes dii (als Rath Jupiter's) standen höher verhüllte Mächte (bei den Etruskern). Varro zählt die Zwölfgötter der Römer als Consentes auf. Im Gegensatz zu den privati (minores oder familiares) wurden die Penaten, unter deren Schutz der Staat gestellt war, als publici (s. Livius) oder minores unterschieden. Von den Zwölfgöttern (mit Herakles) auf die Achtzahl folgend (mit Pan) wurde die dritte Ordnung (mit Bacchus) erzeugt (in Aegypten), während Pan (Sohn der Penelope) als jüngster, bei den Griechen, galt, und Bacchus älter als Herakles (s. Herod.) Der Tempel der Cabiri (von Hephästos stammend) durfte nur von dem Priester in Memphis betreten werden (s. Herod). Esmun (der Achte) oder Asclepius trat als jüngster zu den sieben Söhnen des Sadyk (mit Dioskuren und Cabiren) hinzu (s. Isid). Die Verehrung der Cabiren (in Phönizien von Sadyk entsprungen) wurde durch die Pelasger von Samothrake nach Griechenland gebracht. Neben den pelasgischen (als Juno, Vesta, Themis, Grazien, Nereiden und Dioscuren) erhielten die Griechen ihre Götter aus Aegypten (und Poseidon' aus Libyen). Die Besonderheit in der Verehrung des Hermes (aus Kabirischen Mysterien in Samothrace) wurde durch die Pelasger in Athen eingeführt (s. Herod.). Die im Tempel der Juno Sorpita (in Lanuvium) vorgefallenen Prodigien waren nach Rom zu berichten (um dort gesühnt zu werden. Mit der Macht Juno's (als Feronia im Walde) erhält Bona dea (bei Macrob.) sceptrum regale in sinistra manu. Die θεοί wurden von den Pelasgern so genannt, weil alle Dinge in schöner Ordnung einrichtend und hinstellend (s. Herod.) Numina peregrina novitate ex ipsa appellata, als Novensiles oder Novensides (im Unterschied von Dii Indigetes). Romulus trat als zwölfter den Arvalbrüdern (Söhnen der Acca Larentia) hinzu (bei Plinius). Neben Jupiter Latiaris (Latium's) wurde der Tempel der Diana auf dem Aventin für die römische Conföderation gebaut (von Servius Tullius). Die Supplicationes zu Zeiten der Noth angeordnet (nach den sibyllischen Büchern) gingen aus vom Tempel Apollo's (in Rom). ἢ οἳ μαντιές εἰσι, θυοσκόοι, ἢ ἰεῆες (Hom.). Athene umging die Mauern Athen's, auch durch Achill gegen Alarich vertheidigt (s. Zosimus).

32) Die Priesterin Vinos wurde hingerichtet (in Athen) ὅτι ξένοις ἐμύει θεοῖς (s. Joseph.). Auf Demosthenes' Anklage wurde die Priesterin Theoris hingerichtet, weil sie die Sklaven zum Betrug ihrer Herren veranlasst (bei Verkauf von Zaubertränken). Hormisdas, den Persern mit der Sprache des Marsyas drohend (nach Erklärung des phrygischen Priesters), hatte zu Kaiser Constantinus zu flüchten (s. Zosimus). Sacra Nyctelia quae populus Romanus exclusit turpitudinis causa (s. Servius). Die Römer vertrieben die Fremden, qui simulato Sabazii Jovis cultu mores romanos inficere conati sunt (Val. Max.). In den Hetärien war es, dass der aristocratische Theil der attischen Bevölkerung sich neu erschuf (s. Schöll).

33) Es giebt vikarirende Species, Geschlechter und Familien (s. Schmarda), doch wenig Vorarbeiten über das Vikariat der Thiere (1853). Geographia zoologica a Zoologia geographica distingui debet, quippe quae de diversis regionibus agit, tamquam diversorum animalium habitationibus (Van der Hoeven) in Schouw's „doppelten Gesichtspunkt" (für die Pflanzen-Geographie). Sus scrofa wird in der Sunda-Welt durch Babirussa, in Süd-Amerika durch Dicotiles, in Süd-Afrika durch Phacochoerus ersetzt. Der amerikanische Tapir hat seine Verwandten im Tapirus indicus von Malacca und der Sunda-Welt. Die asiatischen Pferde werden in Hoch-Afrika durch die gestreiften Pferde ersetzt. Hyrax capensis ersetzt am Cap syriacus. Die afrikanischen Rhinoceros sind in Süd-Asien durch andere Formen vertreten. Die amerikanischen Vermilinguia (Myrmecophaga) werden in Afrika durch Orycteropus und Manis macroura, in Asien durch Manis brachyura ersetzt. Die südamerikanischen Eriomys werden in Nord-Amerika durch Meriones, in der alten Welt durch Pedetes, Dipus und Gerbillus repräsentirt. Die Biber der nördlichen Zone werden

in Süd-Amerika durch Myopotamus coypus, im Vandiemensland durch Hydromys ersetzt. Manatus australis und senegalensis des atl. Ocean werden im indischen durch Halicore ersetzt, die Beutelthiere Neuholland's durch Beutelratten Amerika's, die Kameele der alten Welt durch amerikanische Auchenien, die Affen Süd-Asien's und Afrika's durch breitnasige Affen in Amerika und Lemuren in Madagascar (s. Schmarda), und dann beim Homo. The coloured races of man have correspondingly coloured parasites; those of the West-African negro and Australian are nearly black, those of the Hindu, dark and darky, those of the Africander and Hottentot orange, of the Chinese and Japanese yellowish brown, of the Indians of the Andes dark brown, of the Californian Indians darky olive, and those of the more northern Indians, near the Esquimaux, paler, approaching to the light colour of the parasites of Europe (s. Murray). Il y a (bei den Pediculinen) dans chaque espèce, un certain jeu, une certaine facilité de variation, et man muss „par une comparaison attentive retrouver le type primitif" (s. Piaget). Quum ita comparata est hominum natura, ut caelo nos ambienti consimiles fiamus, quam ob causam etiam, ut locis longissimae inter se distant nationes, ita plurimum moribus formis, coloribus invicem differimus (s. Schweighäuser) bei Athenäus (wie schon Hippokrates, dann Montesquieu, Buckle u. s. w.).

34) Die römische Religion, obwohl die wichtigste (für das Abendland, bei dem Uebergang in die christliche), blieb „die vernachlässigste, weil derselben bei der Abwesenheit einer reich entfalteten und ausgebildeten Mythologie keine Selbstständigkeit zugetraut wurde, indem man den wesentlichen Inhalt der alten Religion sehr irrig in ihre Sagen setzte" (s. Hartung). Die Eigenthümlichkeit des griechischen Geistes und der griechischen National-Entwickelung wurde, besonders dem Orient gegenüber, durch K. O. Müller zur Geltung gebracht (während der symbolischen Richtung). Nach Hartung ist „die römische Religion des klassischen Zeitalters unter dem Einflusse fremder Götterhimmel mit ihren Sagengeschichten, besonders der griechischen, völlig verändert, und sich selbst entfremdet worden" (so dass „die Trümmer des ersten Gebäudes aus dem Schutt des zweiten herauszugraben"). Die Welt ist keine freie Schöpfung und Jupiter kein Weltschöpfer, sondern ein Weltbildner und Ordner, daher ist seine Gewalt eine beschränkte, die Theogonie ist ein Entwickelungsprocess der physischen sowohl als der sittlichen und intellectuellen Mächte in unzertrennlicher Einheit, und aus einem Princip, aus einem und demselben Lebensgrunde (s. Platner). Euripides unterscheidet die gemeinsamen Gesetze in Hellas von denen des Triptolemos, wo zu den Lehrsprüchen Chiron's (bei Pindar), die Eltern zu ehren und die Götter, aus Eleusis die Unverletzlichkeit der Thiere hinzugekommen (s. Welcker). Nachdem das beim Wiegen richtig befundene Herz dem Todten (an Stelle des Scarabäus) wieder eingefügt, bleibt die Seele (Ba), als Menkh (vollendet) dem Khou oder (glänzenden) Geist verbunden, mit Fähigkeit für „toutes les transformations qu'il lui plaira" (s. Pierret), wie im Himmel Nimravati (der Buddhisten). Als nach Ersfickung seiner Gattin Faustina Kaiser Constantinus von den Priestern hörte, dass es dafür keine Reinigungsweise gäbe, erfuhr er von einem aus Spanien kommenden Aegypter (durch dessen Bekanntschaft mit den Hofdamen), dass die christliche Lehre alle Sünden tilge (s. Zosimus). In Verspottung Pthah's, wegen grotesken Aussehen's (als Hephästos), findet Herodot den schlagenden Beweis für die Geistesstörung des einer solchen Verdächtigen, denn ein Wahnsinniger nur, könne an die Möglichkeit glauben, den Glauben des Religiösen zu ändern, da, wenn auch alle Vorstellungen der Welt zur Auswahl der Ansicht vorgelegt wären, doch Jeder darauf hinauskommen werde, die seinigen für die besten zu halten (Jeder nach seiner Façon).

35) In Rom hatte der Staat die Leitung des Cultus, indem die Priester unter ihm standen, und wie die Auspicien den Magistraten gehörten, welche Auguren als Sachverständige zuziehen, so bildeten auch die Pontifices ein Collegium von Sachverständigen, dessen sich Senat und Magistrate nach Vorkommnissen bedienten (s. Marquardt). Deucalion errichtete den zwölf Gottheiten Altäre (s. Hellanic.). Von dem (durch Pisistratus aufgestellten) Altar der zwölf Götter (auf dem Marktplatz) setzte als Meilenstein die Strasse aus nach dem Tempel des olympischen Zeus in Pisa (bei Olympia). Zum νεὼς ἀρχαῖος (s. Strabo) des Zeus Stratus (der Carier) führte die Via sacra (in Labranda). Prudentes Etruscae disciplinae ajunt, apud conditores Etruscarum urbium non putatas justas urbes, in qnibus

non tres portae essent dedicatae et votivae et tot templa, Jovis, Junonis, Minervae (Servius).
36) Constantin befragte die „Sacerdotes arcanae illius doctrinae mysterios instructos"
über seine Erscheinung, und liess das Kreuzzeichen (als σωτηριον τροπαῖον) auf die Reichs-
fahne setzen (zur Abwehr), als heilbringendes Zeichen (mit griechischen Schriftzügen in-
einander geschoben) zur Schutzwehr gegen alle feindliche und widersetzliche Macht (s.
Eusebius), auch den Harnischen und Schilden der Soldaten eingefügt (und als Labarum
vorangetragen). Die Magie wirkt (nach Plotin) durch Liebe und durch Hass (in Sympathie
und Antipathie). Multa esse vera, quae non modo vulgo scire non sit utile, sed etiam,
tametsi falsa sunt, aliter existimare populum expediat, et ideo Graecos teletas ac mysteria
taciturnitate parietibusque clausisse, meint Varro (s. Aug.). Phryne brachte den Cult des
'Ισοδαίτης (Nyctelios oder Zagreus) aus Böotien nach Athen (καινοῦ θεοῦ εἰσηγήτριαν).
Den Kaufleuten von Citium wurde (auf Empfehlung des Redner's Lycurg) durch Volksbeschluss in Athen der Bau eines Tempels der Aphrodite gestattet. C'est le foyer du γένος
des Cécropides, sur l'Acropole, ce foyer du γένος, qui a reussi à imposer l'autorité unique
de son prestige (s. Martha). Bei Einführung der Götterbilder in Rom liess Servius Tullius
die aventinische Diana der ephesischen Artemis nachbilden (die Figur Jupiter's unter Tarquinius Priscus war thönern). Der verbundene Mund der wegen Angina (s. Modestus)
verehrten Angeronia wurde durch Zurückhaltung des Angstgeschrei's (bei Macrob.) oder
Roms heiligen Namens (bei Plinius) erklärt (neben Volupa). Agamemnon liess bei Iphi-
genia's Opfer den Mund hüten (s. Droysen), „dass nicht er zum Fluchgeschrei werde und so
sich öffne" (bei Aeschylos), weshalb zugenäht (im Trophäenkopf der Mundrucus).
37) Apollo verscheucht die Erinnyen aus seinem Tempel mit blanker Flügelschlinge,
„von goldgetriebener Bogenschnur dahergeschnellt" (s. Schoemann), und der Lama durch
sein Pirit (Andere anders). Apollo, von Latona's Arm getragen, schoss auf den Ruf „ie
pai" den Pfeil gegen die Schlange ab (nach Clearches). Ilus in Ephyra verweigerte Ulyssus
das Pfeilgift aus Furcht vor dem Zorn der Götter. Die nie fehlenden Pfeile des Herakles
kommen von selbst zur Hand dessen zurück, der sie geschossen (wie der Bumerang im
Wurf).
38) Wenn der Mond herabsteigt, im Meere seine Nahrung anzuziehen, schwängert er
die Frauen (in Grönland). Der Priester der Ge in Achaja musste des Beischlaf's sich
gänzlich enthalten (ἀγιστεύειν), und der Priester des weiberhassenden Herakles in Phokis
während des Jahres seines Priesterthum's (s. Wachsmuth). Nach Aristophanes bricht das
Kriegsunwetter über alle Hellenen aus, wegen des Stehlens von ein paar Hurenvetteln (in
Megara). Mars in luna subest Proserpina (s. Dübner) καὶ συνοικός ἐστι, τῆς μὲν χθόνιος
'Ερμῆς, τῆς δ'οὐράνιος (bei Plut.). Der Hades (bei Aeschylus) „scheut jeglich Ding und
schreibt's tief in's Herz" (s. Schoemann) wie Chitragupta (Jama's).
39) If his eye falls on a rock in any way abnormal or curious (unter den Indianern
Guiana's) and if shortly after, any evil happens to him, he regards rock and evil as cause
and effect (Im Thurm). Dum in dubio est animus, paulo momento huc illuc impellitur
(s. Terenz). Und so subjective Genesis des Fetish (neben objectivem). Die Indigitamenta
genannten Bücher lehrten die Götter nach einer im jus divinum bestimmten Form anrufen
(Fehler im vorgeschriebenen Ritual machten die Handlung erfolglos). Deorum assidua insidens
cura, quam intéresse rebus humanis coeleste numen videretur pietate omnium pectora imbuit
(Livius). Limeum herba appellatur a Gallis pia sagittas in venenatu tingunt medicamento,
quod venenum cervarium vocant (Plinius). Die Römer nahmen von den Galliern die Eisen-
rüstung an (s. Varro). Die Geschlechter der Thebaner stammten von den Geharnischten (aus
den Drachenzähnen). Der Bogen (von Herakles geführt) wird von Lykos als „feigste Waffe"
(s. Minckwitz) bezeichnet (bei Euripides). Die Dedication des von Marcellus dem Honos
und der Virtus gelobten Tempels wurde von den Pontificen verhindert (s. Liv.) wegen der
Schwierigkeiten im jedesmaligen Cult (neque enim duobus, nisi certis, deis rite una hostia
fieri). Jedes Haus (in Mysore) hat seinen Bhuta oder Schutzgeist, um es zugleich gegen
die Bhuta der Nachbarn zu vertheidigen (s. Dubois). Numeria (als Göttin) numerare docet
(s. Aug.). Deus Catuus pater, qui catos id est acutos, facit (Aug.). Der Göttin Minerva
„puerorum memoriam tribuerunt" (der Römer). Die Göttin Carna (das Fleisch kräftigend)
wehrt die Striges ab, die den Kindern das Blut aussaugen (bei Ovid). Der Dea Rubigo

(und Rubigus) wurde die Robigalia gefeiert (ne robigo frumenti noceat). Nomina numinibus ex officiis constat imposita. Verbi causa, ut ab occatione deus Occator dicitur, a sarritione Sarritor, a stercoratione Sterculinius (s. Servius). Wie die Querquetulanae virae orakelt Mephitis (in Rom). Zu Amsanctus (s. Plin.) wurde Mephitis, dea odoris gravissimi, i. e. grave olentis (s. Servius), verehrt; καὶ καλῶς Ἡράκλειτος εἶπεν, ὅτι καὶ ψυχαὶ ὀσμῶνται κάθ ᾅδην« (s. Plut.). Das Schöne mag sich auf die Eleganz des Ausdruck's beziehen, in klassischer Sprache, denn zum Geruch (eines Meto) scheint es nicht zu gehören (wenn grober Ausdrucksweise der Maori zu trauen). Wenn ein Angekkok seine Beschwörungen vornimmt, darf sich niemand den Kopf kratzen oder schlafen, oder einen unbescheidenen Wind streichen lassen, denn ein dergleichen Pfeil, sprechen sie, könne den Zauberer und den Teufel selbst umbringen (s. Egede). So, allzu feinfühlend, die Rohesser, wogegen in Aegypten alter Cultur (mit Gott Pet): Crepitus ventris pro numinibus habendos esse docuerunt (s. Clem.).

40) Ὁ Ἴανος πρῶτος ἢ τῶν ἀρχαιῶν θεῶν (Proc.), θεὸς ἀρχαισιατος (bei Herod.), Saliorum quoque antiquissimis carminibus deorum deus canitur (Varro), principem in sacrificando Janum esse voluerunt (Cicero). Sacra Jovi faciunt, et Jupiter Opt. dicunt, huncque rogant et „Jane pater“; primo ordine ponunt (s. Paul.). Janus vermählte sich mit seiner Schwester Camisa (nach Dracon von Corfu), den Sohn Aithibes und die Tochter Olistenes zeugend (bei Posidonius). Die Münzen griechischer Städte mit Doppelgesicht, und Floss oder Schiff (auch Kronen), werden auf Janus bezogen (mit Velas latinas Micronesien's). Et ipse Varro commemorare et enumerare deos coepit a conceptione hominis, quorum numerum exortus est a Jano, eamque seriem perduxit usque ad decrepiti hominis mortem, et deos ad ipsum hominem pertinentes clausit ad Naeniam deam, quae in funeribus senum canitur, deinde coepit deos alios ostendere, qui pertinerent non ad ipsum hominem sed ad ea, quae sunt hominis, sicuti est victus, vestitus et quaecunque alia, quae huic vitae sunt necessaria, ostendens in omnibus, quod sit cujusque munus, et propter quid cuique debeat supplicari (s. Aug.). Labeo bezeichnet Majam als bonam deam et terram, „hanc eandem Bonam, Faunamque et Opem et Fatuam pontificum libris indigitari, Bonam, quod omnium nobis ad victum bonorum causa est, Faunam quod omni usui animantium favet, Opem, quod ipsius auxilio vita constat, Fatuam a fando (Macrob.). Cum dedicatam in Capitolio aedem Tonanti Jovi assidue frequentaret, somniavit, queri Capitolinum Jovem, cultores sibi abduci (Octav.) in Rivalität (s. Suet.). In den Schreinen (mit dem Untersatz in Form eines Hermes oder Silenos) fanden sich die ἀγάλματα, ὧν ἴσεβον θεᾶν (in den häuslichen Heiligthümer der Griechen). Auf dem Hügel Agonus wurde der Tempel des Quirinus (Enualios) erbaut (der Quirini oder Cureten). Zwischen Troas und dem alten Ilium einen für Erbauung einer Stadt bequemen Platz findend, legte Constantinus den Grund dazu und brachte einen Theil der Mauer zu derjenigen Höhe, wie bei der Fahrt gegen den Hellespont noch gesehen (zu Zosimus' Zeit), ehe die neue Anlage gewählt wurde (in Byzantium). Ampère fand „neuf Romes avant Rome“ (vom Vaticanum bis Coelium).

41) Doch manchmal auch im Profanen schon peinlich, wie in siamesischer Verskunst, und sonst „les règles prosodiques (celle du mot initial de bon augure et celle des constellations)“ im Tamulischen (s. Beschi). Ungeachtet Herrmann's Vorwürfe gegen die „geschmähten griechischen Grammatiker und namentlich Hephästion“ (s. Geppert), ist doch die Kategorie der polyschematistischen Metren (aus Tradition der alten Metriker), ebenso wie die der Dikatalexis, Brachycatalexis n. s. w. hervorziehen und weiter zu verfolgen (s. Westphal). Bei den Arcadiern war mit ihren politischen Einrichtungen die Musik verbunden, die, wie die den drei Stämmen der Griechen (Aeolier, Dorer, Jonier) charakteristische Formen, auch die barbarischen der Lydier und Phrygier (aus der Einwanderung mit Pelops) bewahrt hatte (s. Athencius), wie sich am Bonny nach den Melodien das Wappen unterscheidet (und so die Clan der Hochschotten). Jede Gottheit konnte durch Worte, welche sich dem Rythmos des Jepaeeon fügten, in Begleitung der bestimmten Tritte mit Aussicht auf Erhörung gerufen werde (s. Buchholtz), so beim ὀλολυγμός (wodurch die Frauen beim Opfer die Gegenwart der Gottheit forderten). Pronomus aus Theben vereinigte das Spiel der verschiedenen Flöten in einem (nach Athen.). Der javanische Anklong ist getrennt geblieben. Nach dem Tode des Maximus (φύλαξ τῶν δεικνυμένων) übernahm Thalassius

zugleich das Amt, als Gehülfe des Libanius für Vervielfältigung und Erhaltung seiner Reden Sorge zu tragen (s. Sievers). Der Strategius liess die Lobrede des Libanius durch zehn Bibliographen abschreiben (in Antiochien). Isokrates gab der ungebundenen Rede musikalische Bewegung (s. Cicero).

42) Glaukos, im Wasser schwimmend, ohne sterben zu können, weil vom „Tod abwehrenden Zweiglein gegessen" (bei Aeschylus) taucht als „menschengestaltiges Wunderbild" (s. Droysen) aus dem Wasser auf, den Fischern in Anthedon zu prophezeien (wie Oannes).

43) Neben dem heiligen Bezirk des Königs Proteus (bei Herodot) in Vielgestaltung fand sich am Tempel des Hephästos in der Factorei der Tyrier (Phöniciens mit Verehrung des Fischgottes Dagon) der Tempel der Aphrodite, als Fremdling (in Beziehung zu Helena, die den Trojanern abgenommen, an Menelaus, nebst den Schätzen, zurückgegeben worden). Die Bilder der Pataeki (im Schifsbug der Phönizier) glichen (als zwergig) denen des Hephästos (s. Herod.). From πατατχός has come the French word „fetiche" (Wilkinson), oder im Feticero der Portugiesen (als spanischer Hechicero). Wie dem Erdbebengott Polynesien's der Arm abgedreht, ist Hephästos gelähmt.

44) Pelasgos, Sohn des erdgeborenen Palaichthon, herrscht (bei Danaos' Ankunft) in Apia, das durch Apollo's Seher Apis (aus Naupactos) von Blutschuld gesäubert war (bei Aeschylus), und dann, beim Abdanken für Danaos (im Krieg mit Aegyptos' Söhnen), zieht sich Pelasgus in sein nördliches Reich zurück (auf das von Artemis im Wolf gegebene Zeichen). Als Grossenkel des Abas (Sohn des Lynceus), in Argos herrschend, wurde Perseus von Zeus mit Danae gezeugt. Wenn in der kuschistischen Periode Mesopotamien's die Chaldaeer anftreten, beginnt mit den Elamiten (Susiana's) die der (wie Brahmanen im Osten) den Bau der Festungen (auch in Athen) regulirenden Pelasger (und weiter der Tyrrhenier bis zur Roma quadrata), und ägyptische Pyramiden fallen in die Zeit des Hirten Philitis (beim Ziegelstreichen der späteren Palästinäer neben Philister).

45) Artimpasa (Urania als Venus) wird (in Verehrung der Scythen) auf Ara (Jungfrau) zurückgeführt (in Artemis). Die Polias Athene wurde in Athen zur Pallas Athene (s. Rathgeber), als die Schifferjungfrau in lybischer Rüstung, der Berggöttin der Handelsstadt zugefügt. Vox „Gabriel" designat „virum Deum" seu „virum Dei"; significatione illa mysterium ipsum Iucarnationis declaratur (s. Stamm). Marie empfing (nach den Mohamedanern) an einer Rose riechend (wie Juno, auf Flora's Rath). Hera war am Fluss Parthenias geboren auf Samos, von wo Calaeus durch die Säulen des Herakles in den Ocean schiffte (als Erster unter den Griechen).

46) Vinte e seis especies de gregas ornamentaes usavam na louca. O mais regular é o tapuru-rapé ou caminho de bicho, istó e linhas rectas cruzadas em angulos formando Zig-Zags, que segundo a phantazia do artista eram mais ou menos ornados (s. Rodrigues) am See Paru (in Brasilien).

47) Die lΡότολαι standen unter Τυῤῥηνος (Turnus) von latinischer Mutter (bei Dionys.). Die Aberrigines oder Prisci (Casci oder Saturnii) kamen mit Saturn nach Italien (errantes illo venerint). Mit Rhea Silvia (Ilia) zeugte Mars den Romulus und Remus. Die Kinder Rhea's wurden durch Kronos verschlungen (bis zur Geburt des Zeus), und so tödtet der Onkel die Kinder der Nichte bei den Koloschen (bis Jeschl empfangen wird). Die Sikeler wurden (nach Thucydides) durch die Opiker (Oscer) oder (nach Dionys.) durch die Aborigener (mit Hülfe der Pelasger) vertrieben. Qui Obsce et Volsce fabulantur, nam Latine nesciant (s. Fest.), und das Oskische (bei Strabo) dauerte auf dem Theater fort in den ludi Osci (bei Cicero) der Atellanen (s. Suet.). Italiae cultores Aborrigines fuere, quorum rex Saturnus tantae justiciae fuisse traditur, ut neque servierit. sub illo quisquam (Justin.). Aus dem Himmel vertrieben, kommt Saturn zur Gesittung der Wilden nach Latium (bei Virgil). Die Vorfahren der Cariben kamen aus Oeffnung des Himmels, die Singpho auf Leitern herab. βασιλεύς Ἀβοριγίνων Λατῖνος ὁ Φαύνον, die, als Laurentiner, die Siculer Unterwerfenden, die, nach der Gründung Lavinium's, als Latiner auftreten (mit zuwandernden Phrygiern). Lavinia (neben Latinus) war die Tochter des Priesterkönigs Anius auf Delos (s. Aur. Vict.). An dem Troja genannten Ort bei Laurentum war Aeneas gelandet. Scylax unterscheidet bei Dauniter (am Berg Arion) fünf στόματιν (γλῶσσαι). Mit

den von den Sabinern ausgegangenen Völkerschaften galten die Samniten bei den Römern als sabellisch (s. Huschke). Bei der Volksherrschaft der Sabiner wurde nur im Kriege ein souveräner Feldherr (Embratur) an die Spitze gestellt. Unter den von den Sabinern ausgewanderten Stämmen gehörte zu den Sabolli (*Εναβιλλοι*) die Hirpiner.

48) Achaeus, homicidio imprudenter facto, in Laconiam secessit, nnde Achaei dicti (s. Herwerden). Wegen seiner Verdienste im Kriege mit Euboea wurde Xuthus (der den von Phöbus gezeugten Jon adoptirte) mit der Königstochter Kreusa vermählt (s. Wieland), „wiewohl kein Eingeborener, sondern ein Achäer, von Aeolus, dem Sohne Jupiter's, erzeugt" (bei Euripides).

49) *χρώματα μεγάλα, ἃ καλοῦσι τάφους τῶν μετὰ Πέλοπος Φρυγῶν*. Bei Milet, durch Neleus besetzt, wurden Gräber der alten Leleger gezeigt (s. Strabo), und der Vazimba in Madagascar.

50) Unter den Nachfolgern der Danaus in Argos (durch Pelasger unter Phoroneus, Sohn des Inachus, gegründet), residirte Proetus in Tiryns und seines Bruder's Acrisius Enkel gründete Mycenae. Sikyon (*Μηκώνη* oder *Τελχινία*) oder Aigialeia (wohin Sikyon, Sohn des Marathon, einwandert) war von dem Autochthonen Aegialeus erbaut (Sohu des Jnachus und der Nymphe Melia). Pelops (Sohn des Tantalos auf Tmolos) siegte im Wagenkampf um Hippodameia (Tochter des Oenomaos) in Pisa (in Elis), von Pisus (Sohn des Aeolus) gegründet (bei Olympia). Die durch die Dorer aus Sparta und Argus ausgetriebenen Achaeer liessen sich, unter Abzug der (neben Pelasger angesiedelten) Jonier, in Aegialeia (oder Achaya) nieder. Zu Homer's Zeit finden sich Achäer (neben Perrhaebi, Magnetes, Doloper) in Thessalien oder Aeolis (Pyrrha oder Aemonia). König Pelasgus herrscht (bei Aeschylos) in Argos über Griechenland oder (bei Herodot) Pelasgia.

51) Beim Fest der Pelorien für Entwässerung der Sümpfe des Peneus durch das den Schlund von Tempe öffnende Erdbeben bedienten die Thessalier (unter Pelasgos) ihre Sklaven (s. Athen.). So leitet in Nepal und Bogota die Entwässerung local dortige Geschichte ein. Zu Homer's Zeit trieb Euneus, Sohn des mit Hypsipyle (in Lemnos) vermählten Jason (Josua) aus Jolkos (der Minyer) Tauschhandel mit den Griechen vor Troja, auch mit Trojanern (wie mit phönizischen Sidoniern) befreundet. Die Pelasger tödteten die Söhne der aus Attica (von wo sie nach dem Mauerbau vertrieben) geraubten Mütter (athenisch redend).

52) Eine Frau, welche sich unter dem Gesetz des Fasten's befindet (um den Wind zu stillen) oder Arnak aglertok „geht hinaus und verschluckt soviel Wind, als ihr möglich ist; nachher geht sie wieder in das Haus zurück und blähet den eingeschluckten Wind von sich, worauf sich der Wind legt. Wenn selbige den Regen leckt, hat man bald ein trockenes Wetter" (s. Egede). Der Neger verscheucht die Wolken durch Fingerschnalzen (und so Allerlei).

53) Zu Barbaren (aus Griechen) geworden, erinnerten sich die Posidonier am toscanischen Meer beim Jahresfest ihrer alten Namen und Bräuche (griechischer Herkunft), den Verlust betrauerud (nach Aristoxenes). Weil die Granate Sida (statt Rhoa) nennend, beanspruchten die Thebaner das mit Athen streitige Terrain (s. Athen.).

54) Während der Wanderungen blieb Attica, seiner Dürftigkeit wegen, abseits liegen, bemerkt Thucydides, wurde aber gerade auch deshalb wieder, wie hinzugefügt wird, späterhin der Zufluchtsort für die Angesehensten, als Kern der in Athen aufblühenden Macht, die dann aus der engen Localität sich in Aussendung der jonischen Colonien Luft zu schaffen hatte.

55) Auf sidonischen Kronos weisend, und Cadmus, in der noch Eurystheus schreckenden Gestalt des Herakles, sowie durch Rhea die Zwischenstufen (im assyrischen Vordringen nach Troas) vermittelnd bis zu den Verschiebungen der Sage in Armenien (bei Mos. Chor.), wobei dann der El in Hellen oder Helle (und Selloi) durchspielt, wie in Bel oder (bei Aeschylus) Bal. Cronio erat nom Ilus, hic est Israelus (s. Vibe). Die Bali-Opfer sühnen in Indien.

56) Der scythische Bogen wird doppelt gebogen beschrieben (bei Athen.), wie tartarischer (und sonst im Norden). Menelaus, Anführer der armenischen Bogenschützen (unter Constantius), schoss drei Pfeile zu gleicher Zeit, ohne Unterbrechung (s. Zosimus).

57) Als Bruder des im Lande bleibenden Scythes, wandert, wie Agathyrsus, auch Ge-
lonus fort, und von Geleon (Sohn des Xuthus) stammen (bei Euripides) die Geleoniten in
Attica, neben Hopliten und Ergaden, sowie (von Athene's Aegis benannt) die Aegikoren
(unter den Ziegenhirten).

58) Nach Niebuhr waren die Gentes künstliche Unterabtheilungen der Curiae. Die
Φυλαί γενικαί wurden τοπικαί (seit Klisthenes). Die Plebejer verehrten durch Paganalia
den Heros des Pagus (dem Vicus patricischer Stadt entsprechend).. Die Vorwerke (πύργοι
entsprechen den attischen Demen (in Teos), und daneben stehen die den γένη entsprechenden Symmorien (s. Philippi). φατρία, ἢ Ἴωνες πατριάν (bei Eusthath.), φρατόρις οἱ τῆς
αὐτῆς φατρίας (s. Ael. Dionys.). πατριάν δὲ συνέβη λέγεσθαι καὶ φρατρίαν, ἐπειδή τινες
εἰς ἑτέραν πάτραν (s. Dikaearch). There were gentes before familiae (s. Hearn).

59) Die Westgothen überschreiten die Donau, als φυλαὶ ὅπειραι (εἶχε δὲ ἑκάστη φυλὴ
ἱερὰ τε οἴκοθεν τά πάτρια, συνεφελκομένη καὶ ἱερέας τούτων καὶ ἱερείοι), und οἱ μέν
βασιλικὰ παράσημα ἔχοντες daraus hervorragend (bei Eunapius). Divers douars réunis
forment un centre de population, qui reçoit le nom de Farka (unter den' Arabern Algiers).
Les chefs de douar se réunissent en assemblée (Djemmaa), als Chik des El-Kebar (s. Dau-
mas). Bei den Kabylen zerfällt die Arch in Fekhed, und jede dieser in dechera (groupe
de maisons) unter dem Amine (oder Häuptling).

60) Inter eas personas, quae parentum liberorumve locum inter se obtinent, nuptiae
contrahi non possunt, nee inter eas connubium est (s. Gajus). Die Adyrmachidae über-
gaben die Bräute erst dem König (nach Herodot). Homogalakten sind Genneten, Theil-
haber der alten Geschlechter, die Orgeonen (seit Solon) zugeordnet (s. Philippi). Das
Ständeverhältniss drückt sich nicht in den Phylen, sondern in den drei Abtheilungen der
Eupatriden, Geomoren und Demiurgen aus (in Attika). Neben der Hopletenphyle (aus
Einwanderer) bewahrten die Phylen der Aigikoreis und Argadeis einen autochthonen Cha-
rakter (s. Philippi). Die Ashira in der Hamula (der Kabylen) setzt sich aus den Piyut
zusammen (als οἶκος) in endogamer Ehe (während sonst die exogame vorwiegt). Danaos
Töchter fliehen vor der Verwandten-Ehe aus Aegypten (bei Aeschylos). Bei Aufnahme der
Minyer (aus den. Argonauten auf Lemnos) unter die Stämme der Spartaner wurden die
Frauen getauscht (s. Herodot).

61) Sodalibus potestatem facit lex pactionem quam velint sibi ferre, dum ne quid ex
publica lege corrumpant (s. Gajus). Aristote employait les mots Thiase (θίασος) et érane
(ἔρανος) pour désigner des associations d'une nature analogue, dont les membres se réunis-
saient paur célébrer en commun des sacrifices et des festins (s. Foucart). Ὀργεῶνες, οἱ τοῖς
ἰδία ἀφιδρυμένοις θεοῖς ὀργιάζοντες (Suidas). Quam quam orgeones privatorum quoque
collegiorum sodales dicebantur (cujus generis erant Βορεασταί, Παναθηναϊσται, Τετραδισταί,
Εἰκαδισταί aliique thiasatae), tamen Seleucus legum Soloniarum interpres de sacris genne-
torum potius, quam de privatis sodalitatibus loqui videtur (s. Lobeck). Numa rex septimum
collegium figulorum instituit (Plinius), aerariorum fabrum als drittes (fabri tignarii u. s. w.).
Collegia, si qua fuerint illicita, mandatis et constitionibus et senatus consultis dissolventur
(in Rom). Marciani Sodales, qui D. Marci sacra curabant, Helviani sunt dicti propter Helvium
Pertinacem (Capit.). Sodalis (s. Cicero) quive in eodem collegio (dann collegia opeficum
u. s. w.). Sodales dicti, quod una sederent et essent, vel quod ex suo datis vesci soliti sint,
vel quod inter se invicem suaderent, quod utile esset (Paul. Diac.). Dati sunt et Sodales
qui Alexandrini appellati sunt dem Alexander Severus, als „senatus eum in divos retulit"
(s. Lamprid.).

62) Jupiter wurde in Bithynien als Papias verehrt, und Papias Σωτηρ bei Doganlu (s.
Leake), wie Ζεὺς σωτήρ (bei Pausanias). Die Scythen verehrten Zeus und Papaeus (nach
Herod.). Jupiter Stratius (in Labranda) führte die Doppel-Axt (λάβρα). Jupiter, als Jun-
pater (und Japetos, als Titan mit Kronos oder Saturn). Terra corpus est, at mentis ignis
est, als Juppiter (qui ventus est et nubes), Istic est de sole sumptus (Ennius). Jupiter's
Thränen bedeuten Regen (nach Clem.) als des Zeus ὄμβριος (bei Plut.). Virgo coelestis
pluviarum pollicitatrix (als Juno). Neben den von Tina (Jupiter) auf eigenem Beschluss,
oder nach Rath mit den Complices geworfenen Blitzen sind die von den verhüllt höheren
Mächten veranlassten unbarmherzig im Feuer zerstörend (bei den Etruskern). Ex summi

cacuminis luco (des Mons Albanus) erschallt der Ruf (des Juppiter Latiaris) an die Albaner (s. Livius).

63) Juno Sospita (zu Lanuvium) war mit Ziegenfell bekleidet (als Panzer). Istic est is Juppiter quem dico, quem Graeci vocant Aerem (nach Ennius). Podaga oder (bei Litthauer) Podangu bezeichnete die untere Luft (s. Thunmann). Im ἱερὸς γάμος wurden Zeus und Hera vermählt (in Athen). Bei dem Lectisternium des zweiten punischen Krieg's wurden die zwölf Götter, in sechs Paaren, gelagert (s. Livius). Juno wurde bei den Libyern als Οὐρανία verehrt.

64) Zeus, als πατὴρ ἀνδρᾶν τε θεῶν τε (bei Hom.). Zeus Agoraeus beschützte den Markt (in Selinus). Maeandrius erbaute dem Zeus, als Schützer der Freiheit, einen Tempel (in Samos). Am Eingang des Bosporus stand der Tempel des Zeus Οὔριος (der Chalcedonier). Der lycaeische Zeus wurde in Arcadien verehrt (und Cyrene). In expiation of murder Ζεὺς μειλίχιος was invoked (s. Cumby).

65) Obwohl die griechische Götterwelt („keineswegs ohne Einheit") „einen sehr vornehmlichen Zug zum Monotheismus" zeigt, konnte sie doch „niemals zu der Vorstellung eines schlechthin einzigen Gottes gelangen, sondern immer nur einen comparativ höchsten" (s. Lauer). Varro tria discrimina temporum esse tradit, primum ab hominum principio ad cataclysmum priorem (ἄδηλον), secundum a cataclysmo priore ad olympiadem primam (μυθικόν), tertium a prima Olympiade (ἱστορικόν) zur Gegenwart (bei Censorinus).

66) Constat enim omnes urbes in alicujus dei esse tutela, moremque Romanorum arcanum et multis ignotum fuisse, ut, cum obsiderent urbem hostium eamque jam capi posse confiderent, certo carmine evocarent tutelares deos, quod aut aliter urbem capi posse non crederent, aut etiam, si posset, nefas aestimarent deos habere captivos (Plin.). Der Tempel des Quirinus war „intra urbem", der des Mars, als bellatoris, ausserhalb. ὧδε μέγας κεῖται Ζὰν ὅν Διο κυκλήκουσιν (in Kreta). Quirinus bezeichnete den Janus Quirinus (neben Mars Quirinus). Mars enim cum saevit Gradivus dicitur, cum tranquillus est Quirinus (Quiris) als Lanzenstab (hasta pura). Mira quaedam tota Sicilia privatim ac publice religio est Cereris Ennensis (s, Cicero). Saturnum atque Opem comprehendit eosque muro circumegit (Titan). Varro identificirt Saturnus et Ops mit Caelum et Terra. Mundum dividi in duas partes, coelum et terram, et coelum bifarium in aethera et aëra, terram vero in aquam et humum, e quibus summum esse aethera, secundum aëra, tertiam aquam, infimam terram, quas omnes quatuor partes animarum esse plenas, in aethere et aëre immortalium, in aqua et terra mortalium, ab summo autem circuitu coeli ad circulum lunae aethereas animas esse astra et stellas, eos coelestes deos non modo intelligi esse, sed etiam videri, inter lunae vero gyrum et nimborum ac ventorum cacumina aëreas esse animas, sed eas animo, non oculis videri et vocari heroas et lares et genios, ait Lehre Varro's (bei Aug.). Ceres sive Ciza dea mammosa et altrix omnium rerum et alma mater (s. Knaut), religiosissime eolebant (s. Ursperg) die Slaven (bei Zeitz). An Ops consivia wurde verschleierten Hauptes geopfert. Ops ist Mutter des Jupiter, wie Fortuna seine Amme, als Opifera (s. Klausen). Nertham id est terram matrem colunt (Tacitus). Zeus (θεός) wurde als πατὴρ Οὐρανὸς (s. Aristotl.) verehrt von den Männern (wie μήτηρ Γαῖα von den Frauen). Γενετυλλίς, dea Veneris comes (δαίμων περὶ τὴν Ἀφροδίτην), generationis auctor, a puerorum generatione sic appellata (s. Suidas). Jupiter hiess (oscisch) Lucetius (bei Servius). Anna Perenna wurde verehrt, ut annuare perennareque commode liceat (s. Arnob). The old Latin name (Jovi or Jovis) führt auf „the Assyrian God Jav" (Ἰάω). Quod erat a deo natum, nomine ipsius dei nuncupabant (fruges Cererem appellamus, vinum autem Liberum); tum autem res ipsa, in qua vis inest major aliqua, sic appellatur, ut ea ipsa nominetur deus, ut Fides, ut Mens, quas in Capitolio dedicatas videmus proxime a L. Aemilio Scauro, ante autem ab Atilio Calatino erat Fides consecrata; vides virtutis templum, vides Honoris a M. Marcello renovatum, quod multis ante annis erat bello Ligustico a O. Maximo dedicatum. Quid Opis, quid Salutis, quid Concordiae, Libertatis, Victoriae, quarum omnium rerum quia vis erat tanta, ut sine deo regi non posset, ipsa res deorum nomen obtinuit. Quo ex genere lupidinis et Voluptatis et Lubentinae Veneris vocabula consecrata sunt (s. Cicero). Diespiter is the Indian Dius piter (Sun-father or heavenly light), connected with Divas-pati, Lord of the day or of the sky, as Jupiter answers to Diu-piter, heaven or Air-

father (s. Wilkinson). Liberum a liberamento appellatum volunt, quod mares in coeundo per ejus beneficium emissis seminibus liberentur, hoc idem in foeminis agere Liberam, quam etiam Venerem putant, quod et ipsas perhibeant semina emittere, et ob hoc Libero eandem virilem corporis partem in Templo poni, foemineam Liberae. Ad haec addunt mulieres attributas Libero et vinum propter libidinem cnncitandam (s. Aug.) Aus Zeus Keraunos (in Arcadien) wurde Zeus Keraunios (s. Foucart). Als Εἰλείθυια (in Argos) führt Hera die Scheere (zum Abschneiden des Nebelstranges). Zu den γενέταις θεοίαιν gehören Bacchus, Juno, Ilithyia und der Genius natale comos qui temperat astrum (s. Wieland), und der Stern regelt das Leben (in der Astrologie).

67) Die Thätigkeit des zweckmässigen Einrichtens und Bestellens ist unter allen Göttern vorzüglich der Minerva eigen; der lateinische und etruskische Name erklärt sich aus diesem Begriff, menervare bedeutet, wie monere, erinnern und unterweisen (s. Klausen). Und zu dieser häuslichen Göttin kam dann die kriegerische Jungfrau (in der Haut des Pallas) vom tritonischen See (für die Seefahrten Athen's), als Minerva Nautia das Palladium im Vesta-Tempel, während die tagtägliche Bearbeitung der Wolle (Apulien's), wie in Rom, in Hellas vor dem Wirken glänzenden Peplos für Festzeiten zurücktrat. Sequitur ut eadem sit in iis quae humano in genere ratio, eadem veritas utrobique sit in iis, quae humano in genere ratio, eadem veritas utrobique sit eademque lex, quae est recti praeceptio pravique depulsio. Ex quo intelligitur prudentiam quoque et mentem a diis ad homines pervenisse, ob eamque causam majorum institutis mens, fides, virtus, concordia consecratae et publice dedicatae sunt. Quae qui convenit penes deos esse negare, quam eorum augusta et sancta sinulacra veneremur (s. Cicero).

68) Es war (auf Ceylon) „the duty of the devils to obey their head, the god Warssrewsenne and with him to make war against the enemy of Sekkraia, the god Wepetzietteasura-deva" (nach Upham). Unter der Thür vergraben, schützte die Meerzwiebel gegen Zauber und hinter der Angel stand Hermes Strophaios (gegen das Einschleichen von Dieben zu wachen). Die Physica (zur römischen Kaiserzeit) bestanden besonders aus Amuletten, als περίαπτα, περιάμματα, προσαρτήματα (amuleta, ligaturae, alligaturae). Aristeas, als Gespenst (nach dem Tode) in Metapontum erscheinend, verlangte für den von ihm als Rabe nach Italien begleiteten Apollo die Aufrichtung eines Altar's, wie auf Anfragung in Delphi von dort empfohlen (s. Herodot). Nach der Tödtung des Python erhielt Apollo die in Aegialea (zu Sicyon oder Mekone) abgeschlagene Reinigung in Kreta (von wo sich der neue Gottesdienst verbreitete, gegen den beim Opfer in Sicyon noch ein älterer Protest ausgesprochen war). Zu Unterhandlungen schicken die Stämme (in Australien) Knaben, denen mit glühenden Knochen die Nasescheidewand durchbohrt ist oder (am Cooperdelta) Frauen (s. Jung). Die Mysterien des Sabazios, wegen deren Feier die Priesterin Ninus hingerichtet war, wurden dann auf Ausspruch des Orakel nicht länger gehindert (in Athen). Im Hain der Semnae weilte die „heilig-furchtbare Jungfrau" (s. Schöll) bei Kolonos (nach Sophocles). Von Minerva (bei Venus Abwesenheit) besucht (für Waffenanfertigung) habe ihr Vulcan „sonst etwas zugemuthet, und da die Göttin darin nicht willigen wollte, habe er Gewalt zu brauchen gedacht, allein auch soviel Widerstand gefunden, ut demum tentigine ruptus τὴν γονὴν in Virginis femur effuderit, quae vero tristata illam detersam in terram abjecerit" bei Geburt des Erichthonius (s. Hederich). Wegen Tödtung des Μητραγύρτης (ἐμύει τὰς γυναῖκας τῇ Μητρὶ τῶν θεῶν) wurde Athen durch Pest verheert (bis zur Sühne). Die Lamiae frassen kleine Kinder (in Rom). Die Herodiade Nocticula oder (bei Varro) Noctiluca (als Diana) versammelte zu nächtlichen Festschwelgereien (s. Joh. von Salisbury).

69) Epimenides ass nur selbstbereitete Speise, wie Pittacus, König in Mytilene, der auch das Getreide selbst mahlte (s. Plut.). Wie die Brahmanen in Indien als Köche fungiren, so beweist sich ihr mit den Keryken verbundenes Amt als ehrenvolles in Athen (nach Klidemes), und Alexander M. erhielt von seiner Mutter Olympias den Koch Pilegnas, wohlkundig der den Vorfahren zu bringenden Opfern, sowie in den festlichen Orgien des Bacchus (s, Athenäus). Durch die Köche wurden die Barbaren von der Menschenfresserei abgewandt (nach Athenion). Lycurg liess unter Aufhebung der den Grabhügeln anhaftenden Verunreinigungen die Todten in der Stadt (neben den Tempeln) bestatten (s. Plut.), und so die euphe-

mistische Bezeichnung der χρηστοί (in Sparta). Die Leviten entsündigten sich (in Reinigungen) „undAaoron webete sie vor dem Herrn". Nach dem Opfer auf dem Comitium (beim Fest des Regifugium) hatte der König zu entfliehen (s. Plut.). Die Luperci durchliefen die Stadt, mit Junonis amiculum (die Frauen zu schlagen). Von Strabo werden die Titanen mit den Pelagonen identificirt, und so bezeichnet Zeus, als Πηλαγόνων ἀλατῆρα (Callimachus).

70; Aeacus, auf dessen Gebet (nach dem Orakel) Hellas von Unfruchtbarkeit befreit wurde, hat die Schlüssel des Hades in Verwahrung (bei Apollodor). Der Fürbitte, wie von heiliger Person geschehen (im Gebet) wird „fast unfehlbare Wirkung" zugeschrieben, wie betreffs Elias (bei Jacobus u. s. w.). Yesdegerd II. entzog sich oft tagelang dem Anblick der Menschen, beim Verkehr mit den Göttern (nach Elisäus). Durch die Ara, das personificirte Gebet, gelangten die Bitten der Sterblichen zu den Ohren der Götter (Erhörung findend, wenn gerecht). Oedipus ward von Zeus' Priester aufgefordert, sein Volk gegen die Pest zu schützen (bei Sophocles). Dem chinesischen Kaiser liegt solche Pflicht auf. Im Amt des Hohenpriester's, an der Spitze des priesterlichen Collegium für jede Gottheit, folgte der Sohn (in Aegypten) dem Vater (nach Herodot). In der Familie Pinha's, Sohnes Eleasar's (des überlebenden Sohn des Aaron), wurde die Priesterwürde erblich (auch nach der Unterbrechung durch Eli). Die Würde des Archon-Königs blieb in der Familie der Kodriden erblich (bis auf Solon). Der Cabeba (chefe supremo) Muata-Yanvo residirte in der Mu-sumba. O Sobrinho ou heredeiro presumptivo denomina-se Cha-Nama, com domicilio particular no Tenga (o segundo successor intitula-se Soana-Molopo), dann (representando a maē do primeiro Muata-Yarvo) die Lucoquessa (s. Capello u. Yvens). In den von Moses zur Dienstleistung beim Bundesopfer verwendeten Jünglingen fungirten Erstgeborene als Priester (nach Raschi). Da seit der Nacht der Erlösung alle männliche Erstgeburt (in Meuschen und Vieh) Jehovah geheiligt war, nahm dieser, als bleibende Gabe des Volk's, statt der Gesammtheit der Erstgeborenen, Söhne der Leviten, und deren Vieh statt des des Volkes (Oehler). Vor Einführung des aaronistischen Priesterthums lag die Pflege des Cultus bei den Erstgeborenen (nach Mishna Sebachim).

71; König Oineus zu Kalydon bringt das Ernteopfer (θαλύσια) dar! Die Functionen des Regenherrn (Aula manna) begannen „mit dem Nationalfest Kowa, dem einzigen Fest der Kunama" (s. Reinisch), als Erntefest (und Neujahr). Der Oberkönig opfert selbst, vor der Schlacht (in der Ilias). Alkinoos bringt ein Staatsopfer dar, den Zorn des Poseidon zu versöhnen.

72) Bei den Fouyou wird der König bei fehlgeschlagener Ernte getödtet (s. Matuanlin), und so tödteten die Aetoler ihren König, wie die Tschuktschen (bei Epidemie) den Häuptling (auf der Messe). Da, weil wegen Misswachs getödtet (mit Verantwortlichkeit für die Ernte) Niemand König sein wollte, in Niue, führten die Familienhäupter die Regierung, im gemeinsamen Rath (s. Turner). Bei Neugestaltung der Stämme in Cyrene liess Demonax, die Gewalt des Königs (Battus) beschränkend, demselben nur priesterliche Functionen, die weltliche Macht dem Volk übertragend (s. Herodot). Rex ·ritu veteri potestate deposita removetur, si sub eo fortuna titubaverit belli, vel segetum copiam negaverit terra (bei den Burgundern). König Domaldu wurde wegen dreijährigen Fehlens der Ernte in Uppsal erschlagen (nach der Ynglinga Saga). Wegen Unglücksfälle wurde der König (in Aegypten) abgesetzt (s. Amm. Marc.), als dafür verantwortlich (wie auch sonst).

73) Melchisedek (als Priesterkönig) heisst μέγας ἀρχιερεύς (bei Philo). Μελχισδέκ (βασιλεὺς δικαιοσύνης), als βασιλεὺς Σιαλήμ (εἰρήνης) war (ἀγενεαλόγητος) Priester des höchsten Gottes. Auch Abraham, der Patriarch, gab das Zehnte seiner Beute an Melchisedek (dem Prieser Gottes, des Allerhöchsten), ohne Vater, ohne Mutter, ohne Geschlecht, und hat weder Anfang der Tage noch Ende des Lebens (Priester in Ewigkeit). Der König (in Aegypten) was the prophet and officiating high-priest, and had the title of „Sem", in addition to that of the high-priest, and he was distinguished by wearing a leopard skin (s. Wilkinson). Die Stammkönige (Phylobasileus) waren zugleich die ersten Stammpriester (s. Mayer). Dejokes liess sich, weil in seinem Dorfe wegen Rechtssprüche aufgesucht, die Königswürde übertragen (s. Herodot), und Manu erlangte Ehren als Richter. Bei den Priesterhandlungen des Athvaju (Athvan oder Pfad) des Yajur (neben dem Beten des Rig und dem Singen des Soma), überwacht der Brahmane (aus dem mit dem Text

oder Sanhita verbundenen Brahmana) die Ceremonien, während (neben den, allgemeine Vorschriften zusammenfassenden, Sutra) die Waldbücher (der Aranyaka) mit den Upani- schad in die Philosophie überführen. In Cohen, als Priester, liegt die Vertretung des Volk's vor Jehovah (s. Oehler), Das Priesterthum wird auf Aaron's Söhne (in Eleasar und Itthamar) übertragen (unter den Leviten). Von Hoare-cithra, Sohn Zarathustra's (aus dem Geschlecht Manuscithra's) stammen die Priestergeschlechter (königlichen Stammes). Mit Laodice, Tochter des Cinyras (als erster Hoherpriester in Cyprus und Ahn der priester- lichen Cinyraden), dessen Tochter Myrrha in arabischen Weihrauch verwandelt wurde, zeugte Elatus (in Arcadien) den Aepytus, durch den Evadne (Mutter des Jamos) erzogen wurde. Weil das Volk vermöge seiner Unreinigkeit nicht unmittelbar Gottes Heiligthum nahen darf, wird statt der Erstgeborenen des ganzen Volk's durch göttliche Wahl ein Stamm dem gewöhnlich irdischen Lebenslauf bleibend entnommen und zu Jehovah in näheres Verhältniss gesetzt (s. Oehler), den Priestern als Geschenk (sich ihm dienend an- zuschliessen). Nach der Reinigung (durch Besprengung mit dem Entsündigungswasser und Abscheerung) wurden die Leviten (zur Uebergabe an Jehovah) geweiht mit Handauflegung (des versammelten Volk's), sowie der Ceremonie des Schwingen's (worauf das Sünd- oder Brandopfer folgte). Die von Levi (der mit seinem Bruder Simeon die beschnittenen Siche- miten erschlug, um die Schande ihrer Schwester Dinah zu rächen) stammenden Leviten bewaffneten sich für Moses aus dem Zweige Amram's (im Stamm des Kahath, Sohn Levi's) gegen die Verehrer des goldenen Kalbe's (in der Wüste). Von den nicht unter Juda ver- schwundenen Simeoniten (Simeon's, der mit seinem Bruder Levi die beschnittenen Siche- miten ausrottete) zogen die mit Heerden nomadisirenden nach Gedor, die angesiedelten Chamiten unterwerfend (zu Hiskias' Zeit). Der Erstgeborene, als primogenitus sacerdotis (zum Unterschied von primogenitus haereditatis) war durch den Mann für mehrere Frauen bei jeder derselben zu lösen, wogegen sein Erstgeborener, wenn nicht zugleich von dessen Mutter Erstgeborener, gar nicht der Lösung verfiel (bei den Juden). Das Priesterthum des Zeus Lacedämon und Zeus Uranius gehörte den Königen Sparta's (s. Herodot). An- droclus, der sich in Ephesus (der Leleger) festsetzte, wurde in der Figur eines Bewaffneten. (auf seinem Grabe) verehrt. Durch heimliche Verehrung des im Traum offenbarten Heros Achilles (unter der Statue der Athene im Parthenon) bewahrte Nestorius (als Priester) Attika vor dem Erdbeben (s. Zosimus), und dann Schutz im Kriege (Alarich's).

74) Nachdem an Stelle des Fu-dzu-nushino-kami (als Feldherrn) der Shogun (50 a. d.) eingesetzt und Yama take no mikoto zum Markgraf auf Yeszo (als Se-i-dai Shigun oder Zähmer der Barbaren), erlangte (bei den mit der Erhebung des Hauses Minnamoto aus- brechenden Unruhen, die zu Seezügen nach dem Lieu-kieu führten), Joritomo die Würde des Shiogun (1184 p. d.), während unter seinen Nachfolgern die Hojio-Familie den Einfluss des Sikkhen begründete, nach dem Sieg über die Mongolen (1281 p. d.), bis Ashi-Kanga († 1408) die Würde des Shiogun in seiner Familie erblich machte (als Nippon-wo oder König von Japan), und dann (nach Nabu-nanga's Aufstand) die Würde Taikosama's auf Jyeyas überging, als erblicher Taikun (oder Shiogun). Während des Bürgerkrieg's zwischen Feki und Gendsy, begründete Joritomo seine Macht als Szogun in der Markgrafenschaft des Sioidai Ziogun gegen die nördlichen Barbaren, durch Unterstützung des Dairi XII. Jahr- hundert). Neben dem Tui-tonga erhob sich Finow zum Kronfeldherrn (wie der Taikun in Japan). Die Macht der Hausmaier befestigte sich mit Carl Martell's Sieg über die Araber (unter Zurücktreten der in ihren langen Haaren geheiligten Merowinger). Mit Saguan machica stellte sich die Macht des Zipia neben dem Zaque unter der geistlichen Herrschaft des Idacanzas (von Nemterequetaba eingesetzt). Neben dem Archon eponymos (zur Be- zeichnung des bürgerlichen Jahres) stand der Basileus (auf den besonders die geistlichen Functionen des Königs übergegangen waren, während dem Polemarchos die Kriegführung oblag, und von den Thesmotheten (sechs an Zahl) Recht gesprochen wurde (in Athen).

75) Hominibus barbaris in corporis majestate veneratio (Curtius). Bei Aethiopiern wurde der Schönste zum König gewählt (bei Chilenern der Stärkste). Velut lymphati et attoniti, stürzten die etruskischen Priester in die Reihen des Feindes (s. Livius), während Moses im Gebet mithilft (bei der Schlacht). Ζεὺς κτήσιος, ὅν καὶ ἐν τοῖς ταμιείοις ἱδρύ- οντο ὡς πλουτοδότην (Suid.), Κτησίου Διὸς ἐν τοῖς ταμιείοις (Harp.). Die Orangkaya ragen

als Reichere hervor. Nobile Marobodui ex Tumsio genus, jam et externos patiuntur, sed vis et potentia regibus ex auctoritate Romana (s. Tacitus). Katvalda (inter Gotones nobilis juvenis) stürzte die Macht Marobod's. An Ariovist wurde der Ehrentitel ,Rex vom Senat verliehen (nach Caesar). Mit dem römisch disciplinirten Heer Marobod's kam „regis nomen" (statt dux). Bei den Bructerern setzten die Römer den König ein (s. Plin.). Θευδέριχος (bei den Gothen) hiess ῥήξ, indem so οἱ βάρβαροι ihre Führer nannte (s. Procop) [kings, als reguli].

76) Achämenes, als Ahnherr der persischen Könige, wurde von einem Adler ernährt (nach Aelian). Amal, a quo origo Amalorum, war (durch Augis) Enkel Halmal's (Sohn Gaut's), und unter seinen Abkommen besiegte Kniva (Ostrogotha's Nachfolger) den Kaiser Decius (251 p. d.). Nach dem Tode Geberich's (als Königs der Gothen) gelangte Hermanrich zur Herrschaft (nobilissimus Amalorum). Im „catalogus Amalorum familiae" waren die Proceres (als Anses oder Halbgötter) non pari homines (bei Jornandes). Reges Gothorum. longa oblivione celatos latibulo vetustatis eduxit (Cassiodor). In der genealogischen Königstafel der Amaler, primus fuit Gaut, qui genuit Halmal. Die Franken wählten (aus edler Familie) reges crinitos (s. Greg. T.). Reges habent ex genere antiquo, quorum tamen vis pendet in populi sententia (in Schweden). Domi pares esse gaudent, in prœlium euntes omnem praebent obedientiam regi, vel ei qui doctior ceteris a rege praefertus (s. Ad. Br.). Das Surjavança (in Ajodhja) leitete sich von Manu Vaivasvata (Sohn der Sonne), das Chandravança (Ida oder Ila von der Stammmutter) durch Budha (Mercur) von dessen Vater (dem Mond) in Pratishthâna (und dann in Hastinapura). Nach der Ermordung Gaumata's wurde die Erwählung des Darius (Sohn des Hystaspes) durch das Orakel des der Sonne entgegenwiehernden Rosses entschieden (wie den Preussen Pferde orakelten). Der Rex sacrorum (ἱερῶν βασιλεύς) oder Rex sacrificulus wurde (auch in der Republik) für die Sacra des Janus beibehalten, mit der Regina sacrorum (wie die Basilissa neben dem Basileus). ἱερῶν καὶ θυσιῶν ἡγεμονίαν ἔχειν καὶ πάντα δι᾽ ἐκείνου πράττεσθαι τὰ πρὸς τοὺς θεοὺς ὅσις (s. Dionys.), als reservirt für Romulus (neben den dem Volk cedirten Rechten). Die Würde der von Zeus eingesetzten Könige (als διοτρεφέες oder διο γενέες) geht vom Vater auf den Sohn über (bei den Griechen), neben der βουλή, der βουληφόροι oder βουλευταί, als Gerontes oder δικασπόλοι zum Rechtsprechen), sowie der Volksversammlung (durch Herolde berufen). Agonales, per quos rex in regia arietem immolat (Varro) im Kampf (bei Sühnopfer), wie der Hainkönig (Aricia's). Der Rex nemorensis fungirte in Aricia (als Rex sacrorum). In Cochin erhielt der König die Befehle der Priester. Nach Philo konnte bei den Persern Niemand zur königlichen Würde gelangen, wenn er nicht vorher ein Mitglied vom Stamm der Magier geworden (τοῦ Μάγων γένους). Bei den Burgunder generali „nomine rex adpellatur Hendinos (s. Amm. Marc.). Nam Sacerdos apud Burgundios omnium maximus vocatur Sinistus, et est perpetuus (als Alter).

77) Stato tempore in silvam auguriis patrum et prisca formidine sacram omnes ejusdem sanguinis populi legationibus coeunt, caesoque publice homine celebrant barbari ritus horrenda primordia (die Semnonen). Beim Fall im heiligen Hain, „attolli et insurgere haud licitum, per humum evolvuntur" (s. Tacitus). Der griechische Eid wurde geschworen, um von all denjenigen Stämmen, die den Persern Erde und Wasser geboten, den Zehnten zu nehmen für Delphi (als Tempelsklaven). Die ägyptischen Priester zerfielen in Neter-hent (prophets). Neter-atef (divine fathers), Ab (purifiers or washers), Neter-meri (beloved of god), und dann folgten Fai sen-neter (incense-bearers), kar-heb (reciting funeral prayers) und Hesi (bards), nebst den Dienern des Hohenpriester's (Wilkinson). Die lamaistische Hierarchie regelt sich in den Klöstern.

78) Ohne sichtbare Beherrscher geniessen die Indianer alle Vortheile einer wohlgeordneten Regierung (nach Charlevoix). Nullus communis magistratus (im Frieden), sed principes regionum atque pagorum inter suos jus dicunt controversiasque minuunt bei den Germanen) magistratus, qui ei bello praesint (s. Caesar).

79) Nur die Geschichte der Gesellschaft führt den Staat, seine Entwickelungsformen, die um die Staatsgewalt geführten Kämpfe, das innere Triebwerk politischer Parteiungen auf ihren letzten Grund zurück, erst die Umgestaltung der Gesellschaft hatte die des Staates zur Folge (Rossbach). Wie die Mitglieder der spartanischen Gerusia und des atti-

schen Areopag wechselten auch die Senatoren nicht, sondern nur die Tribune, gleich den Ephoren und Prytaneen (s. Mayer). Augustus, im Anschluss an die Ueberlieferungen (statt der der von Julius Caesar erstrebten Königswürde), liess sich mit der Form der republikanischen Würde die höchste, besonders die tribunicische Gewalt übertragen, durch welche er in den Wirkungskreis aller Staatsgewalten hemmend eingreifen konnte. Als den Volksversammlungen die Gewalt entzogen und dem Senat übertragen war, übertrug sie dieser dem Kaiser durch Beschluss, welcher das Gesetz über das Imperium genannt wurde (s. Mayer), bis zum absoluten Kaiserstaat unter Diocletian in Nicomedien (und dann Constantin in Byzanz). Yima, das angebotene Prophetenthum als zu erhaben ausschlagend, wagt nur die Königswürde zu übernehmen (im Avesta). Im Rigsmal zeugt der Ase Heimdall (oder Rigr) mit Edda (und Ai) den Thrael, mit Amma (und Afi) Karl, mit Mutter (und Vater) Jarl (als Stammvater des Adel's durch Erna). Plebes paene servorum habetur loco (s. Caes.) neben den Equites (der Gallier). Die principes :als proceres oder optimates von der plebs unterschieden) stehen (nach Tacitus) neben dem Princeps (bei Germanen) oder Rex, wie die βασιλεῖς neben dem βασιλεύς (bei Homer), unter Comites (oder Gefolgsherren) und Nobiles. Neben den Daghupaiti (als Herrscher der Provinzen oder Daghus) findet sich (im Avesta) der Zarathustrolema (als Stellvertreter Zorathustra's und Ahura Mazda's) oder Shoithrapaiti als oberster Landesherr s. Spiegel). Die Geschlechter der Boule Geronton theilten mit dem Könige die richterliche Gewalt. Die Geleonten, an der Spitze der Phylen stehend (wie die Hopleten in letzter Reihe), sind die „Glänzenden“, Vornehmen (s. Philippi) oder Alten (im Senatus der Geronten). In der Conföderation der Muscolgee stand jeder Stamm unter seinem eigenen Mico oder Häuptling (s. Bantram). Die Sachem der Irokesen trugen stereotype Titel. Die Mitverschworenen des Darius verlangen für sich derartigen Rang, dass die königliche Gemahlin aus ihren Familien zu erwählen (und Otanes bleibt beim Verzichten auf die Würde unabhängig). Die Koongai (in Japan) stammen als Nachkommen von den Begleitern Zimnu's, mit ihm eingewandert (wie die Egi aus Bolutu nach Tonga). Am Hofe des Theodosius sind die ἑκάστης φυλῆς ἡγούμενοι (als φύλαρχοι) umgeben von ihren ὁμοφύλοις (bei Zosimus). Aus der Leibwache der Könige begannen sich die Celeres (deren Führer Brutus den Umsturz bewirkt hatte) wieder um Augustus zu scharren (unter militärischen Festen). Und dann die Evocati (unter Claudius), Hofadel der Azteken u. s. w. Les secessions étaient (gegen die Patricier) la ménace du peuple de la campagne de se séparer de la ville et de transporter le marché des Nundines autre part qu'au Forum; le mont Sacré, l'Aventin, le Janicule furent successivement désignés pour remplacer Rome comme centre cömmercial de la région agricole que les plébéiens cultivaient (s. Belot). Bei Kasya und Fiot kreisen die Markttage nach der Woche. Als die Colonisten aus Thera auf Gebot des Orakels nach Libyen fragten, fanden sie zu Itanus (auf Creta) den Peloten Corobius, der nach der Insel Platea verschlagen war und jetzt von der ersten Expedition (bis zur Rückkehr) dagelassen wurde (wie Kadmus' Gefährte auf Thera).

80) Reges ex nobilitate, duces ex virtute sumunt (die Germanen), ceterum neque animadvertere neque vincire, ne verberare quidem nisi sacerdotibus permissum, non quasi in poenam nec ducis jussu, sed velut deo imperante, quem adesse bellantibus credunt, effigiesque et signa quaedam detracta lucis in proelium ferunt, quodque praecipuum fortitudinis incitamentum est, non casus nec fortuita conglobatio turmam aut cuneum facit, sed familiae et propinquitates (s. Tacitus). Summa imperii traditur Camulogeno Aulerco, qui prope confectus aetate tamen propter singularem scientiam rei militaris ad eum est honorem evocatus (Caesar).

81) Die πρώταρχος ἄτη, der Urfluch des Geschlecht's, der unter der Nachkommenschaft fortwuchert (s. Hüttemann), personificirt sich im δαίμων ἀλάστωρ (als Rachegeist, der fortwährend auf neue Opfer lauert).

82) Dann im Verkehr auch das Geld in allen seinen Formen, vom Steingeld an (auf den Palau) bis zum Papier, und Uebergangsstufen dazwischen. Simo (bei Plantus) seufzt unter dem Gewicht von 20 Minen, die ihm auf die Schulter gepackt wurden (s. Geppert), wie man sich in China den Kleinwechsel eines Dollar in Cash von einem Coolie tragen lässt. In Rom diente Kupfergeld (im Aerarium oder Staatsschatz) bis zu den Kriegen mit Pyrrhus, und nach der Eroberung Tarents wurde Silber gemünzt.

83) Bei den Mönnitaris finden sich Banden oder Vereine, durch Gesang, Tanz und gewisse conventionelle Zeichen kenntlich (s. *Neuwied*):

1. Die Steinbande, la bande de la petite roche Wiwaohpage. Sie besteht aus Knaben von 10 bis 11 Jahren, welche Federn auf dem Kopfe tragen.
2. Die Bande der grossen Säbel, la bande des grands sabres, Wirrachischi. Sie sind 14 bis 15 Jahre alt und tragen bei ihrem Tanze Säbel in der Hand.
3. Die Raben-Bande, la bande des corbeaux, Haiderohka-Ächke. Junge Leute von 17 bis 18 Jahren.
4. Die Bande der kleinen Prairie-Füchse, la bande des petits renards de prairie Ehchoch-Kaichke. Bei ihrem Aufzuge tragen sie Felle von Ottern und Wölfen am Leibe.
5. Die Bande der kleinen Hunde, la bande des petits chiens, Waskickka Karischta. Auf dem Kopfe tragen sie Federn, und quer über die Schultern herab breite Binden von rothem oder blauem Tuche.
6. Die Bande der alten Hunde, la bande des vieux chiens, Waschickke-Ächke. Sie tragen Federn auf dem Kopfe, die vorerwähnten Tuchbinden über die Schulter, ein Wolfsfell um den Leib, in der Hand ein Schischikué, das aus einem kurzen Stocke besteht, an welchem Hufe des Bisonkalbes aufgehängt sind, und an ihrem Halse hängt eine Kriegspfeife (Ih-Akohschi).
7. Die Bande der Bogenlanzen, Sohta-Cirakschöhge oder Sühte-Wirakschohke. Sie tragen Federn auf dem Kopfe und Bogenlanzen, Bidücha-Häski, in der Hand. Dies ist dieselbe Bande, welche die Maudans Ischobä-Kakoschochatä nennen.
8. Die Bande der Feinde, la bande des ennemis, Mäh-Shäh-Ächke. Sie tragen Gewehre in der Hand, und sind dasselbe, was die Mandans Kaua-Karakachka nennen, die sogenannten Soldaten.
9. Die Bande der Stiere, la bande des boeufs, Kädap-Ähhke. Sie tragen die Kopfhaut des Bison mit den Hörnern auf dem Kopfe, Tuchbinden um den Leib, Schellen an denselben und an den Beinen, Lanzen, Flinten und Schilde (pare-fleche) als ihre Waffen.
10. Die Raben-Bande, la bande des corbeaux, Pehriskaike. Sie sind die ältesten Männer. Ein jeder von ihnen trägt eine lange Lanze mit rothem Tuche überzogen, Bidda-Parachpa, von welcher Rabenfedern herabhängen. Sie haben schön verzierte Kleidungsstücke, Federn auf dem Kopfe, Hauben von Kriegsadlerfedern, Wah-Aschu Lakukarahä, und borgen selbst schöne Kleider von anderen Banden.
11. Die Bande des heissen Wassers, la bande de l'eau chaude, Mahsawähs. Sie tanzen, wie bei den Mandans, nackt zwischen glühenden Kohlen umher, und nehmen Fleisch aus einem Topfe mit kochendem Wasser. Hände, ein Theil der Vorderarme und Füsse sind roth angestrichen.

Die Vereine der Weiber sind nachfolgende:

1. Die Bande der wilden Gänse, la bande des outardes, Bihda-Ächke. Wenn sie tanzen, so tragen sie Wermuth (absinthe) und eine Maiskolbe im Arme, vor dem Kopfe ist quer eine Feder befestigt. Diese Bande besteht aus den ältesten Weibern.
2. Die Bande der Feinde, la bande des ennemis, Mäh-Ihah-Ächke. Sie tragen lange Gehänge von Muscheln und Glasperlen (Rassade), wie die Männer, neben der Stirn befestigt, und eine Feder quer vor dem Kopfe.
3. Die Stinkthier-Bande.

Ausserdem der Tanz der Alten (Tairuchpahga) und der Scalp-Tanz (Zuhdi-Ariachi).
Nach den 3 Signalpfeifen (Ihkoschka) theilen sich die Vereinigungen der Männer (bei den Mandan) in sechs Klassen, als

> Meniss-Ochka-Ochatä oder thörichte Hunde (10—15 Jahre),
> Hahderucha-Ochatä oder Krähenbande (20—25 Jahre),
> Charak-Ochatä oder Soldaten (als Krieger herrschend),
> Meniss-Ochatä oder Hunde (rohe Hunde zerreissend),
> Berock-Ochatä oder Bisonstiere (zum Bisontanz),
> Schumpsi-Ochatä oder schwarzschwänzige Hunde (über 50 Jahre);

dazu die Tänze Ischohä-Kakoschoschatä (des halbgeschorenen Kopfes), der Meniss-Chäh-Ochatä (alten Hunde), der Wadaddäschochatä oder heissen Tänze (von den kleinen Hunden aufgeführt), der As-Choh-Ochatä (mit der erblichen Bogenlanze oder Eruhpa-Hichtä).

Die Frauen bilden vier Klassen, als

Eruhpa-Mih-Ochatä (der Schussbande),

Passan-Mih-Ochatä (der Flussbande),

Chan-Mih-Ochatä (Heuweiber),

Ptihn-Tack-Ochatk (der weissen Bisonkuh).

Wollen Knaben in die erste Bande eintreten, um Männer zn werden, so gehen sie zu den Mitgliedern derselben, reden sie mit der Benennung Vater an, und suchen sowohl den Grad, als den Tanz, den Gesang und die damit verbundene Kriegspfeife für gewisse Gegenstände von Werth, als wollene Decken, Tuch, Pferde u. s. w. anzukaufen, welche der Vater für sie zahlt. Verkauft man die Stelle, so haben sie das Recht an die Auszeichnungen dieser Bande, und der, welcher sie verkaufte, begiebt sich dadurch aller Ansprüche an dieselbe, sucht sich dagegen in eine höhere Bande einzukaufen (bei dén Mandan). Trommel (Manna-Baracha) und Rassel oder Schishikue (Inahdä) werden ebenfalls mitgekauft (s. Neuwied). Alle höhere Klassen können zugleich in die Bande der Kaua-Karachka (Soldaten) oder Charak-Ochatä (bei den Mandan) gehören, da dieser Verein zur Handhabung der Polizei bestimmt ist (als kräftigster).

Bei den Arikkararas unterscheiden sich

die Bande des Bären (Kuhnüch Tiranehuh),

die tollen Wölfe (Stiri-Sakkahuhu),

die Füchse (Titschiwahu),

die tollen Hunde (Hahtschi-Sakkahuhu),

die tollen Stiere (Okoss-Sakkahuhu),

die Soldaten (Tiruh-Pahi);

sowie die Tänze

Wichkatill (der heisse Tanz der schwarzen Arme),

Hunuchka (das Vogelei),

Cawita (des jüngsten Kindes),

Nanish-Tahka (der Prairien-Füchse),

Nahni-Schahia (der weisse Erdtanz),

Nanishta (der Geistertanz),

Tschiri-Waka (die ausgesteckte Robe).

Unter den Gnekbade (mit dem Bodio, als Priester, and Warabanh, als Häuptling) oder Alten folgen die Sedibo oder Männer und dann die Kedibo oder Jünglinge, neben den Deyabo oder Aerzten (bei den Kru).

84) Im Tirocinium legte der Knaba (am Fest der Liberalia) die Insignia puerilia (mit der Bulla) ab, um die toga virilis anzunehmen. Wie Männer und Frauen opferten die Alterklassen der Jugend gemeinsam (nach Athen.). Der Agon bei Darbringung des Peplos an Hera (in Elis) bestand in Wettlauf der Jungfrauen (zu Olympia). Der Knabe Jon (im Tempel) verscheucht mit seinem Pfeile die Vögel, damit „sie die Weihgeschenke nicht schänden" (bei Euripides) und so Eraten (mit Pfeilchen). Die ϑεοί ἐγγενεῖς oder ϑεοί σύναιμοι erhalten das Kind geweiht,

85) Neben den Kelten waren manche kriegerische Völkerschaften unter den γυναικοκρατούμενοι zu rechnen (nach Aristoteles), gleich den Liburner (nach Skylax), den Lykier u. s. w., wie der Adel der epizephyrischen Lokier sich von weiblicher Linie rechnete. Am Mäotis wird die Weiberherrschaft auf die Amazonen bezogen (nach Mela). Die Könige der Pikten folgten in weiblicher Linie (nach Beda). In Aegypten ging die Königin dem König an Ehre voran (nach Diod.) und in Kabebe die Schwester desselben (mit weiteren Analogien).

86) Quotiens vero inter virum et uxorem aliquid jurgii intercesserat, in sacellum deae Viriplacae, quod est, in Palatio, veniebant (s. Val. Max.). Junoni Capotrinae mulieres sacrificantur (s. Varro) seit Tutela (auf dem Caprificus). Neben den Frauen als Αἰολεῖαι im Adelsgeschlecht (zu Orchomenos) hiessen die Männer Ψολόεις (s. Plut.). In Böotien war ein Tempel der Aphrodite Ἀργυννίς (als Göttin der Knabenliebe) geweiht für ἀῤῥενοφϑορία (Tantalos'). Der Tempel des Eunostos in Tanagra durfte von keiner Frau betreten werden (nach Plut.). Auf Lemnos herrschten die Frauen über die Männer, und „Femina dominatur" (bei Sitonen), wie ein „Weiber-Senat" in Gallien unterhandelt (mit Hannibal).

87) Tatius stellte in allen Curien τραπέζας, auch für die Juno oder Hera (nach Dionys.). In Samos erhielt Hera ein Messer in die Hand (wenn gelagert). Die sechs Halbstämme der 30 Curien waren jeder durch eine Vestalin repräsentirt, unter „Sex Vestae Sacerdotes" (bei Festus).

88) Compitalia festa, quae in compitis peragebant, wurden den Lares Compitales (nach Servius Tullius Stiftung) gefeiert, und die der Mania dargebrachten Knabenköpfe wurden durch Köpfe von Knoblauch und Mohn ersetzt (sunt qui et allium ulpicum inter Compitalia ac Saturnalia seri aptissime putent). Die Paganalia gehörten zu den Feriae conceptivae (am Altar des Pagus). Den Montes standen die pagi (als ländliche Districte) gegenüber (und sechs Argeer-Sacra für das Septimöntium). Von Tullius wurden die πάγοι auf den Hügeln als Zufluchtsort der Landbevölkerung (im Kriege) gebaut (s. Dionys.). Mit Erwerbung des Rechts der Prerogative durch die Ritter, equo privato, fiel das Uebergewicht auf das Land aus der Stadt (240 a. d.). In Venedig wurde (1319 p. d.) das goldene Buch für die Patricier geschlossen (unter dem Dogat Lorenzo). Le mot populus désigne la population d'une seule ville et de son territoire propre (s. Bellot), als Gemeinde (oder Commune) Seit der Reform mit Vollendung der Zahl von 25 Tribus gestalteten sich die rusticae tribus laudatissimae (zu den urbanae), umgekehrt gegen früher (nach der Prerogative) Das erste Votum galt göttlich eingegeben (als omen). Die Patricier (im Populus) galten als ältere Brüder neben den Plebejern (s. Niebuhr). Und so bei Indianern, bei Chinesen u. A. m., in Unterscheidungen der Thai gyi und Thai noi (als grosse und kleine) u. s. w. Der Kampf zwischen Patricier und Plebejer war der „entre le cadets et les ainés de la même famille" (nach Tocqueville). Unter den Curien der Ritter votirten die der Rhamnes, Tities und Luceres (aus jungen Patriciersöhnen zusammengesetzt) zuerst (als göttlich inspirirt).

88) Chaque père de famille, qui laisse des enfants, fait souche (stirps) par rapport à ceux ci, heritiers siens et nécessaires, chaque père de famille qui laisse plusieurs enfants laisse des agnats dont la ramification à venir sera plus au moins étendue, mais chaque père de famille ne fonde pas une gens, qui lui est antérieure et qui ne peut avoir de racine que dans le passé (s. Laferrière). „Tous les parents qui formeront ligne transversale à partir de l'aïeul, représenteront l'agnation, tous ceux qui formeront ligne transversale au dessus de l'aïeul, représenteront la gentilité". (L'ingenuité, non l'origine patricienne, était la condition essentielle de la gens). Les Cilnii Maecenates d'Arretium furent à Rome une famille de chevaliers plébeiens (s. Bellot), und indem die gentiles (nach Scaevola) ab ingenuis abzustammen hatten, gab es nehen den patricischen auch plebejische Gentes auf dem Lande (nicht jedoch städtische oder Clienten). Cato, als Plebejer aus Tusculum (bei Livius), gehörte zur Gens Porcia (s. Plinius).

89) Dass Rom eine „griechische Stadt", beweist (nach Diodor) auch die dem Aeolischen verwandte Sprache (der Römer). Nach Sempronius stammten die Römer (als Nachkommen der Aborigines) von den aus Achaja fortgewanderten Griechen (oder den Arkadern unter Oenotrus). Multae urbes adhuc (in Italia) vestigia Graeci moris ostentant (s. Justin.). Die tribus Romilia, quod sub Roma (bei Varro), stand an der Spitze der ländlichen (neben den städtischen). Romanos (in Annalibus) Graecos appellat Ennius (s. Festus).

90) Die Alt- oder Vollbürger (in der mittelalterlichen Stadtgemeinde oder Kommune), die entweder Dienstleute (ministeriales), Vasallen geistlicher oder weltlicher Fürsten, Handelsherren, mindestens jedoch gemeinfreie Gutsbesitzer vom Lande waren, erhielten (als burgenses) die Standesbezeichnung „Geschlechter", Stadtjunker oder Glevener (Gleve oder Lanze), wogegen die Jung- und Halbbürger, die aus zinspflichtigen Gewerbsleuten, wie Brauer, Krämer, hörigen Ackerleute und zugezogenen armen Handwerkern bestanden, Schutz- oder Spiessbürger (von der Pike, als Waffe), sowie Pfahlbürger (weil ausserhalb der Umpfählung wohnend) genannt wurden (s. Hoffmeister) in Burgwällen und Pfahldörfer. Die plebs urbana (neben der plebs rustica) begriff besonders (s. Beaufort) „ceux qui exercaient les métiers sedentaires" (artes sellularias). Neben den φυλαί τοπικαί in den vier Quartieren der Stadt finden sich die φυλαί γενικαί und πολίς (urbs) von χώρα (bei Dionys.) unterschieden (in Rom). Im Wettstreit der Plebejer gegen die Patricier zeigt sich „l'effort de l'aristocratie des cités conquises par Rome pour participer aux droits de l'aristocratie conquérante" (s. Guizot).

91) Romulum quidam a ficu ruminali, alii quod lupae ruma nutritus est, appellatum esse ineptissime dixerunt quem credibile est a virium magnitudine, item fratrem eius, appellatos. „Romam appellatam esse Gephalon Gergithius (qui de adventu Aeneae in Italiam videtur conscribsisse) ait aa homine quodam comite. Aeneae eum enim occupato· monte, qui nunc Palatius dicitur, urbem condidisse, atque eam Rhomam nominasse. Apollodorus in Euxenide ait, Aenea et Lavinia natos Mayllem, Mulum, Rhomumque, atque ab Rhomo urbi tractum nomen. Alcimus ait, Tyrrhenia Aeneae natum filium Romulum fuisse, atque eo ortam Albam Aeneae neptem, cuius filius nomine Rhodius condiderit urbem Romam. Antigonus, Italicae historiae scribtor ait, Rhomum quendam nomine, Jove conceptum, urbem condidisse in Palatio Romae eique dedisse nomen. Historiae Cumanae compositor, Athenis quosdam profectos Sicyonem Thespiadasque, ex quibus porro civitatibus, ob inopiam domiciliorum, compluris profectos in exteras regiones, delatos in Italiam, eosque multo errore nominatos Aborigines, quorum subiecti qui fuerint Caeximparum viri, unicarumque virium imperio montem Palatium, in quo frequentissimi consederint, appellavisse a viribus regentis Valentiam: quod nomen adventu Euandri Aeneacque in Italiam cum magna Graece loquentium copia interpretantium, dici coeptum Rhomem Agathocles Cyzicenarum rerum conscribtor ait vaticino Heleni impulsum Aeneam, Italiam petivisse portantem suam secum neptem Ascani filiam nomine Rhomam, eamque, ut Italia sint Phryges politi et his regionibus maxime, quae nunc sunt vicinae urbe, prima omnium consecrasse in Palatio Fidei templum, in quo monte postea cum conderetur urbs, visam esse instam vocabuli Romae nominis· causam, eam, quae priore unde ea locum dedicavisset Fidei. Ait quidem Agathocles complures esse auctores, qui dicant Aenean sepultum in urbe Berecyuthia proxime flumen. Nolon atque ex eius progenic quendam nomine Rhomum venisse in Italiam, et urbem Romam nominatam condidisse. Callinus, Agathoclis Siculi qui res gestas conscribsisse arbitratur e manu Troianorum fugentium Ilio capto cuidam fuisse nomen Latino, eumque habuisse conjugem Rhomam, a quo, ut Italia sit potitus, urbem condiderit quam Rhomam appellavisse. Lembos, qui appellatur Heraclides, existimat, revertentibus ab Ilio Achivis quendam tempestate deiectos in Italiae regiones secutos Tiberis decursum pervenisse, ubi nunc sit Roma ibique propter taedium navigationis, impulsas captivas auctoritate virginis cuinsdam tempestivae nomine Rhomes, incendisse classem atque ab ea necessitate ibi manendi urbem conditam ab is, et potissimum eius nomine cam appellatam, a cuius consilio eas sedes sibi firmavissent. Calitas scribit, cum post obitum Aeneae imperium Italiae pervenisset ad Latinum, Telemachi Circaeque filium, hisque ex Rhome suscepisset filios, Romum Romulumquo, urbi conditae in Palatio causam fuisse appellandae potissimum Rhomae. Diocles Peparethius ait Iliam, Numitoris Albani regis filiam, gemellos edidisse, quos in ima Tiberis ripa, iussa Amulii tyranni expositos, cum iuxta ficum postea appellatam a Romulo Ruminalem nascerent, a lupa lactatos et a pico Martio nutritos esse: post repertos a Faustulo Accam Larentiam, eius uxorem, educasse plerique tamen conscio et alimenta praebente Numitore nutritos aiunt, quod Ilia ex Marte se peperisse eos asseverabat, ac secreto literis, omni denique liberali disciplina Cabis institutos atque excultos esse; ac cum in exercendo corpore primam pueritiam transigerent et inter aequales omnes praestarent robore, Romulum et Rhomum nominatos esse. Alii dicunt, quod matre virgine Vestali compressa a viro incesto procreati essent, expositos in ripa Tiberis esse ibi lupam iis praebuisse rumam, monte vicino descendentem: hinc, postquam reperti sunt educatique a Faustulo, Romulus et Romus a ruma nominati potissimum dicuntur. Quos ferunt, cum, qua matre essent procreati intellexissent. Numitori avo primum restituisse regnum, deinde de urbe condenda per auguria decrevisse uter eam conderet nominaretque, ac Deorum manifesta approbatione Romulum urbem condidisse, sed eam nominasse Romam potius, quam Romulam suo de nomine, ut ampliore, vocabuli significatu prosperiora patriae suae ominaretur: Romam antea Romulam appellatam, Terentius quidem Varro censet, ab Romulo, deinde detortam vocabuli formam in Romam, existimat credibile, ceterum, causam in libris sacrorum se invenisse ait Verrius, cur verum Romae nomen taceatur, Romanam portam antea Romulam vocitatam ferunt, quae fuerit ab Romulo appellata (*Festus*).

92) Wie Numen als allgemeine Vielseele gefasst wird, schreiben sich zugleich die

einzelnen Naturwesen numina (bei Plinius) zu (als ernährend, wie die Innua der Innuit). Während der Leib als Staub (beim Tode) Pflanzen und Kräuter nährend, durch den Genuss der Thiere zu Extispicien befähigte, so der Geist (der Sibyllen) die Luft zu φήμας und κληδόνας (omina captanda). Wie bei Brahma und Ymir formt sich in Mikronesien die Welt aus dem Leib des Urgottes.

94) Aus der Weltseele (vom Hauch), während für das Leben im Blut die materielle eise vorherzugehen hat in der Schöpfungsgeschichte der Quichés (durch Auffindung der nerfrucht). Dii Penates sive a penu ducto nomine (est onim omne, quo vescuntur ho- L s penus), sive ab eo, quod penitus insident, ex quo etiam penetrales a poetis vocantur (C. ro).

4) Der erfinderische Hunger hat alle Künste erweckt (nach Hugo St. Victor). Das Voll im Tonga verehrt den Gott des Essens, ohne sich um seine Gefährten im Himmel viel : kümmern. Singula enim membra domus sacrata sunt diis, ut culina dii penatibus (s. Se. ius), und der Küchengott in China.

95. Die Penaten, als θεοὶ μεγάλοι oder θεοὶ δυνατοί, Nigidius exponit diciplinas Etruscas sequens genera esse penatium quattuor, et esse Idaeos ex his alios, alios Neptuni, inferorum tertium iortalium hominum quartos (Arnob.). Penates sunt omner Di qui domi coluntur (s. Servius) Quia etiam domi suae sepeliebantur, so: dii penates (oder trojanisch): Penetralia sunt der im Penatium sacraria (s. Festus) der dii penetrales (bei Cicero). Penates introrsus atque in timis penetralibus coeli deos esse, meint Varro (s. Arnobius) [Herz des Himmels]. Nigidius it Labeo deos Penates Aeneae, Neptunum et Apollinem tradunt (Servius). Auf der Opfe stelle des Schweins (mit dreissig Ferkel, nach der Zahl der Ortschaften im Latinerbur) baute Aeneas das Heiligthum der Penaten. Juxta focum dii Penates positi fuerunt aresque appellati, idcirco quod ara Deorum, Larum focus sit habitus. Τοὺς δὲ θεοὺς τούτοι Ρωμαῖοι μέν Πενάτας καλοῦσιν, οἱ δὲ ἐξερμηνεύοντες εἰς τὴν Ἑλλάδα γλῶσσαν τοῦνο : οἱ μέν πατρῴους ἀπὸ φαίνουσιν, οἱ δὲ γενεθλίους, εἰσὶ δ'οἱ κτησίους, ἄλλοι δὲ υγχ(ε : οἱ δὲ ἑρκίους (Dionys. Hal.). Die Penaten (in intimis penetralibus coeli deos) Consentε et Complices Etrusci aiunt et nominant, quod una oriantur et occidant una, sex mar et totidem feminas (Arnob.). Dii Penates et viales (animae humanae), qui apellantur ani les (s. Servius). Nec defuerunt qui scriberent Jovem, Junonem ac Minervam deos Pe ces existere, sine quibus vivere ac sapere nequeamus, sed qui penitus nos regant ratione, cε ce ac spiritu (Arnob.). Bei Plautos werden die Penaten der Väter, und der Lar des F ses angerufen. In Etrurien galten Fortuna, Ceres, Genius Jovialis und Pales als ? aten (nach Caesius). Nach Nimäus fanden sich (neben trojanischem Töpfergeschirr) ierne und kupferne Heroldsabzeichen im Penatentempel zu Lavinium (s. Dionys.). Sacra rdine in mensa Penatium deorum ponuntur (Naev.). Die Penaten wanderten nach Laviaium zurück (als nach Alba versetzt).

96) Ἑστία κοινή wurde in Tegea verehrt (bei Arkader). Lateranus deus est focorum et genius (Arnob.). Focus ara deorum Penatum (Servius). Pales war Diener und Haushälter des Jupiter (nach Caesius). L'autorité domestique et civile se confondait avec le pouvoir religieux et l'autel avec le foyer (in Rom). Prometheus (πυροφόρος) ist Feueranzünder (als Pyrkäus).

97) A gignendo Genius appellatur (Censor). Genius est filius deorum et parens hominum, ex quo homines gignuntur (Auf.). Beim Genius wurde geschworen (in Rom). Aeneas sieht die Seele seines Vaters am Grabe als Genius des Orts (bei Virg.). Romulus in coelo cum dis genitalibus aevum degit. Genius est deus, cujus in tutela, ut quisque natus est, vivit (s. Censorinus). Genitales deos dixerunt, aquam, ignem, aerem, terram, ea sunt semina rerum, duodecim quoque signa, lunam et solem inter hos deos numerabant (Festus). Animus humanus, etiamnunc in corpore situs δαίμων nuncupatur (cum homine gignitur) als Genius (s. Apulejus). Nullus enim locus sine genio est, qui per anguem plerumque ostenditur (Servius). Lar, genius domesticus (Isidor). Larem igne, mero Genium, Penates nidore venerant (Theod.). Varro (in der Welt) omnes quatuor partes animarum esse plenas ait, in aethere et aere immortalium, in aqua et terra mortalium, a summo autem circuito coeli usque ad circulum lunae aethereas animas esse astra et stellas, eoque coelestes deos non modo intelligi esse, sed etiam videri. Inter lunae vero gyrum et nimbo-

rum ac ventorum cacumina aerias esse animas et vocari heroas et lares et genios (Aug.).
Deus est, cujus in tutela, ut quisque natus est, vivit (Censorin.). Lares arbitratur vulgas
vicorum atque itineris deos esse (Arnobius). Lares animae putabantur hominum redactae
in numerum deorum (Festus); Lemures (seu Larvas), si mali (s. Aug.). Animales, quod
de animis ficant (Labeo) Götter (bei Etrusker). Tot templa deum Romae quot in urbe
sepulcra Heroum numerare licet, quos fabula Manes nobilitat, noster populus veneratus
adorat (s. Prudent). Sua parit porcos triginta, cujus rei fanum fecerunt Laribus Grundi-
libus (Diomed.). Deorum Manium jura sancta sunto (Cicero). Die Indigetes wurden von
indigitare (imprecari) abgeleitet (s. Servius). Nach Paulus Diaconus durfte der Namen
der Indigetes nicht bekannt werden. Indigetes, qui flumen repunt, et in alveis Numici
cum ranis et pisciculis degunt (Arnob.). In den Quartieren Rom's stand die Sacella der
Argeer (Gefährte des Hercules, der Cacus erschlagen). Compitales Lares geschmückt (s.
Augustus) venis floribus et aestivis (Suet.). Comptalia, id est, ubi eos, qui peregre mo-
riuntur, colunt Parentarium dicitur (s. Hertzberg). Dion. Hal bezeichnet Lares Compitates
als ἥρωας προτωπίους. Manes piorum, qui Lares viales sunt (im Lucus).

98). Auf Ceylon unterscheiden sich, als Krankheitsteufel: Butasanniya (in den Be-
sessenheiten dämonischer Art), Abutasanniya (Blähung, Gallenkrankheit), Jalasann (Cholera,
Frost), Canasanniya (Blindheit), Corasanniya (Lahmsein), Behinsanniya (Taubheit), Hew-
lunsanniya (Zittern), Wewheusanniya (Schüttelfrost), Wedisanniya (einem Schuss erliegend),
Ekapatasanniya (Lähmung auf einer Seite), Nagasanniya (Schmerzen wie vom Biss der
Cobra), Gulmasanniya (Würmer), Gingalasanniya (Gefühl von Brennen), Dewasanniya
(Krämpfe), Marusanniya (Furcht des Todes), Watasanniya (Kolik), Colasanniya (Fieber-
Phantasien), Pijsusanniya (Wahnsinn); wogegen Gará und Kela Gara gute Geister sind
und ihnen wird mit Tanz und Gaben geopfert, wenn ein Haus gereinigt werden soll.

99) νεκροὺς Ἀθηναῖοι Δημητρείους ὠνόμαζον (s. Plut.). Im Felsengrund bei Kolonos
führte ein Pfad auf ehernen Stufen in die Unterwelt (s. Bruch) neben dem hohlen Birn-
baum (an der Höhle der Deo). Und wie zu Patrick's Fegefeuer fand sich ein Eingang bei
Eisenach).

100) Als Söhne (oder Enkel) der Mana Genita oder Mania (Lara oder Larundia) wurde
die Lares praestites in Zwillingen dargestellt. Eurysthenes und Proclus, als Zwillingskinder
der Lacedämonier, leiteten sich von den Herakliden ab (s. Ampelius). Der durch die aus
Sparta überwiesenen Dioskuren von den zephirischen Locrern über Kraton erfochtene Sieg
wurde am gleichen Tag in Griechenland bekannt, wie der am See Regillus durch die
Castoren in Rom. εἰσὶ δὲ νεανίαι δύο καθήμενοι δόρατα διειληφότες (Dionys.), die Penaten (in Rom). Quidam Pilumnum et Picumnum Castorem et Pollucem accipiunt (die
Schützer des Ritterstandes). Terra enim et Coelum ut Samothracum initia docent, sunt
Dei Magni et hi quos dixi multis nominibus. Non, quas Samothracia ante portas statuit
duas virilis species aeneas, dei Magni, neque ut vulgus putat ii Samothraces dei, qui Castor
et Pollux, sed ii mas et femina (Varro).

101) Avean cura di non prender moglie che dell' istesso casato e la piu prossima in
grado fuorche del primo (auf den Philippinen), de ne se pas marier hors de leur tribu
(s. Careri). Der König von Arakan hatte stets die älteste Schwester zu heirathen (s.
Ovington). In Meschid sind vorübergehende Reiseheirathen erlaubt (s. Khanikoff), wie in
Pein (zu Polo's Zeit). Cooper erhielt eine Reiseheirath angeboten (am Kinsha-Kiang).
They may marry their cousins (bei Polo) in Tangut (s. Yule). Nach dem „Nichtengesetz"
wurden mütterliche Verwandte höher gestellt, als selbst der Vater (bei den Deutschen).
Die Frau, die von dem Mann (als ihr Eigenthum) die Morgengabe empfing, brachte später
ihrerseits eine Mitgift (vom Brautvater). Le client ou l'affranchi n'hérite pas de son patron
si celui ci meurt sans héritiers siens et sans agnats, tandisque que dans un cas semblable
le patron hérite de son client ou de són affranchi (s. Bellot). Au moyen age le droit de
formariage empêchait une femme serve d'épouser un homme libre ou étranger à sa seug-
neurie (und in Rom musste der Freigelassene innerhalb der Gens heirathen). Fohius (in
China) conjugia instituit, tanta etiam propinquitate reverentia ut lege vetuerit ejusdem
cognominis puellam domum ducere (Martinus). In Caindu wurde die Frau dem Gastfreund
überlassen (zu Polo's Zeit), wie in Congo (dem Weissen). Der Puer mollis (cinaedus) galt

(bei Hebräer) als sanctus (M. H. E. Meier). E quando gli mercatanti passano per le contrado le vecchie tengono loro figliuole sulle istrade e per gli alberghi e per loro tende se stanno a dieci e a venti, e a trenta, e fannole giacere con questi mercatanti ed poscia le maritano (Marco Polo) in Tibet, und in Babylonien wurde das Hochzeitsgeld abverdient (zu Herodot's Zeit). Il y avait autrefois des gens dont le métier etait de déflorer les filles qu'on allait marier, qui se faisaient bien payer (auf den Philippinen) bei den Bisayas (zu Careri's Zeit), ed erano pagati per ció fare (1693).

102) Moui (Sohn der Sonne) oder Gemnouti (Gem oder Sem) wurde (wie Khon) mit Herakles identificirt (s. Rawlinson). Dem olympischen Herakles wurde als Unsterblichem geopfert (bei den Griechen), neben dem Heros, als Sohn der Alkmene (s. Herod.). Mit Poseidon wohnt der Titan Prometheus bei Kolonos (nach Sophokles). Hephästos lernte die Schmiedekunst von Kedalion (als Gnom). Dädalus' geschnitzte Keule war trügerische δοσίς für Herakles (bei Euripides).

103) Die Reinigung zum Eintritt verlangte Wasser über den Kopf zu giessen (als Taufe aus dem Weihkessel). In der Psychostasie (als Seelengericht) „Osiris et assis dans un naos" (s. Pierret) mit dem Cynocephalen, heiligen Thier des Tekhou (dieu-poids) oder Thot, auf der-Mitte der Wagschaale (wie Vishnu beim Schlangenziehen, mit Hanuman).

104) Für die aus dem Sturm rettende Venusfigur (von Paphos) trug Eröstrates (nach Polycharmes) den Myrthenkranz, von Anakreon mit Rosen durchflochten, während die Aegypter an Agesilaos unter ihren Geschenken einen Kranz aus Papyrus überschickten (und andere Erklärungen Ulpian's).

105) Fauno fuit uxor nomine Fatua, quae assidue divino spiritu impleta velut per furorem futura praemonebat (Just.). Der innerhalb der Porta Querquetularia befindliche Eichenhain Querquetulanae wurde von den Querquetulanae virae beschützt (als Weissagerinnen). In Clarus weissagt Mopsus an Stelle seiner Mutter Manto (bei Jambl.). Chiron, dessen Tochter Hippo weissagt, wird von Herkules (auf dem Zuge gegen den erymanthischen Eber) getödtet. Daphne (Tochter des Tiresias) wurde dem Gott zu Delphi (als Lampusa oder Manto) geweiht (zu wahrsagender Priesterin). Wie Kassandra weissagten Athenais und Phaännis. Neben der trojanischen Herophiles fand sich Symmachia (als Sibylle), „quae Erythris progenita etiam Cumis est vaticinata (Marc. Cap.). Sambethe (Noah's Sohne vermählt) weissagt (als Sibylle). Die Sibylle, als Phoebi Triviaeque sacerdos, ist ϑεοφόρος (vom Gottesgeist getrieben). Herophile (casta Sibylla) war, als 'Αρτεμις, παρϑένος αἰ·δάεσσα, in Marpessus geboren (auf rother Erde). Libyssa (Tochter des Zeus und der Lamina) weissagte (als älteste der Sibyllen) in Delphi, auf einem Fels stehend (nach Plutarch). Der Krieg gegen die Galindier wurde auf Ausspruch einer Seherin von den Kyrwaiten unternommen (in Rikayot). Der durch das Loos ausziehende Theil der Winiler führte, neben Ibor und Ayo, deren Mutter Gambara, den Gott Wodan durch Frea täuschend (s. P. Diaconus), und Gambaruk sandte ihre Söhne Ebbe und Aage aus, die Jüten und Gundinger zu führen (unter König Snio). Von wahrsagenden Alrunen (durch den Gothenkönig Filimer in die Wüste gejagt) stammten die Hunnen von Waldleuten (Faunen oder Feigenblattmänner). Nach Gegania und Verania wurden Canuleia und Tarpeia als Vestalinnen (von Numa) geweiht (s. Plut.) aus Alba (nach Tit. Liv.), und dann fügte Servius oder (bei Dionys.) Tarquinius zwei weitere hinzu (in den Sex Sacerdotae vestales). Sabini quod volunt somniant (s. Festus). Quotiescumque sacrificium propter viam fieret, hominem Sabinum ad illud adhibere solebant, nam his promittebat so pro illis somniaturum (nach Sinnius Capito). Socrates besass in seinem δαιμόνιον ein privatim eigenes Orakel (s. Haym), wie der Indianer im Dodaim (des Lebenstraum's). Tawheta's Priester Hapopo befrägt durch Kahurangi (als Medium) den Dämon (Atua) Te Kanawa über den feindlichen Kriegszug (Henuku's).

106) Der Exorcismus (ἀφοκισμός in griechischer Eucologie) begriff neben der Beschwörung des Täufling's die Exorcisation des Wasser's, worin die bösen Geister ihren Sitz haben (als „Exorcismus Duplex"). Gegen Sonnenuntergang gekehrt hat dem „Satan zu entsagen" der „zum Schwemmteich der heiligen Taufe" Geführte (nach Cyrill). Viduis aquis sibi mentiuntur (die Heiden) bei der Taufweihe der Isis, des Mithras, Apollonischer Spiele und in Eleusis (nach Tert.). Cyriacus catechisirte die persische Prinzessin, et allata aqua

deposuit eam nudam in concham argenteam (Surius). Athanasius spricht von scandalösen Auftritten, welche in dem Taufhause vorgefallen (s. Augusti). Der Geist regte sich (σφύζει), wenn ὁ τέλειωτης getauft (s. Greg. Naz.). Die für Athanasius im Knabenspiel vorgenommene Taufe (als Spiel-Taufe) wurde für gültig anerkannt (s. Rufinus). Nam nec semel, sed ter, ad singula nomina in personas singulas tinguimur (s. Tert.). Die Zabier (Zabiin) werden von Zaba (taufen) erklärt, als Schüler Zabo's oder Johannes B. (Maamdono). Die Erleuchtung (φώτισμα) ist der Wagen zu Gott (ὄχημα πρός Θεόν) in der Taufe (s. Greg. Naz.). Pisciculi secundum ἰχθύν (im Wasser geboren), nec aliter quam in aqua permanendo salvi (Tert.). Alle Sünden werden abgewaschen (s. Clem.) durch die Taufe (als λούτρον oder Bad). Jakob ertheilte den Segen, die Hände kreuzweis auf das Haupt seiner Enkel legend (s. Tert.), wie der heilige Geist (bei der Salbung) herabsteigt (auf die Täuflinge). Wie Aaron durch Moses, vom Vater gesalbt, wurde Christos benannt (s. Tert.). Sacerdos digito accipiat de saliva oris sui et tangat aures et nares infantis (bei der Taufe). Dazu der Backenstreich (leniter dat alapam super genam). Der Osculum pacis (bei der Taufe) wurde nicht nur Kindern (nach dem achten Tage), sondern auch Erwachsenen auf den Fuss (vestigium) gegeben (nach Brenner). Bei der Taufe bezeichnete τὸ δὲ μύρον σφραγίς τῶν συνθηκῶν (als signum crucis).

107) Nach dem Tode des Bischofs Prokop wurde Eutropius durch Auflegung der Hand des Verstorbenen zum Bischof geweiht (Assemann). Epicopus cum ordinatur duo Episcopi ponant et teneant Evangeliorum codicem super caput ejus. In Salbung des heiligen Geistes sind die Christen „Gesalbte des Herrn". Nachdem Samuel (als Schophet) den König gesalbt, bestand die Befragung durch das Orakel (im Urim und Thummin) fort (in der Theocratie) als Tetragrammaton (τῶν δώδεκα λίθων). Der Vates divinus (μάντις θεῖο.) ist sacer, als Sprecher (Vaticanus), bis Gewerbe treibend, als hariolus (γόης). Nach ertheilter Vollmacht zum Predigtamt spricht der Ordinarius unter Auflegung der Hände: Adsit tibi spiritus sancti gratia, ut feliciter plantes vineam divini; nach einem kurzen Gebet um Kraft gegen Teufel, Welt und Fleisch, und um Vernichtung aller Rotten, die das Reich Gottes zerstören, folgt die Ermahnung: „So gehet nun hin und weidet die Heerde Christi, so Euch befohlen ist, nicht um schändlichen Gewinn's willen, sondern von Herzensgrund" (in der Ordinationsformel zu Nürnberg) XVIII. Jahrh. (s. Veillodter).

108) Nach dem Bad wurde der τριβών ertheilt (s. Olympiodor) dem Neu-Angekommenen, um welchen „Rhetoren-Schlachten" geliefert wurden, wie zwischen den Schülern der Rhetoren Julianus und Apsines (s. Eun.).

109) Die προφητεία gehörte zu den Χαρίσματα des heiligen Geistes. In israelitischer Theocratie sprachen die Propheten im Geiste des Gottkönigs. Samuel richtete Prophetenschulen ein. Cicero unterscheidet von der künstlichen Weissagung die psychische in der (zum Wahnsinn überführenden) 'μαντίς (der Griechen). Gotterleuchtete erscheinen dem Pöbel überall als Wahnsinnige (s. Winer). Numa bedurfte der Hydromantie, ut in aqua videret imagines deorum, a quibus audiret, quid in sacris constituere atque observare deberet (s. Aug.). Nach etruskischen Haruspices konnte ohne Tempel des Jupiter, Juno und Minerva keine Stadt gegründet werden. Die Tauben aus (ägyptischen) Theben errichteten die Orakel des Zeus in Dodona und Libyen. Jamos, unter Veilchen von Schlangen beleckt, verstand die Sprache der Vögel, aus den brennenden Häuten der Opferthiere anf Zeus' Alter wahrsagend.

110) Die Sprüche der Albunea wurde durch Incubation im tiburtinischen Hain erlangt. Die Sibylle Herophile (deren Sprüche unter der Pisistratiden gesammelt) wurden im Hain des Apollo Smintheus (als νεωκόρος desselben) begraben. Die von Hierocles (unter den Chresmologen) bei der Expedition des Perikles gegen Euboa verlangten Opfern, wurde auf Staatsbeschluss den Göttern gebracht (τά δὲ ἱερά τά ἐκ τῶν χρησμῶν).

111) Nach Vitruv liess sich Berosus, dem in Athen eine Bildsäule gesetzt wurde (s. Plinius) in Cos nieder. Betreffs des, dem Historiker, vorangehenden Astrologen, als älteren (b. Fabricius), könnten die (in griechischer) Sprache) erhaltenen Bruchstücke aus einer dem Berosus beigelegten chaldäischen oder babylonischen Geschichte in drei Bänden, als Ueberbleibsel einer in späterer Zeit zusammengetragenen, priesterlichen Sagengeschichte,

welche durch den Namen eines gefeierten Priesters bewahrheitet werden sollten, zu halten sein" (s. Wachler). Und dann die Landwirthschaft der Hebräer (b. Chwolson).

112) Cumae (älteste der hellenischen Colonien in Italien und Sicilien), wohin (zum Tyrannen Aristodemus) der vertriebene Tarquinius flüchtete, war von Kyme in Aeolis (und Euboea) besiedelt. Jahre zahllos, wie Sand, dem Leben der Sibylle gewährend, verlangte Apollo Uebersiedelung von der Insel Erythrä nach Cumae (wo Aeneas in die Unterwelt stieg).

113) Die aus der Haut der Ziege Amalthea bereiteten Rollen der sibyllinischen Bücher (Tarquinius') wurden im Jupiter-Tempel aufbewahrt (wie die Sortes der Albunea). Die cumanische Sibylle Amalthea brachte die Folia Sibyllae (auf Palmblätter). Carmentis (durch Pan begeistert) gab ἐμμέτρους χρησμούς. Mit Einführung der griechischen Gottheiten in Rom durch die sibyllinischen Bücher, wurden die zwölf Götter als die Dii majores anerkannt (s. Marquardt). Theodosius M. liess die pseudosibyllischen Bücher durch Stilicho verbrennen (Rut.).

114) In der Naturreligion gilt Kessel, Becken und Becher als Sinnbild des Anfang's der Welt aus dem Wasser; drei Tropfen aus Ceridwens Kessel enthielten alle Zukunft (s. Rocholz). Der Dreifuss hat seine eigentliche Bedeutung in bakchischen Religionsideen, wo er die zerrissenen Glieder des Gottes selbst aufnimmt, ursprünglich ist er der dreifüssige Siedekessel (τρίπους ἐμπυριβήτης), der in der alten Haushaltung den Tag über auf dem Feuer- und Opferheerde stand (s. K. O. Müller). Am Thomastage horchen die Mädchen am Ofentopf (Ofenblase) und entnehmen aus den verschiedenartigen Tönen den Stand und Beruf des künftigen Gatten (s. Wuttke). Die Molonga genannten Priester (in Congo) weissagten aus kochendem Wasser (nach Cavazzi).

115) Indem man ursprünglich solche Tripoden verehrte, wie im Leben gebräuchlich, stammt aus der verbreitetsten Art (τρίπους ἔμπυρος), der mehr weniger bauchige Kessel der anathematischen Dreifüsse. Von Delph's verbreitete sich der Gebrauch der Kreisdreifüsse namentlich bei musivischen Agonen" (s. Wieseler). Circulo insistunt ansae quaedam sive annuli erecti, vel singulis pedibus vel eorum intervallis superpositi; unde tripodes nomen ὠτωέντων accepisse constat (K. O. Müller). Πυθοῖ ἵστατο ὁ χαλκοῦς τρίπους, ἐξ οὗ ἡ μαντεία ἐξεφέρετο, ἐπάνω γὰρ τοῦ τρίποδος ἦν τις φιάλη, ἐν ᾗ αἱ μαντικαὶ ψῆφοι ἦλλοντο καὶ ἐπήδων, ἡνίκα Ἀπόλλων τὴν μαντείαν ἐξέφερε (s. Eudoc.) Der Opfertopf, besonders bei Wahrsagung vorkommend, scheint an die Stelle des alten Opfer- und Zauberkessels getreten zu sein, ebenso ist der Kesselhaken wichtig (s. Wuttke). Kinder dürfen mit dem Kesselhaken nicht spielen, sonst kommt ein Gewitter über das Haus (in Oldenburg). Hephästos' Dreifüsse liefen auf Räder (wie die Kessel der Bronzewagen). Das Vieh muss über einen Dreifuss (Schlüssel und Schürze) wegschreiten, um an's Haus gewöhnt zu werden (in der Wetterau).

116) Melampus führte die Bacchischen Riten des Phallus aus Aegypten in Griechenland ein (nach Herodot). In den φαλλάγωγια genannten Processionen wurden der Phallus getragen. Ἐν τῇ ἑορτῇ τοῦ Διονύσου φαλλοὺς δερματίνους καὶ σχηματιζομένους ἐςὶ αἰδοῖα ἀνδρὸς περιετίθεσαν οἱ Ἕλληνες (φαλλός δὲ ἐστι ξύλον ἐπίμηκες ἔχον ἐν τῷ ἄκρῳ σκύτινον αἰδοῖον ἐξηρτημένον). Auf dem Priapus (gravé dans le Musaeum roman de la Chausse), als „Bon démon" liesst man „au bas de la figure Sooteeri Kosmou, ou sauveur du monde", bei Knight „à l'occasion de ce culte confondu avec le Christianisme" (s. Villebrune). Motus doceri gaudet Jonicos matura virgo et fingitur artutius (bei Horaz).

117) Die Titanen, τοὺς περὶ τον Ποσειδῶνα nicht zu schrecken (s. Agatharchides), kehrten nach dem Kampf in die Unterwelt zurück (als Hekatoncheiren). Als Söhne des Agros und Agrueros (Agroles) sind die Titanen „Landbauer und Jäger" (s. Hoffmann) neben ihren Brüdern, als Umherschweifenden (Ἀλῆται). Τῆς ἀθέου γραφῆς, ἢ ὁ Γαργήττιος, ὥσπερ οὖν τὰ ἐκ Τιτανικῶν σπερμάτων φοντα (κηλίδα) τῷ βίῳ (τῶν ἀνθρώπων) προσετρίψατο (s. Suid.). Exin Saturnus uxorem ducit Opem; Titan, qui major natu erat, postulat, ut ipse regnaret; ibi Vesta, mater eorum, ut sorores Ceres atque Ops suadent Saturno, ut de regno non concedat fratri (nach Ennius), im Bezug auf erythräische Sibylle (bei Lactanz). Japetos (mit Asia den Prometheus zeugend), dessen Sohn Atlas den Himmel zu tragen hatte, wurde mit seinem Sohne Menötios von Zeus in den Tartaros geschleudert (je nach der

d*

Brüderschaft). Bei dem Leben als vorübergehende Herberge (für Cyrus beginnt das Dauernde und Bleibende erst jenseits, im Reich des Geistes (s. Xenophon). Cato freut sich beim Tode in die Gesellschaft der Geister überzugehen, wo er auch seinen Sohn wieder antreffen werde, dessen Leichnam er habe verbrennen müssen (s. Cicero). Hoangtius lasse die Chinesen, ohne zu sterben, in eorum caetum assumtum, quos Xinsien appellant. Hos in jugis montium summis voluptatibus vacare finguat immortalitate donatos (s. Martinius).

118) „O Quamata help me" (s. Theal) als Nothruf der Kaffir (während sonst „They do not trouble themselves with thinking much about the matter"), und so traut der Indianer seinem Medicinsack mehr als dem Grossen Geist (ein letzter Strohhalm im äussersten Fall).

119) Miseri enim Rei sub tormentis in sui perniciem id supplere adiguntur, quiquid certitudinis adhuc ex testium aut argumentum penuria, ad illos condemnandos judici deest, et sic dnm propria ·sua confessione contra se pugnare coguntur sui ipsius proditores torti constituuntur. O, morem immanem! siccine cum Christianis procedendum (1705). Et quid Barbaros commemorare oportet, quum Tydeus ipse cerebrum hostis edisse dicatur, καὶ οἱ ἀπὸ τῆς Στοᾶς οὐκ ἄτοπον εἶναι φασι τὸ σάρκας τινὰ ἐσθίειν, ἄλλων τὲ ἀνθρώπων καὶ ἑαυτοῦ (s. Sext. Emp.).

120) Besonders alte Weiber, wie die Illiseetsut (der Eskimo), „werden gehasset, verfolget und ohne Barmherzigkeit dem Tode überliefert s. Egede), wie die durch das Ordal des Rothwasser's Ueberführten in Afrika. Maleficos non patieris vivere im Exodus und so · begann es los zu hämmern, mit dem malefikischen Malleus.

121) Um Carl VI. die ihm durch seinen Bruder angezauberte Krankheit zu heilen, wurde, zum Gegenzauber, der Magier (des Simagorad) berufen, dann „deux moines", und Constantin „avait établi que les opérations magiques ne devaient être punie, que lorsqu'elles avaient pour but de nuire, employé, au contraire, comme moyen thérapeutique remède à un mal ou simple préservatif, le sortilége était innocent (s. Baissac). In Warnung vor der Lectüre der Zauberbücher (um nicht den Dämonen zu verfallen), ist „Trithemius mit Albertus M. darin einverstanden, dass man diese Bücher nicht verbrenne, sondern unter Verschluss in Klöstern, Kathedralen und Gymnasien aufbewahre, denn unter Umständen könnten sie von Nutzen sein" (s. Schneegans). Die Krankheit hat ihren eigentlichen und innersten Sitz in der durch Lust und Begierden zunächst entzündeten und wild gewordenen Seele, und der Arzt, der das Wesen und die Kräfte des Exorcismus nicht kennt, entbehrt das wichtigste Heilmittel (s. Windischmann). Neben Zauberer heilen (in Australien) die Aerzte (Bilbo oder Mintapa) u. dgl. m.

122) „Mir grauet vor der Götter Neide". ὅταν οὖν οὕτως ὑπό τοῦ φθονεῖν διατεθέντες ἀπεργείδωσι τὰς ὄψεις, αἱ δ'ἔγγιστα τεταγμέναι τῆς ψυχῆς σπάσασαι τὴν κακιάν, ὥσπερ πεφαρμαγμένα βέλη πρὸς πίπτωσιν, οὐδέν, οἴμοι, συμβαίνει παρά λογον οὐδ' ἄπιστον, εἰ κινοῦσι τοὺς πρόσορωμένους (Patrocles).

123) Die Angekutten können Jemanden, wenn sie wollen, weis machen, dass er keine Seele habe, vornehmlich, wenn sich selbiger etwas unpass befindet, und sie rühmen sich, im Stande zu sein, eine neue Seele zu verschaffen, wenn man ihnen nur Bezahlung verspricht, welches man sehr gern zu thun pflegt (s. Egede). Bei den Tacullie vererbt sich die Seele (wenn man will). Bei den Haidah tragen die Zauberärzte ein Knochen-Etui, um das aus seinem vagabundirenden Umhertreiben wieder aufgegriffene Seelentheil vorläufig festzukorken, bis zur Operation in dunkler Hütte, und wenn dann das Mangelnde durch sanftes Aufklopfen in den Scheitel wieder eingetrieben wird, ist weniger Schaden zu fürchten, als von mancher „Arcana der Arznei" (bei Paracelsius). Hahnemann heilt durch das Stärkere der ähnlichen Krankheit (ὅμοιον πάθος). Wie in Australien (durch Saugen) die Boylya als (Krankheitsschädlichkeit), wird auf Madagascar die Faditra aus dem Körper entfernt.

124) Die höchst feine ätherische Substanz der empfindenden Seele (anima sensitiva), wodurch die dem Körper eigenthümlichen Kräfte (sein eigenthümliches Leben) in Bewegung gesetzt, wurde theils im Körper abgesondert, theils aus der Atmosphäre eingesogen (nach Fr. Hoffmann). Die Hypothese von den Nervengeistern erhielt durch „die anatomisch-microscopische Entdeckung der hohlen Nervenröhren" ihre Stütze.

125) Die Seele, als das principium vitale im Duumvirat (des Magen's und der Milz) hat „circa os stomachi" ihren Sitz (nach Helmont) und „intellectus radiat luminaliter in

caput" (während die voluntas im Herzen wohnt). Comme le sang et les esprits vitaux son dans un mouvement continuel, qui pousse et presse les vaisseaux, dans lesquels ils sont portés, il faut nécessairement, qu'il y ait des battements de pouls en certaines parties du corps (s. Darby) für medicinische Diagnostik (der Chinesen). Life consists in the combination of the soul (bhutatma, purusche, jivatma), the mind (manuh), the five senses (Indriya) and the three qualities of goodness, passion and inertness Satwa, Raja and Tama) bei den Hindu (s. Wise). Und die Khanda der Buddhisten im Zusammenhang mit dem Weltgesetz.

126) Betreffs der Pflanzengeographie (seit Tournefort's Beobachtungen in Besteigung des Ararat, unter Zufügung einer vertikalen Zone zur horizontalen) und in Beziehung zu den Isothermen nicht nur, sondern innerhalb dieser wieder, den Isotheren und Isochimen, — (nebst weiteren Agentien der klimatischen Provinz), — „hier, wie überall, sieht der tiefer eindringende Naturforscher noch unendliche Arbeit vor sich und nur der unwissende Schwätzer glaubt schon etwas zu wissen, weil sein blödes Auge nicht weiter reicht, als das Buch, aus welchem er so eben mühsam sein Krümchen Weisheit gesammelt" (s. Schleiden). Und wie jetzt, beim ersten Eindringen in Detail bereits, für die Ethnologie ihre Fragen mit dem Vertiefen derselben, in immer unabsehbareren Massen sich zu häufen beginnen, mit jedem Jahr, mit jedem Tage, das lässt sich am Besten in den Sammlungen der Museen verfolgen.

Inhalt.

Auf den beiden Tafeln finden sich einige Gegenstände (aus den Sammlungen des Königlichen Museum's), von den Naga's mitgebracht (s. „die Hügelstämme Assam's", Verhandlungen der Anthropologischen Gesellschaft in Berlin, April 1881, S. 154).

Das durch den Längsabfall des asiatischen Continentes vom Himalaya auf der einen und durch die Hügelketten des (die Wasserscheide zwischen Brahmaputra und Barak bildenden) Bura-Ail-Gebirge (in die Verlängerung von Miun Mura übergehend) auf der anderen Seite begrenzte Thal Assam's wird im Osten durch den Knoten der Langtam-Kette geschlossen, in das Namkio-Gebirge übergehend, mit den Quellen des Lohita im Lauhitja genanntem Gebiet, und der Verlängerung zum Patkoî (mit den Quellen des Khyendwen).

An die eingeborenen Stämme von Bengalen, Behar und Orissa, mit ihrer Scheidung in die (als den Tamil und Telugu verwandten) dravidischen (Oraon, Maler, Ghond, Khand) und Kolarier (zu Santal, Munda u. f. gehörig), schliesst Dalton die (obwohl nicht arisch, doch sprachlich veränderten) „Hinduised Aborigines" an, (von Cheros und Kharwars bis Mars, sowie Bhuiyas), während in Assam, neben den geschichtlich veränderten Thalbewohnern die (dann bis Khyen, Karen und weiter durch die hinterindische Halbinsel verzweigten) Hügelvölker auftreten, welche in dem Abschluss bei Sudya mit den an der Nordgrenze umhergezogenen zusammentreffen. Von diesen letzteren folgt auf die von den Bhutia berührten Lepcha (mit Limbu), die bunte, aber geographisch (im gleichen Betroffenwerden durch geschichtliche Bewegung) abgeschlossen erhaltene Stammeswelt Nepal's, und dann durch die unbestimmt schattirende Bewohnerschaft von Kumaon (mit dunkelm Dom), Garwhal, Spiti, Lahul, das Auslaufen in Kashmir, dem arischen Vorposten diesseits des Indus, wieder mit Ladakh zusammenstossend.

Die Bevölkerung Bengalen's ist (nach Hunter) das Product der Eingeborenen (als Dasyu) mit arischen Einwanderern als Beherrschern, wie dann in der Geschichte rückläufig auseinander zu legen.

Die Geschichte Assam's führt (aus dem Reiche Pong) Samlongha (Bruder Sukempha's) nach Sudya (777 p. d.), sowie (1228) unter Chukupha die Ahom und zum Zusammenstoss mit den, vor den in's untere Kamarupa (dem Lande indischer Legenden) einfallenden Koch, nach Dinapur (im oberen Kamrup) zurückgezogenen Chutia und Kacchari, während dann bald darauf auch Mohamedaner eingreifen, sowie später Birmanen.

Die Hügelstämme beginnen, als äusserste, mit den Garo, woran sich Kasya und Jyntia schliessen, sowie die Mikir, während die Vielheit der Naga sich bis zu den (mit Michmis in Richtung nach China sowohl, wie aus den Singpho mit Khamti in Verwandtschaft zu den Shan berührten) Abor erstreckt, den Bedrückern der (deshalb auch zerstreut angetroffenen) Miri, woran sich Duphla und Aka schliessen (bis zu den Bhutia).

Die unbestimmte Zusammenfassung der Naga greift nach den Kuki (in Beziehungen zu Manipur) sowohl, wie nach den Ka-Khyen hinüber, und verläuft auch durch Neyowlung-Naga mit den Naga-Abor (neben Mishmi-Abor) in die zu den Abor gehörigen Kreise, während sie sich in den Mikir den, mit den (nach Vorder-Indien vorgestreckten) Garo benachbarten Kasya (und Jyntia) annähert. In diesen sind deutlich schon seit früherer Zeit allerlei Veränderungen vorgegangen, die in der auf ihrem Gebiete aus Kachar nach dem Brahmaputra-Thal durchführenden Kreuzungsstrasse Erklärung finden mögen.

Die Kasya, in solch zweifelhafter Stellung zwischen den Nachbarn, zeigen auch in ihrer Sprache manches Isolirte, während sich für die (in Europa prähistorischen) Stein-Monumente Fortsetzungen zu den Ho, den Singbhum und anderen Kol herstellen liessen, sowie bis Kumaon in mythischen Pandu, in den Steinkreisen von Pandukoli (nebst dekkhanischen Analogien). Als Pandu's Sohn habe ausserdem Bhim Sen unter den Khasyas aus Khas (in Kumaon) Gesittung und geordnete Herrschaft eingeführt, und bis zur Chund-Dynastie (1178 p. d.) herrschte der Khissia-Raj. Als Goorkha eine Herrschaft in Nepaul begründend, erhielten die Khas (östlich vom Kali oder Ghagra) die Bezeichnung von Parbattia oder Hügelleuten, und wenn die Khasas der Laghmanee-Sprache nach Kaschgar führen, liessen sich anderseits von Kasyapa in Kashmir oder Kasyapura classische Reminiscenzen mancherlei Art verfolgen, bis syrischen Kasius und seinem Cult, wenn man will. Den nächsten Anschluss geben die Kathay oder Kasai Manipur's, und bei Cacchari werden die Khyi oder Kasya (nach Fischer) als Miki bezeichnet, während sie sich selbst Khyi oder Kyi nennen in Jyntia (nach Scott). Unter den Garos gehören die Nunyas zu den Khasya (und weitere Anklänge nach Benares hin).

So weit Traditionen bei den Khasya vorhanden sind, sollen sie in Folge von Ueberschwemmungen der Ebene nach den Hügeln gekommen sein, wo auf dem Fels am Jadukotta-Fluss das umgekehrte Boot Basbanya's zu sehen ist. Zwischen Cherra und Jaintia werden Riesen (Ramha, Nonorrop und Pangnorrop) erwähnt, und der eingeborenen Bevölkerung (den Gemeinen oder Po-Jaih) gegenüber, schieden sich die Einwanderer als Edle (Ba-tri oder Ba-kra) ab. Der vornehmste Clan (oder Jai) leitete sich von dem Baum (Ding) Dow, als Jai-ding-dow, während sonst die Clansbezeichnungen von Thüren, Steinen, Schmuck genommen waren oder mit den Speiseverboten zusammenhingen. Auch ergeben sich daraus Bestimmungen über Heirathserlaubnisse. Zur Verständigung unter den verschiedenen Dialecten des Districts wird der von Cherra Punja als Verkehrssprache benutzt. Die englische Besetzung der Khasya-Hügel vollzog sich erst nach längeren Kämpfen.

Die Dörfer stehen ziemlich unabhängig da, jedes für sich, vorwiegend von dem Longdoh, als Wahrsager und Festordner, sowie, unter ihm, von den Wahadadars oder Sirdar geleitet. Doch wird das am Jahreswechsel der

Göttermutter Jewbei oder Jarbei (Grossmutter oder Mutter) gehörige Opfer einer weissen Ziege, um das Dorf von den krankheitbringenden Dämonen (Ksuid) frei zu halten, von dem ältesten Greis des Dorfes dargebracht.

Eine Anzahl von Dörfern mag dann unter der Herrschaft eines Raja stehen, wie in alter Zeit ein gemeinsamer Oberherr über das ganze Gebiet der Khasya-Hügel (Ka Ri Khasi) fingirt wird, und sich die Erinnerung im Seim (Mynsim oder Seele) bewahrt.

Bei den Jyntia war diese Organisation eine straffere, und wird dabei die Tradition, welche den ersten Raja von den Garo herführt, im Auge zu behalten sein. Doch fand sich auch einheimische Sage seiner Abstammung von einem Fisch, von dem seine Mutter geschwängert sei. Aehnlich wurde der Erste Raja in Shillong als aus dem Wasser entstanden gesetzt.

In Folge der Menschenopfer englischer Unterthanen im Tempel Kali's durch der Raja von Gaba in Jyntia (1832), erfolgte die englische Besitznahme (1835).

Das Vorwalten des Mutterrechts führte auch hier zu der Neffenfolge, und so erbt der Neffe des Fürsten oder Seim. Auch wird der königliche Titel dieses, als Siem-Sat, zurückgeführt auf Sat, die erste Königin (der Khasya), und ihr wird dann folgerichtig eine Schwester, Sunon mit Namen, zur Seite gestellt, aus welcher sich der Titel Siem-Sunon herleitet, als der den König bei der Thronbesteigung bestätigende Beamte.

Bei den Jyntia wählt die Volksversammlung aus dem Kreise edelster Stammeshäupter einen passenden Gemahl für die, Kunwari (Kanwari) genannte, Schwester des Raja, nämlich diejenige, deren Sohn ihm bei dem Tode zu folgen haben wird, als Beherrscher der Jyntia-Hügel (Ka Si Synteng).

So lange der Nachfolger nicht bestimmt ist, bleibt der Leichnam des Seim oder Seimra unbegraben (bei den Khasya). Seine Macht ist wenig definirt, da schriftliche Aufzeichnungen fehlen. Als Gott (erzählt die Sage in neuerer Version) die Bücher vertheilte, steckte der Bengale das empfangene in sein Gewand, der Engländer in die Tasche, der nackte Khasya dagegen in den Mund, und so es verschluckend, hält er es jetzt im Herzen. Um das Blut rein zu bewahren, folgt dem Raja der Sohn seiner Schwester, die unter solchem Titel als Prinzessin betitelt, einem in der Versammlung der Häuptlinge auserwählten und bestimmten Gatten vermählt wird.

Innerhalb des Dorfes ist der Ausspruch des Longdoh (ong, sprechen, doh, Fleisch) massgebend, auch unterstützt von den aus dem Eierbrechen des weisen (ubostad) Mann (Ubriu Ubastad) zu entnehmenden Winken, oder Ordalen, wie das übliche des Wasseruntertauchens. Der Longdoh beruft bei freudigen Veranlassungen, wie zu Festen, die Kyndai trep (neun Stämme), in Zeiten der Gefahr dagegen die Hiniew-trep (sieben Stämme), besonders, wenn Unfrieden im Dorfe ausbricht, um den Friedensstörer zu entfernen. Mancher Streit entsteht über die Berechnung der 13 Monate mit 21—30 Tagen, auch in Betreff der Märkte, die für jeden der acht Tage in der Woche an einem bestimmten Platze abzuhalten sind (wenigstens so in der Umgegend von Shillong). Grössere Uebereinstimmung herrscht über die Entfernungen, welche nach der Zahl der Betelgekaue bestimmt werden (von den Westfalen nach der der gerauchten Pfeifen). ·

Innerhalb der Kasten (Kai-jai) herrscht Heirathsverbot und die Kinder erben von der Mutter, deren Namen sie annehmen.

Die Frau verbleibt auch nach der Ehe (ähnlich wie in Padang) im elterlichen Hause, wo der Gatte ihr Besuche abstattet, wenn er nicht selbst dort seinen Wohnsitz nehmen will.

Bei dieser mehr als gleichberechtigten Stellung der Frau liegt Theilnahme, wie an den Geschäften überhaupt, so am Kriege nahe, und die Lieder der Khasya feiern die Gattin Ula's, des Helden von Cherra, die, als bei dessen Anwesenheit das Dorf durch den Raja Sinkardyem angegriffen wurde, in der Waffenrüstung ihres Mannes an der Spitze der Frauen ausrückte, um die Feinde zurück zu treiben.

Bei Ehescheidungen folgen die Kinder der Mutter. Es müssen bei dieser Trennung fünf Cowries weggeworfen werden, sonst würden die Geschiedenen bei etwaiger Wiederverheirathung den Nachstellungen des über die Heiligkeit der Ehe wachenden Dämon ausgesetzt sein.

Das von dem Ehemann persönlich erworbene Vermögen gehört der Frau oder den Kindern, während das übrige seinem eigenen Clan verbleibt, dem auch der Leichnam zufällt. Nicht die Kinder der mütterlichen Verwandten, sondern der Bruder des Verstorbenen (oder der nächste Verwandte seines Clan's) bringt die Begräbnissopfer, Schwein oder Lamm, wie dieses das Omen bestimmt (wenn die gegen das Licht gehaltenen Eingeweide des Huhns für Anzeichen beschaut werden). Bei den Mru (in Chittagong) diente der Bräutigam drei Jahre im Hause des Schwiegervaters.

Zur Benamung eines Kindes nennen die Eltern eine Reihe von Namen, während der Longdoh Wasser aus tröpfeln lässt, und derjenige Name, der mit dem Anhangen eines Tropfen zusammenfällt, wird als der richtige dem Kinde beigelegt, das durch Erhalten eines unrichtigen sterben würde.

Wenn kinderlose Eltern auf ihre Gebete Nachkommenschaft erlangen, so wird der Vater (und die Mutter) als Arbeiter betrachtet, der Land bebauend, Gott dagegen als der Pflanzer, der den Samen sendet und täglich bewässert, so dass das Kind aufwächst.

Die Schmiede der Kasya sind einheimische, während die Garo ihr Eisen von den Bengalen beziehen.

Zu den Spielen der Hos (und Kha Kasia) gehören „Pegtops. They are roughly made of blocks of hard wood, but their mode of spinning and playing them, one on another, are the same" (s. Dalton). Laipew (30) bezeichnet unbestimmte Mehrheit, als Laipew ka jat jor (jat, Stamm, jor Essen).

Die als Ka Mensym von Gott erschaffene Seele oder Ka Kyllum (Kyllum,

5

empfangen) heisst Ka-jor-tynrai (jor, Natur, tynrai, Wurzel), weil vom Vater auf den Sohn aus dem Herzen übergehend.

Die nach dem Tode nicht zum Himmel (ka Bning) aufschwebenden Seelen wandern in Thiere über (Hunde, Kühe, Schildkröten, Krabben etc.) oder schweifen umher, und bleiben dann gefährlich. Zum Schutz werden bei Krankheiten die Vorfahren der Ki ktau temen (ktau oder mütterlicher Grossvater) mit Opfern angerufen. Bei unzureichendem oder mangelndem Opfer strafen die Krankheiten des Dämon Ou-Xiu (oder Ouxouil), und die Kinder sühnen dann die Vorfahren mit dem Schweine des Tap-thaw-lang (tap, bedecken, thaw-lang, Gaben) genannten Opfers.

Im Zorn ausgesprochene Verwünschungen fluchen den Feind hinab in den bodenlosen Abgrund Kyndai paten gmamra oder Bauch der neun Generationen (von 90 Fuss), jeder Tritt 10 Fuss (9 mal).

Bei Reue über eine böse That schwört der Kasya Hass (tyrut) dem Uebel, in Verfolgung und Austreibung der Sünde (khad ka tyrut ka smer). Die Nong krema genannten Opfer (von Lamm, Taube etc.) werden im Sündenbewusstsein dargebracht.

Bei den Khasya[1]) darf die dem Einzelnen verbotene Speise nicht in dessen Haus gebracht werden (nach Yule). Bei den Oraon (in Chota Nagpur) darf der Stamm das Thier, nach welchem benannt, nicht essen (s. Dalton).

Bei den Ho und Munda tragen die Stämme oder Kili (innerhalb welcher nicht geheiratet werden darf) den Namen der tabuirten Speise (des Aales, der Schildkröte u. s. w.).

---

1) A Khasia, whether married or single, if he makes his mother's house his home, is said to be earning for his kur (his mother, or his brothers and sisters or his mother and relatives). On his death his property goes to his mother, if living, if not to the grandmother, if she is not living, then to his sisters, should his sisters also he dead, to sisters children. Should the deceased have left no sisters, the property goes to the brothers, should he have no brothers or should they be dead, the property descends to his aunts or to their children, if the aunts are not living, should the aunts have left no children, the property descends to the grandmothers or great-grandmothers sisters or children. The property of a female or her death goes to her mother, if the deceased have no children, or if the mother of the deceased is not living, the property goes to the brothers and sisters, if the sisters are dead, then their children become the heirs. If there are no such children, the property devolves as in the case of males. When a man is not living in his mothers house, but in that of his wife, he earns for his wife and children. On his death his property descends to his wife with the exception of the ornaments and clothing worn by him during his lifetime, what go to the brothers and sisters or other relatives of the deceased, should the deceased have been a widower, the property goes to his children, and in their absence to the sisters of his wife or to her nearest relatives, if there are no sisters. The rank and titles of a deceased male descend to his brother, when no brother exists, then to the male children of his mothers sisters (maternal aunts), should the maternal aunts have no male children living at the time, then to the eldest male child of his sisters. When no relatives are to be found, the property of the deceased goes to the ruler of the country (s. Bivar). Wer (unter den Jaintia) der Tarroo (Zauberei) verdächtig, fällt „must throw everything he possesses away, even to the clothes on his body and begin life anew" (Goodwin Austen).

Bei den Mundah vermeidet der Stamm Emidhi Aale zu essen, wie der Stamm Minjrar bei den Oraon. Die Tirki (unter den Oraon) dürfen keine Thiere essen, deren Junge die Augen geschlossen haben (wie junge Mäuse), und zeigen ihre Kinder erst, wenn die Augen weit offen sind, die Katchoor vermeiden Wasser, worin ein Elephant gebadet, die Amdiar Flussschaum, die Tiga dürfen keine Affen essen, die Ekhar keinen Schildkrötenkopf, die Kirpotas keinen Schweinsmagen, die Lakrar kein Tiegerfleisch, die Gedhiar keine Reiher, die Khakhar keine Krähen, die Minjar keine Aale, die Kerketar keinen Kerketar-Vogel, die Kujrar kein Oel des Kujrar-Baumes (und nicht in seinen Schatten sitzen), die Barar nicht von den (als Teller verwandten) Blättern der Ficus Indicas. Cepas vero nullus unquam ederit eorum, qui sacris Casii Jovis apud Pelusium initiantur (Sext. Emp.). Die Stämme der Bechuanen vermeiden das Thier des Stammes zu essen. Die Verehrung des Ora-bonga, wie in jedem Haushalte verehrt (bei den Santal), wird geheim gehalten (selbst zwischen Brüder).

Nach den ἐπώνυμοι oder ἀρχηγέται (als attischen Stammeshelden) wurden (von Klisthenes) die Phylen benannt, und oft erscheint (besonders in Amerika) der Ahnherr in Thiergestalt (wie auch sonst).

Vor Antritt einer Reise wird, nach dem Eierbrechen[1]), dem Kartoffelgott U Jing Pan geopfert und wer sich durch Krankwerden auf dem Wege durch U Jing Pan den Dämonen (Ksuid) überliefert fühlt, kehrt unverzüglich nach Hause zurück, um durch Opfer zu sühnen.

Wer im eigenen Hause erkrankt, opfert einen rothen Hahn, ausserdem muss aber den Speciallaunen des Dämon bei jedesmaliger Krankheit gefröhnt werden, wie z.B. wenn die Ksuid von Jewbei gesandt sein sollten, ein schwarzes Huhn erforderlich sein würde.

Während solche (kränkende) Ksuids, die Kopf, Herz, Leber u. s. w. attaquiren, blutige Sühnopfer verlangen, wird den (segnenden) Göttern, Ki Blei (als deren zornige Wandlungen jene Ksuid auftreten) Reis und Früchte dargebracht.

Der Ubaai Ksuid, oder Zauberer, schickt seine Krankheit, indem er die Dämonen durch Opfer berauscht, so dass sie seinen Willen thun.

Wenn Todesfälle im Dorf sich mehren, beruft der Longdoh die Phurksing genannte Versammlung, um unter einem Maw-Shing (Knochenstein) ceremonielle Tänze aufzuführen.

Beim Jahresfest wird nach dem Tanz ein verfolgter Büffel zerhackt und theils roh gegessen.

Ausserdem findet ein grosses Reinigungsfest statt, zur Austreibung der in der Cholera als Strafe personificirten Sünde. Häufig wird dabei (wie in

1) Eier besassen (bei den Griechen) heilige Kraft zur Reinigung (s. Lobeck). In den Molukken werden der im Kindbett Sterbenden Eier unter die Arme gelegt. La marquise de Pompadour allait chez une sorcière, nommée la Bontemps, interroger l'avenir dans un blanc d'oeuf ou dans du marc de café sur ses destinées et sur celles de l'Etat (s. Lecanu).

Birma und im Anschluss an den Streit der Suren und Asuren) in zwei Parteien[1]) an einem Strick, gezogen, und zwar über einen Fluss weg, wenn sich
das Dorf an beiden Ufern erbaut findet, dann als grosses und kleines unterschieden. Die Kasya führen dabei, um Gott (Blei) zu erheitern (pynsingiu) den
Pynsingiu bha ia la Ki blei oder (Jingshad) Ia jing shad ban (kah Jing Shad)
genannten Tanz auf, während die Jyntia sich an einem Baumstamm ver-
theilen zum Beh-ding-khlam (Beh, vertreiben, ding, Baum, khlam, Sünde).

Diese Ceremonie wird im Monat U Jilliu (Tiefwasser) beobachtet, indem
am Morgen die Männer das Dach klopfen, um die Dämone zu verjagen[2]),
und dann an dem (von der Göttin Ai-tan bewohnten) Fluss auf horizontal
gelegte Bambus springen, bis sie zerbrechen. Darauf wird nach der Lehre
der Göttin Aitan oder Aitai (auf das Verlangen des Donnergottes) ein grosser
Bambus über den Fluss gelegt, und von der Hälfte des Dorfes an jedem der
beiden Ufern gezogen. Gewinnt das östliche Ufer ist Glück und Wohlstand
gesichert, wogegen bei Sieg des westlichen Alles fehlschlägt (wie jene sagen).

Wer seiner Ernte einen reichen Ertrag sichern will, beruft[3]) einen Longdoh,
der das Blut einer geopferten Taube in einen Topf, (auf Eichenblätter mit
Lehm) träufeln lässt, und während die Anwesenden die Taube (mit Ausnahme
des Herzens) verzehren, ein Gebet spricht, um Vergebung der Sünde.

Vor dem Trinken tauchen die Khasya den Finger in den Rauschtrank,
um der Gottheit zu sprengen.

Für Vorhersagung beobachten die Kasya die Khan Ryntiḥ (ryntih, Bogen)
und kan khnam (kham, Pfeile) genannte Ceremonie, an der die Bewegung
des Bogens für günstig, Stehenbleiben als ungünstig ausgelegt wird. Ausserdem werden zum Vorhersagen Eier zerbrochen in einer ὠοσκοπική, wie von
Hermagoras (Schüler des Persaeos) gelehrt, und auf die ὠοδυτική des

1) Bei den Chukma wird, bei dem Tode eines Dewan oder Priester, nach verschiedenen
Richtungen, von zwei Parteien, am Leichenwagen gezogen. In Birma dient das Gegen-
ziehen zum Regen-Erzeugen. In der Ukutoshi-Aaë genannten Ceremonie ziehen (beim
Bienenfest) Mädchen und Knaben gegenüber an einem Strick (bei den Aino). In Belling
(in der Uckermark) kämpfen am Johannisfest Herren und Knechte in zwei Abtheilungen
(s. Schwenck). In Cuzco stritten Hurin und Hanan (und so in Aegypten und sonst).
Nach Butas wurden die Luperialien wegen des Laufes von Romulus und Remus gefeiert
(s. Plinius). Bei dem Tire-vesse genannten Spiel (in Laguenne) rissen die Junggesellen
und die Ehemänner an einen Strick. Die Uaupes (divided into two parties) had made
two large artificial snakes of twigs and bushes (lifting the snakes on their shoulders); in
the dance they imitated the undulations of the serpent, raising the head and twisting the
tail (s. Wallace). Um den Kopf des Octoberpferdes wettkämpften die Stadttheile der Via
sacra und der subura (für Mars).

2) Beim Neujahrsfest wird im Kloster Moru (in Lhasso) die Austreibung der bösen
Geister gefeiert (unter Maskirungen und Lärm, sowie Seilgleiten), wie in Cuzco, Rom, bei
Buräten, Calabaren u. s. w.

3) The weather about the time of the distribution of the annuity, in some parts of the
nation, falls under the scrutiny of the physic-makers (bei den Creeks). Von dem Collegium
der fratres arvales wurden die Opfer der hostiae ambarvales an dem Ambarvalis genannten
Fest gebracht. Die Sodalés Titii wurden von Romulus für den sabinischen Cult eingesetzt.

Orpheus zurückgefährt. Bei den Khyeng wird zum Orakel die Zunge eines Huhns oder das Innere von Eiern betrachtet.

Wer einen Pah-Sang (bösen Laut) hört, indem ein Elephant, Vogel oder anderes Thier mit Menschenkindern redet, deutet die Furcht vor bevorstehendem Unglück heraus. Im Traume (ka jing phohsniw oder ka jing ruma) erinnert man sich dessen, was am Tage geschehen ist. Nachts auch ergreift der Dämon (Ksuid) Besitz von der Seele des Propheten (Nong Jah Tu Lupa), der dann ohne eigenes Bewusstsein die Eingebungen jenes ausspricht, die Zukunft (lupa) verkündend. So redet der Wahrsager (Saitkan oder Nóngkren byrtew) mit dem Munde des eingefahrenen Dämonen. U Ksuid (Ki Ksuid) lebt als Dämonenherr unter der Erde. Während die Seele mit Opfern angerufen wird, fährt Suidiap ein, als der Dämon eines Verstorbenen, und in Suidbiw zeigt sich der Dämon des Hässlichen und sonst Misshandelten, der beim Tode Rache gelobt. Der eine verstorbene Frau Betrauernde sieht ihre Erscheinung (Enaiap) als Schatten, und wenn Eltern, in Trauer um einen geliebten Sohn nachsinnend dasitzen, erscheint ihnen beim Aufblick zur Sonne der Umriss seiner Gestalt (als Ihringai).

Gott Oublei (oder Nong-thaw) zeugte zunächst mit der Göttin Ka Blei die Kinder Gottes (Ki Koun Ou Blei), welche die Aufgabe haben, ihre Eltern durch Spiele zu erheitern.

Nachdem die Sonne, dann der Mond, die Sterne, Wolken und weiter die Erde geschaffen, und nachdem dann noch schliesslich der (helfende) Stein Maw Kushan als Schlussstein hinzugefügt war, kam die Reihe an den Menschen. U Blei dachte ein Ebenbild seiner selbst zu schaffen, fand indess bei der Rückkehr die Lehmform durch Ksuid vernichtet, und da dies dreimal geschehen, bildete er zunächst den Hund, um durch sein Knurren den Dämon fern zu halten, bis 'der Odem eingeblasen sein würde, (also in Analogie mit burätischer Schöpfung)[1]. Als dann Alles vollendet war, wurde von Gott ein Markt eingerichtet, wo, als der unter dem Zusammenlaufen der Thiere mit einem kleinem Stück Käse im Munde erscheinende Hund von den übrigen Thieren ob solchen geringfügigen Verkaufsobjectes verlacht und bei seiner Schwäche misshandelt war, der Schutz des Menschen angerufen wurde, unter Erinnerung an die bei seiner Schöpfung geleisteten Dienste. Zu Ou Blei aufsteigend, erhielt der Mensch von diesem die nöthige Anweisung zur Verfertigung von Bogen und Pfeil, um das Jagdgethier zu tödten, während der Hund, nachdem er dieses gejagt, das Haus bewache. Und daher das Sprüchwort: „Von kleinen, aber lobenswerthen Dingen".[2]

---

1) Geogr. u. Ethnol. Bild. S. 408. Aehnlich bei den Kumis: Als Gott, nach Schöpfung der Welt, mit Bäumen und Gekreuch, Mann und Frau aus Lehm gebildet, fand er ihn jeden Morgen, vom Schlaf erwachend (ohne welchen kein Tod sein würde) von der Schlange verschlungen, bis er schliesslich vorher den Hund belebte und zum Wachen hinstellte, um durch sein Gebell fortzuschrecken.

2) Als (nach den Munda-Kolh) Singbonga den zuerst als Kind erschaffenen Menschen

Einem alten Vorfahren der Kasya wird das Verdienst zugeschrieben, die wilden Thiere in Paaren aus dem Walde geholt und für seine Nachkommen gezähmt zu haben.

Auf dem Hügel Loom ding jeh (bi Shillong) wurden die ersten Menschen erschaffen, neun Paare im Himmel und sieben Paare auf der Erde, in stetem Verkehr mit einander bleibend. Als jedoch die Besucher von der Erde im Himmel zu verweilen dachten, liess Gott den Baum umhauen, und mit seinem Fall schnellte der Himmel empor. Einige, die gerade den Wipfel des Baumes Diingiei erklommen hatten, blieben oben im Himmel zurück, einen grossen Bazaar (wie ihn die Karen in der Milchstrasse sehen) bildend, in den Sternen. Aus dem Stamm dieses zum Himmel erwachsenen Baumes wurde das Getäfel der königlichen Wohnung gefertigt (in Namkreng).

Bei Ausrodung der Wälder werden Hain-Heiligthümer auf dem Gipfel der Hügel zurückgelassen, so das von Leban, in Folge der Anlage Shillongs, und dort versammeln sich alljährlich die Dämone zur Berathung. Als König der Bäume gilt die Eiche (Uding ning) heilig, und ein daraus gebautes Haus erhält, weil lange dauernd, den Zoll besonderer Ehrfurcht.

Die von Gott geschaffene Welt wird dauern, so lange er lebt und mit seinem Tode sterben (wenn Brahma in Schlaf fällt).

Durch Erdbeben (kaba kynniah jumai) würde Alles zu Grunde gehen, wenn Gott nicht die Welt in seiner Hand erhielte.

Neben dem Kah Jing Suh oder Friedensplatz (suh, Frieden) findet sich im Himmel der Gefängnissplatz Ka Diyok, worin (wie in Chaysi's Zazarraguan) die bösen Seelen eingeschlossen werden, bis in den bodenlosen Abgrund (Ka Niamra) geworfen.

Der Mond im Wachsen und Abnehmen (bis zum Sterben) gilt als das Bild des menschlichen Lebens. Jeden Monat verliebt sich der Mond in die Mutter seiner Frau, die ihm Asche in's Gesicht wirft (wie in Grönland mit Russ bestrichen). Zweimal im Monate kommt der Mond zum Ausruhen auf die Erde und wenn zum Himmel zurückkehrend, bleibt ein Schatten seines Schmutzes an den Ellipsen.

von einem Pferde umgestossen fand, bildete er zum Forttreiben desselben und Bewachung den Hund, und verlieh später beim Zusammenlaufen aller Geschöpfe dem zuerst gekommenen Tieger eine hervorragende Macht (s. Jellinghaus). Nachdem der böse Geist die von dem Schöpfer glatt geschaffene Erde in Spalten (in Flüsse und Meere) zerrissen, bestach er den Wächter des Steinhauses (um die darin befindlichen Steinfiguren zu beschmutzen) mit einem nie abgetragenen Anzug, weshalb die Wächter dann in einen Hund verwandelt wurden (bei d. Jakuten). „Die Statuen wandte der Schöpfer um, so dass das Innere nach Aussen kam. Seitdem sind wir Menschen immer voll Schmutz und Unrath" (s. Middendorf). Wenn bei ehelicher Zeugung der von Gott aus Gan Eden gerufene Geist trotz seines Widerstrebens in den befleckten Saamen der Tippia eingegangen, durchblickt er die ganze Welt (von Engeln umhergeführt), vergisst aber alles wieder bei dem durch Schläge erzwungenen Ausgang bei der Geburt (nach Tanchuna). Als vom Heiligen der Mensch rein erschaffen wurde, erhob sich der böse Trieb und befleckte ihn (nach Zer-Schabbath). Im Pratyabhijna wird sich die Seele ihre Vorstellungen durch Wiedererinnerung bewusst (zur Selbsterkenntniss vor Gott).

Die Puri oder Feen, weiss und schön, leben in einem grossem Hause, reich möblirt, unter dem Wasser und werden als Frauen zu erhaschen gesucht. Ein im Wasser Schlafender vermählte sich mit solcher Fee, wurde aber von ihr, bei Herannahen des Todes, fortgesandt, um auf der Oberwelt zu sterben. Die Göttin Niang-riang wohnt im Wasser und zieht Hinüberschwimmende an den Füssen zu sich herab.

Der Fluss Unuam oder Baga Pani (bei Shillong) gilt für Thränen eines Gottes.

Die Ksaw genannte Göttin der Wälder, der die Jäger Eier und Hühner opfern, betritt mitunter die Häuser des Dorfes, um bei einem Manne des Volkes zu verweilen, wie die Waldwirthin Mielikki oder Simanter dem finnischen Jäger ihren Honigtrank beut (als Gattin des Waldgottes Tapio).

Um Heuschrecken zu vertreiben legen die Kasya eine Strohheuschrecke mit Bogen und Pfeil auf der Brust quer in den Weg.

Die ursprünglich milden und weisen Schlangen (u bysein) geriethen, nach Annahme wilder Natur, in Feindschaft mit dem Menschen.

Um Reichthum zu gewinnen, sucht der Kasya die Wunderschlange Thlem im Hause zu halten, doch verlangt sie Menschenköpfe, um mit Menschenblut gefüttert zu werden.

Wie als Schlange erscheint das Fabelthier Thlem auch als Schwein. In abgelegener Hügelöde weilt das Schlangenungeheuer oder der Drache Thlenbum, Vorüberpassirende zu ergreifen und zu tödten.

Um Geist auszudrücken, haben die Kasya die Worte:

> Ka ryn gai (ryngai, Essenz),
> Ka jingshait (Gesundheit),
> Ka jingshlur myinsim (jingschlur, kühn oder rührig),
> Ka kyan (verständig),
> Ramew ist die Göttin der Erde,
> Ki ksuid bymma sind geistige Wesen,
> Uhrei, Dämone,
> Ka Tyrut Ka Smer, Dämoninnen,
> Ka kiaw tymen, weibliche Vorfahren,
> Dykon, Gespenst,
> Dingsaitan (ding, Feuer), Irrwisch (Satan's).

Die Hindu-Tempel unter den Khasia gehören meist Vishnu, wogegen Siva unter Jyntia an.

Als König Adisur die Brahmanen aus Kanouj (in Oudh) einführte, flüchteten die bengalischen nach Jyntia.

Für ihre Kopftracht haben die Kasya den Turban angenommen, und so der Raja von Nagbansi, der die Windungen desselben aus der Schlange seiner Ahnmutter Parbatti erklärt. Die Ohrdurchbohrung [1]) geschieht ähnlich wie in Birma (und bei Orejones).

---

1) In Odysseus (s. Plutarch) als grossohrig (oder Οὖτις statt Οὖτις oder Niemand bei

Die Fürsten der Kasya leiten sich ab von Babhrubahan (Sohn Arjun's) mit Ulupi vermählt (s. Hamilton). Die Khasia oder Ki Khasi nennen ihr Land Ka Ri Khasi (s. Goodwin-Austen), bei Kuki und Naga als Karo, bei Garo als Dikkil oder Digil bezeichnet. Das Königreich der Tay Loun oder Kasi-Schan (am Kiendwen) heisst Bong (bei den Moitay). Die Khassi (Kaçi) nennen sich Khyi (nach Scott). Zwischen Jo und Kasi Schan finden sich die Khiaen am Khiandwen. Die Stadt der Khaça wurde durch Susrawa (Fürst der Naga) zerstört, in Kashmir oder Kasyapura [1]).

Prof. Schott, dem eine Behandlung der Kasya-Sprache zu verdanken, führt Blei oder Gott auf (tibetisch) Bla (Obertheil oder Oben), als Lebensprinzip (Seele), und Ksuid (Dämon) ist mit (chinesisch) Kueéí (Kui) zu vergleichen. Neben U Blei (God) und Ka Blei (Goddess) giebt Roberts: Ka Jinglong Blei (Godhead). Vor dem Opfer (der Kasya) wird durch das an die Göttin gerichtete Gebet der Dämon Ka Tyrut ka Smer hinweggetrieben (s. Pryse). Gott Jyntidschwuri wurden Menschen geopfert (in Jyntia). Die Khasay begreifen den Dämon als Kyndai Ksuid (9 Dämone) und als Laipen Ksuid (30 Dämone).

Wenn die Asche eines in der Fremde [2]) Verstorbenen nach der Heimath gebracht werden soll, streuen die Khasia (für den Geist, seinen Weg zu finden) Blätter an Kreuzungspunkten, und ziehen einen Faden (als Brücke) über Flüsse, während im Walde die dort hausenden Dämone durch Pendelschwingungen fern gehalten werden (s. Goodwin Austen). Ist Jemand auswärts gestorben, ohne dass sein Körper gefunden werden kann, so ruft die Familie nach der vermuthlichen Richtung hin, für die Seele aus, Cowries in der Hand haltend (die dann verbrannt werden).

Der mit Waffen und Kleidung ausgestattete [3]) Todte, dem ein Ei auf dem Nabel gelegt ist, erhält Reiskörner auf die Stirn gestreut (damit sie im Himmel gepflanzt für immer zu essen geben) und während des Verbrennens (in einem Sarg oder Dong bei dem Reichen) schiessen die Kasya ihre Pfeile, zum Schutz auf den Seelenweg (wenn nicht nach den vier Weltrichtungen), nach

---

Homer) im Flötenkampf siegend, klingen phrygische Sagen von Midas und Marsyas, wie sie in Ulisses bis nach Norden führen

1) Zeus Kasios wurde auf dem heiligen Berge bei Pelusion als Jüngling mit Granatäpfeln dargestellt (nach Tatjus). Zum Mons Kasius, von Riesen der Vorzeit benannt (nach Synkellus), wo Seleukos (bei Malalas) dem Zeus Kasios opfert (am Orontes), flüchtet Kyparissos (nach Servius). Ζεὺς Κάσιος wurde als unförmlicher Stein verehrt (s. Hoeckh) oder als kegelartiger (in Seleukia). Zur Zeit des Minos brachte Kasios aus Kreta Ansiedler aus Cypern nach Antigonia auf den Berg Kasios bei Antiochien. Gott Κόζε wurde von den Idumäern verehrt (nach Josephus).

2) Als in der Fremde verstorben, Todtgesagte (die bei den Römern das Haus durch das Dach, statt durch die Thür betraten) liessen sich als Hysteropotmoi windeln und säugen (s. Plut.). Die Griechen riefen dreimal die Seele des Todten, um ihr Wohlergehen zu wünschen.

3) Die Seele Melissa's (bei Herodot) kommt frierend zurück, weil ihre Kleider nicht verbrannt waren.

Osten und Westen ab, indem zwei Greise unter sich einen Hahn herum-
werfen, bis er verreckt, um so geopfert, als Führer zu dienen, und mit der
Dämmerung zu wecken.

Nach dieser auf dem Brandplatz (Kypeh) abgehaltenen Ceremonie
(Pyrtiw) wird die Asche des Todten unter einem Stein in das Familiengrab
beigesetzt, die der Frau also (mit ihren Kindern) in ein anderes, als die des
Mannes, indem sie, dem Verheirathungsbrauch nach, verschiedenen Stämmen
angehören. Doch wird neuerdings gesagt, dass Gott es liebe, wenn die
Paare auch im Grabe vereinigt seien, und dass er solche besonders freund-
lich empfange.

Auf dem Breitstein, der zum Ausruhen der Reisenden (bei Kasya)
dient, sitzt auch der Geist, wie bei den Beduinen, die den Kopf- und Fuss-
stein mit einem Seil verbinden, und dort Kameelhaar-Troddeln aufhängen,
damit er durch ihr Spiel im Winde bei seiner Einsamkeit mit der Erinnerung
an das Wüstenleben getröstet werde. Den Todtenseelen (Suidiap oder Ksuidiap)
wird (bei den Khasia) geopfert, damit sie nicht als Ksuid (Dämone) zurückkehren, die Familie zu quälen. Kinder werden im Grab der Mutter beigesetzt (Goodwin Austen).

Die bei dem Verbrennen übrig bleibenden Knochenreste werden in einem
Topf gesammelt, unter einem Stein beigesetzt, und zwar unter einem flachen
Tafelstein oder Maw Kynthai, zu dem die Ka Kumrah (das Aufgebaute) genannten Steinringe führen, bei einer Frau, beim Manne dagegen unter einem
aufrechten Stein oder Maw shinrang, der zugleich als Erinnerungsstein oder
Maw buna dient, während dann später eine Vereinigung unter dem Maw-
wa (langen Stein) oder Maw lanj (vereinigende Steine) statthaben mag.

Nach ursprünglicher Sitte dagegen werden die Ueberbleibsel jeder Hälfte
bei dem grossen Leichenfest nach dem gemeinsamen Familiengrab[1]) des
eigenen Stammes gebracht, und dort in eine, mit einem Ganggrab angebaute
Steinkiste, meist an abgelegenen Localitäten versteckt, beigesetzt. So
lange solche Steinkisten offen verbleiben, vor Einsetzung der Thür, bilden sie
eine Art Dolmen, als Maw bou shing (bou, legen, shing Knochen).

Es gilt als Ehrenpunct, um den hohen Rang des Verstorbenen anzu-
deuten, dass der Maw-Buna oder Denkstein möglichst stattlich erscheine,
und hält sich die Familie allein zur Vollendung (Tep) nicht genügend, ruft
sie die durch ein Fest belohnten Dorfbewohner zu Hülfe (Tyntep), besonders
wenn es sich um die Aufsetzung eines Rundsteins (Ka Shata Maw Buna)
handelt, zur Herstellung eines Maw buna motabmo.

Indem dieser hohe Denkstein die Blicke der Vorübergehenden auf sich
zieht, wird dadurch dem Geiste des Todten Befriedigung gewährt.

In vielen Fällen findet man längs des Weges eine Reihe von 5, 7, 9 u. m.

---

1) Die römischen Gens hatten ein gemeinsames Familiengrab, wie die gens Claudia
(auf dem Capitol) und so (nach Vellejus) die gens Quinctilia, wie Demosthenes in Athen
das der gens der Buseliden erwähnt.

Als erster wird der aufrechte Stein von den mütterlichen Verwandten des Verstorbenen errichtet, der Mittelstein zu Ehren des mütterlichen Onkel, der an dessen einer Seite zu Ehren des Verstorbenen,[1]) der an der anderen Seite zu des Verstorbenen Vaters Ehren, und dann werden andere zu Ehren der Vorfahren oder zu Ehren des Geistes, zu dem zu beten ist, zugefügt.

Wenn unter diesen Maw-Ing (ing oder shing Knochen, Maw Stein) oder Knochensteinen, vor dem aufrechten des Mannes (shinrang) oder Maw shinrang der flache oder Maw Kynthai der Frau (Kynthai) liegt, kann derselbe auch Reisenden zum Maw-yatt (yatt, sitzen) oder Sitzstein beim Ausruhen dienen.

Die den Cromlech ähnlichen Steinkreise der Jyntia finden sich auch unter den Khasya zu Sabar (bei Tira-Ghaut). In den Thälern begraben die Khasia in runden Steingräbern, die Nongphlang (people of the grass) der Hügel dagegen in viereckige (s. Clarke).

In den heiligen Hainen (auf den Gipfeln der Hügel) darf keine Beschädigung verübt werden.[2])

Bei Anlage eines Dorfes wird ausserhalb desselben, zur Erinnerung an den Dämon Ryngkew, der zur Ansiedelung gelockt, der Maw Ryngkew aufgestellt, (thaw naw ryngkew) und jede Berührung desselben wird sorgfältig vermieden, weil sie sich mit Krankheit strafen würde. Dieser Dämon U Ryngkew u ba sa waltet im Jungle, und so fühlen die Kasya bei Anlage ihrer Dörfer die Verpflichtung seiner Sühnung.

Innerhalb des Dorfes findet sich der Breitstein oder Maw-siang zum

1) Aus Nefsch, den auf das Grab gestelltem (und daraus hervorragenden) Stein wurde die Persönlichkeit (bei den Arabern) und dann die Seele, als Selbst (nach Mittheilungen Consul Wetzstein's). Den Strassengöttern (ἀγυιεῖς) dienten Säulen als Altäre (in Griechenland). Die Longobarden stellten auf die Gräber der Verwandten Stangen mit dem Bilde einer Taube. Am Trauerfest, nach der Verbrennung (während die Zauberer auf Pfosten beigesetzt werden), werden Sklaven (zur Bedienung) nachgeschickt (bei den Thlinkithen). Reiche feiern dann ein Fest, „den Verstorbenen erheben“, weil dabei zugleich Denkmäler zur Ehre errichtet werden (s. Holmberg), und je nach dem dabei gehörten Schrei des Wappenthieres werden Sklaven getödtet. Columnae mortuis nobilibus superponuntur ad ostendendum eorum columen (s. Servius).

2) Im heiligen Hain (swaty bor) des Eichwald's (Zuttibor) „hat bei der Verlierung seines Lebens Niemand einen Baum oder Ast dürffen abhauen“ (bei Merseburg). Aus dem Moria genannten Wäldchen (für die Seelen Ermordeter) durften keine Zweige entfernt werden (bei Athen). Mit Bäumen bepflanzt bildete das Temenos einen heiligen Hain (als ἄλσος). Die Lud oder heiligen Haine (der Wotjaken) sind auf Höhen gelegen (zum Opfer). In Kurg wird dem Geist des Bane (Waldland) geopfert; sowie an den Nata oder Stellen, wo Brillenschlangen gestorben (s. Mögling). Vischnu, als Krishna, befreite die (wegen Frauenverführung am Ganges) in den Tori genannten Bäumen durch Nard Riki verfluchten Seelen Giamla's und Arjun's aus denselben. Die (nach Surat einwandernden) Kalaparray (Kala oder schwarz) „reverence a tree, sometimes a stone, placed by nature in a curious position“, oft schon durch den Tod eines Kindes, Huhnes oder Kuh so erschreckt, die Felder zu verlassen „and return to the wilds of their native forest“ (s. Bellasis). Die von Iku (Dämonen) bewohnten Bäume werden verehrt (auf Samoa). Ho-huan-shu wird als heiliger Baum von den Tauisten verehrt.

Sitz der Richter, [1]) wenn diese nicht in Kreis gestellte Steine für ihre Sitze vorziehén, und in dem Ka jing pyllum genannten Steinkreis wird auf dem Duhwan (Loch des Çentrums) das Thieropfer dargebracht.

Der Wahrsager (Ka Nong Kinia oder Ka Nong Kein Ksuid) redet beim Brechen des Eies (für Krankheit) dasselbe an: „Egg, J am only a man, an ignorant, and can divine nothing, you can commune with spirits and between man ad them have intercourse. Now, say, who has done this u. s. w. (Goodwin-Austen).

Bei den Ho finden sich Sitzsteine über den Gräbern der Todten und aufrechte Steine zu seiner Erinnerung. Wenn die Anghami bei Todesfällen oder wichtigen Ereignissen einen Gedenkstein aufrichten, verbinden sie dies mit der Feier eines Festes.

Beim Aufrichten eines Stein-Monumentes umziehen dies die Singbhum-Kol ringsum mit einer Erderhöhung, als Bereich des Geistes, um dort auszuruhen. Die Kirantis (mit den Limbu) stellen auf die Stein-Plattform über dem verbrannten Todten einen aufrechten Stein. In Betreff der Munda-kolte s. „Zeitschrift für Ethnologie" B. III, S. 373 u. IV (1873) Verh. S. 85.

In Kumaon, wo die Felszeichen als Werke von Riesen gelten, werden die Steinkreise auf dem Pandukoli-Hügel den Pandu zugeschrieben.

Zur Erinnerung an die Todten stellen die Kharrias neben den Häusern aufrechte Steine hin, denen tägliche Opfergaben dargebracht werden.

Nachdem die mit ihrem Eigenthum in den Sarg gelegte Leiche (bei Ho und Mundah) darin verbrannt ist, wird die Asche nebst den Knochen-Fragmenten „placed in a versel and hung up in the house in a place, were they may be continually viewed by the widow or mother" (s. Dalton), bis alle Vorbereitungen zur Aufrichtung des schweren Erinnerungssteins (mit Hülfe verschiedener Dörfer nach dem Familiengrab gebracht) getroffen sind. Die Knochen (auf einem Bambu-Teller) werden dann von einer alten Frau (begleitet von Mädchen mit leeren Wassergefässen und Männern mit Trommeln) zu den Häusern aller Bekannten, wo sie beklagt werden, umhergetragen, sowie „to all his favourite haunts, to the fields he cultivated, to the grove he planted, to the threshing-floor where he worked, and to the Akrah where he made merry". Nachdem dann der Grabstein umkreist ist, wird das Loch darunter mit Reis gefüllt, und auf demselben das Gebein (in einem Gefäss) beigesetzt. Ausser dem Grabstein (auf kleine Steine gestützt, um etwas erhaben zu stehen) „monumental stones are set up outside the village to the memory of men of note (fixed in an earthen plinth, on which, shaded by the pillar, the ghost is

---

[1]) Aufrechte Steine heissen Mao-bynna (bynna oder Erinnerung) oder Mao Shinran (männlicher Stein), neben dem (flachen) Mao kynthai (weiblicher Stein), die Urne (Ghara) mit der Todtenasche wird unter der Mao bah (grosser Stein) oder Mao Schiing (Knochenstein) genannten Steinplatte beigesetzt, und die schliessliche Bestattung findet erst Platz, wenn dauerndes Wohlsein der Familie beweist, dass der Geist Ruhe gefunden, während sonst durch Eierbrechen die für solchen Zweck erforderlichen Opfer auszumachen gestrebt wird (s. Goodwin Austen).

supposed to sit) an weitsichtigen Plätzen. Die Kheriahs vereinigen die Todten-monumente in kleine Umzäunungen (bei ihren Häusern), wo Opfergaben dargebracht werden.

Die Steinplatte neben dem Grab Seni's (Paseng's Frau) bei Pokuria (nach Ball) was brought on a wagon constructed for the purpose, from 300—400 men having been engaged in the transit. Die Kenotaphen erheben sich anfangs „from an earthen platform (on wich, it is supposed, the ghost of the departed may rest), die später unter dem Monolithen fortgespült wird. An Stelle der Steine „wooden posts are put up, supporting carved wooden images of birds or beasts" (bei den Ho).

Die (am Fusse der Jyntia-Hügel mit den Lalung vermischt wohnenden) Mikir wurden, beim Einfall der Cachari. aus den Hügeln zwischen den Flüssen Kopili und Dyung nach Nowgong getrieben (von den verwandten Miri als niedrigere Kaste betrachtet). Nach Jyntia flüchtend, wurden sie von dem Rajah von Assam aufgenommen, unter der Bedingung keine Waffen zu führen.

Ihre Verehrung ist an den Gott Hempatim gerichtet, und Opfer von Schweinen oder Hühnern (auf geebnetem Platz neben einem Baum) werden auch dem Gott Ishur dargebracht.

Die Grabhügel der Mikir werden bei den Assamesen als Moie-Dam bezeichnet.

Bei den Mikir, wie bei Kachar und Lalung, wählen die Mädchen.

In ihrer Heimiath vermitteln die Miri die Handelsbeziehungen und werden, gleiche Sprachen mit den (an den Hügeln höher aufwärts wohnenden) Abor (die ihrerseits wieder die oberen Bor-Abor fürchten) redend, von diesen als ihre Sklaven betrachtet, weshalb anderswo Angesiedelte als Entlaufene reclamirt werden (wie die Avaren vom Khan der Türken).

Unter den (ausser den Chutia-Miri) am Dihong eingewanderten Miri, schneiden die Stämme der Saiengya und Aiengya das Haar kurz, wie die Abor.

Die wilden Stämme der Miri in den abgelegenen Wäldern sollen nackt gehen und „have an abhorrence of the smell of cloths" (s. Dalton), was bei der Unreinlichkeit mancher dieser dick bekleideten (und deshalb mit Ungeziefer bedeckten Bergstämme (wie bei den Bhutia) nicht zu verwundern wäre.

Fern auf den hohen Hügeln lebend, entdeckten die Miri (sagt die Sage) durch den Flug der Vögel die Thalebene Assam's und liessen sich auf der Grenze nieder, während die Anka Miri dem Ausgangsplatze näher zurückblieben, und bei den Assamesen werden die Tenae, wegen tättowirten Gesichtes, als Anka (Anka-Miri) bezeichnet. Neben den Stämmen der Assamesen oder Kulita unterscheidet Mir-Huçaini die Miri-Madjmis der Berge (zu den Mishmee führend).

In Saikwah (bei Sudyah) wohnen die Stämme der Dooaneah, Moolook, Kesung, Jillys, Mishmis und Miri.

Nach der Geburt eines Kindes hält sich der Ehemann für 20 Tage zu Haus bei den Miri. Unter den Langzi in Kweichau bleibt der Ehemann, den Säugling pflegend, zu Haus. In Vochan legt sich der Ehemann bei der Geburt zu Bett (und sonstige Couvade).

Theils zu Wasser, als Pani-Miri, theils zu Lande (als Tor-Miri) kamen die Miri, als Mati-Miri (Mati oder Ebene), in die Ebene, wo sie in die Kasten der Moingia, Mojengia,. Chojingia und Dhointiah zerfallen. Früher waren sie auf dem Brahmaputra als Piraten gefürchtet und oberhalb Tezpur finden sich auf den Inseln desselben die Miri als Fischer.

Das Gebet verrichten die Miri ausserhalb des Hauses, damit kein Dach oder Decke sie von dem Herrn des Himmels trenne, Ja-pon oder oberer (pon), Gott (Ja).

Der Todte wird mit Waffen und Reisetasche begraben, unter Zufügung des ihm eigenthümlichen Schmuckes, um von Jam Raja erkannt zu werden. Unter niedrigen Erhöhungen finden sich Gräber längs des Flusses.

So lange der bereits in Bebauung genommene Boden noch nutzbar und ausreichend ist, darf kein neuer umbrochen werden, um die Geister nicht unnöthigerweise durch Umhauen von Bäumen zu beleidigen.

Die durch Reisen mit dem Lande Sama (Tibet) oder Nyama (Lama) im Verkehr stehenden Duphla, die sich als Bangni (Menschen) oder (in Papu-Pani) als Takon bezeichnen, heissen Lukon bei den von ihnen Bengro genannten Akah (oder Asim). Für Assam findet sich der Name Harang, und Sa-isi für den Brahmaputra (während die übrigen Flüsse Comin heissen).

Um die friedliche Bewohnerschaft der Ebene von ihrem Terrorismus zu befreien, sah sich die englische Regierung (nach wiederholten Expeditionen gegen die Schlupfwinkel unzugänglicher Bergfesten) dazu veranlasst, eine Art Black Mail[1]) zuzugestehen, für deren Erhebung alljährlich eine Gesandtschaft nach Tezpur herabkommt. Einige Colonien der Duphla sind zu Helem-Ont (bei Behali) angesiedelt.

Die in der Form viereckige Erde wird an den vier Ecken durch vier Elephanten getragen, und wenn einer derselben, müde werdend, seinen Rücken kratzt, schüttelt es in den Erdbeben (Mobi-hogdo).

Die Mondfinsterniss (Tamu-sotabo) wird verursacht, indem der Tamu-sotabo genannte Riese mit dem Monde kämpft. Der Mond heisst Polo, der Himmel Nodokolo, die Sonne Dhoni, der Abendstern Kalum. Die Flecken im Monde bezeichnen das Hojin genannte Wild. Jeden Monat sterbend, lebt der Mond in jedem Monat auch wieder auf.

Blitz (Dorak) und Donner (Dokum) wird durch den Hokla - Deo genannten Gott verursacht.

Gott (Oju) weilt im Himmel, und neben ihm, unter den Zehngöttern, Wogle oder Ugle, der Reichthümer[2]) giebt oder nimmt,

---

1) 238 gams of this clan are in receipt of compensation for black mail from government.
2) Daschbog (in Kiew) wurde als Gott des Reichthums verehrt (nach Popow). Kuvera

Pampta, das Rindvieh wahrend,

Lungta, gegen Gefahren schützend,

Ruggiú, das Wachsthum der Pflanzen begünstigend,

Umpúrr, reiche Ernte an Reis liefernd,

Rodung, Kinder gewährend (gegen Opfer),

Nmon, den Mädchen Schönheit verleihend,

Pumli-waru, dem Macht zu danken, um zu herrschen über andere Menschen und

Wota, (der Vornehmste Aller), der die Körper gegen Eisen stichfest macht.

Dagegen lebt Tscheki unter der Erde, die Kinder beschützend, die er aufwachsen lässt. Der Kencho-deo genannte Gott wirkt Uebel, als den Menschen feindlich, und ist deshalb durch Verehrung zu sühnen.

Der in hohem Alter Sterbende verschwindet in der Erde, während der im Kampf Gefallene zum Himmel aufsteigt.

Der Todte wird angekleidet in einen Sarg gelegt, und nachdem in der Nähe[1]) der Wohnung beerdigt ist, versehen ihn seine Verwandten täglich mit Speise und Trank durch einen in das Grab hinabgesteckten Bambus[2]) (wie am Bonny).

In Langhäusern, die auf Pfeilern stehen, leben die Duphla (Bangni oder Menschen) dorfweis zusammen, unter Gam oder Häuptlingen, die durch eine mit Silber besetzte Stirnbinde ausgezeichnet sind. Bei Streitigkeiten unter den Dorfbewohnern entscheiden die Nyakum (Alten). Gebete werden von dem Aeltesten gesprochen. Those, who can afford it, are polygamists (doch auch Polyandrie).

(Gott des Reichthums) ist vornehmster, unter den vier Maharaja (der dreiunddreissig). Tont bringt Schätze (s. Peterson), als Weddaya (bei den Esthen).

1) Am Calabar wird die Leiche unter dem Hause begraben, damit die Seele im Ersten der Neugeborenen wieder erscheine.

2) Zwischen den Pfosten des Grabes (auf dem Tengger-Gebirge) is placed a hollow bamboo in an inverted position into which, during seven successive days, they daily pour a vessel of pure water, laying beside the bambu two dishes also daily replenished with eatables (s. Raffles), und dann wird ein Fest gefeiert (unter Aufstellung von Figuren). Die (dem Kha Kho verwandte) Kha-Kouy (in einem Familiengrab beisetzend) stecken täglich etwas Reis in eine an der Kopfseite gelassene Oeffnung (bei Siemlap). In Yucatan wurden die Hanal-pixon genannten Speisen dem Todten hingelegt. Le culte des morts (in Annam) consiste principalement à faire en leur honneur de grands repas et à s'énivrer (Dutreuil de Rhins). „Esst und trinkt, wie ihr früher mit uns gegessen und getrunken, jetzt könnt ihr es nicht mehr, wir werden nicht wieder zu Euch kommen, kommt nicht wieder zu uns", heisst es bei der Grabesceremonie (der Kocch und Dhimal). Funde merum Genio (s. Persius) am Geburtstage. Man verehrt „Larem igne, mero Genium, Penates nidore" (accendat lumina). In Syrien findet sich Löffel mit Schüssel auf dem Grabstein gemeisselt. Iphigenie giesst Milch, Honig und Wein auf das Grab, um die Todten zu erfreuen (bei Euripides). Die Hindu erfreuen die Todten durch das Sraddha oder Todtenopfer (bei Manu). Die Todten, manesque sepulti (bei Virgil) erhalten die Opfer (dis Manibus oder θεοῖς χθονίοις). Die Finnen legten einen Schlitten auf das Grab (neben Axt, Speer, Feuerzeug, Kessel). Daps apud antiquos dicebatur res divina quae fiebat, aut hiberna semente ant verna (Festus).

Wenn Opfer in Absicht, legen die Duphla ihre alten Kleider ab und erscheinen neugekleidet, in vollem Schmuck, ausserhalb des Hauses ein Schwein oder Huhn. darbringend, indem von den Alten aufgefordert, der Berufene hervortritt, um das Blut zu sprengen.

Für Genesung werden den Göttern Rinder geopfert. Während einer Krankheit bindet man das Suba genannte Rind (das sich nur im Lande der Duphla findet) nächst dem Hause an einen Pfosten, und neben dem dort angehäuften Dung wird verehrt, zum Besten des Kranken.

Bei Ansiedlungen an einen neuen Platz wird der Jungle durch die Frauen geklärt, und Jeder nimmt das ihm zufallende Land für drei Jahre als sein Eigenthum in Besitz.

Beim Tode wird das Eigenthum unter die Kinder und Verwandten vertheilt, oder beim Mangel von Kindern fällt ein Theil an denjenigen, der an ihrer Statt das Begräbniss besorgt hat.

Heirathen unter Verwandten sind verboten. Die Eltern ertheilen dem Kinde am fünften Tage nach der Geburt denjenigen Namen, den sie während der Schwangerschaft gewählt hatten.

Das Lagoa genannte Armband, das zum Schutz gegen das Zurückschnellen des Bogens diente, darf nicht (im Ganzen) weggegeben werden, weil sonst die Kinder sterben würden (und beim Verkauf rupften die Duphla deshalb vorher einige Fäden aus).

Der Mummi genannte Faden aus dem Haar des als Zangna bezeichneten Thieres wird aus dem Nima-Lande eingeführt, um in Windungen um den Handknöchel getragen zu werden. Das Tau an der Scheide des Dolches ist aus Jute verfertigt.

Zur Zeugverfertigung aus der Rinde des Pudú-Baumes werden, nach Maceriren und Kochen, der Rinde die Fäden ausgezogen; und dann (nach dem Waschen und Trocknen an der Sonne) verarbeitet man den Zwirn zum Weben auf dem Webestuhl.

Die Duphla am Desing-pani tragen auf dem Rücken, am Hals befestigt, eine Matte, um sie zum Sitzen zu verwenden oder zum Bedecken des Kopfes vor der Sonne. Die Häuptlinge sind kenntlich an einer mit Silber umschlagenen Bambus-Mütze und darüber wird an der vorderen Flechte ein Doppelbusch aus dem Yak-Schwanz befestigt, mit Vogelfedern in der Mitte.

Die Grobschmiede werden von den Duphla als Camar bezeichnet (im Assamesischen).

Bei der Ernte wird das Jalo-Botobo genannte Fest gefeiert, indem alle Bewohner sich für eine Feier versammeln.

Wenn im Lande der Duphla zuviel Regen (Nodo-Hobo) fällt, wird, um Sonnenschein zu erhalten, Reis ausgestreut, unter Verehrung der Viergötter [1]),

1) Bei den Wenden unterschieden sich die Götter in weisse oder lichte (Bilbog oder Dobrebog) und schwarze oder böse (Zlebog oder Slehobog), sowie in Rathgeber (Razi) und Zauberer (Zirnitra). Der höchste Gott, die zwei Gegensätze in gleichem Maasse in sich

Rodung, Wogle, Lungthá, Pampthá, welche nur in Einstimmigkeit vereinigt Regen senden können, während das ein Einzelner unter ihnen nicht vermag. Bei starkem Sturm wird der in den Jungle-Wäldern des Südens und Ostens wohnende Windgott Gorü verehrt, um den Wind zurückzuhalten. (Pubo, Osten; Saharegi, Süden; Doniógo, Norden; Surung-an, Westen.)

Das Jahr zerfällt in zwölf Monate: Rasó, Limi, Larr, Lakún, Latschár, Yüllow (für das Reispflanzen des Au-Paddy), Tüllow (für das Reispflanzen des Saly-Paddy), Sengmo, Sengtha, Parawa (zur Erntezeit[1]) des Reis), Libu, Ralü.

Die Sprache der Duphla hat bis jetzt keine Behandlung erhalten, und können hier nur ein paar (bei kurzen Zusammentreffen in [2]) Tezpur gemachte) Notizen gegeben werden [3]).

---

vereinigend, wurde dadurch für die irdische Welt zu einem unthätigen Wesen (s. Tkany). Regin sind die rathschlagenden Gewalten (s. Grimm), dii consentes und complices (bei Etrusker) [Quichés]. Ginregin (Saem.), als numina ampla (late dominantia).

1) The ceremony of the busk (the offering up of the first fruits) or annual sacrifice (at harvest time) commences at the ripening of the new crops, at which time a general purgation and cleansing takes place (bei den Creeks). On the first day of the „Busketau" there is a general feast prepared from the old crop, to which feast all contribute. Attendance is obligatory. Sacred fires are built, upon which four pieces of green oak wood are arranged in positions according to the four cardinal points of the compass (s. Schoolcraft). Zu den Sacra paganorum (unter den Sacra popularia) gehörten die Lustratio paganorum, von den magistris pagorum vollzogen, und beim Aufgehen der Saat [ululato carmine diaboli] wiederholt, in der Lustratio agrorum (am Fest der Ambarvalia). Bei den Illyriern tranken die an Gastmahlen theilnehmenden Frauen die Gesundheit der Gäste (nach Theopompus). Plato erlaubt den (in der Jugend verbotenen) Wein zur Erfreuung des Alters (wie die Azteken). Der Fürst (Hioh) empfing Drake tanzend (in New Albion) (s. Flehter), wie der König von Dahomey (seine Besucher), und der persische König tanzte am Fest des Mithras (im Rausch). Sophocles liess die Form der Buchstaben (im Namen) durch Tanz beschreiben (s. Athen). Die im Bier (Pinon) Berauschten fallen rückwärts nieder (nach Simonides) Der Bryton wurde, wie von Weizen, auch aus Wurzeln bereitet (b. Hellanic.) oder Parabia aus Hirse (s. Athen). Heilige Spiele waren mit einem epulum verbunden (wie die „ludi plebeii in Circo" mit dem „Epulum Jovis"). Der Senat übte das jus epulandi publice (bei Opfer).

2) Berl. Anthroplg. Ges., April 1881, S. 159 (Verhdlg.).

3) Feuer, Emá. — Wasser, Eshí. — Stern, Takur. — Haus, Ogou. — Auge, Nyégh. — Ohr, Nyorung. — Nase, Nyopum. — Zahn, Fi. — Haar, Dumpo. — Flechte, Podum. — Hund, Ekí. — Eisen, Rogdur. — Messer, Katchi. — Brett, Pira. — Bogen, Uri. — Pfeil, Opuk. — Sokonglonchi, roth. — Tassang, blau. — Tagung, grün. — Punglu, weiss. — kaia, schwarz. — Muroh, gestern. — Kaja, heute. — Arroh, morgen. — Dotob, essen. — Ngo dotobo, ich esse. — No dotó, du isst (er isst). — Ngo taki dotobo, ich habe gegessen. — Ngo koiung dotobo, ich werde essen. — Was ist Dein Name (wie heisst er), Hugu mung mina. — Wie weit, hodugo adopá. — Woher kommst Du, hogo luko anpana. — Wohin gehst Du, hogo lobo andona. — Leg das Messer auf den Tisch, Katchi pira au pato. — Leg das Messer unter den Tisch, Pira katchi kapuk bullo pato. — Gieb das Messer der Frau, Alo nima alo katchi bito. — Ich gebe das Messer meinem Vater, Ngo abo bo katchí bitobo. — Ich gehe nach dem Hause meines Vaters, Ngo abo ga ubugo ungnebo. — Ich bin krank, Ngo goram ke tchitadung. — Ich bin jung, Ngo niélenga. — Ich bin ein alter Mann, Ngo nyako mucko. — Wo ist Dein Freund, Apin hogolo ungnima. — Wo wirst Du morgen sein, Aro hogolau do tabo. — Wo bist Du gewesen, Hogo lobo ungpéna.

Die Aka oder Hrùsso (Roonie) erheben Pocha (black mail) von der
Ebene, und so zahlen, als Bohoteah (Sklaven), die Cachari, die sich neben
den Sahoorea (als freier Bevölkerung) im Char Doar finden, Tribut an die
Dufla.
Die Aka unterheirathen mit den Miji. Früher pflegten die Akah oder
(im Sanscrit) Anka zu tätowiren. Die Sprache der Aka und Abor (bei
Brown) ist mit der der Lolos (in Yunan) verwandt (s. Garnier). Die Akas
vermitteln den Handel mit den Migis, mit welchen sie heirathen. Offerings
to the gods are made at the different cultivating seasons, and also in token
of gratitude, when children are born (Hunter).

Der Cultus der Deori oder Priester begreift Tuxo, Gott der Wälder und
Gewässer, Satu, Gott des Hauses und Feldes, Firan oder Siman, Gott des
Krieges, während die Aka ausserdem den Gott Hari, der das Essen von
Hundefleisch verbietet, unter der Leitung eines Guru verehren.

Im Thal des Brahmaputra erstrecken sich die Naga vom linken Ufer
des Bori-Dihing-Flusses bis Kopili im Nowgong-Districte, sowie der Süd-
Beuge des Barak-Flusses und Ostgrenze Tipperah's, doch markirt der Dhunsiri-Fluss, wie Dalton zufügt, eine Scheidungslinie zwischen den Abtheilungen
des Ostens und des Westens (and the Doyang-river divides the clans into two
groups). Nach Robertson werden die im Khyendwen-Thal den Singpho unter-
mischten Naga, mit diesen, unter dem gemeinsamen Namen der Kakhyen bei
den Birmanen begriffen.

Bei den Kachar bedeutet Naga (bald aus nackt, bald aus Schlange[1]) er-
klärt) einen Jüngling oder Krieger, die Naga selbst aber bezeichnen sich als
Nokha (bei Jaipur). Die Stämme der Naga[2]) (oder Kwapbi) werden bei den
Kachar als Magamsa bezeichnet, und die zugehörigen Angami als Dawansa.

---

1) Bei Wijayo's Landung war Ceylon oder Nagadipo neben den (die Klapperschlange
verehrenden) Nagas von den Yakkhos (Lankapura's) bewohnte. Vor Tarkchya (Garuda)
flüchteten die Naga nach Kaschmir, wo sie von Khagendra (Sohn Kusa's) vernichtet wurden. 'Οφιχοί οἱ νῦν 'Οπιχοί (bei Hengch). Oscorumgue manus, Capuensis dicit, qui ante
Ophici appellati sunt, quod illic plurimi abundavere serpentes (Servius). Kychreus (als 'Οφις)
tödtete die Salamis verheerende Schlange (als Herrscher). A Serpe tragadoura do concavo
fundo da casa do fumo wurde von Tinagogo bekämpft (s. Pinto) als Lupanto (Schlange
des rauchigen Hauses). The king of Serpents (of the Nagas or uragas) formerly reigned
in Chacragiri, a mountain in the East, but his subjects were obliged by the power of Garuda (of the garudas oder supernas) to supply that enormous bird with a snake each day.
Der Sindbad forttragende Vogel Roc fliegt mit einem Schlangendrachen zurück. Wie im
schwäbischen Märchen vom Vogel Strauss lässt sich der grosse Khan (nach Marco Polo)
vom Rukh auf der Insel Magaster oder San Lorenzo eine Feder holen. Das Naga-Reich
Bandan oder Patala bezeichnet als Niederung das Indus-delta, aus dem König Moeris vor
Alexander entfloh. Patan, auf der Stelle des alten Somnath (Samana-natha), verknüpft die
Sakya. Die Khasya (after death) are transformed into monkeys crabs, tortoises, frogs etc.
(s. Bivar), Bantu in Schlangen u. s. w.
2) Under the generic name of Nagas are included a large number of tribes, who are
virtually independent, extending from North-Cachar as far as the Dihing-river, in the ex-
reme eastern point of Assam (mit Angami, Rengma und Kacha in „the British District").

Bei den zu den Naga gerechneten Tablong wird solcher Name der Naga für eine Klasse untergeordneter Dorfbewohner verwandt, indem diese Hügelstämme am Peak Tablong oder Usai durch die fürstlichen Beamten des Raja von Assam, dem sie mehrfach Hülfe in seinen Kriegen geleistet, zu Unterscheidungen geführt wurden und bereits eine unverletzliche Kaste kennen in den Angsuba. Bei den Banpara findet sich der Titel eines Raja der Naga. Der Angpa betitelte Häuptling der Naga in Jaktung ist wählbar. In der Nähe von Deka-Haimon findet sich eine Stein-Inschrift[1]) (mit Cement ausgefüllt).

Die Naga von Sakma (bei Saraideo) grenzen mit den Naga von Banpara. Die Kutangis dienten den Naga als Dolmetscher bei Verhandlungen mit dem Raja von Assam. Bei den Ahom-Königen werden die Nogo oder Naga unter ihren Feinden genannt. Unter den Naga kamen die Kharis nach Jorhaut.

In dem Stamm der Abor-Naga bekunden sich local gegebene Beziehungen und durch diese Abor-Naga (mit Lota und Tokophang) vom Deo Pani vertrieben, zogen die Rengmah-Naga jenseits des Dhunsiri-Fluss nach den Mikir-Hügeln.

Bereits zu den Abor gerechnet werden die Neyowlung-Naga am Deopanbat, als einem durch Umgehen der Gottheit tosenden Berg.

Die an die Singpho anknüpfende Tradition lässt diese zurückbleiben, als die Naga (Nock) oder Khyens auf ihrer Wanderung nach Kreuzen des Flusses die Schlingbrücke hinter sich abgeschnitten.

Im Gegensatz zu den (im jhum-Anbau) wandernden Mikir (und Garo) erscheinen die Naga[2]) (oder Kwaphi) als festbesiedelt (und Autochthonenthum führt auf die Schlangen des Bodens).

An die Dupdoria-Naga von Deka Haimon (und Bor-Hamang) schliessen sich die, westlich an die Lotha (oder Tschenna), östlich an die Miri (zu Tablong), südlich an die Moia, nördlich an Assam grenzenden Au-Naga, auf drei von der Hauptkette auslaufenden Gräten wohnend (Jabukun, Jankillum, Langbonpun) im Malum-Stamm.

Bei der aus Deka-Haimon erfolgenden Auswanderung[3]) des Malum-Stamm's (als sich die Suingne von den zurückbleibenden Munseng trennten),

---

1) Die auf einem Birmanischen Raja bezogene Inschrift des Steins am Sungoo (neben Nye Kyak oder Feenstein) gilt unter den Hügelstämmen Chittagong's als magische Beschwörung.

2) Erst nach Naggadipa oder Nagnadvipa (Land der Nackten) getrieben, landete Wisayo dann auf Lanka, die Stadt Tamrapani gründend (bei Putlam).

3) Nach den Naga waren die Stein-Monumente am Imphal-river (unter den Kuki) von einem nach Norden gezogenen Naga-Stamm gebaut (s. Goodwin Austen). On the death of a person of consequence, no person leaves the village for three days (bei den Anghami). The body is then conveyed to the burying ground and interred, a stone-tomb being built over the grave 3 or 4 feet high (s. Hunter).

zog ein Theil über die Fläche von Tablong nach dem Malum benannten Dorf, während der Rest, den Brahmaputra übersetzend, zu den Duphla gelangte.

Diese Au-Naga von Mailum (oder Malum) bezeichnen als ihren Ursprungsort Lung-truck, wo an den Hörnern eines sechsfachen Steins (oder aus einem von einem Steinkreis umschlossenen Stein) sechs Paare aus der Erde hervorgekommen, als Vorfahren der Suingne.

Als sie dort ihr gesellschaftliches Leben begründet, geschah es, dass beständig unerklärlicher Weise Menschen verschwanden, von Tage zu Tage. Schliesslich kam der Gedanke, ob die Welt vielleicht noch grösser sei, als ihr Wohnplatz, man unternahm Streifereien durch die Umgegend, und entdeckte dann in der Nachbarschaft das Dorf der Munseng. Nach mehrfachen Fehden wurde ein Vertrag geschlossen zum gemeinsamen Zusammenwohnen beider Stämme (bis auf ihre spätere Trennung). Auch wird Lungsa als ein Ausgangspunkt der Wanderungen betrachtet bei den Au (als Hatiguria, Dupuria, Assiringia begreifend).

Die friedliche Zeit der Vereinigung wird als die eines goldenen Alters geschildert, und der erste Hader sei unter den bei Long-truck Geschaffenen ausgebrochen, als Berührung mit den Assamesen eintrat, beim Durchzug derselben nach der Ebene. In Malum werden die Ahom als jüngere Brüder bezeichnet.

Auch die Anghami[1]) blicken auf eine glücklichere Vergangenheit zurück. In der Jugend der Welt (sagt ihre Sage) lebten Gott, ein Mann, eine Frau und ein Tieger alle friedlich miteinander und ohne Zank, bis die Frau starb und der Tieger sie fressen wollte. Dann erfolgte die Trennung. Die beiden Söhne des Häuptlings schlugen verschiedene Wege ein. Die grössere Menge aber folgte demjenigen, der zum Einschneiden seiner Wegezeichen den Chomshu-Baum gewählt hatte, denn die von dem Andern an den Chemu-Baum gemachten Einkerbungen schwärzten sich bald und wurden dadurch unbrauchbar zur Weisung. Bei dem letzteren blieben deshalb die spärlichen Hügelstämme zurück, während die Begleiter des Ersteren die Ebene Assam's füllten (als Tephima oder Tephrimas). Doch waren sie dunkelgefärbte Rasse, bis eines Tages auf dem Fluss ein Floss herabtrieb, mit einer Frau und einem weissen Hunde. Aus deren Begattung entsprangen weisse Nachkommen, die dann allmählig, weil zahlreicher, das Uebergewicht erhielten.

Ein anderer dieser Nationalgesänge, deren Sprache eine bereits schwer verständliche gewordene sein soll, spricht von Notom, Vorfahren der Nagas, der, aus einem Stein entstanden, vom Himmel herabgefallen sei, zusammen mit Nona (dem Raja Assam's), sowie Sri Ram Gohain (der Raja von Hukang

---

1) Unter den Naga oder Magamsa werden (b. Kacharis) die Angami als Duwansa bezeichnet (s. Butler). Die Pneuma oder Häupter des Dorfes fungiren als Richter (bei den Angami). Gott wird bei den Naga als Harang verehrt.

und Mongong), und dazu werden die Europäer gefügt, die zurückgekehrt seien, um die vergessenen Schriften zu holen.

Es wird gesagt, dass wenn die Naga Stein-Celte an der Erde fänden, sie dieselben weit wegwürfen, weil einer anderen Rasse angehörig, mit der sie nichts zu thun haben wollten. Doch sollen sie bei den Namsong-Naga, unter der (weit verbreiteten) Bezeichnung als Donnerkeile, zum Heilen von Krankheiten benutzt werden, wie auch anderswo. Die Birmanen meinen, dass diese Mogio (Donnerkeil) genannten Stein-Celte sich unter einem Topf bildeten, der über den Platz gestülpt sei, wo ein Blitzstrahl niedergeschlagen. Wenn der Hil-Sorog genannte Blitz, den die Assamesen neben dem Jui-Sorog unterscheiden, auf die Erde einschlägt, bildet sich in einer Tiefe von 10—15 Fuss ein Stein-Celt, der sich dann allmählig nach der Oberfläche erhebt (wie sonst vergrabene Schätze). Bei den Khyen des Yuma werden die (nach Gewitter) gefundenen Donnersteine (unter Opfer von Schwein oder Ochs) dem Passine oder Priester (zu Amuletten) übergeben (s. Traut).

Bei Krankeiten (sowie vor einem Kriege) wird der Areah-sensa genannte Prophet berufen, der im Zerreissen von Blättern das Gewünschte herauszudeuten suchte, nach einer Art Phyllomancie (b. Psellius).

Bei Todesgefahr wird die Tonella-tsa genannte Ceremonie abgehalten, indem sich der Priester oder Puteah mit seinen Gehülfen in den Wald begiebt, um die Seele[1]) (Tonella) wieder herbeizulocken.

Bei Krankheiten berufen, entscheidet der Puteah oder Priester über das Opfer, bei welchem, nach dem Schlachten von Hühnern, roth gefärbte Bambussplitter in den Boden gesteckt werden, um Gebete darüber zu sprechen.

Genügen im Krankheitsfall kleinere Thiere, werden diese im Jungle fortgeworfen. Erklärt der Puteah aber ein grösseres Opfer (vom Huhn bis zur Kuh aufsteigend) für nöthig, so wird die Ceremonie im Hause abgehalten, das dann durch einen an die Thür gesteckten Busch für Jeden (durch die Gennah genannte Ceremonie) unnahbar wird, während die im Innern Versammelten mehrere Tage hindurch von dem Opferfleisch zehren, bis alles auf den letzten Rest verzehrt ist. Der Familiengott erlaubt als eifersüchtig keinem Fremden die Theilnahme an seinem Opfermahl, wie auch die θεοί

---

1) After death we are buried in the earth, and our bodies rot there, and there is an end, who knows more, antworteten (auf Fragen) die Angami (s. Buttler). Der Indier entschuldigt das Nichtwissen über das nach dem Leben kommende mit dem über das vor demselben dagewesene bestehende. Im Orakel der Menschenschlange zu Abonoteichos erhielt Rutillianus seine frühere und Sacerdos (von Tius) seine künftige Wiedergeburt angegeben, und der wie das Pferd Xanthus redende Hahn Micyll's erzählt seine eigenen (s. Lucian). Wer in Magadha stirbt, wird als Esel wiedergeboren (nach den Brahmanen). Sobald der Lebensfaden (Tama-no-o) zerrissen ist, entschwebt die Seele aus den Jikkai genannten Welten in das Unsichtbare (Yo-michi oder Mei-do) in Japan (Langegg). Die Indianer (in British-Columbia) believe that animals have souls and even that inorganic substances such as trees, drinking-cups, kettles etc. have in them a similar essences (s. Macdonald). Die Seele der Pflanzen lag (nach Caesalpinus) im Mark, bei den Alten cor oder (als Wurzelhals) cerebrum genannt (als matrix).

γενέθλιοι (der Griechen) oder die dii gentiles (der Römer) sich dafür gerächt haben würden Der Stamm der Butiaden hatte seinen besonderen Altar
(nach Aeschines), und so der Stamm der Lycomeden (nach Plutarch), wie
andere, ihre Heiligthümer für sich.

Nach den Angami gehen die Seelen der Guten in Sterne über, die der
Schlechten (nach sieben Wanderungen) in Bienen.

Kuchimpai ist Gott der Ernte, Semeo Gott des Reichthums (durch Unglück strafend bei vernachlässigten Opfern). Dem höchsten Gott Rapoo
werden Ochsen geopfert, dem Gott Humadee Hunde, dem Gott Ram paow
Rauschtrank. Bei den Rengma Naga werden Janthee, Hyeong und Dheren-
gana verehrt.

Kangniba, als Diener des (bösen) Rupiaba, ist blind (an den Kreuzwegen
verehrt) und lässt sich deshalb in den Opfergaben betrügen.

Nach der Ernte feiern die Naga, vier Tage lang, das Tschir-tschiah oder
Essen des Tschir (Mithun oder Wildochse) genannte Fest, wobei grosse Ehre
demjenigen erwiesen wird, der den an Stricken gefesselten Mithun schliesslich tödtet.

Die den Au-Näga angrenzenden Stämme fangen wilde Ochsen, um sie
aufzuziehen und dann ihren Nachbarn für das Jahresfest zu verkaufen.

In der Reihe der Feste wird beim Beginn der Pflanzung das Moatsa
genannte Fest gefeiert, wobei alle Arbeit ruhen muss, und am heiligsten Tage
selbst das Holen von Feuerholz verboten ist, obwohl Wasser gebracht werden
mag. Beim Sprossen des Reis folgt das Fest Lisiba mung (ebenfalls mit
Unterbrechung aller Arbeit) und dann bei der Ernte das Fest Sungra-mun,
unter Tänzen.

Die Naga, westlich von Doyang-Fluss, verehren Semes (Semea) als Gott
des Reichthums und Kuchimpai als Gott der Ernte, während dem durch Opfer
von Hunden oder Schweinen zu sühnenden Rapiaba der Diener Kangniba
zur Seite steht, der zwar wild, aber, weil blind, durch jede Art geringer
Opfergaben befriedigt werden kann. Während der Berathung über Omen
wird das Dorf durch den Genna genannten Brauch tabuirt (im Abschluss zu
arbeitsloser Feier[1]), und jede Familie verbleibt im eigenen Hause[2]). Bei

---

1) Während der ἱερομήνιαι (heiligen Monatszeiten) ruhten die Geschäfte. Am Apophras hemera wurden keine Amtsverhandlungen vorgenommen (in Athen).

2) Hercius Jupiter intra conceptum domus cujusque colebatur, quem etiam deum pe-
netralem appellabant (Festus). Als Agyieus stand Apollo vor der Hausmauer (als abge-
stumpfter Kegelstein unter dem Lorbeerstrauch). Apidoma wird von den Slaven beim
Hauswechsel angerufen Zu Numa's Zeit wurden neben Fornax (Ofengöttin) und Terminus
(Markgott) die Götter des Säen's (Seia) und die Götter der Saat (Segesta) verehrt (s. Plinius). Im Olympieion, ἐντὸς τοῦ ναοῦ (s. Paus.) fand sich der Tempel der Hestia, der vor
dem Zeus geopfert wurde. Hi, quos Augurum libri scriptos habent sic: divi, qui potes,
pro illo, quod Samothraces θεοί δυνατοί (s. Varro). ὁμόγνιοι θεοι, οἷς οἱ συγγενεῖς κοινῶς
ὀργιάουσι (θεῶν ὁμογνίων κοινωνοὺς καί τῆς αὐτῆς ἑστίας μετόχοις). Elfen oder Doane
Shi (friedlich gute Leute) wandern über Berge und Seen (in Schottland). Unter Czech
stand Richter Krock auf, zu welchem alle nicht anders, als wie die Bienen zu ihrem Stocke
zu fliegen pflegen, ihre Zuflucht gehabt (s. Hagek).

der für die Erntezeit festgesetzten Genna wird alles Feuer verlöscht, und das dann durch Reiben neu erzeugte diente zum Anstecken des Jungle (zur Klärung des Bodens für Pflanzung).

Die Todten werden auf einer Plattform unter einer Bedachung beigesetzt.

Bei Anlage eines Dorfes erhält jeder soviel Eigenthum, als er selbst sogleich in Bearbeitung zu nehmen vermag. Alle zwei Jahre wird neues Land umbrochen.

Als Hauptwaffe diente der Speer (mit Schilden), und in einem Köcher werden die (in die Erde zu steckenden) Fusspfeile (Kumantschi) getragen.

Unter den Tattah oder Dorfhäuptern [1]) (der Naga) steht auf dem niedrig-

---

1) The dignity of a chief (Sagamore or Sachem) is hereditary as a rule, but men of low birth sometimes attain it by winning a name as warriors or medicine men (unter den Dakota); an old man often abdicates in favour of his more vigorous son (s. Buxton). Der Häuptlingsrang (bei den Guarani) was hereditary, but men also rose to it by their eloquence and their valour, for a good orator, if he had the reputation of courage, obtained influence enough, to form an independent community (s. Southey). In pace nullus communis magistratus (bei Germanen). The authority of the chiefs is rather nominal, than positive, more advisory, than compulsive, and relies more upon personal influence, than investment of office (bei den Comanches). Any one who finds and avails himself of an opportunity for distinction in robbing horses or scalps, may aspire to the honours of chieftaincy (s. Schoolcraft). Each individual is his own master (bei den Shoshones). The chief himself is in fact no more, than the most confidential person among the warriors (Lewis and Clarke), except during salmon-time (on the Fishing-Falls. Some person, called a chief usually opens a trade or talk, and occasionally gives directions, as to times and modes of fishing, and the same is the case with the bands, who go into the buffalo region (s. Schoolcraft). Wenn der Gaben der Beredtsamkeit (die Ehren bringt) entbehrend, der Cazike (bei den Patagonen) „generally has an orator, who supplies his place; in cases of importance, especially those of war, he calls a council of the principal Indians and wizards (s. Falkner). Every tribe (bei den Uaupes) has its chief or Tushaua, who has a limited authority over them, principally in war, in making festivals, and in repairing the Malocca (house) and keeping the village clean and in planting Mandioca-fields, also treating with the traders (s. Wallace). Ueber den vier Uthal-mapus, in fünf Aillaregues (und diese wieder in neun Regues) zerfallend, stehen (bei den Arancanern) vier Toquis, und unter diesen die Apo-Ulmenes (mit ihren Ulmenes oder Häuptlingen), und nach dem Admapu oder (traditionellen) Gesetz liegt die Regierung „in the great body of nobility, who decide every important question" (s. Thompson. Wenn ein durch freigebige Geschenke Geachteter einige Jünglinge im Anhang um sich zieht, lässt er sich durch dieselben oft auch begehrte Frauen der Stammesgenossen zuführen, als nach seinem Häuptlingsrecht (bei den Athabaskern). Die Eskimos ehren den am besten mit dem Zustand des Wetters und Seehundfang vertrauten Alten als Häuptling durch Sitz am Nordende des Hauses (Crantz). In Folge Begünstigung der Verständigeren (unter den Coroados) werden Capitano, Häuptlinge, anerkannt (s. Spix und Martins). Die Abiponen ziehen nach Belieben von einem Häuptling zum Andern, aber der an der Spitze einer Horde Stehende erhält bei den Spaniern die Bezeichnung eines Capitän oder Caziquen (Dobrizhoffer). The first Sioux that was ever made a chief among the dacotas was Wah-ba-shaw, and this was done by the British (s. Schoolcraft). Bei den germanischen Ansiedlungen innerhalb der römischen Grenzen erhielten die Fürsten durch den Abglanz des Kaisers den der Könige, aber noch Chlodwig hatte mit einem seiner Gemeinen über die Vertheilung der Beute zu streiten. Dux in militia minus est, quam imperator. Hic enim est, quem penes summa belli et auspicium, ille potest dux dici quamvis ab imperatore secundus (Forcell.). Quem Vergobretum adpellant Aedui, qui creatur annuus (Caesar). Comites dicti sunt ii, qui magistratus in provincias euntes sequebantur (For-

sten Grade der Tschimjah, der die Wege-Eröffnungen zu beaufsichtigen hat[1]), sowie die Unterhaltung der Wege. Dann folgt der Pangmih, mit der Verpflichtung, 'die an den Wegearbeiten Beschäftigten mit Speise zu versehen (oder für Amtsreisen die Lastträger zu besorgen). Wenn bis zum Tschidan-Odang aufgestiegen, ist Müssiggang erlaubt, und über diesen steht der Apan-gamah zur Ausrichtung von Festlichkeiten, weiter der Sosang, um bei Verhandlungen nach Aussen hin das Dorf zu vertreten; und schliesslich als höchster der Ung-ehr, der, auch als Raja begrüsst, beim Feste das beste Fleischstück erhält.

In der Nähe der Dörfer (oder Chang) finden sich Jack-Bäume gepflanzt. Die den Dörfern heiligen Steine müssen bei Anlegung von Wegen geschont werden.

Die durch Reichthum Angesehensten bilden die Gaon Bura (s. Stewart), aus denen der Sprecher (oder Vertreter) gestellt wird (für Verhandlungen nach Aussen). Bei den Angami hängt die Würde der Pennias oder Häuptlinge vom Reichthum ab.

Die ständigen Wächter an den Thoren, gewöhnlich drei an der Zahl, erhalten ihre Speisung auf öffentliche Kosten.

An dem Ort, wo ein Fest gefeiert ist, werden die Trinkgefässe an einen Bambus aufgehängt. [Guinea.]

Bei Rückkehr von einem Feldzug wird zur Erinnerung an denselben ein Denkstein im Dorfe aufgerichtet. Beim Tanze dienen die Federn des Vogels Impih zum Schmuck und die Sungkuk genannten Schilde (aus Büffelfell) werden weiss gefärbt.

Die Anghami verwenden symbolische Botschaften .(s. Butler). In den zum Census gebrauchten Knotenschnüren der Sonthal steht schwarz für Männer, roth für Frauen, weiss für Knaben und gelb für Mädchen. Die 60 Häuptlinge der Pawri-Desh (der Bhuiyas oder Bhuniyas in Keonjhur) senden für Botschaften den Ganthi (Knotenstrick) umher.

Das alte Eisengeld (Tschibili) diente (vor der Einführung gemünzten Geldes aus Assam) zum Austausch (bei den Naga) und 200 Stangen kamen an Werth einer Milchkuh gleich. Je nach Bedürfniss findet Umschmiedung zur Verarbeitung statt, wie bei dem Eisengeld am weissen Nil. Lycurg's eisernes Geld war ungemünzt, wie die Stäbe (bei Homer), während Phidon Münzen prägte.

cellini). Nachdem Numa den Dienst der Fides (und der Vesta) gestiftet, wurde für die Fides publica das Priesterthum der Fetialen eingesetzt. Als Rath neben dem König fanden sich in Ilion die δημογέροντες (als γέροντες in Ithaka). Alkinous stand an der Spitze der zwölf Βασιλῆες (bei den Phäaken). Der oenotrische Krieg Italos führte die Gemeinmahle oder Syssitien ein (nach Aristoteles).

1) Die Ephoren, im ἀρχεῖον zusammenspeisend, hatte Aufsicht über den Unterhalt des Heeres, über Erziehung u. s. w. (in Sparta). The officers (to keep the peace and the whole interior police of the village) are named by the chief and remaine in power some days (unter den Dakotsch), their power is supreme (s. Lewis and Clarke). Die nicht an gemeinsamen Festen Theil haben von der Bürgerschaft (in Athen) und in Rom schrieb der Censor die beim Kriegszug Abwesenden als anwesend auf.

Für den Fischfang werden die Flüsse durch quergezogene Barrieren aufgestaut und die durch Gift betäubten Fische dann gefangen, so dass eine völlige Entleerung statt findet, bis sich die Wasser, beim Anschwellen des Brahmaputra, unter Aufstauung der Ausflüsse, in der Regenzeit wieder füllen. Bei Bereitung dieses aus Baumsaamen (nach Zusammenstampfen mit Lehm) hergestellten Giftes [1]) müssen die Arbeiter das Gesicht von Dampf und Staub abwenden, weil sonst Anschwellungen ausgesetzt. Die Naga und Mikir waren zu Bhil berechtigt (oder Lieferungen von Fischen, Kleider u. s. w.).

Zur Nahrung dienen auch junge Sprossen des Rattan, die aber nur am Neumond abgeschnitten werden, weil sie sonst hart und ungeniessbar seien.

In den Dörfern der Naga bringen die Kinder die Nächte nicht im Hause der Eltern zu. Die Mädchen schlafen [2]) im Dorfe zerstreut bei alten Wittwen, die Jünglinge dagegen vereinigen sich (als Murungea) in dem Arim genannten Gemeindehaus (oder Murung).

Auf der tiefsten Stufe finden sich dort die Sing-puh oder Holzbringer, bis nach drei Jahren zum Tenebang aufsteigend, welchem neben der Beaufsichtigung der von den Sung-puh zu leistenden Arbeit noch die Verpflichtung aufliegt, für den Unterhalt des Hauses zu sorgen. Nach weiteren drei Jahren wird der Rang eines Tokewä erworben, um über die Tenebang sowohl, wie Sung-puh in ihren Geschäften zu wachen, und darüber hinaus, nach drei Jahren mehr, der eines Sangramihn, mit der Erlaubniss, müssig zu gehen. Dann schliessen, als höchste, die Asunneh, welche von den Uebrigen, auf untergeordneteren Graden, das Kneten des Körpers zu fordern berechtigt sind.

Neben dem Gemeindehaus liegt die Trommel, um bei Gefahr die Jünglinge zur Vertheidigung zu rufen.

Sind die zum Halsband verwandten Eberzähne geplatzt, so gilt das als Zeichen vollster Gesundheit, wogegen der Besitzer eines heilen Zahnes von Krankheit bedroht ist. Die Kriegsmützen sind oft vorn mit Eberzähnen besetzt (auch zum Pariren) [3]).

---

1) Mit Pfeilspitzen aus Feuerstein (in Schierlingssaft getaucht) werden Heerden von den Elfen (Sith oder Sleagh) oder Faicias (Maith) getödtet (wie von Zauberkundigen bemerkt).

2) Die Jünglinge schlafen zusammen nach ihren Abtheilungen und Rotten auf einer Spreu, die sie selbst zusammentragen (s. Plutarch) in Sparta. Bei den Kuskokovinern schlafen die Männer von Kashim beisammen (s. Wrangell). In den Dörfern der Oraon findet sich das Doomeooree genannte Gebäude zum Schlafen der Knaben. Neben dem Dhangar bhassa (worin die Jünglinge schlafen) oder Mundarghar (zum Aufbewahren der Trommel oder Mandar) am Darbar (Tanzplatz) findet sich in den Dörfern der Bhuiyas (von Bonai) ein Dhangarin bhassa als Schlafplatz der Mädchen. Se usava tener en cada pueblo una casa grande y encalada, für gemeinsames Schlafen der Jünglinge und zum Spiel (in Yucatan). Die Jünglinge schlafen in dem Ret genannten Hause zusammen (auf Ruk).

3) Die Aestyer wurden durch die Bilder von Eber (ihrer Göttin) unverwundbar (nach Tacitus). Jnsigne superstitionis formas aprorum gestant, id pro armis omniumque tutela securum deae cultorem etiam inter hostes praestat. Cumbul, das Helmzeichen (des Kriegshelms) als Eberbild geschmückt (s. Grimm) in apri forma (des Beowulf), als Epurhelm (Frohelm). Odysseus' Helm des Antolykos war mit Eberzähnen geziert (bei Homer). Abaris

Zum Haarabschneiden legen die Naga die Haare auf die scharfe Klinge eines Dah und schlagen darauf mit einem Stock.

Wird das Ansingen des geliebten Mädchens von diesem dem Jüngling erwiedert, folgen die einleitenden Schritte durch die Eltern. . Bei der Heirath fungirt die Deodhunee genannte Greisin als Priesterin.

Erst in der vierten Generation von Vater und Mutter dürfen Heirathen geschlossen werden. Die Söhne erben oder sonst die Brüder, und auch das Vermögen der Frau geht auf den ältesten Erben der männlichen Linie über.

Die Naga verhindern die Ehen unter Sklaven, und wer seinen Sklaven etwa zu heirathen verstattet, darf doch die dadurch geborenen Kinder nicht am Leben lassen, weil sonst er selbst, als der Herr, sterben würde. Die Sklaven (Alahr) bestehen in Kriegsgefangenen und Schuldpfändlern.

Die Dekha oder Jünglinge[1]) wohnen im gemeinsamen Haus zusammen.

Unter den Abor-Naga (als Tablong, Mithun, Changuoi, Malong, Jaboka) darf erst nach Tättowiren des Gesichts geheirathet werden, unter Erwerbung eines Schädels als Brautgeschenk.

Beim Schwur wird ein Huhn zerrissen. Die Kumis rufen bei Eiden den Nat des Flusses an, unter Schwingen des Dao.

Bei leichten Streitfällen im Dorfe der Naga entscheidet der Tattah oder Aeltester, während bei wichtigeren die Volksversammlung zu berufen ist, und zwar vor dem Hause des Klägers, der eine Bewirthung anrichtet. Fällt bei der Entscheidung das Urtheil gegen den Beklagten aus, so bleibt es dem Kläger überlassen. selbst die Strafe zu bestimmen. Erscheint indess diese als unverhältnissmässig zu hoch, so steht es dem Verklagten frei, eine andere Volksversammlung vor seinem Hause zu bewirthen und auf eine Aenderung des Urtheils hinzuwirken.

Ueber die im Murung (Gemeindehaus) tagende Raj (Volksversammlung) präsidirt der Khonbao unter dem Beisitz des Sundekae und Khonsae.

Wenn (bei den Angami und Kacha-Naga) zwischen einzelnen Stämmen Krieg geführt wird, können die Frauen unbelästigt zwischen den Dörfern verkehren, wogegen im Krieg mit fremden Stämmen Keines Lebens geschont wird.

Als Raja wird der aufgesteckte Speer betrachtet. Der Gaon Bura fungirt als Sprecher.

---

verfertigt das Palladium der Trojaner aus den Knochen der Pelops. Zu den Erymata Rom's gehörten (neben dem Palladium) die Ancilien, die Nähnadel der Göttermutter (s. Zoega, das Scepter des Priamos, der Schleier u. s. w. (b. Servius).

1) The association of the most active and brave young men, who are bound to each other by attachment, secured by a vow, never to retreat before any danger or give way to their enemies encamps and dance together, (distinct from the rest of the nation), copied (under the Dacotah) from the Kite nation (s. Lewis and Clarke); their seats in council are superior to those of the chiefs (in deference paid to courage). The Chippawayans (in warlike expeditions) showed the utmost uniformity of sentiment and sacrificed privat interests to public (s. Hearne). The soldier band (Akumakikua) consists of a number of the bravest and most influential men of the tribe, enforcing laws and administering punishments (s. Matthews), bei den Koloschen aus dem Wolfsstamm (als Soldaten).

So lange noch kein Menschenblut vergossen ist, muss die Kette des Ohrrings (Tiro-Pempie) am Ohre aufgehängt getragen werden. Wer einen erbeuteten Kopf heimbringt, erhält das Ak genannte Ehrenzeichen tättowirt, und ein weiteres (im Gesicht), während ein anderes, aber niederen Ranges, für abgeschnittene Hände und Füsse zu tragen erlaubt wird. Die Trophäenköpfe werden in dem Murung aufgestellt, oder am Baum Mador.

Besondere Anerkennung erhält auch der Jäger, der einen Mithun (wilden Ochsen) getödtet. (In Sylhet liess man, zu Listers Zeit, gefangene Tiger mit Büffel kämpfen, und hätte dann sumatraische Vorzeichen entnehmen können).

Bei derartigen Auszeichnungen findet auch Aenderung des Namens statt, und ebenso wird der Name vor dem Ausziehen zum Kriege geändert.

Blaue Striche auf den Beinen dürfen nur die freien Frauen zeigen, doch tättowiren die Frauen der Au, wie Brust und Kinn, auch Beine.

Das Kaprong genannte Knöchelband (ein Ring von rothen Fäden) darf nur durch den vom Fürsten Ausgezeichneten getragen werden.

Das Tatto (Atepsa) wird mit Dornen eingeprickelt, und das Harz Liang-Mesing liefert die blaue Farbe.

Die Au tragen bei Abhauen eines Kopfes einen Eberzahn um den Hals, beim Abhauen von Händen einen Elfenbeinring am Arm, beim Abhauen von Füssen Kaurie-Schnüre an den Knöcheln oder unter dem Kinn.

Nur die Häuser derjenigen Reichen, die sich durch Zahlung, und Festlichkeiten, die Erlaubniss erworben haben, dürfen in ovaler Form gebaut werden.

Den Reichen dient das Feuerdrehen zur Prophezeiung.

Die Naga bereiten einen Rauschtrank aus dem Grassaamen von Lachryma Jobi.

Neben der als Sungram bezeichneten Gottheit Lun-ki sungba oder Steinhauskönig (ein Steinhaus [1]) im Himmel bewohnend), verehren die Naga Specialgötter in:

Tit-Sungram, der Hausgott,
Kimun-Sungram, Gott des Grundes, worauf das Haus steht,
Aluh-Sungram, Feldgott,
Ajung-Sungram, Flussgott,
dann der Dorfgott u. s. w.

Die Deota oder Dämone bewohnen die Bor-Bäume oder in Wasserfällen.

Rungkuttuck-Rung gilt als Schöpfer der Welt.

Die Seelen der Guten fliegen zum Himmel, um Sterne zu werden, die der Bösen durchlaufen sieben Stadien der Seelenwanderung, bis in Bienen verwandelt.

Die Seelen Getödteter gehen zur Unterwelt, ausgenommen die der Khetri oder Tapferen.

---

1) Bei den Jakuten baut Gott ein Steinhaus für Schöpfung des Menschen.

Auch heisst es, dass die guten Seelen[1]) nach Kasi (im Himmel gehen, die bösen nach Kauang (unter der Erde), wobei im Kriege Opfer gebracht werden.

Zwillinge werden, wenn geboren, getödtet, weil sonst die Eltern sterben würden.

Erdbeben entstehen, wenn Lisibar (der Urgrund) die Erde im Zorn schüttelt. Die Flecken im Mond gelten als Wolken. Bei Ecclipsen wird die Lärmtrommel geschlagen, um die Tieger (Quai) vom Fressen des Mondes zu verscheuchen. Himmel Amung wird im Plural genannt Amung-tam. „Whatever they do not understand is the work of a Deota", bemerkt Peal von den Naga. [Manitu oder Atua.]

Bei einem Todesfall rufen die Naga in kriegerischen Tänzen die Gottheit, die solchen Verlust verursacht, unter Schmähungen[1]) heraus, indem sie ihr Nichterscheinen verhöhnen, weil die Drohungen des Durchbohrtwerdens mit Speeren fürchtend. Dieser Brauch der Ataranten[3]) ist auch auf Sumba üblich, während die Scheinkämpfe der Akoa in Mangeia auf nemesische Spiele führen würden. Die (den Karen-nee benachbarten) Kha-tha (Taru oder Lahta) trauern nicht beim Tode, weil derselbe unvermeidlich ist.

Bie in Tocoo-Blättern aufgebundene Leiche wird in einen Sarg (oder Lep) innerhalb des Ruk tua genannten Grabhauses auf dem als Lepar bezeichneten Begräbnissplatz mit Waffen und Geräthen beigesetzt, und nachdem sie dort hinlänglich zerfallen ist, bewahrt man den Schädel im Murang auf. Die Körper Vornehmer werden über dem Feuer gedörrt, vor Einlegung in den Sarg.

Mitunter findet (nach Hooker) Begrabung unter der Schwelle der Hausthüre statt. Nach Peale fungiren die Deoris genannte Priester bei Leichenbegängnissen. Die guten Geister bedürfen keine Opfer, weil sie doch Gutes zu thun geneigt sind, wogegen die bösen, zur Abwehr ihrer Feindseligkeiten, Opfer verlangen (nach den Naga). Bei den Chukma exorcisirt der Ojha oder (in Tipperah) Owkchye bei Krankheiten (während Opfer vom Dorfältesten

---

1) Während die Seelen der Bösen in Nastrond (Ufer der Leichen) büssen, weilen die der Guten in Gimle (bei Alfadur oder Alfader). Freyr (nebst Freya durch den Vanen Niord mit seiner Schwester gezeugt) erhält (bei seinem ersten Zahn) Alfheim (von den Asen). Wie in Nämtsch oder Njemzi (Njam's Stadt, bewahrte Gott Nya oder Niam die Seelen der Abgeschiedenen in Gnesen (als Todtenstadt der Polen). Wie über dem (mit Ragnarökr untergehenden) Himmel der Himmel Aundlang liegt und dann (als Sitz der Lichtalfen) der Himmel Vidblainn (mit Gimle, als Allvaters Wohnsitz), so werden aufgezählt (in 9 Himmeln): Vindblainn, Aundlang, Vidblainn, Vidferni, Hrjodr, Hlyrni, Gimir, Vetmimir und (jenseits der Wolken) Skaturnir. The Buddhas in their hall of glory (Mokse) occupy the sky, or empyrean, above all (s. Upham).

2) Butler sah a chief (unter den Angami) don his full war-costume, rush to out to the spot, and there commence yelling out his war-cry, hurling defiance at the deity, who he supposed had struck down his son, bidding him come out, and show himself, (cursing him for his cowardice in not disclosing himself, bei Todesfall (am Jungle-Fieber).

3) Auf dem Wege durch Afrika (die Rinder des Geryon zu holen) schoss Herakles Pfeile gegen die ihn belästigende Sonne.

gebracht werden, wobei einer von den Fäden aus dem Rocken der Hausmutter nach Umziehung des Altar in die Wohnung zurückgeführt wird).

Bei der gefährlichen Nachbarschaft ist das Betreten der Naga-Hügel durch die Eastern Frontier Regulation Line verboten, ohne besondere Erlaubniss (die ich meinerseits dem in Gowhatty getroffenen Deputy Commissioner verdanke).

Im Februar 1875 wurde Lieuten. Holcombe (mit 80 Soldaten) ermordet und im December 1875 Capt. Butler. Im Jahre 1876 folgte die Zerstörung von 6 Dörfern und 1877 musste eine neue Expedition ausgerüstet werden. Herr Clarke (ohne dessen Hülfe mein Besuch unausführbar gewesen) hatte indessen auf seiner Mission muthig ausgeharrt (und bis dahin unbeschädigt).

Head, tokolok (kolak). — Eye, lenuk, (nuk, nook.) — Tooth, topo (po). — Ear, tenarung (narung). — Man, neesang. — God, Loong keezungba, Tsoongram. — Devil, Mozîng, Mevutsing, lezaba. — Sun, anu. — Moon, rela zeeta. — Fire, mee. — Water, tzu. — Ka (aka), ana, asum, pezu, poongo, terauk (trauk), tenet, tee, tuko, teer (teree), 1—10, im Zoongee- (Zurngee-) Dialect (der Nagas), between the Dikho and Desoi Rivers (s. Clark).

	in Deka Haimon	bei Sibsaugur	bei Tablunga-Naga	bei Mikir
Gott:	Loongkee-jengba	Rangbao	Kaw-wang-pah	Arnam (Arnamgete
Dämon:	Sung-rum	Bau-rang	Mah	Hie-e
Sonne:	Anno	Rang-han	Wanghih	Arni
Mond:	Eta	Letnu	Lih	Cheklo (Chekela)
Stern:	—	Letree	Litha	Cheklolanso (Tiklangcho)
Feuer:	Me	—	Ah	Me
Wasser:	Chu	—	Liyang	Lang
Mann:	Nischung	—	Katah	Arling (Pincha),

Die Garo wurden aus ihren Besitzungen in der Ebene durch die Zemindare der Kocch und Mech vertrieben, obwohl von Kämpfen der Garo mit den Kocch gesprochen wird, wobei sich diese nördlich zurückgezogen.

Als Verwandte der Garo und Bodo (s. Dalton) die aus nördlichen Hügeln eingewanderte Chutia oder (bei Hunter) Kolita, deren Held beim Wettschiessen die Tochter des von Ruk muni abstammenden Fürsten (aus der Pal-Dynastie) zur Ehe erlangte.

Unter den (von den Bodo stammenden) Garo (den Kachari verwandt) sprechen die Atong einen besonderen Dialect (nach Goodwin Austen). Auf frühere Beziehung mit Tibet deutet das Heilighalten der Diokoras genannten Gefässe (tibetischer Herkunft). Eine ähnliche Verehrung haben die Mishmis für die Deogantes genannte Glocken (mit Inschriften) aus Tibet, die Abor für heilige Perlen (blauer und weisser Farbe), die ihre Stammesmutter dem bei der Auswanderung zurückbleibenden Sohne zu verfertigen gelehrt, als Deomani (wie sie nach den Singpho bereits angebohrt gefunden werden), die Nagas für cylindrische Perlen (gelblich grün), die Kuki für die Toino bezeichneten Steine.

Mit Garo (und Rabha) gemischt, verehren die (zu den Bodo gehörigen) Pani-Kocch den Gott Rishi mit seiner Frau Jago, bei der Ernte durch die Deoshi genannten Priester (welche neben Brahmanen und Lama fungiren) opfernd.

Dieser Gott Rishi (Rish oder Bart), als Alter, erhält Cheripok zur weiblichen Hälfte im Cultus der (den Garo verwandten) Rabha, die (mit den Hajong) in Rongdaniya und Pati zerfallen (bei Goolpara). Neben diesen im Himmel (Rongkorong) weilenden Gottheiten anerkennen sie dann (gleich den Garo) die irdische Gottheit Dhormong, auf dem Hügel Chorihachu wohnend, und bei Dürre wird, um Regen zu erlangen, eine schwarze Ziege geopfert.

In Malawa (Abhängige) und Bimala (Unabhängige oder Freie) getheilt, zerfallen die Garo oder Kochna-sindeya in die Stämme der Nunya, Lyntea, (langta oder nackt) und Abengya.

Die Vornehmen, um Ansehen zu erlangen, umgeben sich mit Sklaven (Nokol), aber diese dürfen mit den Freien (Nokoba) nicht heirathen (s. Buchanan).

Das Recht, den als Ehrenzeichen geltenden Eisenring über den Ellbogen zu· tragen, kann nur mit Zahlung des Dorfhauptes erlangt werden, und muss durch Sklaven vom Landbesitzer erkauft werden.

Nustoo, früher auf der Wasserlilie (Padam oder Monglal) existirend, entsprang dem selbstentstandenen Ei und, nachdem sie (für bequemen Sitz) den unterweltlichen Gott Hiraman für Erde geschickt, füllte sie dieselbe mit thierischen und pflanzlichen Schöpfungen (nach den Garos). Zuerst entsprangen Wasserströme aus ihrem Uterus und dann das Magar (-Krokodil) genannte Reptil. Unter den Pflanzen entstanden zuerst Gräser und Schilfe (Kosi chai rikal bolan), unter den Thieren zuerst der Matchidobo (-Hirsch) oder Deochagal (beim Anblick des Menschen sterbend), dann Fische, Frösche· (Cumna), Schlangen (Mempo), weiter Bäume, Büffel, Gänse und der Priester, sowie schliesslich eine Tochter, die sich mit dem Priester vermählte, ferner ein Sohn, der sich mit Rishi Salgong's (des Himmelsgottes auf dem Berge Tura) vermählte, neben drei Schwestern, als Mishali (Stammmutter der Butia), Midili (Stammmutter der Feringis) und die Stammmutter der Garo, als Donjöngma, in dem von ihr gegründeten Rangsiram lebend, unter den (Garos ähnlichen, aber) stummen Bewohnern, wo die Seelen (wenn nicht zum Naphak in der Mitte hoher Berge eingehend) wiedergeboren werden können (s. Dalton).

Ehe der Gott Rishi Salgong (Salgong, als das sichtbare Firmament (nach dem Himmel (Rang) zurückkehrte, hatte er mit Apongma oder Manim auf dem Berge Tura den Sohn Kengra (Vater des Feuers und der Gestirne) gezeugt, sowie die Tochter Mining-Mya, die sich mit dem Sohne Donjongma's (Mutter des Menschengeschlechtes) vermählte, und jetzt als Wittwe (nebst ihrer verwittweten Tochter) auf dem Gipfel des Berges Tura wohnt.

Die Clan (der Garo) sind in Maharis (motherhoods) oder Chatsibak getheilt. A man connot take to wife a girl of his own mahari, but must select from one of the maharis with whom his family have from time unmemorial exclusively allied themselves [Australien]. Kinder gehören zum Mahari der Mutter, und der Sohn erbt nicht seines Vaters Besitz (sondern der Neffe). Der Antrag zur Verheirathung geht vom Mädchen aus und der Bräutigam (who pretends to be unwilling and runs away) wird gewaltsam (unter dem Klagen seiner Eltern) nach dem Hause der Braut gebracht (im Mutterrecht)·

Die Dörfer (der Garo) stehen unter Häuptlingen (Nokma oder Lokma)

oder Lascar. Die mit der Asche der verbrannten Leiche begrabenen Thon-
gefässe werden zerbrochen, da sie sich für die Seele wieder als Ganzes herstellen werden (bei den Garo), und am Grabe werden beschnitzte Pfosten
aufgesteckt.

Beim Tode eines Häuptlings (Lashkor) wird von ausziehender Kriegs-
partei der erst begegnete Fremde (feindlichen Stammes) getödtet, um mit der
Leiche verbrannt zu werden (wenigstens in seinem Schädel). Heimliche
Ausübung von Menschenopfern findet sich erwähnt. Unter den Garo wird
vor einem in die Erde gesteckten Bambus geopfert (wie in Tipperah). Den
Gestirnen, die (neben den Geistern der Hügel, Flüsse, Wälder etc.) über die
Erdangelegenheiten walten, werden (neben Rauschtrank) weisse Hühner
geopfert. Die Priester (Kamal oder Ojha) recitiren die traditionellen Gebete
(die Eingeweide inspicirend) für Krankheit. Versammlungen finden im De-
kachong oder Gemeindehaus statt (bei den Garo) und die Jünglinge feiern
ihre Trinkfeste in dem Nokphanti genannten Haus.

Nono (Häuptling in Linti) bezeichnet den jüngeren Bruder bei den Garo,
und in Tibet bildet Nono (zu ehrenvoller Anrede in Ladak dienend) den Titel
für Unter-Häuptlinge. Der Fürst des (von Badakshan abhängigen) Vokhan
heisst None (Graf) oder (zu Polo's Zeit) Nono.

Nach Manipur (wo sich die Königsfamilie von Pandava Arjun in Vermählung mit Chitrangada, Tochter des Naga-Königs Chitravahana, ableitet) kamen
die Moirang von Süden, die Kumul von Osten, die Luang und (herrschende)
Meithei vom Nordwesten (s. Dalton). Bei der Thronbesteigung (oder Phum-
bankaba) ist König und Königin im Kostüm der Naga gekleidet, und das
Häuptlingshaus (oder Yinchan) ist nach dem Naga-Styl gebaut, wogegen seit
der Vermählung des König von Pong (von wo Samlong den Eroberungszug
nach Manipur unternommen) mit einer Prinzessin der Meithei (1475), für den
Hausbau der Styl der Khamti eingeführt wurde. Die Pha-kung-ba genannte
Schlange wird von der Fürstenfamilie Manipur's als Ahn verehrt. Von Manipur zogen die Khari-Nogaung und Tengsa bis Nepaul.

Die geknechtete Kaste der Meuing (in Manipur) spricht einen vom Sans-
critischen abgeleiteten Dialect. Die 1714 in Manipur eingeführten Brahmanen
(mit den Hungoibun) erhielten Frauen der Kei-Kaste. Die Maibees genannten
Priesterinnen (weiss gekleidet) prophezeien in Inspiration (in Manipur). Das
alte Alphabet wird von den Maibee genannten Priestern bewahrt. Neben
den Festen Hyang, Lumchail und Hanchong findet sich (zur Huldigung) das
Dussera (oder Kwaktalba) in Manipur. Margit Singh, König von Manipur,
besiegte Gooind Chandra, König von Cachar (1817 p. d.).

Im Streit der Naga und Kuki als entstanden geltend, werden die Munipar
von Arjun hergeleitet. Die Munipur heissen Mei-htei (und Mirang die Birmanen) bei den Lushai und Mogolies (oder Magalus) in Assam.

Neben Thila (mit Ghummoo vermählt), als Sohn des Schöpfers Puthen (mit Nongjar vermählt) gilt der böse Ghumoishee (mit Khuchoan die Tochter Hilo zeugend) als unehelicher Sohn Puthen's, neben Khoumoungno, als Hausgott bei den (vor den Luschai nach Kacbar geflüchteten) Kukis (Thadan, Shingson, Changsen und Lhungum). Neben Khogem Putiang wird, als Holzfigur (der die abgeschlagenen Köpfe dargebracht werden), Shem Sank verehrt (bei den Kukis am Koladyne).

Im Paradies der Kuki dienen die Erschlagenen als Sklaven und alle die bei Festlichkeiten mit Freunden gegessenen Thiere finden sich als sein Eigenthum wieder. Die Todten werden mit den Schädeln der beim Fest geschlachteten Thiere begraben und der Schädel eines frisch getödteten Feinde auf das Grab gelegt (bei den Kukis).

Die Heuma (Kumi oder Shendu) heissen Poehs bei den Muniparis. The Rajas are all supposed to be descended from one divine stock. Their persons are therefore sacred and they are regarded by their people with almost superstitious veneration (unter den Kukis). Bei Krankheiten werden die Thimpu (als Priester) befragt (s. Dalton). The office is not much coveted, and the rajas have found it necesary occasionally to coerce some of their people to become Thimpu and so keep up the order (nach Steward).

Durch Mundu kann der Vater der verstorbenen Frau von deren Mann den Preis der Knochen verlangen, ausser wenn der Tod durch den Feind, wilde Thiere, Blattern u. s. w. verursacht ist (bei den Koupuis). Die Dörfer der Koupuis werden durch Neina tabuirt (Genna bei Naga). Die Koupuis grenzen mit Songbu und Poiron, denen die (anderssprechenden) Qoireings verwandt sind. Wenn unter den Luhupa (mit Mow und Muram grenzend) der älteste Sohn heirathet, ziehen die Eltern aus, und suchen wieder eine neue Wohnung, wenn der nächste Sohn heirathet (s. Dalton). Der Lushai-Dialect bildet die Verkehrssprache (s. Lewin) unter den Dzo mit dem Tipra-Stamm oder Tai-kuk (als Kuki).

Die Kuki (oder Luncta) oder (im Unterschied von den Poi) als Dzo wanderten aus Tipperah nach Nord-Cachar. Wenn die Märkte der Choomea (auf den Hügeln Chittagong's) besuchend führen die Kuki (unter den Rajas Thandon, Mankene und Halcha) ihre Abstammung auf den Bruder des Vorfahren der Mug zurück (s. Mc Crea).

Zu Tipperah wird Buri Debatu (Siva) verehrt. Die Kuki sind gleichsprachig mit dem Mug-Häuptling Comlahpone-Aja. Nach Jagd auf Elephanten, Tiger, Bär oder Eber feiern die Kuki ein Sühnfest (Mc. Culloch). Die Banjugis fordern Tribut von den Kukis.

Die Nagas wurden aus den Buban-hills (in Süd-Cachar) nach Nord-Cachar getrieben durch die Tangunes, diese von den Chausel und Landoes verdrängt und dann folgten die Lushai (unter den Kukis).

Oestlich von Girivarta oder dem bergumkränzten Lande (Kamarupa, Tripura und Hasama), setzt Taranatha die Nangata-Ländern, worauf Pukham, Balgu u. s. w., sowie Rakhang, Hamsavati mit Munjang, ferner Tschampa,

Kambodscha und a. m. unter der Allgemeinbezeichnung als Koki folgen (XVII. Jahrh. p. d.).

Die Kuki wohnen in Parah oder befestigten Dörfern, wohin sie die Köpfe[1]) der Erschlagenen bringen und jedes Dorf steht unter einem Ghalim oder Häuptling..

Mit Nong jai zeugte Gott Puthen seinen Sohn Thila, den (Krankheit sendenden) Gemahl Ghumnoo's, während Ghumoishe (Puthen's unehelicher Sohn) durch Erscheinungen zu Tode schreckt. Ihm gebar Khuchom die Tochter Hilo, neben dem Hausgott Khomungnoo und Thimbulgna, Gott der .Wälder, deren Cult durch die Thempoi oder Mithoi genannten Priester versehen wird.

Bei Verehrung Sheem Sauk's (als Vermittler für die Gottheit Khogein Pootteeang) werden seinem Bilde Feindesköpfe im Opfer dargebracht. Der Held Lal-Ruang (bei den Lushai) wurde zehn Jahre alt geboren, von der grossen Schlange (Rul-pui) stammend.

Beim Tode des Häuptlings wird seine Leiche (unter den Kuki) geräuchert (s. Millis). Der Kamm wird als heilig entweder mit dem Verstorbenen begraben oder zerbrochen, damit er von keinem Anderen gebraucht werde.

Würde ein Kuki vom Tiger gefressen, so bleibt der Stamm in Verachtung, bis ein Tiger getödtet ist. Erfolgt ein Todesfall durch Sturz von einem Baum, so wird dieser umgehauen und in kleine Stücke zersplittert. Die gute Seele wird mit Siegsgesängen zur Gottheit geleitet, die Böse verfällt Qualen. Diebstahl[2]) ist nur, wenn der Thäter ergriffen wird, tadelbar (wie in Sparta). Ein als Atscher (verboten) erklärtes Haus darf nicht betreten werden.

Bei den aus Tipperah und Cachar zu den Nagas eingewanderten Kukis oder Langtang, von denen die Götter Tevae und Sangron verehrt werden, bilden die Hausa oder Häuptlinge einen erblichen Stand. Bei der New-Kookie wird die Tödtung eines Raja vermieden, weil geheiligte Person.

Während die südlichen und östlichen Nachbarn, die unter dem Namen Poi zusammengefasst werden, „wear the hair knotted upon the temple", die Dzo der von Chittagong östlichen Hügel „wear their hair in a knot resting on the nap of the neck" (mit den Stämmen der Lushai, Tchawtey, Raltey, Paitey, Hrang-tchal, Phun-tey, Rukum, Betlu, Bong, Bongtcher, Ngentey,

1) Das Geschlecht von Stössel trägt den in Portugal abgeschlagenen Mohrenkopf (s. Graesse) und Landschaden von Steinach den Kopf des in Palästina erschlagenen Feindes (im Wappen).
2) The accomplishment most esteemed amongst them was dexterity in thieving. The most contemptible person is a thief caught in the act (bei den Kukis). Who in this life commits most murders, obtains the greatest happiness in the next (Dalton). Die Ho sind besonders beleidigt (bis zum Selbstmord·, wenn ihren Worten nicht geglaubt wird (the more a statement tells against themselves, the more certainley are to tell the exact truth about it). Dalton rühmt besonders „their kindly affectionate manner one toward another". The doctrin of the Oraon is, that man best pleases the gods, when he makes merry himself, so that acts of worship and propiatory sacrifices are always associated with feasting, drinking, dancing and love-making (Dalton), im Tanzcult (der Mariannen).

3*

Dzongtey). Unter der Bezeichnung Kuki werden von den Bewohnern der Ebenen alle diejenigen Hügelleute zusammengefasst, welche den Ackerbau nach der Jhum-Weise treiben. Der Tipra-Stamm heisst Tui kuk bei den Dzo (s. Lewin).

Die Kuki stammen von dem jüngeren Bruder des Vorfahren der Mug (in Aracan). Bei den Hkamie (Menschen) wird der Ka-nie genannte Waldgeist verehrt (in Aracan). Die Dzo wanderten aus dem Osten ein, am Flusse Tui-Ruang (mit magischer Gong).

Neben den Sul oder Kriegsgefangenen (die verkauft werden dürfen) finden sich in den Häusern der Reichen (bei den Luschai) die Boi, welche (weil sie gestohlenen Reis nicht ersetzen können oder aus Furcht vor den Folgen eines Mordes flüchteten) zu Begleitung und Arbeit verpflichtet sind.

Neben dem bösen Patien wird (bei den Lushai) die Gottheit Kuavang verehrt, in einem Dorf unzugänglicher Hügel wohnend, wo von der Seele (Tlarao) der in Verzückung gefallenen Seher (Kuavang-dzawl) besucht. Die (auch den Geistern der Bäume und Felsen gebrachten) Opfer werden von dem Pui-tiem (the great knower) bestimmt, und die Kuvang geopferten Thiere werden von dem Opferer nach dem Tode in „Deadman's village" in der Unterwelt als sein Eigenthum wiedergefunden. Wenn die Jünglinge Kuvang's mit einem irdischen Mädchen schlafen, siecht dasselbe hin zum Tode.

Der böse Patien geht in den Wäldern schweifen, stiehlt Kinder und isst die Seelen, deren er habhaft werden kann (sowie Herzen). Die Todten werden aus der Unterwelt in menschlicher Form wiedergeboren.

Kungori, aus dem, beim Verarbeiten von Bambus, in die Hand ihres Vaters gedrungenen Splitter mutterlos geboren, wurde mit Kei-mi oder Sakei-mi (Tieger-Mann) vermählt, und liess, als von Kuavang geraubt, ihren Faden nachschleifen, um so den Befreiern den Weg zu zeigen.

Himmel, van. — Gott, Kua-vang. — Prophet, Kuav-ang-Dzarl. — Zauberer, Doy. — Ohr, beng. — Ha, Zahn (Wa bei Garo). — Kut, Hand (Jak bei Garo). — Kua, Dorf. — Lal, Häuptling. — Rul, Schlange. — Kua-var, Dämmerung. — Me (mei), Feuer. — Lei, Erde. — Mit, Auge (Mukrun bei Garo). — Lu, Kopf. — Hmong-ler, Schatten. — Tui, Wasser. — Tha, Mond (Jajun und Sonne Sal bei Garo) bei den Lushai.

Nachdem König Tsu la taing Tsandaya (von Arakan) im Kriege mit China seine Pfeiler in Tset-ta-goung (Chittagong) aufgestellt, zog er gegen Theng dive oder Tagoung, um seinen Hundeschädel aus früherer Geburt aus dem gespaltenen Baum zu befreien, dessen Schwanken im Winde ihm Kopfweh verursachte, als Sohn des Königs Mahatoing Tsandaya, der (789 p. d.) in Wethali oder Kyoukhlega residirte.

Während die Punna-Rasse in Wethali (in Arakan) herrschte, wurde ein Affe und ein Reh (aus den Himawonda) vom Sturmwind zum Kuladan-Fluss geführt, wo aus ihrer Verbindung Bhilus oder wilde Eingeborene (des Kamis-Stammes) entsprangen, bis zur Bezwingung durch den (von dem Myu-Jäger

aufgezogenen) Marayu (Sohn des vom Büsser Adzdzunna in Himawonda ge-
segneten Rehs, das ein Sturmwind nach dem Kuladau geführt).

Die Abor oder Padam werden als Mishmee-Abor und Naga-Abor unterschieden. Mit Abor bezeichnen sich die Hügelstämme im Allgemeinen als
unabhängige (oder freie), im Gegensatz zu (abhängigen) Bor. Die Abor selbst
fügen sich dagegen die Bezeichnung Bor (gross) zu, weil über die Stämme
des Inneren herrschend.

Die Abor am Dihong (und Singpho) kämpfen mit den Chool Kutta
(crop haired) oder Dibong-Mishmi, an die Tain stossend, die mit den (durch
die Lama unterstützten) Mezhu in Fehde liegen. Die Dörfer der Abor werden durch einen allgemeinen Rath regiert. Die religiösen Gesänge der Nagas
sind in der Sprache der Abor verfasst (nach Branson). Die Dorfbewohner
bauen gemeinsam das Haus für Neuvermählte (bei den Abor oder Padam).
Als Priester fungiren die Deodar, die für Vorhersagungen die Leber eines
Schweins oder Eingeweide der Vögel inspiciren. Bei Verträgen wird die
heilige Speise (Seng-mung) der geschlachteten Thiere ausgetauscht.

Von dem für einen Kranken geschlachteten Schwein dürfen nur die Alten
und Schwachen essen. Die Leichen werden hockend in Grabkammern beigesetzt. Der Gipfel des Berges Rigam ist heilig, als Versammlungsort der
Seelen. Die Todten werden von Jam gerichtet.

Sind Kinder geraubt, so werden Bäume[1]) umgehauen, jeden Tag einige
mehr, bis die dadurch erschreckten Geister, die schliesslich alle ihre Wohnsitze zu verlieren fürchten, das Gestohlene zurückgeben.

Die Abor, Miri und Duphla erheben Schatzung von den Ryot. In den
Duwars ergriffen die Butia für acht Monate Besitz, während die übrigen vier
Monate die Regierung des Rajah von Assam galt.

Auf Dophla oder Duphla (nach den Abor) folgen (im Terai) Anwar,
Batas, Bhavar (neben Akha, Miri und Mishmi), dann Mech (Limbus und
Murmis) und (östlich vom Kosi-Fluss) Bodo und Dhimal (weiter Kirat). Die
(arischen) Newar haben sich in Nepaul gemischt (tibetisch).

Die Mishmi (an den Grenzen Tibet's) zerfallen in die Digaru, Meju und
Chullah Cottah, als Chalikata Mishmi oder Midhi (zwischen Abor und Tain)
am Dibong aufwärts lebend, in einem unwegsamen Lande (ohne Strassen),
doch Handelsreisen nach Tibet unternehmend. Der Cultus begreift Mujida-
grah, Gott der Zerstörung, Damipaon, Gott der Jagd und Tabla, Gott des
Reichthums.

Pursuram-Kundu oder der Tank Pursurama's (wo Pursuram das Blut der
von ihm getödteten Mutter abwusch) findet sich in den Bergen der Mishmi
oder (in Assam) Simi.

Die Familien der Mishmi leben in langen Häusern zusammen. Reich-

---

1) Die Preussen schälten die Rinde ab von den heiligen Bäumen, um sich für den
Tod von Hühnern oder Gänsen zu rächen (s. Lasicz).

thum bekundet sich in der Zahl der (bei Häuptlingen bis auf 16 steigenden)
Frauen, die zu Dienstarbeiten benutzt werden, während man für Unzucht
Nachsicht übt. Faserpflanzen dienen zur Verfertigung von Kleider, und aus
Rhea nivea werden die an die Abor verkauften Panzer hergestellt.

Die Mishmis binden das Haar in einen Knoten, wogegen es bei den
Chalikuta kurz geschnitten getragen wird. „Men die and worms eat them",
is their creed, sagt Dalton, und auf dem Grab des mit Waffen und Kleidung
begrabenen Todten wird getanzt. Dies gilt indess für die Chalikata, während
sonst für die Mishmi eine weit verbreitete Ceremonie in Erwähnung kommt.
Beim Leichenbegängniss wird alles Feuer im Hause verlöscht, bis ein vom
Dach herabhängender Mann aus einem Stein neues Feuer[1]) schlägt, das als
vom Himmel gebracht, empfangen wird.

Das bei den Tibetern als Lokhatra (Süden der tättowirten Lippen) bezeichnete Quellgebiet des Jrawaddy heisst Land der Shan oder Kakhyen in
Birma. Die zu den Ka-Khyen oder Kaku (zwischen Khyendwen und Yunan)
gehörigen Singpho (den Kunung verwandt) siedelten am Buri Dihing in
Assam. Von Mischung der Singpho mit assamesischen Sklavinnen stammen
die Duaniah.

Die Hulo-Khamti (kleinen Khamti) werden durch die Singpho von den
Bor-Khamti (grossen Khamti) getrennt (deren buddhistische Priester in den
Bapuchang genannten Lehrhäusern wohnen).

Unter Rajeswar-Singh, Rajah von Assam (1751 p. d.) wanderten die
Khamti von den Quellen des Jrawaddi (und an den Quellen des Nawadi mit
den Kapok handelnd) nach dem Tenga-pani, und setzten sich während des
Aufstandes der Moamariah von Muttuck (1780) in Sudyah fest, worauf sie
(durch Unterdrückung der Miri) in Krieg mit den Abor geriethen, und sich
dann (1810) mit den Singpho verbündeten.

Der Stamm der Dooneah entspringt von den durch die Singpho aus
Assam geraubten Frauen, und ausserdem finden sich die Moolook, Kesung,
Jillys, Miri, Mishmi u. s. w. zu Saikwah (bei Sudyah).

Die Khamti[2]), in deren von Chao oder Häuptlingen regierten Dörfern

---

1) Bei jedem Todesfall wurde das Feuer erneuert (nach Plutarch), in vielfachsten
Analogien.

2) The Khamti, in common with the Siamese, Burmese, Laos, Shyan and Ahom, is only
a dialect of the language, known as Thai (s. Robinson). The language of the Singpho is
allied (besides to the Manipur) to the Birmese. The Kassia is allied, in intonations, to the
Chinese. Libations of fermented liquor always accompanies sacrifices of the Dophla's.
The priests divine by the breaking of eggs and examining the entrails of young chickens.
The Kupa Chowah (cotton stealers) divided into a separate clan from the Akhas under the
reign of Lachmi Singh, king of Assam (Westmacott). Krishna or his Garuda brought a
supply of water to quench the fires of the Agnighar or Anigarh-hills (where the Raja Banh
built a fort), calling them Pora (burnt) in Assam (s. Westmacott). According to the traditions
of Chardwar (once a part of the kingdom of Kamrup) Raja Banh (a demigod, descended
from Brahma) founded (in his travels from the Nermada-river to Assam) the city of Pora
(introducing the worship of Mahadeva) or the city of blood (Lohitpur, Sonitpur or Tezpur).

ausgewanderte Mishmi dienen, verhandeln die von den Singpho geschmiedeten Dha. Die Eingeborenen von Bor-Khamti gehören als Khapok (mit Muluk, Khalong, Kumong u. s. w.) zu den Singpho. Neben den Gam oder Häuptlingen der Singpho nimmt der zweite Zweig den Titel La, der dritte den Titel Thu oder Du an. Die Muluk (den Khujung verwandt) flüchteten vor den Singpho zu den Khamti, für welche die Khunung Schmiedearbeiten ausführen. Ihrer Tradition nach waren die Singpho auf dem Hochplateau Majai-Singhra-Bhum geschaffen, wo sie mit den Planeten in deren himmlischen Einflüssen communirten, bis beim Herabsteigen der Sterblichkeit verfallend. Die Singpho (unter zwölf Häuptlinge) zerfallen in vier Klassen (mit den Khakoos als Sklaven).

Neben Gudum werden die in der Schlacht Gefallenen verehrt, sowie, während Epimedien herrschen, Nin y deota oder Ningsheer. Der Cultus der Nat (im Hausgott) ist auch an den Mu-Nhat (oben) und dem Ga-Nhat (unten) gerichtet. Die von Assam nach Goalpara gewanderten Nat fungiren als Sänger und Tänzer. Bei den Khamti wird das Geburtsfest[1]) Gantama's dramatisch gefeiert.

Die Leiche eines Häuptlings wird im Hause bewahrt, bis alle Verwandte versammelt sind (bei den Singpho). Die Khamti begraben unter terrassirte Tumuli. Die Singpho verbrennen die getrocknete Leiche (s. Griffith). Aus dem Zerknattern des Nal-Grases über dem Feuer entnimmt man Weissagungen (bei den Singpho). Die Singpho schätzen a particular enamelled bead, called Deo-mani (s. Dalton) oder Deo-Monnees (Juwel der Götter), found ready bored (s. Smith). In den langen Häusern der Singpho lebt jede Familie um

According to the Sri Bhagavat the thousandhanded Banh (son of Bali) received from Siva (pleased with the Rajah's musical performance, to which he with his votaries danced) immense strenght and the promise of his help, but (after he had subdued gods and men) Siva became offended with his pride and gave him a flag (the falling of which would indicate the approach of a victor) to hoist on his palace. When his daughter Usa had entired away (by her handmaid Chitra-likha, versed in spells) the grandson Anirud (whom she had seen in dream) of Krishna (from the coast of Dwarika) and Banh seized the intruder (who first drove off the guards with his arrows) in his daughter's appartment's, Krishna (instructed by the sage Narad of the race of Brishni) attacked Sonitpur und fought (followed by Balaram) Banh, who was assisted by Siva (riding on his bull). Krishna bewitched Siva's victories, who fled and was on the point of killing Banh, when the Kutabi (Banh's mother) appearing naked and with dishevelled hair, made him hang his head, so that Banh had time to escape. Siva afterwards decimated Krishna's army with fever, but Krishna on his turn created fevers in his adversary's army and in the next battle (sounding his shell) was hewing off Banh's arms (carrying a variety of weapons) with his discus, till Mahadeva advanced and besought his brother deity to spare the live of his favourite. Krishna answered, that he was bound to gratify Mahadeva and that he intended to spare the prince, as being the son of Bali and grandson of Phrahlad, whose race he had promised never to destroy. So leaving him the four arms, which remained, he had Anurud and Usa brought forward under great festivities and returned to Dwarika (s. Westmacott).

1) Beim Fest der Ariadne, weil im Kindbett verstorben, wurden die Schreie und Bewegungen einer Gebärenden nachgeahmt (in Athen).

einen besonderen Heerd. Die Kakhyen (Marèn, Lapais, Nakum, Kauris u. s. w.) wohnen in langen Häusern.

Die Feste der Khyen in Sandoway werden von den Tayi oder Nandaiyi geleitet (s. Fryer). Gegen Krankheit wird der Dämon Konde gesühnt mit seinem Bruder und seiner Schwester (im dreijährigen Fest).

Die Passin oder (erblichen) Priester der (den Subri-Busch verehrenden) Khyen tragen die beim Donner niederfallenden Keile als Himmelsgabe. Die Gebeine der Reichen werden auf den heiligen Bergen Keyung natin (Mayeng-Matong) und Zehantoung beigesetzt (unter Anschnitzen eines Stabes) neben einer zum Forttreiben von Dämonen errichteten Zauberhütte.

Die Rhat genannten Dämone verursachen Krankheiten (bei den Kakhyen). Die Koo (am Semru-Fluss) zerstückeln Ochsen im Umtanz.

Bei Todesfall tödten die Khyen (Hiou oder Shou) ein Schwein, das dem Todten auf seiner langen Reise zum Reiten dient, sowie ein Huhn, das, den Wurm am Thor des Paradieses erschreckend, den Eintritt erleichtert.

Sonne, Kahni. — Mond, khlo. — Wasser, tui. — Feuer, men. — Auge, mik. — Kopf, malu (bei den Khyen in Sandoway).

Die Pal-Dynastie wurde durch Rajas aus den Khyen gestürzt (durch Brahmanen aus Maithila zu Hindu erhoben) in Komatpur.

Das Königreich der Kocch oder Kuksch (Kavach) gründend, vermählte Haja seine Tochter mit einem Häuptling der (den Dhimal benachbarten) Bodo und auf die in Kamrup herrschenden Häuptlinge der Bara-Bhuiyas folgten die Kocch (von Cutch Behar bis zur mohamedanischen Eroberung). Nilambor baute das Fort von Ghoraghat bei Einfall der Mohamedaner aus Gour. Cutch (Kush) Behar wird als Kloster (Vihara) Khusha mit dem Tode Sakya's verknüpft. Koch-Behar oder Koch-Asam war von den Stämmen der Mech (oder Mash) und Bihar bewohnt.

Von den Kocch südlich gedrängt (während der Niederlassung der Ahom in Assam), wanderte der Raja der Cachar nach Dinapur und gerieth dann, weiter südlich getrieben, in Krieg mit dem Raja der Jyntia (mit Brahmanen als Raj-pandit vom Hof). In Dinapur (in Nowgong) erlagen die Chutia (XIII. Jahrh.) den südlichen Shan.

Als (während der Herrschaft der Bhara-Bhuiyas in Ober-Assam) die Kacharis oder Chutia (in Assam) von den Koch (XII. Jahrh.) angegriffen wurden, zogen sie sich vor den in erster Linie auf Kühen anreitenden Brahmanen zurück.

. Unter den Koch oder Rajbansis (mit den Kolita als Priester) sind die Pali von den Wanderungen genannt. Bei den Kocch fungiren die Deoshi als Priester zur Verehrung Jago's, Gattin des Gottes Rishi (als Parvati und Sib) im Cult der Krishna verehrenden Kolita, als Bhokot.

Nach Abzug der Mohamedaner herrschen in Unter-Kamrup die Kuchis oder Coch unter Hajo, dessen Tochter (Hira) mit Herya (aus den Mech) vermählt wurde, den Sohn Bisu gebärend, der von der Priesterschaft der Kolita abfiel und (als Kamrupi-Brahmanen) die Baidik aus Srihotta einführte (an Stelle der Maithila-Brahmanen), so (als Abkömmling Sib's) den Titel Biswa-Singh erlangend, unter dem (auf alle Glieder seiner Familie übertragen) Titel Deb, während die Kuchis im Allgemeinen zu Rajbangis erhoben wurden (im Gegensatz zu den Khyen, als Ackerbauer und Händler).

Von Lakhi Naranjan, Sohn des Nara Naranyan (Neffe Biswa Singh's) stammen die Fürsten von Kucch Behar. Unter Surya Narayan (1671 p. d.) wurde die Dynastie (während des mohamedanischen Einfalls) auf •Durrang beschränkt (durch die Ahom).

Die Darrang-Rajah (von den Rajahs in Kuch-Behar abgezweigt) waren dem Ahom-Rajah tributpflichtig.

·Die 12 Fürsten der Pal-Dynastie, die für ein religiöses Fest nach dem Korotya-Fluss kamen, liessen sich dort nieder. Dharma-Pal herrschte bis Tezpur (nach der Dynastie Adisur). Die Pal-Dynastie wurde durch die von Brahmanen aus Mithila geweihten Rajas aus den Khyen gestürzt.

Der Kucha-Raja, durch welchen der Sitta-Raja von Bhamo besiegt war, wurde von der Erde verschlungen.

Nachdem die Fürsten Lauseun, Khun-Ket und Khun-Khan durch die Fluth des Gottes Phya·Then vernichtet waren, wurde Muong Then (in Tongking) von Khun Borom gegründet (nach den Traditionen der Laos in Yunnan).

In Folge der Zwölfherrschaft wurden die Bengalen als Bara Bhuya Muk bezeichnet. Die Bhuyas empörten sich gegen den König von Gaur (s. Wise). Die zwölf Fürsten (doce regulos) unter dem König von Bengalen (zu Manriques Zeit) hiessen die 12 Boiones de Bengala (1628 p. d.). Nach Rainey erstreckte sich das Gebiet der Bara Bhuya bis Orissa und Assam. Der erste Buya von Birkrampor kam von Karnat. Bei Rouse wird Bhuya als Landbesitzer erklärt. Die Ghazi (der Bhuya-Herrschaft) in Bhowal leiteten sich von Pahlawan-Shah.

In der Abstammung von Hirimba (Bhum's Gattin) bildete Hirimbo die Hauptstadt der (in Goalpara als Medj oder Mech bezeichneten) Kacchar (Kuratsch bei den Assamesen), die beim Uebertritt zum Hinduismus (mit der Schnur der Brahmanen) den Titel Burmono erhielten und sich (als Xatrya) von Bhun Sen herleiteten.

Bei den Hoja oder Cachar (als östliche Bodo oder Borro) gilt Burmaon oder Brahmin als Ehrentitel.

Von den über Assam herrschenden Cachar, dessen Raja (in Kamrup) von den Barman genannten Edlen umgeben war, stammte der Raja von Tipperah. Von Fischer werden Cachar (und Rangtsa) mit den Tiperah identificirt. Die Mech, als Bodo oder Boro (grosses Volk), bezeichnen sich als Rangtsa (himmlisch). Ranchandi, die Schutzgöttinn der Cachar, verwandelte sich, zum Palladium derselben, aus einer Schlange in ein Schwert. Mainon, Gattin des Gottes Batho, erhält Opfer, als Hauspfeiler, durch Aufsetzung einer Reisschüssel. Bei den (Milch verabscheuenden) Cachar fungiren die Deori als Priester, die Sij-Pflanze (Euphorbia) verehrend (wie Gott Batho).

Bei Krankheiten untersucht der Ojha[1]) oder Zauberer die Eingeweide (ojh) des Opfers (wie bei Kol von Chota-Nagur) bei den Bodo, deren Priester oder Deoshi (Deori bei Chutia) die Jahresfeste leiten. Das durch Schwingen eines Pendel zwischen Blätter mit Reiskörnern durch den Ojha (bei den Bodo) bestimmte Opfer wird erst nach der Heilung dargebracht, wogegen in Chota Nagpur der Kranke die Opfer beständig wiederholt. Auf die Fragen der Deoshi oder Priester antwortet sein begeisterter Gehülfe oder Deoda und beim Jahresfest schlägt derselbe auf die umhergetragenen Bambusstämme bis in Extase gerathend (s. Dalton), mit der Analogie in Fiji u. s. w.

Aus seinen Kämpfen mit Krishna berühmt, residirte Ban Raja (Fürst der Cachar) in Tezpore, über Darrang herrschend, und erbaute die Stadt Ban-Raj (in der Nähe des Belsiri-Flusses), wo ein Tank, sowie Fussboden aus Ziegel erhalten sind. Unter den Ruinen von Tezpore wird das Gefängniss Ukha's (der Tochter Ban Raja's) gezeigt. In Tezpore wurden Kupferplatten Dharma Pal's (1027 p. d.) gefunden.

Der Tempel von Biswanath oder Bishu-nath (Herrn der Welt) wurde für Siwa (und Kali) erbaut durch den Ahom-Raja, welcher für den Unterhalt der Priester steuerfreies Landeigenthum bewilligte.

Dhimapur, durch Chakra Dhaj (König von Cacchar) erbaut, wurde durch den aus Hindustan gekommenen Krieger Kalapahar zerstört und dann durch die Assamesen besetzt (bei Chakradaj's Flucht nach Mybong).

Nach dem Kampf mit Krishna gründete Raja Banh die Stadt Tezpur (Lohitpur oder Sonitpur), deren (Siva geweihten) Tempel durch den abtrünnigen Brahmanen Kalapahar (aus Kanouj) zerstört wurden.

Die von den Kacchari verdrängten Chutia (in Darrung) herrschten in Assam vor den Ahom. Unter den Assam-Königen stand Chatgari in Darrang (von Kacchari bewohnt) unter Botmässigkeit der Adelsfamilien der Chatgari-Baruwas.

Mit dem Titel Keou-mu-lo (Kumara) herrschte in Kia-mo-leou-po (Kamarupa) der König Pho-sai-kie-lo-fa-mo (Bhaskaravarma) vom Gott Na-lo-yen (Narayana-deva) stammend (zu Hiuenthsang's Zeit).

Als die Chutia über den Subanshir nach Sudya einwanderten, wurde die Tochter des Hindu-Königs Rukmuni im Bogenkampf[1]) durch den Jüngling erworben, der als Sisopal den Thron bestieg.

1) Der Ojha oder Zauberer lässt zwischen den auf Blättern gelegten Körnern einen Pendel schwingen (bei den Bodo und Mech), um den Gott festzustellen, der die Krankheit verursacht hat (s. Hodgson). Bei Krankheiten ergreift (in Meditation) der Ojha (unter den Kanoujiya-Brahmanen) den Bhut (eines Familiengeistes) oder Pret und bestimmt für sein Ausfahren ein Hom oder Brennopfer. Die Ojha (als Exorcisten Bengalens) gehören zu den Maithila-Brahmanen (mit den Abtheilungen Manthil, Saratri, Joga und Changola).

1) Im Bogenkampf um die Herrschaft Lycien's wurde dem Knaben Sarpedon ein Ring von der Brust geschossen. Wie Rama siegte Buddha (als Siddhartha) im Bogenkampf.

Die Chutia (in Jorhaut, Sibsagar, Sudya) feiern Hochzeiten nach den Hindu-Shastra, die Ahom nach der in den Palmbüchern beschriebenen Ceremonie Tschoklong.

Bhim, Sohn des Raja Pandu, setzte den mit der Schwester des (von ihm getödteten) Riesen Hirimba gezeugten Sohn Ghatot Kach oder Katrik Chandro zum Ahnherrn der Könige von Cachar ein.

Als Unterthanen des Königs Vishok in Kondulia wanderten die (früher in Simar wohnenden) Chutia (von Kuver, dem göttlichen Schatzmeister, hergeleitet) nach Assam ein, (wo sie in Sibsagur durch die verwandten Ahom gestürzt wurden).

Im Gegensatz zu den Ahom-Chutia (der alten Religion) stehen die zum Hinduismus übergetretenen Chutia (dann nicht mehr als Mlechhas aufgefasst), als niedrigere Kaste neben den Cohscht, die über den Jalia-kaut und Neolikaut stehen, aber unter den Halia-kaut, und diese unter den Kolita, über welchen die Kahst folgen.

Die Kolita in Sambalpur (wie in Cuttack, Chota-Nagpur u. s w., sowie Assam) kamen, als Nachkommen Rama's, aus Mithila. Die Kolita, in Rangpur herrschend, bezeichneten sich als Kaists. Bei den Bodo fungirten Kolita als Priester.

Die Dynastie der Ha Tsungtsa unter den Cachari (oder Rangtsa) stammt von den Eroberern. Als vom Himmel heisst die Königsfamilie Swargia (in Assam).

Als alte Priesterschaft Assams (vor Einführung brahmanischer Religion) zerfallen die Kolita (in Sibsagar) in Bar-Kolita (als höchster Grad) und Saru Kolita neben den (weniger geachteten) Nat Kolita (als Sänger und Tänzer). Bei den (früher von Kutch Behar bis Sudya herrschenden) Kocch bildeten die Kolita (vor Einwanderung der Brahmanen) die Priesterschaft (in Kamrup), und so in Durrang, vor der Bekehrung der Ahom-Raja's (in Assam) zum Hinduismus.

Bei den Menschenopfern im Tempel Tamasuri-Mai (in der Nähe Sudya's) fungirten die Deori Chutya (von Dikoung in Lakhimpur), aus einem, weil von Abgaben befreit, sar (frei) genanntem Stamm.

Als frühere Sitze der Kachar gelten Manipur, Jaintia, die Hügel der Khasia, Naga, Mikir. Als Hauptstadt (der Kacchar) wird Kaspur bezeichnet. Die Residenz des Raja von Cachar (in Hirumba) wurde von Dharmapur nach Khaspur verlegt.

Die Lalung sprechen einen Dialect der Kachar, zu denen Tuttullah, Radah, Modahi gehören. Fremde heissen (bei den Cachar) Ha-sa oder Feinde (Sung oder Ha-Sung, als feindlich).

Zum Unterschied von den Parbatia (oder Hügel) bezeichnen sich die

Hippodamia, als Erbprinzessin (des Pelops), wurde von dem Tüchtigsten im Wettstreit gewonnen (als Preis). Tyndareus wählt den Gatten für die Erblichkeit des Reichs aus den Bewerbern (s. Apollodor).

Cachari der Ebene am Brahmaputra oder Dima (Mutter der Flüsse) als Hazai. Als von Rung-Shar (in Ober-Assam) stammend, gelten die Cachari (der Eastern Duars) als Shargiah oder (nach Annahme des Lamaismus) Butia. Die Jünglinge der Cachar versammeln sich im Dekha Chung genannten Kriegerhaus.

Bei den Kachari und Mech wird die Braut im Scheinkampf entführt. Frauen stehen den Männern gleich (bei den Kachar) und bei Festlichkeiten wird das Getränk durch die Frauen herumgereicht.

Die Kinder erhalten (bei den Cachar) ihre Namen von dem Deori (Priester), und ein Kind ohne Namen wird von der Gemeinde ausgeschlossen, als unrein betrachtet. Um fernere Streitigkeiten zwischen den Dörfern zu vermeiden, wurde die Würde des Häuptlings zu einer erblichen gemacht (bei den Cachar).

Zu den durch die Ahom (1350) gestürzten Chutya gehören die Bihuja und Lalong. Die Sprache der Mech.oder Bodo (als westlicher Ausläufer der Kachari) ist verschieden von der der Dhimal. Die Mech (oder Cachari) wanderten aus Rangsar (südlich von Ober-Assam) nach dem östlichen Dwars ein. Die Cachar (Boro) bezeichnen sich als Boroni-phiza.

Die den Kachari verwandten Mech oder Rajbangsi in Mechpara (in Gowalporah) bezeichnen sich, weil Boro (grosses Volk) oder Bodo, als Rangtsa (himmlisch). In den Wäldern zwischen Konki und Dhorla oder Torsha wohnend, sind die Dhimal mit den Bodo gemischt (ohne Zwischenheirathen). Die Tschowdar in Jorhaut heirathen mit den verwandten Cachar in Darrang. Die Hoja oder Hosai können keine Frau der Cachar heirathen, wohl aber die Cachar Frauen der Hoja's.

Die von Girghaon nach Dhimapur getriebenen Cachar oder (in Verwandtschaft mit Bodo) Chutia, gelten, von den Brahmanen gereinigt, als Soromia oder Soronia (in Assam). Die Mech (von Jupailgari) heissen Cachari in Assam. Wie Durrang (oder Darang) war Dimapur Hauptstadt der Cachar, nachdem der in Girgaon residirende Raja der Chutia beim Einfall der Ahom vertrieben war, und Silchar Hauptstadt der Kas-pur (Cachar).

Neben Issor (Iswara oder Ishur) oder Gauthaiya, dem unter Bäumen geopfert wird, waltet Modai als Gottheit bei den Cachar. Batho, der Hausgott (mit Mainon oder Mainau vermählt), lebt als Batho-Gosain im Cactus (Sisu) oder Sisu-bifang (bifang oder Baum), indem Sisu oder Hisu neben die Häuser gepflanzt wird. Hasang-Modai sendet Krankheiten.

Mai-nau (als Erntegottheit) oder Hüter (nau) des Reis (mai) wird beim Essen des neuen Reis verehrt, und erhält bei dem (neben dem Domangsi oder Neujahrsfest gefeiertem) Erntefest oder Magu das letzte Aehrenbündel geweiht (als Lukshmi oder Mai-nau).

Die Heilung von Krankheiten liegt den Aerzten [1]) oder Osai auf, sowie dem Deori oder Beschwörer.

---

1) Mit φαρμακός oder veneficus wurde, wie der Zauberer, der Arzt bezeichnet.

Beim Begraben erhält der Todte Geld für das Jenseits. Der Mond stirbt beim Abnehmen und lebt dann wieder auf. Die Flecken im Monde stellen dorthingelangtes Wild dar. ·

Die (wilden) Tussah-Seidenwürmer (in Bengalen) begreifen den Mooga (auf den Bäumen Ashan, Saul und Sejah genährt), den Teerah (Männchen der Mooga) und die Bonbunda (mit Dabba, Buggoy und Tarroy). Vom Maulbeerbaum dienen die Saw, Bhore, China und, besonders, Dessy (morus indica) oder Toot genannten Arten zum Nähren des Seidenwurms (in Bengal).

Die Kocch, als Sani-Kocch oder Babu-Kocch, waren den Bodo verwandt, ehe zu Rajbansis erhoben. Neben Batho oder Siju Gosain wird seine Frau Mainou oder Mainong (Batho Buroi) verehrt bei den Bodo. Die Warang-Berang oder Alten (Pochima und Timai) gelten (bei den Dhimal) als Götter-Eltern. Sonne (Shyanmadai) und Mond (Nokhabirmadai) sind (männliche) Gebrüder (bei den Bodo). Als Priester (bei Bodo und Dhimal) fungiren die Deoshi (village priest), die Dhami (district priest) und die Ojha (village exorcist).

Die Kolita bildeten die frühere Priesterschaft der Kocch. Kolita war der Name Mugalanan's, des zu der Linken Buddha's stehenden Lieblingsjüngers.

The Kolitas or Kultas (eastward of Bhot and northward of Sadiya) are attributed the implements of husbandry and domestic life washed down by the flood of the Dihong (s. Neufville).

Am Ende des Leichenfestes (bei Bodo und Dhimal) redet der nächste Verwandte, unter Darbringen von Speise und Trank, den Todten an: „Take and eat, heretofore you have eaten and drank with us, you can do so no more, we come no more to you, come you not to us". And thereupon the whole party break and cast on the grave a bracelet of thread priorily attached, to this end, to the wrist of each of them (Hodgson). [Esthen.]

Die von Munipur eingewanderten Tiperah (unter Asango als ersten König) galten als jüngere Brüder der Kachari.

Unter Tripura, Sohn des als Jäger herrschenden Kirat, flohen die Bewohner Tiperah's vor der Tyrannei nach Hirumba (Kacchar) und erhielten dort durch Siwa einen von der Wittwe Trilochun's geborenen Herrscher, der die Tochter des Hirumba-Raja (von Kacchar) heirathete. Siwa erhält Menschenopfer in Tiperah. Der Angriff des Raja von Udaipur auf Tiperah wurde durch die Kuki unterstützt.

Die Tiperah zerfallen in die Rajbangsi, Nowatyah und Jomalia, für welche gemeinsam die Tojaees als Priester fungiren, während die Reyangas unter der besonderen Priesterschaft der Reyangas stehen.

Die Hügelstämme (als Tipperah oder Mroong, Kumi oder Kweymee, Mroos, Khyengs, Bungees, Pankhos, Lhoosai oder Kookies, Shendoos oder Lakheyr) beobachten bei Epidemien den Khang genannten Abschluss, indem das mit Opferblut besprengte Dorf durch einen frischgesponnenen Faden weisser Farbe umzogen, und, nach dem Reinfegen, mit grünen Zweigen geschmückt wird.

Die Tipperah oder Mroong (mit den Stämmen der Pooran, Nowuttea, Osuie und Reeang) sind aus den Tipperah-Hügeln nach Chittagong eingewandert.

Die von Arracan durch die Kumi (mit den Kyaws) ausgetriebenen Mru (am Sungoo und am Matamoree) verehren Turai (den grossen Allvater), Sung-tung (den Geist der Hügel) und Oreng (Flussgott).

Die Munipores und ihre Nachbarstämme (Koupoos, Mows, Moram, Murring) sind alle in vier Familien (Koomul, Looong, Angom und Ningthaja) getheilt (s. Mc Lennan).

In Chittagong mit angrenzendem Gebiete werden (bei Lewin) unterschieden: die Khyoungtha oder Kinder des Flusses (aracanischer Verwandtschaft) mit dem Chuckma-Stamm und die Thoungtha oder Kinder der Hügel (verschiedener Dialecte), wozu die Tipperah und Loosai oder Kookie gehören.

Die nach dem jedesmaligen Flusse benannten Khyoungtha (unter dem Roaja genannten Schulzen in ihren Dorfgenossenschaften) erkennen den Häuptling Bohmong (in Bundrabun am Sungoo) nördlich vom Kurnafoolee-Fluss an, und südlich den Mong-Rajah.

Die Khyoungtha am Koladine leben bei Tage am Lande, während sie sich zu Nachtzeiten (zum Schutz gegen Feinde) in ihre im Strom schwimmenden Häuser begeben.

Bei den von Chainpango oder Champa nugger eingewanderten Chukma (Tsakma oder Tsak, als Thek) oder Doingnak (mit den Toung jyngas) steht an der Spitze jedes Clan oder Goza ein Dewan (erblich als Ahoon bei den Thoungjynya) mit den Khejas als Gehülfen. The dialect of Arracan (in Chittagong) is the universal lingua franca (Lewin).

Die Vorfahren der (in Pankhos und Banjogee zerfallenden) Khyeng kamen aus einer Höhle (im Lhoosai-Lande) unter dem Häuptling Tlandrok-Pah (dem Zähmer des Guyal), bei dessen Heirath mit der Tochter Gottes (mit der donnernden Büchse beschenkt) alle Thiere (um Wege durch den Jungle zu öffnen) berufen wurden, und das Faulthier (Grossvater des Huluq-Affen), sowie der Regenwurm (weil nicht erscheinend) verflucht (beim Anblick der Sonne zu sterben). Bei dem dann ausbrechenden Feuer zogen die (von zwei Brüdern hergeleiteten) Stämme nach der damals kühleren Küste, und da keine Thiere für Nahrung getödtet werden konnten, nahm ihnen Gott (auf die Klagen seiner Tochter) die Sprache, damit sie nicht länger mit beweglichen Worten die Herzen der zum Todten Geneigten erweichen möchten. Neben Gott Patyen, dem Schöpfer der Welt (der im Westen die Sonne hütet) wird als Schutzgott des Stammes Khozing verehrt, dessen Haushund (der Tiger) deshalb keinen Schaden anrichtet. Als Mittler für Khozing werden die (Opfer verrichtenden) Koa-vang (die Macht haben, Tiger zu liebkosen) begeistert. Das Dorf Khozing's ist auf der Spitze eines Hügels von Kopfjägern gesehen worden, entfernt sich indess mit der Annäherung. Häuptlinge werden sitzend beerdigt. Die Abgeschiedenen gehen nach dem Hügel des Ursprungs, wo die Guten von Khozing für Wiederbelebung von Körpern zurückgesandt werden, die Schlechten aber, trotz Weinen und Klagens, dortbehalten.

Bei den Lhoosai (Kookie oder Lankhe) gehören die Häuptlinge (alle als blutsverwandt betrachtet) dem ursprünglichen Stamm Aidey an und dürfen als Lal geheiligt nicht getödtet werden (ausser in der Hitze des Gefechts). Das Haus des Lal bildet ein Asyl und der dort geschützte Flüchtling hat als Sklave zu dienen. Dem als Phuroi umhergeschickten Kreuzesstab werden je nach der Botschaft Embleme zugefügt. Beim Jahresfest (zur Zeit des Reissprossens) wird der Abschluss des Dorfes proclamirt. Beim Erntefest wird ein vom Häuptling im Walde umgehauener Baum in Procession herbeigebracht und im Dorfe aufgesteckt, um Opfer zu erhalten (s. Lewin).

Neben dem Schöpfergott (Patyen oder Putchien) werden die Geister der Bäume verehrt, sowie Sonne und Mond. Die Seele eines Sterbenden (unter den Kukie) wird von einem Geist fortgeschleppt (nach Rennel)· Nachdem dem Verstorbenen beim Todtenfest Getränk in den Mund geträufelt ist, wird die Leiche an Bäumen aufgehängt, um die beim Zerfall gesammelten Knochen in einer Urne zu bewahren, die vor Unternehmungen geöffnet wird, damit die Gebeine der Vorfahren befragt werden können. Die Wittwe muss für ein Jahr lang beim Grabe verweilen. Erbeutete Feindesköpfe werden im Dorf in einer Pyramide aufgestapelt.

Die Shendoo, von denen die Lhoosai nach Norden getrieben wurden, verehren neben Surpar, als höchsten Gott, Patyen, Khosing und Wanchang, zugleich den Geistern der Erde und des Wassers opfernd. Die Todten werden verbrannt[1]), und die Abgeschiedenen gehen nach einem friedlichen Lande, wo die Bäume alle Leibesbedürfnisse hervorbringen.

Im Süden (Raipur's) wird Bhawani und Bhim oder Bhima (Bruder Hanuman's, als Sohn des Windes in Vayu oder Bawan), im Norden Karo Byro verehrt (bei den Bhuniyas).

Neben dem Cultus der Sonne (Dharam's) und Boram's (Vira oder Mahabir Hanuman) bringen die Bhuiyas blutige Opfer an die Göttin Thakurani oder Thakurani Maie. Die Savaras (Bendkar's) oder (bei Plinius) Suari (Sabarae bei Ptol.) in Chamakpur (mit einer dem Uriya verwandten Sprache) verehren die Göttin Bansuri oder Thakuraini (s. Dalton). Bei den Buijwars

---

1) Im heiligen Brahmavartta (mit Kuruxetra) wurde die Veda (Vyasa's) durch den Brahmanen Sarasvata erneuert, aber mit Malhava, von seinem Purohita (Rishi Gotoma Rahugana) geführt, kreuzte Agni, als Vaisvanara für alle Menschen lernend, den Sandanira nach Mithila in Vutsa, wo dann Janaka in Herstellung eines (buddhistischen Allreichs herrschte mit Yajavalkya um das Recht der Xatrya zu brahmanischen Ceremonien streitend). Die Devarshis (neben Brahmarshis und Rajarshis) werden auf die Heiligen Nara und Narayana (die Allgottheit Narayana zur Zeit der einheitlichen Veda) zurückgeführt und folgen so der von Gautama Rahugana geleiteten Kolonie, in ihrer Verbindung mit dem Buddhismus durch den (den Nachkommen Daksha's) Enthaltsamkeit predigenden Narada, bis auf den die Kriege aufgebenden König Nemi (und den für seine bis auf die Thiere ausgedehnte Menschenliebe gestraften Bharata).

(Bygas des Mundla-Districts) der Bhumias (s. Egerton) empfängt die Mutter Erde (Mai Dharti) Verehrung (und Dharti bei den Kharwars).

Die Deori (oder Priester) richten ihre Verehrung[1]) (bei den Bhuiyas) an Boram (Dharsu Dheota oder die Sonne), zu der in heiligen Hainen (für die

---

1) Als Erymata oder Schutzwehren (s. Zoega) rühmte sich Rom sieben Dinge zu besitzen, „quae tenent Romanum imperium", die Nähnadel der Mutter der Götter, die Vejische Quadriga von gebranntem Thon, die Asche des Orestes, das Scepter des Priamus, den Schleier der Ilionea, das Palladium, die Ancilia (s. Servius). Bei Timoleon's Sieg schwitzte die Lanze des Gottes Adranus (s. Plut.). Vor der leuctrischen Schlacht schwitzten die Statuen des Herakles in Sparta (s. Cicero). Während Antonius' Krieg mit Cleopatra schwitzten die Statuen in Alba. Die (bei Arabern) Tilsama oder (bei Persern) Tsilmenaja genannten Bilder besassen die Kraft der Rede. Hasta Lanuvii se movit (Livius). Jupiter's Bild wandte sich nach rechts (das Bild Minerva's von Ost nach West). Latinus, im Treffen verschieden, wurde als Jupiter latiaris verehrt, mit Schaukeln (quoniam eorum corpus in terris nom esset inventum, ut animae velut in aere quaererentur). Beim Schaukeln für Bacchus wurde eine Larve angelegt (in Rom). Der bei Pessinus vom Himmel gefallene Stein der Göttermutter galt als Palladium. Abbadir deus est, dicitur et hoc nomine lapis ille, quem Saturnus dicitur devorasse pro Jove, quem Graeci βαίτυλον vocant (s. Priscian). Auffallende Steine (Baetylen genannt) wurden in Syrien und Phönizien, als beseelt vom Himmel gefallen, verehrt (s. Hoeck) und Uranos (b. Eusebius) geformt (als Aerolithen). Silicer nium (Nonius) funebre convivium (s. Varro). Die feralis coena wurde auf dem Grabe dargebracht (mit profusiones). Die Spira (quod est circulus non ad idem punctum reductus) genannten Kuchen wurden bei den Bacchanalen geopfert (weil Bacchus von Jupiter als Schlange mit Persephone gezeugt). In Ratara (Ahetra) wurde der Gott Luavasici verehrt (mit Bild eines Löwen). Im Neith-Tempel wurden Trauerdramen (δείχηλα τῶν παθέων) als Mysterien eines Gottes gefeiert (s. Herodot). Prinz Magnus (Sohn des Dänenkönigs Niels) brachte als Beute aus einem auf einer schwedischen Insel zerstörten Götzentempel Kupferpfannen (malleos joviales), die dort als Symbole des Donnergottes Thor aufbewahrt gewesen (s. Saxo). Die Tarid (Amulette) werden über Rauch aus verbrannten Knochen geräuchert (bei den Persern). Die Verehrung der Schlange, die in sich selbst vergeht (ἑις ἑαυτὸν ἀναλίσκεται) wurde von Taautes in Phönizien (für die Mysterien) eingeführt (nach Philo). Examen apum in arbore praetorio imminente consederat s. Livius) [Siam]. Als das Bild der Göttermutter vom Himmel gefallen, wird Tantalos für den Raub des Ganymedes von Ilos bekriegt. Die Agathoergi oder (b. Xenoph.) ἱππαγρέται standen, als auserwählte Krieger, im Dienste des Staats (in Sparta) für gefährliche Unternehmungen, wie Berserker (in Scandinavien). Unter den νόμιμοι ἐκκλησίαι (als ordentliche Volksversammlungen) wurde die κυρία ἐκκλησία in der Prytanie gehalten. Sobald der spartanische König an der Spitze der ἱππεῖς die Landesgrenze überschritten, befehligte er als στρατηγὸς αὐτοκράτως (s. Aristl.). Die Eintheilung nach Phylen (Hylleis, Dymanes, Pamphyloi), deren jede 10 Oben (der jede dieser 30 Geschlechter) umfasste, wurde (seit Kleomenes II.) nach den Stadtquartieren (Μεσόα, Πιτάνα, Κονόοουρα, Λίμναι, Δύμη) ersetzt (in Sparta). Neben den Spartiaten standen die freien (oder politisch rechtlosen) Periöken (und dann die Heloten). In den Phylen der Eupatriden bildeten die Geomoren die Ackerbauer und die Demiurgen die Handwerker (in Attica). Den Μύθακες wurden eingeborene Bürgersöhne als σύντροφοι zugegeben (in Sparta). Das Geschlecht (im Dithmarschen) zerfiel in Klüfte, „die oft durch viele Kirchspiele hinaus wohnten" (s. Dahlmann), mit gemeinsamer Verantwortlichkeit (der Klufftoettern). Neben den Kriegerstämmen (Pasargaden, Maraphier und Maspier) finden sich 3 Stämme der Landbauer und 4 Stämme der Hirten (bei den Persern). Aus dem Adel (priesterlicher) Lucumonen wurde ein lebenslänglicher König gewählt (bei den Etruskern). Unter den (priesterlichen) Geleonten war die Würde erblich (bei Eumolpiden, Buteaden u. s. w.). Neben dem priesterlichen Adel standen die Hopliten, als kriegerisch (in Athen).

Ernte) gebetet wird, und für Krankheiten an die Steingötter Dasum Pat mit seinen Brüdern Bamoni-Pat und Koisar-Pat.

Die Buniyas in Raipur stellen auf das Grab des Verstorbenen ein mit Mehl oder Reis gefülltes Gefäss, das nach dem Hause zurückgebracht in dem Eindruck eines Hühnerfusses die Wiederkehr des Geistes anzeigt. Zwerge zeigen Gänsefüsse (in Bern). In den Dörfern der Bhuiyas schlafen die Jünglinge in einem gemeinsamen Haus (Dhangar bassa oder Mandarghar) und so die Mädchen.

Die Bhuiyas in Keonghur zerfallen in Desh-Bhuiyas (Dash-Lok) oder Mal, Dandsena, Khatti und Rajkuli-Bhuiyas. Die Rajputen (in Singbhum, Gangpur u. s. w.) erhalten das Herrscherzeichen (im Tilak) von ihren Unter-thanen (den Bhuiyas). Bei der Thronbesteigung des Raja von Keonghur sitzt derselbe auf den Schoss eines Bhuiya-Häuptlings und nachdem ihm von dem Vornehmsten des Clan das Zeichen der Tika auf die Stirn gemalt ist, be-rührt er mit seinem Schwert den Hals des Anand Kopat genannten Bhuiyas (dem früher das Haupt abgeschlagen sei), worauf dieser, sich von den Knien erhebend, entflieht, und erst nach Ablauf dreier Tage, gleichsam als neu-belebt, zum Raja zurückkehrt (s. Dalton) [Kärnthen]. ·

Die früher in Singbhum herrschenden Bhuiyas wurden von den Ho (Kol) unterworfen. In den Parisnath-Hügeln erklären sich die Bhuiyas für Kscha-trya. In Pawri-Desh (unter den Bhuiyas von Keonghur) herrschen 60 Häupt-linge, die sich in geknoteten Stricken Botschaften zusenden.

Die heiligen Teiche und Haine der Bhuiyas sind Rama geweiht und die als Ueberbleibsel aus Jorasandhu's Heer geltenden Bhuiyas oder Bhungiyas (in Bhagalpur, Bihar und Dinajpur) verehren die Vira oder Geister ver-götterter Helden. Weil von Pawan-ka (Sohn des Windes) oder Hanuman stammend, bezeichnen sich die Bhuiyas (südlich von Singbhum) als Pawanban.

Während der Dynastie der Pal eroberten (aus indischen Colonisten) die zwölf Häuptlinge der Baro Bhuions (welche den Tank bei Barnskatta und Lakhimpur erbauten) die Residenz Lakhimpur, und ihre (von dort und den Ufern des Sabansiri bis Bisnath begründete) Herrschaft fiel (unter der Aus-wanderung nach Darrang) in die Gewalt der Ahom, während Lakhimpur (bei Gourinath's Flucht) durch die Moamaria und dann durch die Khamti verwüstet wurde (wie weiter durch Duphla und Miri).

Die Nodigal oder Dom wanderten als Fischer von Bengalen[1]) nach Assam.

Ueber Asambhinna, Fürsten der (über Burahi und Moran oder Moamaria herrschenden) Chutia (am Sri Lohit), gewannen die aus Benares gekomme-nen Brahmanen Einfluss und unter seinen Nachfolgern erlag Lekroy Raja (mit seinen Söhnen Burora, Maisura, Kolita und Kossi Raja) beim Angriff Samlungpha's.

---

1) Nach Vertreibung des Königs Firos-ra (bis Bengalen) setzte Rustem den König Suradja in Indien ein (nach Ferichta). Nach dem Schanameh führte Faramourz (Sohn Rustam's) eine siebenköpfige Schlange als Banner (bei den Kriegen in Indien).

50

Alaungsidu, Sohn der bengalischen Prinzessin, besuchte die von Anau-
rahta in Indien erbauten Tempel (von Pagan aus). Der birmanische König
wurde als der Fürst von Mien und Bengalen in China bezeichnet (zu Ku-
bilai's Zeit). Nördlich von Sudya wird die Herrschaft der Kolitas oder Kultas
gesetzt, deren Cultur-Objecte, den Dihong herabschwimmend, davon Kenntniss gegeben (s. Neufville), wie im Cauca-Thal. Kolita, Sohn des Chutia-
Königs Lekroy Raja, floh westlich, jenseits der Berge (vor Samlungpha). Die
Kolita (Kul-lupta), die (von den Xatrya stammend) den Titel Barman führen,
bildeten (vor Einwanderung der Brahmanen) die einheimische Priesterschaft
von Assam. Die aus Mithila (über Sambalpur) nach Bonai gewanderten Kolitas
verehren Rama-Chandra. Der Stammhalter der (aus Sakadwip oder Ceylon
gekommenen) Raja von Bonai wurde, von seiner Mutter unter einem Baum
gelassen, dort (zum Schutz gegen Feinde) von einem Pfau verschlungen und
(bis die Gefahr vorüber) in seinem Kropf bewahrt, weshalb der Pfau als
Wappen angenommen wurde (s. Hunter). Die von Assam nach Goalpara
gewanderten Nat bildeten die Sänger und Tänzer.

Nachdem (XV. Jahrb. p. d.) die Kocch oder Rajbansi unter Haju (Vishnu
Sinh's Grossvater) die Herrschaft der Kacchari, welche (mit den Chutia) das
Hindu-Königthum in Assam beendet hatten, gestürzt, wurden sie, von den
Mohamedanern aus dem westlichen Kamrup und aus dem östlichen durch
die Ahom vertrieben, auf Kocch-Behar beschränkt.

Visu (Enkel Hajo's) berief (neben den Kolitas) Vaidiks von Sribatta oder
Sylhet, worauf der Tantras verfasst wurde.

Als Bisu (durch die Kamrupi-Brahmanen für den Sohn des Gottes Sib
erklärt) den Titel Biswa-Sing (wie sein Vetter Sisu den von Siba-Sing) angenommen (unter den zu Rajbangsi gewordenen Kuchis), nahmen alle Nachkommen seiner Mutter Hira den Titel Deb [1]) an und alle herrschenden Fürsten
den von Naraiyan (s. Robertson).

Die Ahom unterwarfen zuerst die von den Kocch nach Ober-Assam getriebenen Chutya, dann die Bara-Bhuyas und weiter die Kocch, wie die
Durrang Raja (aus Kuch Behar). Die (dravidischen) Savaras (nach Aus₁
treibung der Kol) gründete das, bis zu den Kocch (Kamrup's) erstreckte Reich.

Die Cheros in Shahabad wurden theils durch die Savaras oder Suars,
theils durch die Harcha ausgetrieben. The Cheros are sprung in a mysterious
manner from the Ashan or seat of Choin-Muni (als Rishi).

Mit Bisho-Singho, als erstem König Kamrup's, war Visva-Karma oder
Bisha-Karma, der Fürst der Sutia oder Chutia, gleichzeitig, und über die
aus Kürbissen entstandenenen Bewohner Assams begründete Khunlung-Khunlai
seine Herrschaft, aus dem Stamm Indra's.

---

1) Proximus majestati regum, magorum ordo est, ex hoc duces in bello, ex hoc rectores
in pace habent (die Parther). In superstitionibus atque cura deorum praecipua omnibus
veneratio est (s. Just.). Quae, malum, ista dementia est, iterari vitam morte (Plinius).
Während Odhin leblos lag, eilte die Seele umher (als Vogel, Fisch, Wurm u. s. w.). Bei
Yima's Lüge verliess ihn das Qareno (Khorra) oder (Glanz der) Majestät (in Vogelgestalt).

Den Riesen Hirimba tödtend, vermählte sich Bhim, Sohn Raja Pandu's, mit seiner Schwester, als Ahn der Könige von Kachar, unter welchen Raja Chakardaj die Festung Dhimapur Nuggur (am Dhansiri) erbaute, aber vor Kalapahar aus Indien nach Mybong flüchtete, worauf die Residenz nach Kaspur verlegt wurde.

Nachdem die Chutia die Herrschaft der Bara Bhuions (als zwölf Häuptlinge aus den indischen Colonisten) gestürzt, begründeten sie ihre Herrschaft in Lakhimpur bis Bishnath. Am Nordufer des Brahmaputra herrschten die Chutia bis Chardwar.

Die Festungen der Hindu auf den Hügeln Assams sind zur Vertheidigung gegen die Ebene gerichtet.

Nachdem unter Raja Debeswar sich die Tantra-Lehre ausgebreitet und Dharma-Pal den Tempel in Tezpur erbaut, wurde der an glückverheissenden Fusssohlen erkannte Hirte der Khyen von den Brahmanen auf den Thron erhoben und berief, als der Fürst Nilodhoj herrschend, die Brahmanen aus Mithila nach Assam. Unter seinen Nachkommen wurde Nilambor in Komatapur durch die Mahomedaner aus Gour gestürzt.

Nach Herrschaft der Brüder Chondon und Madon folgte die Eroberung der unter Hajo vereinigten Stämme der Kuchis (mit Kolitas als Priester) und von Bisu oder Biswa-Singh, Sohn der mit Herya (aus den Mech) verheiratheten Hira (Tochter Hajo's) wurden die frommen Bardik von Srihotta (Sylhet) berufen, als Kamrupi-Brahmanen. Unter seinen Nachkommen wurde Dhaj Naraiyan von den Ahom angegriffen und später endete die Dynastie mit Bishtu Naraiyan.

Mit dem Mond (Sussi) nach dem Blumengarten (Puloni bari) des Eremiten Bujistha-Muni (bei Sudya) kommend, um sich zu ergötzen, wurde Indra von dem Fluch des Heiligen getroffen, und in Folge desselben durch ein schönes Weib aus dem gemeinen Volk verführt, so dass ihm der Sohn Tenkam (Vater des Kunglung-Kunlai) geboren wurde.

So waren es zwei Enkel Indra's (Kunlung und Kunlai), welche neun Lacs von Ahom (und manche andere Völker) vom Himmel auf die Erde brachten, mittelst einer goldenen Leiter, die auf Himalai-Purbutt (dem Himalaya-Berge) stand.

Von Kunglun-Kunglai oder von Khunglai's für 70 Jahre dauernde Herrschaft bis auf Sukapha gilt die Periode Itotau.

Die sechszigjährige Periode heisst Tau-singatu (bei den Ahom). Unter den Nachhommen Khunlai's (Bruder Khunlung's) herrschte (in Indras Stamm) Chukapha, als erster König der Ahom (1228 p. d.).

$$
\begin{aligned}
\text{Leng} &\ldots = 1 \\
\text{Seng} &\ldots = 2 \\
\text{Sam} &\ldots = 3 \\
\text{Chi} &\ldots = 4 \\
\text{Har} &\ldots = 5
\end{aligned}
$$

In der Kalender-Rechnung der Ahom-Fürsten heissen die Jahre:

$$
\begin{aligned}
\text{Kapotí} &= 1 \\
\text{Daplau} &= 2 \\
\text{Rainit} &= 3 \\
\text{Mungmau} &= 4 \\
\text{Plaksi} &= 5 \\
\text{Katsau} &= 6 \\
\text{Kutsinga} &= 7 \\
\text{Rungmut} &= 8 \\
\text{Tausan} &= 9 \\
\text{Karau} &= 10 \\
\text{bis auf Kakeo} &= 60
\end{aligned}
$$

Unter Khubliai's (als ersten Königs von Pong) Nachkommen folgte auf Murgnow sein Sohn Chukampha, dessen Bruder Chamlongpha (nach Besiegung des Basa-Königs von Bangsa, Hauptstadt Kachar's) sich in Assam niederliess.

Der Asure Norok erhielt von Krishna das Land Kamrup (mit Kam-Pith, Ratno-Pith, Sewarna-Pith und Choumar-Pith), um im Tempel Gowhatti's den Dienst der Liebesgöttin Kamakhya zu pflegen, und wurde, als zur Verehrung Siwa's abfallend, durch seinen Sohn Bhagadatta ersetzt. König Naraka dehnte seine Eroberungen durch Assam aus.

Unter der Herrschaft (in Kamrup) des Raja Debeswar wurde der bisher nur den Gelehrten bekannte Cultus Kamakhya's oder Kamaswari's Allgemeingut des Volkes (nach der Jogini Tantra).

Zu Hiuenthsang's Zeit trug der vom Gotte Narayana Deva stammende König von Kia-mo-leou-po (Kamarupa) aus der Kaste der Polomen (Brahmanen) den Titel Keoumolo oder Koumara.

Auf einem den Brahmaputra überhängenden Hügel bei Tezpore wird der in Folge eines Fluch's versteinerte Webstuhl Sita's (Rama's Gattin) ausgedeutet, sowie der Eindruck ihres Sitzes.

Die in Assam gefundenen Kupferplatten[1]), auf Landbesitz bezüglich, sind auf der einen Seite mit dem Devanagari-Character beschrieben, auf der andern mit assamesischer Schrift.

Die Inschriften der Monumente Tezpore's datiren aus dem XI. Jahrh. p. d.

Von der unter dem Namen Ladhya-gir erbauten Heerstrasse der Raja finden sich Ueberreste bei Jaipur.

---

1) There are preserved in the Tuckabatche's town, on the Tallapoosee river, some thin pieces of wrought brass, found in the earth, when the Indians first dug for clay to build in this place. Nobody can tell how long since they were dug up, but the Indians preserve them as proofs of their right to the ground, having descended to them by their departed ancestors from time immorial (bei den Creek). The middle-seized one has two letters. (If any one, who has not been consecrated for the purpose, by fasting or other exercises, should touch them, he would certainly die, and sickness or some great calamity would befall the town.) Three brass and four copper plates (s. Schoolcraft) [Mormon].

Nachdem Rajeswar Singha (1751 p. d.) die Strasse Barua-Alli angelegt
hatte, folgte der Bau der Noa-Alli genannten.

Die beim Strassenbau in Assam verwendeten Ziegel sollen mit Eier und
Fischen macerirt sein.

Als Kamrup im Westen, Namrup im Osten und Gadhagram in der Mitte,
wird Assam durch den Brahmaputra in Uttargorah und Dakhingorah ge-
schieden.

Assam gilt als der Ursprung der Tantra-Lehre von den Sakti, die von
dem Tempel Durja's, als Kamakhya's, aus, in die Vedas und Puranas ein-
gedrungen.

Als vom König Ballal-Sen in Bengalen bedrückt, die Vaidik-Brahmanen
(900 p. d.) nach Assam auswanderten, folgten sie der Yajur-Veda, der Kraft
der Opfer vertrauend, unter den Brahminen oder (im assamesischen Dialect)
Bahmun.

In den Tempeln Siwa's zu Sibsaugur wird (Vishnu's) Salagram-Stein
verehrt.

Die als Händler Assam besuchende Marwari oder Oswal sind Jainas.

Das Bild Maha-Muni's (im Tempel von Haju) wird weither von Pilgern
besucht (auch aus Bhutia).

Unter (Hanuman's) Affen im Thakeswari-Tempel zu Goulpara werden
der König und die Königin heilig gehalten.

Surampa (oder Bhoga Rhaja), der mit seinem Sohne lebenden Wesen
(um im Jenseits zu dienen) hatte begraben lassen, wurde durch seinen Bruder
Naria Raja entthront (1654).

Der erste Guru (Gosain Onirud) der Moamaria (oder Muttuck) residirte
auf der Insel Majuli, und dann wurde der Sitz nach Kutia Patta (bei Jorhaut) verlegt.

Die Muttuck wurden aus der bei Moa Mureya gefundenen Shaster von
den Gosain (Madhoo Deo und Sunkur Deo) zum Dienst des Krishna bekehrt.

Nahor, der Moa Murya Muttuck Gosain, hiess Ustobloj, weil acht Hände
simulirend, indem drei hinter ihm stehende Gehülfen die fehlenden ergänzten.

Die Gosain (Brahmanen aus Sudra) schicken ihre Bukdur oder Schüler
nach den Kopfgeld zahlenden Dörfern, um dort, am Cultus Narayana's, als
Vishnu's, nebst Siva, die Leichenverbrennungen und Bestattung der Knochen
zu besorgen.

Die Verehrung Rama's bei den Ackerbauern wird unter den Hirten durch
die Krishna's verdrängt. Die Dynastie Holkar wurde von dem Hirtenstamm
der Gareris (oder Gopas) gegründet. Beim Fest Nandi-mukh (in Bengalen)
opfern die Sadgop (unter den Goalas oder Gopas) ihren Vorfahren. Beim
Holi-Fest wird die Hexe Holi verbrannt, die als Amme Krishna's denselben
durch ihre vergifteten Brustwarzen tödten wollte.

Die Assamesen weisen unter den Kasten die niederste den Dom zu, von
Hindu-Abstammung, mit Fischern, Goldschmieden u. s. w. Dann wurden

unterschieden die Chutia-Dennu, die vor dem Raja mit dem Bogen spielten, die Dhutia-Hindu, sowie die Goharpillia, welche die Leiche des Raja zu Grabe trugen (und zwar die erste Klasse die Oberkönige, die zweite die Unterkönige), die Saudang zum Hinrichten.

Die Kaste der Chutia, weil sie die Veda und Purana angenommen, wird höher geachtet, als die der Ahom, früheren Verehrern Indra's.

In höherer Kaste als die Hari, die früher zu den Fegern (Sweeper engl.) gehörten, stehen mit den (besonders bei Jorhaut ansässigen) Goldschmieden (Sona oder Gold) die Chonari. In Kingsze (Hanshau) musste Jeder auf Befehl des Königs dem Gewerbe des Vaters folgen (s. Polo).

Die sieben Hatguri der Assamesen begreifen neben dem fürstlichen Stamm (der Borgohai, Buragohai, Borpattrogohai) die Settia, Dura, Shandigoi und Dihingia.

Unter den Landbauern bei Debrogurh dienten die Barahi dem Raja als Fänger von Elephanten, dieselben zu zähmen, und die Barahi züchteten Schweine. In Titabor (bei Jorhaut) wird die Verfertigung von Messinggefässen betrieben.

Durch den Purdah genannten Brauch werden die Frauen[1]) in Assam verborgen gehalten.

Die Assamesen verehren an dem Nam-ghor oder Haus (Ghor) des Namens (Nam) genannten Ort den Namen Gottes unter Gebetsanrufungen, indem sie entweder in der eigenen Wohnung einen Raum dafür abstecken oder im Dorfe ein besonderes Gebäude zu solchem Zwecke aufrichten.

Der Fluss Buk-doi, der früher in den Brahmaputra fiel, wurde durch den Raja von Jorhaut, kraft eines Opfers (Buk) von seinem Laufe abgelenkt und verliert sich jetzt im Sande.

Der Fluss Deopani (bei Sibsaugur) sprang hervor, um die fünf Assamesen, die beim Puja der Gottheit fluchten, zu ertränken.

Die astrologischen Bücher der Bailung (unter den Assamesen) waren auf Zeug geschrieben.

Die Bilum wahrsagten aus den Knochen der Geflügel. Bei Dulbuggong findet sich Saraideo-Parbutt (der Berg des Vogelgottes) und Sarai-Deo (sarai oder Vogel) galt als älteste Hauptstadt Assams.

Die von Sukaifa (in Sarai-Deo) beherrschten Stämme wurden bei den Ahom (A-sama oder Unvergleichliche) als Baraha (Schmutzige), weil Alles essend (auch sich selbst), sowie als Matok (Unwissende), weil ohne Regierung gesetzlos lebend, bezeichnet.

Zwischen Debrogurh und Sudya leben als Ackerbauer (unter Gosain) die Stämme Barahi-Matok (deren Sprache von der assamesischen abweicht). Die Stämme Barahi und Matok streiten um den Vorrang.

---

1) Andramyte, roi des Lydiens, fut le premier qui rendit des femmes eunuques, heisst es (nach Xanthus) bei Athenäus (s. Villebrune). Die Kinder wurden geboren ohne ihren Vater zu kennen (s. Theopompus), wegen Gemeinsamkeit der Frauen (bei den Tyrrheniern).

Nachdem in der Berathung der Himmelskönige, Lengdun und Thenkhan, die Brüder Khunlung und Khunlai (Khunlai und Khuntai) zu Erdenkönigen (vom Gotte Tenkam) eingesetzt waren, mit ihren Ministern (Gai Mantri) oder Räthen, Khuntun (Sohn des Mondes) und Khunbun (Sohn der Sonne), stiegen auf goldener Leiter die 12 Familien der Phokun und Burunas auf den Hügel' Charai-Karang (in der Patkoi-Kette) herab, worauf (nach Khunlung's Rückkehr zum Himmel) Khunlai über die (zu den Shan gehörigen) Ahom herrschte (XIV. Jahrh. p. d.).

Das Königreich der Shan (mit dem Stamme Mau) oder Müng-Mau (Land der Mau) wurde (in Munipur) als Pong oder Bong bezeichnet (Kusambi oder Ko-Shan-Pi).

Nachdem die Ahom den Dihing (den Grenzfluss im Osten) überschritten, bauten sie Hulugari-nugur, als Hauptstadt, und dann Gerghaon, worauf die Residenz nach Rungpur verlegt wurde und weiter (durch Gurinath) nach Jorhaut.

Sukempha oder Chukampha, Sohn des in Mogoung (Hauptstadt von Pong) oder Munkhum über die Shan herrschenden Murgnon (777 p. d.) sandte, zur Eroberung Basa's (Bangai's), der Haupstadt Kachar's, seinen Bruder Samlongpha, der dann (über Kachar, Tipperah und Manipur nach dem Thal des Brahmaputra vordringend) Assam eroberte, Khanjang (jenseits der Patkoi-Kette) gründend und (nach seinem Abfall) durch seinen Sohn Chownakhum die Dynastie der Könige von Assam (mit einem Gouverneur oder Taman in Sudya) stiftete, deren Reich durch die Eroberungen Chukapha's (1228 p. d.) oder Chukupha's ausgedehnt wurde, mit ferneren Erweiterungen durch Chukampha, Enkel Chubinpha's (Enkel's Chukapha's) flussabwärts (1364 p. d.), indem Chutupha (Bruder Chukampha's) die Chutia (bis Chardwar) unterwirft.

Die Hauptstadt Gargawn oder Gerghong wurde (1539 p. d.) durch Chukhenmung erbaut, der Tempel Siba's (Maheswar's) am Dhihing (1611) durch Chuchenpha (Sohn Chukhenmung's), von Brahmanen bedient. Unter Chukupha's Nachfolgern trat Chutumla zum Hinduismus über, als Jaiyadaya-Singh.

Nach dem Einfall Mir Jumla's, Subadar's von Bengalen (1662 p. d.), unter Jaiyadhaya-Singh's oder (Chutumba's) Chutumla's (Enkel Chuchengpha's) dehnte Rudra Singh die Herrschaft der Ahom über das Thal von Assam aus (1699 p. d.), die Stadt Rungpoor erbauend (und einen Circus für die Tulatuli genannten Spiele). Unter der Herrschaft Lakhmi Singh's folgte (1769 p. d.) der Aufstand der Moamoriah's.

Während Gourinath vor den Moamoriah (nach Niederlage der Manipuri bei Jorhaut) nach Gowhatti flieht (1788), wird Bietu-Narayan, König von Darrang, durch Kisshen in Narayan gestürzt.

Purunder Singh wurde von den Birmanen angegriffen (1823), als Raja Chunderkant verjagt (1820), bis zur Englischen Besetzung (1824).

Ahom, als Nachkommen der alten Königsfamilie, fanden sich in Jorhaut, und Sitze alter Ahom wurden ohnedem in Lahing (bei Amguree), in Chilaguti (bei Nazarah), und Kalegogerah (bei Sibsaugar) ausgedeutet (1879). Als die Ahom die Residenz Indra's verliessen, erhielten sie von ihm das Bild ihres Gottes (Hum-Deo) Sum oder Hum (auch als Priester fungirend). Nachdem die fürstlichen Brüder auf den Hügel Chorai Korong in der Patkoi-Kette (bei Gorgango) herabgestiegen, zog Khunlai weiter, um Nara zu gründen, während Khuntai mit dem Gotte Chung zurückblieb.

Durch ein Hundesopfer wurde die Patkoi-Kette als Grenze bestimmt und bei der Eroberung Assam's erhielten die Nora (Nara) dann die Bezeichnung als Ahom.

So lange die Ahom auf der Patkoi-Kette verblieben, wurde der Verkehr mit dem Stammvater Indra unterhalten, und als die Auswanderung statthatte, erbaute Sukafa Raja die Hauptstadt Charai-Deo (bei Santuk), wo er über die Stämme Barahi und Malak herrschte (1233 p. d.). Beim Zuge der Ahom nach Assam wurden die zu den Shan gehörigen Phaki zurückgelassen, um die Verbindung mit Mogoung offen zu halten.

Als die Götter (Deotas) einen Raja auf Erden einzusetzen beschlossen hatten und Kenkam dazu bestimmt war, schlug er seine Söhne Khunlung und Khunlai vor, und von diesen wurde Khunlung durch Indra als Herrscher bestimmt, unter Verleihung eines Schwertes (um die Widersetzlichen zu zerhauen) und in Begleitung des Priesters (Deo) Sum. Diesen auf dem Haupte tragend, stiegen sie an eiserner Kette in das königlose Land Mungri-Mungram hinab. Dort bemerkte Khunleng, dass Kasing-Mum im Himmel vergessen sei, und als Khunlai beauftragt wurde für das Nachholen, erklärt sich Longu dazu bereit. Nachdem Indra benachrichtigt war, dass neben Kasung-Mum auch das Schwert im Himmel zurückgelassen sei, übergab er es dem dafür geschickten Longu und als Kasung-Mum, der Vorzeichen wegen, von Khunleng und Khunlai gegessen war, liess Khunleng (oder Khunlung) eine Hauptstadt erbauen, für sich als König und für Khunlai als Unterkönig. Als bei dem Aufstande seines Bruders Khunlai vertrieben, Khunlung mit Sum-Deo zu Indra flüchtete, um dort seine Klagen vorzubringen, wurde er (als unfähig für die ihm bestimmte Herrschaft erkannt) in Mungkung mung mit der Regierung beauftragt, und dort folgte ihm sein ältester Sohn, während die übrigen der von Indra übergebenen Länder unter die jüngeren Söhne durch Longu vertheilt wurden. So hatte der in Mukula folgende Sohn Khunlung's die Pflicht, für seinen ältesten Bruder in Mung-kong den Dihing voll Wasser zu halten, der in Ava (Birma) Eingesetzte einen Tribut an Edelsteinen zu liefern u. s. w.

Im Streit mit seinem Bruder war Khunlung aus dem Thal des Shueli-Flusses über den Jrawaddi nach dem Khyendwen gezogen, wo Maing-Kaing-Maing-nyaung gegründet wurde, und unter seinen Nachkommen herrschte

Kham-pong-pha in der (von Khun-lai gegründeten) Hauptstadt Mung-ri-Mungram oder Mung-Mau als König (über die Mau-Shan).

Unter den Ahom Rajah waren von den Bichoja (Mozodars oder Landbesitzer) die drei Rangstufen der

> Bura-Gohai
> Borpatta-Gohai
> Bor-Gohai

als die höchsten geehrt, und durften allein sich der Kekkoradulla genannten Sänfte bedienen (mit Flagge, Schild und goldenem Schirm geschmückt).

In ihren Diensten stand der Muntri genannte Minister (über 1000 Krieger), sowie drei Untergehilfen (Datti-ulia-gohai) der

> Hodia-cua-gohai
> Cholal-gohai
> Morongni-cua-gohai

als Markgrafen (an den Grenzen).

Dann folgten die (einen mit Seide verbrämten Schirm tragenden) Beamten der Borburua und Borpukon.

Während der Residenz der Ahom-Könige in Sibsagor hatté der in dem entfernten Grenzdistricte Gowhatti eingesetzte Borpukon die Würde eines Vice-Königs.

Unter diesem (Borburua und Borpukon betitelten) Gouverneur standen 9 Beamte:

> Nau-buésa-puka
> Pani-pukon
> Biturual-pukon
> Duodeka-pukon (doppelt besetzt)
> Duodehinja-pukon (doppelt besetzt)
> Nao-pukon
> Settia-pukon

mit drei Dienstgehülfen:

> Nauge-pukon
> Niaihoda-pukon
> Sangrun-pukon

und unter diesen die in der Saugi genannten Sänfte (ohne Dach) getragenen Angestellten Nibukial-ras-cua und Bossa-ras-cua. Weiter folgten 14 Unter-Beamte:

> Oboi-puria-rahs-cua (in drei Personen)
> Nam-dungia-rahs-cua
> Dikumukia-rahs-cua
> Gos-curia-rahs-cua
> Dojungnia-rahs-cua (in drei Personen)
> Giladuria-rahs-cua

und ihren acht Dienern, als

Settia-pattu-burua (in zwei Personen)
Gopulia-burua (in zwei Personen)
Sangrungur-burua,
und mit ihnen schloss der Adel ab.

Die nächst tiefere Klasse begriff die fünf Vornehmen, durch silberver-
brämten Schirm, sowie die Puri-Sangi genannte Sänfte ausgezeichnet, als

> Sula-dura-pukon
> Karguria-pukon
> Dekial-pukon
> Naucholia-pukon
> Tamuli-pukon

mit ihren (durch einen Schirm und halbgesilberten Rock belehnten) Dienst-
beamten, als

> Siring-Pukon
> Katuburua
> Chulpaniburia.

Darauf folgten die (sich der Dekor-Sangi genannten Sänfte bedienenden)
Gehülfen, als

> Salvari-Pukon
> Gondia-burua
> Musumdar-burua
> Konnikor-burua
> Channia-burua

In dieser Rangklasse erhielten die mit Töchtern des Raja vermählten
Gatten ihren Platz, wenn ohne Anstellung im Staatsdienst verbleibend.

In der darunter angeschlossenen Rangstufe fanden sich

> Sangmai-burua (der Koch des Fürsten),
> Tipomia-rahs-cua (der Haushälter des Fürsten oder Truchsess),
> Hatti-burua (der Elephantenführer des Fürsten),
> Gora-burua (der Pferdezäumer des Fürsten),
> Kukura-cua-burua (der Hühnerhalter des Fürsten).

Dann folgten

Dulakachuria-burua (in zwei Personen) für die fürstliche Sänfte.
Saudangburua (doppelt besetzt), als Henker,
Sora dora burua, der Wasserschenker am Hofstaat,
Bäs-burua, der Leibarzt,
mit ihren Dienern

Dulia burua (drei Personen), zum Anfertigen der Sänfte,
Dorrab Dorra burua, als Krankengehülfen,
Kaht Kuttiah burua, Holzschläger zum Bau des Palastes,
Mulia-burua, für die Hausgeräthe des Fürsten,
Ghyu-burua, das Fett oder Ghi für die Mahlzeit des Fürsten liefernd,
Paki-burua, als Vogeljäger des Fürsten,

und weiterhin, als Gehülfen:

Gospuria-burua, zum Besuch der Provinzen, als Gesundheits-Inspektor,

Silakuti-burua, der Steinlieferant des Fürsten,

Sorai-moria-burua, Vögel liefernd für den Hofstaat,

Deni-susa-burua, der fürstliche Bogenbewahrer,

Sutu-kia-burua, als Ceremonien-Meister, Besuche beim Fürsten einführend,

Duri-burua, der Thürwächter.

Weiter folgen im Beamtenstande

>Raidunia-pukon
>Parbuttia-pukon
>Kongia-pukon
>Saringia-pukon
>Tipomia-pukon

mit ihren Dienstbeflissenen, als

Raidunia-burua (Wächter am Aussenbezirke des Palastes),

Parbuttia-burua (Wächter im Gebirge),

Kongia-burua (Forstwächter im Jungle gegen Holzdiebe),

Saringia-burua (das Lustschloss des Fürsten bewachend),

Tipomia-burua (die Arbeiter des Raja mit Lebensunterhalt versehend).

In der ferneren Reihe von neun Beamten stehen (zum Schlichten der Streitigkeiten unter Dorfbewohnern) drei Vornehme an der Spitze:

>Puroni-mel-burua (als Oberster),
>Mari-mel-burua (als Mittlerer),
>Chosu-mel-burua (als Unterer).

Wenn der Raja auf seinen Reisen ein Dorf besucht, haben sich an dem für ihn errichteten Haus gegenwärtig zu finden:

>Napihl, der Barbier,
>Comar, der Grobschmidt,

sowie

>Malochosia, zum Liefern von Blumenketten,
>Tamuli-Phukon (als Betelträger),

weiter (neben dem Stuhlbereiter) Murachosia,

dann

>Kapordoria, als Aufseher der Kleider,
>Soldia, zum Liefern von Waschwasser,
>Piradia, das Fussgestell hinzuschieben,
>Gamosa duria, die Handtücher zu reichen,
>Sulichosia, zum Kämmen (oder Frisiren),
>Sattodoria, der Schirmträger.
>Bisonoduria, zum Fächern (oder Wedeln).

An Borburua-phukon oder (bei seiner Abwesenheit) an Borphukon (mit ihren Nyai-choda-phukon genannten Dienern) war die Hut des von dem Fürst bei seinen Mahlzeiten besuchten Esshauses (oder Randoni-ghor) übertragen.

Der Bor-Phukan. oder Vizekönig des Ahom-Fürsten residirte in Gowhatti (Hauptstadt des unteren Assam).

Die angesehensten Stufen unter den Phukan (über den Buriah stehend) bildeten (bei den Ahom) die

Tschallalorah-Phukan

Bor-Phukan

Nowbowetscha-Phukan

Tamuli-Phukan.   *

Die seinen Grossen und Edlen aus der freien Bevölkerung Assam's vom König zugewiesenen Sklaven hiessen Bohoteah.

Von Hokung eingewandert erhielten die Ahom, als Verehrer Indra's, die Bezeichnung Mogangja oder Fleischesser bei den Hindu.

Die Siring oder Priester der Ahom opferten der Gottheit (Deo) von Sudya durch die Chilaguti oder Steinhauer (bei Sibsaugar) [Tamol].

Als Deo-dhai wurden die Priester der Assamesen vom Dhai oder Häuptling (bei den Ahom) bezeichnet.

Bei Unglücksfällen (Dürre, Krankheit u. s. w.) opferten die Raja von Assam unter Bäumen auf hohen Plätzen mit Sprengen von Blut, den Deo unter Gebeten in der alten Sprache der Ahom anrufend.

Als Astrologen wurden die Bailung von den Königen. Assam's wegen Prophezeiungen consultirt.

Die Raja von Assam, als Sargi-Raja (swarga oder Himmel), verehrten nach dem Uebertritt zum Hinduismus keine Idole, weil selbst eine Einkörperung der Gottheit.

In den Grabgewölben der Rajah von Assam wurden seine Schätze und Elephanten beigesetzt, dann Frauen und Sklaven. und daneben ein lebender Mashalchi (Fackelträger), um die Lampe zu unterhalten.

Die Puttie oder (alten) Bücher der Ahom waren auf Papier aus der Rinde des Chasiyas-Baum's) geschrieben, und nnr den Bulanga's (Gelehrten) verständlich, als Sassa-pat (des Sassa-Baum's). Die Tinte wurde aus dem Horitoki genannten Saamen gefertigt unter Macerirung mit Kuhurin und Schwarzfärbung durch Eisen.

Alte Bücher sollten bei den Ahom im Dorf Kalligura bewahrt werden (1879).

Die Hauptstadt der Ahom wurde von Huluguri-nugur (am Dihing) nach Gerghaon (am Dikho) verlegt, und dann nach Rungpur, sowie ferner nach Jorhaut, Gowhatti u. s. w. u. s. w.

Wie in Tenasserin und dem Salwen-Thal wohnen im Delta des Jrawaddy und am Sittang (mit Ausläufer in die Peguer Yoma Kette) die Sgau und Pwo (unter den Karen), während die Bwe (zwischen Sittang und Salwen) in die (mit Shan gemischten) Yen (bis zu Kakhyen und Singpho), sowie in die Kakui und Lawa (zwischen Salwen und Mekong) übergehen. In Birma

weisen noch die Khyen auf Ka-Khyen zurück, und am Grenz-Gebirge Annam's reihen sich an die Stämme der Kha[1]).

Die Caraian aus Carajan (in Yunan) wurden als Carian (bei Sangermano) auf die Karen oder Kayen bezogen, und Mason geht von den Kirata
(mountaineer and outcasts in India) zu Arrian's Kirrhadae. Die Byoo (Pyoo),
Kanyan oder Kanran und Thek gelten als Vorfahren der Birmanen (in Ahiedia).
Bei Ankunft der buddhistischen Missionare war das Land von Ungeheuern,
als Beloo (in Birma) oder Rek-Khaik (in Aracan), bewohnt. Der frühere
König der Toung-tha (sprachlich den Pwo-Karen verwandt) residirte in Thatung. Die Traditionen der Karen sprechen von der Stadt Hotaylay (aus
Gold und Silber). Keik-k'mee (behold the gods) oder Amherst wurde nach
den auf einem Holz aus Ceylon anschwemmenden Göttern benannt (s. Haswell).

Die den Chinesen bei der Einwanderung folgenden Karennee oder Kayas
wurden von den Birmanen nach dem von den Shan vor ihnen geräumten
Lande getrieben. Die Pape-Sifu wohnen an den Grenzen Yunan's. Die
wilden Stämme in Kwei-chau und Szchuen heissen (verschieden von Miautze)
Wu-man oder schwarze Eingeborene[2]) (P. Smith). Talaing (Telinga) wird
(birm.) aus Tee (Mann) und dalaing (Wasser) erklärt (Kling Kalinga's).

Die Mopgha (mit den wilden Tanbya) bezeichnen sich als Piezan (Mann)
oder Plan (Piedo), die Bghai oder Bwe (mit Kayas oder Red-Karen, Tsawkoo, Padoung, Hashwies, Prays u. s. w.) als Pieya (Mann). Die über Thatone
(bei Moulinlin) eingewanderten Kay oder Gaykho (oder Red Karen) heissen
(als Kaya oder Kayong) auch Pra-ka-young oder Ka-young (Mensch). Zu
O'Riley's Zeit wurden die westlichen Karennee von Koontee und Koonsha (Sohn
Khepogee's) beherrscht, die östlichen von Saw-la-paw, die nördlichen von Pho-
Bya (sowie durch Kephogee), die südlichen von Pando. Bwe leben in langen
Häusern zusammen, mit vielen Familien. Während die Karen wechselnde
Feldwirthschaft trieben, kamen die Karen-nih zu festen Sitzen.

Die Leiche eines Häuptlings wurde (bei den Gaykho) über einen in eine
Grube eingesenkten Sklaven gelegt (unter Zufügung von Provisionen), während das Pferd des Verstorbenen (s. Mc. Mahon) neben dem Grabe ange-
bunden wird. Der Körper hervorragender Häuptlinge wird versteckt begraben, denn wenn die Shan oder Birmanen des Schädels habhaft werden
könnten, würde das Land der Karennee in ihre Macht fallen. Die für die
Todten bestimmte Speise wird von den Karen in Miniatur-Häusern[3]) niedergelegt.

1) Beiträge zur Kenntniss der Gebirgsstämme in Kambodia, Zeitschrift der Ges. für
Erdk. 1866 (Geographische und Ethnologische Bilder S. 111).
2) Appellabatur is Ephines, sed quod Indica lingua Cale pro Salve ad obvios diceret
Calanus dictus est (Plut.), und Kalah der Fremde (in Birma).
3) Die Peruaner setzten die aus den Gräbern geholten Mumien beim Seelenfest zwischen
sich vor den Esstisch, nachdem sie dieselben in den ihnen gewohnten Bädern gebadet.
Die Seelenbäder (als Kirchenstiftung) dauerten vom VII. bis XVII. Jahrh. (in München).
„Erkühle die, so in den heissen Stuben sind" („O, Herr, schenke den armen Seelen zu
einem Bade Geld, deinen blutigen Schweiss, deine heissen Zähren", u. s. w.).

Gott Eapay schuf Himmel und Erde (bei den Karennee). Unter den Karen lebend, wurde durch ihren Ungehorsam Gott zur Entfernung veranlasst, bis nach dem siebenten Himmel. Es sei die Frucht des Drachens gewesen, wodurch die Frau Eu und der Mann Thanai zum Abfall von Gott veranlasst. Als bei der Fluth nur die Spitze des Nattoung herausstand, trocknete dann der Gipfel des Poghaw genannten Berges, so dass dort der Vogel Pogbaw niedersitzen konnte. Bei der Fluth aufsteigend, trieben zwei Brüder auf einem Floss zum Himmel, wo der jüngere an dem Zweig eines herabhängenden Baums hinaufkletterte (bei den Karen). Bei Zerstreuung der sieben Brüder erhielt jeder einen Splitter des Bambus-Eimers (bei den Karen)

Gott Ywah verehrend (mit Bukho als Priester, und Wi, als Propheten) unterscheiden die Karen von den Kelah (Geister) die Seele (Thah) und das Bewusstsein (Tso) im Kopf. Die Todten gehen zu Phi-pho in die Unterwelt (Cootay), um dann, als gut, zum Himmel, als böse zur Hölle (Lerah) geschickt zu werden (wenn nicht Dämone oder Kephoo sendend). Die Mukhas [1]) oder Vorfahren erhalten Opfer. Die Ernte wird von Phibi-Ya geschützt. In der Verehrung der Vorfahren werden verschiedene Opfer gebracht (von „different classes of worshippers or sects"), one set of worshippers offers only rice and vegetables, another offers fowls, another hogs and another oxen or buffaloes", nach Erblichkeit (in different families of the same or of different tribes) bei den Karen (s. Mason).

Das vor dem Menschen existirende und mit ihm geborene La (der Pwo) oder (Kelah oder Kalah bei Sgau) Yo (der Red-Karen) wohnt auf dem Haupte oder im Nacken. Nachdem der La den Körper verlassen (weil erzürnt), so bleibt dieser sieben feindlichen La (Tollheit, Fallsucht, Zorn, Bedrückung, Krankheit, Niedergeschlagenheit, Jammer), die den Tod anwirken, überlassen. Das Moralische im Guten oder Bösen hängt beim Menschen vom Thah ab. Als Schutzgeist waltet der Tso auf dem Haupt. Bleibt der La (die Seele) zu lange vom Menschen entfernt [2]), so folgt Krankheit. Bevor in die Welt eintretend, schwört der La bei Gott in einer der 7 Weisen zu sterben, durch Mord, durch Tieger, durch Krankheit, durch Ertrinken, durch Fall, durch Schlag, durch Alter (auf Unsterblichkeit verzichtend).

Im Traum wandert der La umher (bei den Karen). Im (scandinavischen) Lamfarir wandert die Seele der Schlafenden umher. In Lincolnshire nimmt die Seele des Schlafenden die Gestalt einer Biene an (in Birma des

---

1) The Mukhah (s. Cross) are supposed to be the creators of the present generation of men (bei den Karen). The halt, the maimed, the blind or other imperfect specimens of humanity, are said to be the handiwork of the king of Mukhah, who having so much to do, has either no opportunity or lacks inclination to become a finished workman, while the lovely and perfectly shaped, are the results of the more elaborate care and attention his subjects bestow on their creation (s. Mc. Mahon).

2) Wenn die Tipperah die Rückkehr der Seele eines in der Ferne Verstorbenen erwarten, überspannen sie zwischenliegenden Fluss mit einem weissen Faden. Die Griechen riefen dreimal die Seele der Todten, um ihnen Wohlergehen zu wünschen.

Schmetterlings). Zieht ein Leichenbegängniss am Haus vorüber, binden die Karen ihre Kinder mit einem magisch geschürzten Knoten, damit der La nicht folge. In Lancashire kann man in den Armen eines stark Liebenden nicht sterben. In Holland werden sterbende Kinder durch einen Vorhang dem Auge entzogen, damit der liebende Blick der Mutter sie nicht zurückhält. Die Wee. (oder Hellseher)[1]) sehen die Seelen Abgeschiedener und

1) Jeder Heilige der Chewsuren hat einen Kadagen (prophetischer Weissager), in nervöse Zuckungen verfallend, während der Mkitchawen Kranken weissagt (aus aufgewickelten Faden) und der Mesultane über das Schicksal der Todten im Jenseits den Verwandten Auskunft giebt, neben dem Dekanossen (Chewisberi oder Schluchten-Mönch), sowie die Chuzessen (zum Begraben) und (zum Brauen des Festbier's) die Dasturen (s. Radde). Der Biao (bei Bahnar) suce la partie malade et en tire une arête, un morceau de bois, qu'elle a eu soin d'introduire dans sa bouche au préalable (nach Hugon). La maladie vient de ce que quelqu'un lui a décoché une flèche invisible dans la partie du corps dont il souffre (s. Morice). Nachdem durch Lichas (auf Spruch des Orakels) die Gebeine des Orestes gefunden und den Spartanern gesichert, gewannen diese die Oberhand über Tegea (s. Herod.). Nach Phænias fanden sich im Tempel Delphi's (neben Dreifüssen und Kesseln) der kupferne Dolch des Helicaon (Sohn Antenor's) aus Troja (s. Athen). Das von Hephästos für Zeus verfertigte Scepter (des Agamemnon) wurde in Choronea verehrt (s. Paus.). Le Doso consiste à enterrer le corps et le Quaso à le livrer aux flammer (in Japan). Die der Secte Siodosiu neben Ikosio, Fokesio, Sensiu und Fen-daysiu) sont enterrés avec le Mitsi-nenbouts (s. Titsingh). Bei den Thraciern wurde verbrannt und begraben nach Herodot). Nach Epicharmus geht (beim Tode Erde zu Erde, der Geist aber in die Höhe (s. Plut.). Die Algonquin lassen für die Seele eine Oeffnung im Grabe (s. Schoolcraft.) Niemand kennt den Tod und Niemand weiss, ob er für den Menschen nicht das allergrösste Glück ist (nach Socrates). Auf Klagen Pluto's und der (von Kronos eingesetzten) Vorsteher der Seeligen Inseln betraute Zeus (bei Abschaffung lebender Richter für die Todten) Minos mit dem Vorsitz über Aeacos und Rhadamanthus (bei Plato). Dem Kami-dana (shelf of gods) ist Tensho-ko-daijin's O-harai (aus Jse) zugefügt (s. Reed). Zu Troja's Zeit war Homer ein Kameel in Bactrien, wie Mikyllos von dem im Hahn steckenden Pythagoras hörte (bei Lucian). Die Wanika geben dem Koma (Schatten) am Grabe zu essen (s. Krapf). Auf den Arsaciden stand Todesstrafe, si par hasard quelqu'un marchoit sur l'ombre du souverain (s. Surville). Während Saina vergeht und Aina in Luft sich auflöst, umschweift Mitoatoa das Grab (in Madagascar). Von den vier Seelen der Winnebagoes geht eine zum Geisterland, eine zur Luft, eine zum Körper, eine zum Dorf (s. Schoolcraft). Die gute Seele wurde als Kind, die böse in Thieren (bei den Drusen) wiedergeboren (s. Benjamin von Tudela). In Guinea wurden Träume als Besuche durch Geister abgeschiedener Freunde gedeutet (s. Wilson). Bei den Spielen der Ceres wurden Füchse losgelassen, mit Feuerbrand am Schwanz (unter den Aequern) [Simson]. Wie beim Jahresfest, um den verstorbenen König mit neuer Dienerschaft zu versehen, opfert der Nachfolger Menschen, um ihm über seine Thaten Nachricht zu geben (in Dahomey). Mit Ahanagishi oder Keebet wurde krank oder nicht gesund, bezeichnet (bei den Abiponen). Für Chauturas (Todtengaben) wurden Stücke Speise unter den Tisch geworfen, wo die Todten sich rauschend hören liessen (in Litthauen). Die Meissner u. s. w. zogen des Morgens mit Fackeln nach dem Begräbnissplatze, den Todten Speise zu bringen (Gebhard). Sunt in hoc Cambriae loco visi nonnulli, quos Awennithion vocant, quasi mente ductos (s. Giraldis), durch Inspiration weissagend (a somno gravi). Im Tempel Tan-cho-si wird neben dem Bilde Buddha's eine Schlange gehalten, die beim Glockenanschlagen die Zunge bewegt (s. Edkins). Beim Fest des (als Latinus unter den Menschen verborgenen) Jupiter Latiar (mit dem Menschenblut eines Verbrechers oder im Gladiatorenspiele) wurde (vom Dictator Alba's) ein weisser Stier geopfert, von dessen Fleisch jede der Städte durch den Magistrat in Empfang nehmen liess, unter Schaukeln (pendulis machinis). Faunus habuisse filiam dicitur Onam (s. Servius). Quadriga fic-

rufen sie zurück (bei den Karen). Beim Jahresfest der Tsawkoo (unter den Karen), um das Dorf von Dämonen zu reinigen, wird Bogen mit Pfeil aufgestellt, zum Zeichen, dass Niemand eintreten darf. Bei den Bwe fungiren Frauen als Priesterinnen.

In dem für Pheebee-Yau oder Grossmutter Bie-yau (als Wittwe, die früher Schlange war) auf dem Felde gebauten Haus werden zwei Stricke befestigt, um den La der Eindringlinge zu binden (bei den Karen). Der bei dem Todtenfest der Karen gerufene La zerreisst den Faden des am Knochen befestigten Bambus, an dessen anderer Beuge ein Metall-Ring neben einem Metallgefäss hängt, so dass dieses angeschlagen wird (Mason) zum Deut.

Auf Nattoung wohnt Jala, die Glücksgöttin, durch deren Segnungen Blätter hervorspriessen, wie durch Flüche abfallen (bei den Karen), unter dem Geschrei der Affen, die ihre Worte vernehmen. Der Specht dient den Geistern als Jagdhund. Mit den Tönen des Kyee-zee genannten Saiten-Instrument werden die Nat gesühnt. Die Bwe verehren Steine, als dämonische, in ihren Häusern. Die Mawlau-Kwie oder Wassergeister stellen den Mädchen nach. Bei den (zu den Kakhyen gehörigen) Lahones (zwischen Bhamo und Momien) wird Shitah, als Hausgeist, verehrt, und durch die ihm heilige Thür darf kein Fremder eintreten (ohne vorherige Opfer an den Nat).

Die natürlichen Todes Gestorbenen gehen zur Unterwelt (Plupho), die Geister von Kindern oder nicht Begrabener schweifen[1]) als Sekhah. Die Geister Ermordeter schaden als Theret (dem La nachstellend) und so die Tahmus oder Tahkas (Geister böser Tyrannen). Bei den Kakhyen werden die Geister Ermordeter als Munla gefürchtet. Die von einem Na Besessenen nehmen fremde Leiber (bei den Karen). Wenn ein von einem Na Besessener in einem anderen Dorfe Schaden anrichtet, wird Akha (Sühne) gefordert. Der Na (Ne) oder Kephoo kommt Nachts aus den Gräbern, in der „form of a human head and entrails" (wie auf der Halbinsel bei Malayen). Wenn den La ergreifend (im Menschen) isst der Na die Augen, die unverändert bleiben, aber blind.

Für die Kranken lassen die Karen durch die Zauberer die Seele[2]) zurückrufen. In Krankheitsfällen bestimmt (bei den Kakhyen) der Toomsah genannte Zauberer die Sühnopfer der Nat (s. Anderson).

tilis Vejentorum gehörte zu den Pignora imperii (in Rom). Gott schuf die Creaturen nur unter gewissen Bedingungen, das Meer, dass es sich vor Israel spalte, Sonne und Mond vor Josuah stille zu stehen u. s. w. (nach Bereschith rabba).

1) Da Hermotimos beim Zurückkommen vom Grabe seinen Körper verbrannt fand, musste er als Seele schweifen. Die den Kopf der Kinder mit einem Stein abplattenden Chin-han liessen sich mit einer Vogelfeder in der Hand begraben, um den Wunsch der Seele zum Emporfliegen auszudrücken (nach Matuanlin).

2) Die Bhuniyas (in Keonjhur) perform, a ceremony, which is supposed to bring back into the house the spirit of the deceased, thence an object of household worship. A vessel filled with rice and flour is placed for a time on the tomb, and when brought back, a mark of a fowl's foot is found at the bottom of the vessel, and this indicates that the spirit of the deceased has returned (s. Hewit).

Der Meetay, auf einen Stuhl sitzend, mit den Ellbogen auf den Knien (und den Kopf in den Händen gestützt) beginnt zu zittern beim Orakel (der Kakhyen). Wer sich als Medium oder Necromancer beweisen will (bei den Kakhyen), „must climb a ladder made of sharp swords with their edges upwards and sit on a platform thickly set with spikes (s. Sladen) [China].

Die Bookhah, als Festordner, prophezeien (bei den Karen), die Sung (Son) zaubern (bei Birmesen). Das Opfer-Collegium der Karen wird vom Deu-Sai (Herr des Dorfes), Pghai-sen (Boten), Ywa-sau (Dorfhüter) und Sakai gebildet Wenn der Karen für Verbrechen flucht, lässt er einen brennenden Scheit ausgehen, damit der Schuldige vernichtet werde. Um einen (als Gastfreund dienenden) Do in anderenDörfern zu gewinnen, befragen die Karen die mit dem aus dem abgeschnittenen Schnabel (des geopferten Huhns) fliessenden Blut beschmierten Knochen.

Die Tsawkoo (unter den Karen) trinken Blut bei Verträgen für die in Mghe, Tho und Do getheilte Brüderschaft. Wie die Dayak u. A. m. tranken Scythen (s. Lucian) ihr Blut zur Freundschaft. Bei O'Riley's Vertrag mit den Karennee wurde das Fleisch eines Büffel gemeinsam gegessen, und die Hörner von den Partheien aufbewahrt (damit, so lange sie gekrümmt, die Freundschaft dauere), in Silber gefasst. Zur Blutsfreundschaft wird Blut getrunken bei den Karennee.

Die Häuptlinge der Karen heissen Papa-deva-Raja (bei den Birmanen). Die Karen treiben wechselnde Feldwirthschaft[1]). An einen Plünderungszug nehmen (bei den Bwe) alle diejenigen Theil, die zu dem von dem Häuptling getödteten Büffel oder Schwein eingeladen sind und Stücke von der Leber eines Huhnes werden (nach Anrufen des Herrn von Himmel und Erde) durch einen Boten in das Dorf des Feindes geschickt, um heimlich seinen Speisen beigemischt zu werden, damit er das Selbstvertrauen verliere. Bei den Scythen sass der Freischärler Sammelnde auf einer Rindshaut, das Fleisch vertheilend (s. Lucian).

Die (den Karen-nee als Holzhauer dienenden) Yindalines leben ohne Ehe, und wenn Paare sich treffen, lassen sie sich unter dem heiligen Baume nieder, der, wenn keine Verwandtschaft existirt, sie mit gesenkten Zweigen bedeckt (s. Mc. Mahon). Bei den Khyoung-Tha in Chittagong werden Braut und Bräutigam mit Fäden umwunden. Ehebrecher (bei den Karen) lassen das Blut des geopferten Schwein's in eine Grube fliessen, und bitten den Herrn der Hügel und Berge, nicht länger die Fruchtbarkeit der Erde, die durch die Sünde zerstört sei, zu hindern.

Wenn unter den Karen des Yunsalen die Boo-Kho (Festordner) als politische Propheten (Erhebung gegen Unterdrückung predigend) auftreten, werden sie zu Menloung (Embryonale Könige) erklärt. Moung Hpon könig-

---

1) Arva in annos mutant et superest ager. Die Irokesen, und andere Indianer, im Uebergang von dem Wanderleben, kehrten aus der Jagd zu den Feldern zurück.

licher Abstammung (wegen Aufruhrs nach Birma geflüchtet) trat als Prophet (Bupaw in Betreff der Reisernte) unter den Sgau auf, und wurde dann von den Karennee zum Häuptling erhoben, als Pha-bo-do (königlicher Vater), der Grossvater Saw-la-paw's. Wenn bei den Fou-yu die Ernten fehlschlugen, wurde der König beschuldigt und getödtet (Matuanlin). Bei Epidemie wurde der Häuptling der Tschuktschen mit eigener Einwilligung getödtet.

Die Karen orakeln durch Hühnerknochen (wie die Miautse). Die Miri nakeh durch Betrachten der Eingeweide und Leber von dem Opferthier, die Angami durch Eier. Die Flügel und Beinknochen der Hühner gelten den Alten (unter den Karen) zu Zeichen [1]).

Der grosse Bär heisst der Elephant mit dem Polarstern als Maus, am Rüssel emporkrabbelnd (bei den Karen). Die Milchstrasse bildet ein von vielen Leuten besuchter Markt. In den Sternschnuppen eilt ein Jüngling zum jungfräulichen Stern. Der Regenbogen ist der Geist einer im Kindbett Verstorbenen, menschliche Seelen verschlingend und dann, wenn durstig werdend, Wasser aufsaugend. Bei den Munda-Kol beendet die Schlange Lurbing den Regen, als Regenbogen [Peru].

Als Gott (Ywa) starb, sandte er für die Völker [2]) der Erde, ihre Bücher zu erhalten, aber die zu spät kommenden Karen konnten nur die Zeichnungen aus der Asche des schon verbrannten Zeltes auf ihren Kleidern bewahren (in den Verzierungen). Während Chinesen und Birmanen das von Gott erhaltene Buch sorgfältig hüteten, wurde das der Karen von einem Schwein zerrissen, da aber das Huhn die Reste aufpickte, dient es zum Orakel. Nach Low wurde das auf Fell geschriebene Buch der Karen von einem Hunde fortgeschleppt, und als ihm abgejagt, hatte ein Huhn die Schrift mit seinen Füssen ausgekratzt, ehe es der Eigenthümer (der einen Fluss passirte) wiedererhielt. Die Cambodier [3]) (XIV. Jahrh.) schrieben (nach den Chinesen) auf geschwärzte Häute. Beim Frieden (nach Krieg) schnitzen die Tsawkoo (unter den Karen) Kerben in einen Baum (s. Mc. Mahon).

---

1) In Irland erlangte man durch das Schulterblatt eines Schafes Orakel (s. Camden), wie die Mongolen. Sleinanachd (reading the Speal Bone or the blade-bone of a shoulder of mutton) diente (in Schottland) zum Orakeln (Pennant). Pulling the merry-thought of a fowl diente (in England) Liebhabern zum Orakel (s. Brand). Bei den Bwe ist das Huhn Indra oder Thiekeu (Moklar) heilig. Beim Jahresfest der Karen wird das Huhn Thiekeu's und Mokhie's geopfert, um durch die sieben Himmel aufzusteigen, durch die sieben Erden zum Abgrund niederzusteigen, im Khuthe ankommend bei Tha-ma oder Yuma (Richter der Todten), als Bote für Orakel. Ein Huhn verkündete Themistocles den Sieg über Xerxes. Nach einem Huhn wählte Romulus die Lage Roms.

2) „Chaque grande région du globe a sa faune et sa flore, et les naturalistes modernes, admettent avec raison, qu'il y a eu pour les animaux comme pour les végétaux, plusieurs foyers de création" und so schliesst Broca (als „Polygéniste") auf die „multiplicité des origines du genre humain" (le principe général est applicable aux groupes qui composent le genre humain). Nach Sanson folgt aus der Umgebung der Geographischen Provinz der Typus der ihr eigenen Rasse [im Reflex].

3) Die Kambojas (people of the Hindu-Kush) bringen Pelzwerk (im Mahabharata).

Wie bei Talain an Kalinga ist in Mon [Pegu's [1])] der Anschluss an Man oder Mantze gesucht (und sprachlicher mit Khmer).

Die Birmanen [2]) heissen Man bei den Shan in Kiang-Hung (nach Garnier). Manzi (Mangi) oder Machin (Maha-Chin) bezeichnet das südliche China, als Sitz der Sung-Dynastie (welche die Kin des Nordens besiegte). Die wilden Mantzu oder Mantze wohnen am oberen Kiang. Mit Mantszi werden die chinesischen Einwanderer in der Manchurei bezeichnet (s. Yule). Faghfur (Baghbur oder Sohn der Gottheit) oder Tien-tse war der chinesische Kaiser bei den Persern (mit Shah-pur oder Sohn des Königs). Takfor oder (armenisch) Tagavor war der dem griechischen Kaiser von den Mohamedanern gegebene Titel.

Die Loys [3]) (wild Lawa) bilden die Eingeborenen von Champa oder Siampa. Die (bis zu den Tarout-Shan erstreckten) Lowa oder Lawa finden sich als Lolo in Yunan. Die Lowa (Lao oder Lau) oder Lawa (südlich von Zinmay) bilden eine Mischung von Chinesen und Shan. (s. Hamilton), während die Lowa-Shan nördlich von den Jun-Shan wohnen. Die Penti sind aus Minkia und Laotier gemischt (bei Taly). Die den Mantzu verwandten

1) Yangoon (Yan or strife and goon or finished) is called so because the king of Ingwaua (ing or lake and waua or mouth) or Ava, who had eloped with the princess of Pegu, made there afterwards peace with her father. The Talaings put pay or peas under the mark of the Kala-king and so stole the country. The town of Pegu was inhabited by Yathai (eremits), before the Talaing came from Patheen (Bassein) and Mun-country. Senjun-island in Tannin country (round the pagoda of Siriam) was the first seat of the Talaings. The Talaings of Pegu came from Lepangung and Puzendoom. A Poongie took a Talaing from the old city of Twanteh, then subject to the king of Thatung) and made him king of Okkala, where a Thagia (Nat-God) founded a city (Rangoon) for him; the king Moungpalay. Thatung (where Mitsin was the first king) was inhabited by the Toungthoos (cognate in language of the Shan race), who under the chinese invasion of Noataja were brought to Pagan and settled as slaves of the Pagodas. Moulmein is wilderness (mein) of water plants (moul). Before the english time there was a Nathouse on the Pagoda of Schwedaugong in Rangoon with the stone image of Kabasaun-Nat (waiting for the fulfillment of the great cyclus-period).

2) Bei Poukgan finden sich die Ruinen von Arimathana. Die Bewohner Calaminha's schwörten bei „Quiay Nivandel, dem Gott der Feldschlachten des Feldes Vitau", wo der Sieg über den Siammon erfochten war (s. Pinto). 'Das in Azoo, Hauptstadt von Azem (mit Tipra grenzend) erfundene Schiesspulver kam von Pegu zu den Chinesen (Delaporte). Neben den Miaotse werden die (den Birmanen verwandten) Lolo unterschieden. Mit den Chinesen und indischen Einwanderern gemischt, bildeten sich aus (eingeborenen) Lowa oder Lawa die Shan (nach Hamilton). Die Loi (Loe) grenzen (als Eingeborene von Tsiampa) mit Moy.

3) Vom Liau-Fluss der Mandschurei finden sich Liao (Tsidan oder Khitan) am Hoangho. Aboodshi (Yelioi oder Tswio), als Ahnherr der Tsidan oder Khitan (Liao), kam als dreijähriges Kind zur Welt und begann sogleich zu kriechen. Der König der Khitan bante Tschong-king in Leao-si mit dem Fluss Houng-choui (1007 p. d.). Bei der Revolte in Szechuen fanden sich die Häuptlinge Leao-hoei und Leao-Si (1510 p. d.). Von den Chinesen (s. Tennant) wurden die Singhabesen als ähnlich mit den Leaou in West-China nach den Too-Houen (in Tungleen) verglichen, und die Tamulen mit den Hoo (in Central-Asien). Der Leaou erscheint mit langem Ohr, grossen Augen, rothem Gesicht, schwarzem Körper, fliegendem Haar.

Lolo oder Izen zerfallen in Hei-Lolo (schwarze) und Pai-lolo (weisse). Die
Stämme der Ai-lao, Izen und Man-tzu (bei Yao-chou und Yunan) empörten
sich gegen China (686 p. d.).

Von Balhang passirt man am linken Ufer des (im Thal von Chinesen
bewohnten) Flusses (mit Lolo auf dem rechten Ufer) durch tibetische Dörfer
bis zu den Chinesen des Grenzortes Likiang und dann von Talifu über Momien oder Theng-pie (mit Pai-y) nach dem Grenzort Manwyn, um durch das
Hochland der Kaschin bis Mamo (mit dem Abfall ins Jrawaddy-Thal) zu
gelangen und dann nach Bhamo.

Kamarah oder Komar (der Khmer) gehört zu Mul-Java (nach Ibn Ba-
luta). Bei den Mou-tse (in Muong-Lim) heisst Mensch Ho-ka (wie bei den
Kouy oder Khmer-dom). Gott ist Bra bei den Sthieng. An die Kha im Süden
schliessen sich die Moi, Penong u. s. w. Die Samreh, Xongu und Khamen
boran sind den Khmer verwandt, verschieden von den Halang, Banar, Cedang,
Huei, Banam, Cat, Soac, znm Theil gemischt mit den Hin, Soue, Radeh,
Cham, Hieng, Charai, neben den Prohn, Boloven, Jahoun u. s. w. Die
(weissen) Charai am linken Ufer des Se-long (Nebenfluss des Mekong) erkennen den Herrn des Wassers und den Herrn des Feuers.

Die Giao-Chi oder Annamiten (in Tonquin durch die Chinesen unter-
worfen) eroberten (III Jahrh. p. d.) die Cham in Csiampa (Lam-Ap oder
Lin-Y) oder Cheng-Ching (Chiem-thant) als Co Cheng Ching oder alten
Ciampa (Cheng Ching). Bei der Besiegung zogen sich die Cham an den
Hügeln von Nha Tran nnd Binh Thuan zurück. Nach Hamy gehören die
Piak, Charay oder Cham zu den Malayen. Neben Proon, Boloven, Jahoun
u. s. w. finden sich die Hin, Soueh, Radeh, Candio, Cham, Stieng, Kouy,
Charai (Tsiampas) und die Halang, Banar, Cedang, Huei, Banam, Cat, Souc
(s. Garnier). Die Lemet wohnen im Nam-ta-Thal (am Mekhong). Die Does
(in Xieng-tong) kamen von der birmanischen Grenze.

Die früher in Szechuan herrschenden Mantze zogen sich in die Berge
zurück (bei Tatsianlu). Die Sifan breiten sich nach Tibet aus. Die Lolo
finden sich in den Bergen am Kinsha-Kiang oder Yangtsze (und am Zusammenfluss mit dem Yalung die Pa-i genannten Stämme). Zwischen dem Lantsang
Kiang (mit den Mossos oder Guions) und dem Lu Kiang oder Salwen wohnen
die Lissus (s. Yule). Der Mahara oder Grosskönig von Karajang (Yunan)
oder Dai-liu (Gross-Königreich) residirte (nach Rashidudden) in Yachi. Talifu war die Hauptstadt des (738 p. d. begründeten) Königreichs Nan-Chao
oder Maung (Muang Maorong oder Pong). Die Kara-jang und Chaghan-
jang werden als weisse und schwarze Barbaren (U-man und Pe-man) unterschieden. Indem (nach Matuanlin) die Lo-hoh von den Siem bekriegt wurden,
folgte die Gründung des Reiches Siem-lo (Siam).

Die Mou-tse, Khouy und Kho sind (nach Garnier) den Singpho, Kakhyen
Kakou verwandt, sowie (mit sprachlichen Beziehungen zu den Karen) den
Chaoung, Kay, Poou, Thaoung thou.

Wie die Radeh sind die Kouys oder Khmer borau (bei Angkor Nat) von der Sklaverei befreit (in Cambodia). Die Radeh grenzen mit den Hin und Sue an den Bergen, die Bassac von Cochinchina trennen. Die (den Kha Ko verwandten) Kha Khouy wohnen bei Siemlap. Die Khouys wohnen bei Preacan (bei Siemrap). Die Radeh wohnen am Se San oder Bong-Fluss (bei Sungtreng in den Mekong mündend). Von Kouy und Radeh werden keine Sklaven genommen. Nach Fontain gehören die Girai und Charay (mit Redai, Candio und Penong verwandt) zu Malayen. Mit den Khmer-dom sind die Cham und Kuy zugehörig, sowie die Hügelstämme der Mois, Khas, Penong und Lolos (s. Keane).

Nachdem Phya Then Himmel und Erde gebildet, begründeten die Fürsten Lauseun, Khun Khet und Khon Khan Herrschaften, und als diese wegen Ungehorsams durch Phya Then's Fluth vernichtet waren, wurde als Fürst Phya Kun Borom (der Gründer von Muong Then) geschickt (mit dem himmlischen Architecten Phya Pitse nu Kan). Von seinen Söhnen besiegte Khung Lang die Wilden des Thales Nam Hou unter dem Choa betitelten Fürsten. Von Kun Lo Koung (Sohn Phya Kan Borom's) wurde Muoung Phong oder Muong Sai Koun gegründet. Beim Tode ihres Vaters wurde Zama (Wittwe des Königs von Cambodia) auf den Thron Chandrapouri's erhoben (in Youetschong oder Lao-tchoua).

Nachdem Phra Ruang die Stadt Sang Khalok gegründet, herrschte Thama Trai Pidok zwischen Xieng Hong und Kieng Mai. Yang-tsiu oder Che-lifo war Hauptstadt des Königreichs Piao (X. Jahrh. p. d.). Der Laos-Fürst von Muong Che (in Yunan) huldigte dem chinesischen Kaiser Kao-tsoung (684 p. d.). Für Hülfe gegen Tibet wurde Y-meou-siun (Sohn Kolofong's), der Fürst von Muong Che, vom Kaiser Te-tsong zum König von Nan-tchao erhoben (794 p. d.) und unter seinen Nachfolgern machte Tsieou-long (bei seiner Empörung) Einfälle in Se-tchiouen (IX. Jahrh. p. d.). Die Städte der Laos nennen Brahmanen [1]) als Gründer.

Ou-leang-ho-tai (Feldherr Kublai Khan's) unterwarf die Pe-man, Ou-man, Koue-man, sowie die Königreiche Lolo und Ape (1288 p. d.). Im Königreich Pa pe si fou fanden sich die Hauptstädte Muong Yong, Xieng Hong und Muong La (s Garnier). Die Kin-tchi (als Ueberbleibsel aus dem Reiche von Ma-mo) wohnten bei Yun-tchang. Nach Zerstörung des von Yen-dreuong gegründeten Königreichs Nan-youe (III a. d.), eroberte Kaiser Hiao-wou-ti das dem Königreiche Ma-mo unterworfene Fürstenthum Tien (oder Tscheou-

---

1) Zur Zeit Dewa Kasoema's (in Java) „kwamen er vele schepen van Kling naar Oostelijk Java, en sommige vestigden zich op Java en Madoera, en anderen op Bali en Soembawa, en anderen in Bandjar en op het eiland van Palembang en in Kambodja en Siamch. En in dien tijd werd de Boedagodsdienst der Hindoe-Brahmanen algemeen ingevoerd in de Oostelijke landen" (s. Mohammed Almisri). Als die Schiffe der Hindu (unter König Holkar) aus Poenastara landeten, gingen einige nach Pegu, „en de toemalige vorsten van Siam waren niet van menschelijk geslacht maar stamden van geesten of" (s. Hollander).

Kiun) in Yunan. Die Ka Khouy wohnen zwischen Thein-ny (beim Salwen) und Xieng-hong (am Mekong).

Das Königreich Youe-tschang oder Viet-thouong (verschieden von Lin-y oder Champa) lag zwischen Luang Prabang und Tonkin, südlich von den Kiao-tschi oder Anamiten. Loc tuc, erster König der Ba-Viet, begründete das Reich Xich-qui (III. Jahrh. a. d.). Nachdem der das Land von Xieng Tong, Xieng Hong und Muong Lem bedeckende See durch Maha-Rosey (der Bäume zum Aufwachsen der Menschen pflanzte) entwässert war, befreiten sich die Thai (oder Laos) von der Tyrannei der Kha, indem deren Fürst (Phya Nyam) beim Fest durch den Häuptling von Alevy (Xieng Hong) ermordet wurde. Unter dem Kaiser Heou-tschou begannen die Eroberungen Tschu-kuo-loang's oder Kongming's (224 p. d.) in Yunan (und dem Süden).

Die Tong-tschouen-jen (in Tong-tchouen), die Man-kia (bei Taly), die Che-pin-jen (am Chepin-See), die Pen-ti u. s. w. galten als gemischt (nach Thorel). Während die „Lolos blancs" sich den Laotiern nähern, führen die „Lolos noirs" (mit Miautse, Lissou, Mantze u. s. w.) auf die Eingeborenen Yunan's (bei Garnier). Die Does (bei Xiengtong) kamen von der Grenze Birma's. Die Kiang wohnen in Tibet an der Grenze Yunan's. Die Kha Kho (bei Paleo) gelten als chinesische Colonisten. Die Sprache der Yo-Jen weicht (gleich derer der Lolo) vom Chinesischen ab. Die Ho-nhi (bei Talan) gebrauchen vergiftete Pfeile. Die Lemeth sind Luang Phrabang unterworfen. Der annamitische Usurpator Mai-thuc-loan verbündete sich mit Lam-ap oder Len-y (Tsiampa) und mit Chan-lap (Cambodia) gegen die Chinesen.

Die heiligen Steine mit Goldblatt bedeckenden Zardandan oder Kin-chi (Goldzähne) in Vochan oder Wunchen (Yung-chang-fu) verehrten die Ahnen des Stammes (den Brauch der Couvade beobachtend). Die Kolo (Loloh) finden sich an der Grenze von Kweichau. Die Moutse Kouys, Khos sind den Singpho, Kakhyen, Kakous verwandt (nach Garnier). Die Kha Mi (bei Xieng lang) und die Ka Khmour (bei Ban loksay) gelten (wie Lemeth und Does) als Reste der von den Laos (in Verwandtschaft mit Khamti, Pou-on, Akom, sowie Pa-y) verdrängten Stämmen. Neben den Pa-is finden sich die Sheuping, die Ho-nhi, Khata, Lope und Shentseu. Wie von den zu den Kakhyen gehörigen Singpho in den Gulansigung-Bergen (am östlichen Quellthal des Jrawaddy) werden die Grenzmärkte von den Lissus und den (früher in Likiangfu unabhängigen) Mossos (eines selbständigen Königreichs) besucht (mit Schriftsubstituten).

Nachdem König Thothori in Tibet durch Erscheinung von fünf Fremdlingen in der Verehrung der in einer vom Himmel gefallenen Kiste eingeschlossenen Gegenstände (Gebetformel, Chorten, Juwel und Kanjun-Buch) unterrichtet war (331 p. d.), sandte (617'p. d.) König Thumi Sambhota nach Indien (für das Alphabet). Im Besitze Khai-peho-gyee's (König der Redkarens) fanden sich Inschriften auf Metall und Elfenbein (s. Cross).

Zur Zeit der Han fanden sich von den (südlich von Szechuen wohnenden)

Barbarenstämmen die Yaylang (in Keenweon), westlich die Me-mo (bei Talifu), dann Keungtoo (als Städtebewohner mit Haarknoten), sowie (die Haare
flechtend im Wanderleben) Suy und Kwan-ming, ferner Se und Tso-too und
dann (zur Te-Rasse gehörig) Pih-ma, on the site of the present prefecture of
Paou ning (s. Wylie). Chwang Keaou, zur Unterwerfung von Pa und Teenchung vom König von Tsoo gesandt, blieb bei dessen Sturz (bei Erhebung
der Tsin[1])] dort zurück mit seinen Heeren, sich zum König von Teen ein-
setzend (s. Wylie) [Inca].

Als der Dhurma-Raja aus Lenja (nördlich von Lhassa) in Bhutan erschien, auf einer aus menschlichen Schenkelknochen verfertigten Flöte spielend,
verschwand erschreckt der Cooch-Raja mit seinen Unterthanen (ausser den
zurückbleibenden Thep, die dann bekehrt wurden), unter den Grund flüchtend,
während der Dhurma-Raja von Pornakh Besitz nahm, „but on consideration
that the sins of his subjects are attributable to the ruler of a country, instead
of setting himself on the throne and exercising the sovereign authority, he
sent to Lhassa for a Tibetan, in order to secure possession of the country,
and having made him his Prime-minister, and called him the Deb-Raja, he
occupied himself entirely with the cares of religion and contemplation of the
deity". Der Deb-Raja stammt aus der Wong-Kaste. Die Kumpa handeln
zwischen Tibet und Butia. Die Tepheh wurden durch die Kampa oder Tibeter aus Butan nach Kocch-Behar getrieben.

Als die von Lhassa zur Erforschung ausgesandten Truppen in Butan
(wo die Tephoo nach Cocch-Behar ausgetrieben wurde) dort zurückblieben
als selbstständige Colonie, wurde der Lhama Sheptoon La-pha zum Dhurma-
Raja erhoben (und dann der Lama Forchoo Doopgein Sheptoon aus dem
Kloster Kain's). Der Körper des Lama Doopgein Sheptoon (als Dhurma-
Raja), der in Butan wieder zu erscheinen versprochen hatte, wird in dem
Sheptoon Machee genannten Grabmal (in Poonakh) bewahrt (unter täglichen
Opfergaben von Reis und Thee)[2]).

---

1) Der König von Tsin öffnete den Heerweg (nach den Barbarenstämmen) von Paouke
am Fluss Hwae nach Hanchung am Han-Fluss (durch die Felsgebirge). At first in the time
of Wei, the king of Tsoo, the General Chwang Keaou was sent up the Keang with troops
to settle the boundaries of the several tribes from Pa and Teenchung westward s. Wylie).
Als auf das Reich der Tsin das der Han folgte, öffneten sich „the ancient roads through
Shuh" (als Szechuen). Changkeen (on his mission to Ta-hea) saw there Shuh-cloth and
Keang bamboo staves (bought from Shuh traders in south-eastern India). Die für einen
Weg nach Indien (statt auf der von Heungnu verlegten Strasse) ausgesandten Reisenden
kamen zu Tang-Keang, König von Teen mit Laou-shin und Me-mo grenzend), dann unter-
worfen (109 a. d.).

2) Alles, was Gestalt hat, ist Materie, gestaltlos ist nur die Norm (nach Seng-tsi) in
Li-Khi (s. Grube). Per i Buddhisti Cinesi il Tao é la Bodhi o sapienza, é il savio che e
guinto a possederla si chiama Tao-yen, Uomo della Scienza (s. Puini). Bar, en haut, Barra,
oracle (reciproquement), Bir, briller, lumière im Accad (s. Lenormant). Lemnos, wohin
Hephästus gefallen, war nach der Grossen Göttin benannt (als Sitz der Sintier). Beltis
wurde als Sithareth oder (bei Cedrenus) Siddah verehrt (Regina Coeli et Astrarum). Le
Sed ou Kiraub (en accadien Alad), taureau à face humaine, le Lamas (en accadien Lamma);

72

Der Deb-Raja von Bhuitan wird von den Häuptlingen erwählt, wogegen der Dhurma-Raja aus Einkörperung in dem Säugling erkannt wird, der (Milch der Kuh der seiner Mutter vorziehend) die von seinen Vorgängern gebrauchten Gegenstände bezeichnete. Während des Interregnum von dem Tode des Dhurma-Raja bis zu seiner neuen Incarnation wird Bhutan von dem Lam Thepoo regiert. This officer is supposed to be the incarnation of Choler Tigou, who claimed to be the Avatar of the body of Doopgein Sheptoon, whilst the Dhnrma Raja was the Avatar of his spirit (s. Eden).

lion à tête d'homme, l'Oustour, d'apparence entierément humaine, et le Nattig, à tête d'aigle ou de vautour perchoptère,. gingen (durch Ezechiel) in Symbole der Apocalypse über, comme les emblémes des quatre évangelistes (s. Lenormant). Den Planeten waren (bei den Chaldäern. obere und untere Sterne zugetheilt, als „berathende Götter" (s. Diod.). Aapap (im Kampf mit Ra) et des complices, dont le nombre s'augmente de celui des damnés, tandisque les élus unissent leurs efforts a ceux de Horus et de Sebak pour détoürner la marche du monstre (s. Chabas). Das dem göttlichen Fluche Verfallene bleibt Gegenstand des Cherem (auch im Gelübde). Bei den Enkratiten heisst der Wein das Blut des bösen Geistes (s. Jablonski). Pompilius, um nicht lebendig begraben zu werden, vergiftet (aus dem Doppelgefäss zuerst trinkend) seine Oheimę (bei Kadlubek). Nach Pamphilos wurde heisses Wasser aus dem Kelebeh genannten Gefäss getrunken bei Aeoliern (nach Clitarch.), oder für Honig (bei Antimachos). Die Hörner des Bacchus bezeichneten die früheren Trinkgefässe, wie nach Pindar. bei Centauren oder (bei Xenophon) die Paphlagonier (s. Athen). Von sieben Königen beherrscht, konnten (nach den Tafeln von Cutha) die Ungeheuer (moitié hommes, moitié animaux das Licht nicht ertragen (s. Lenormant). Zur Vertreibung der Gespenster spricht Arignotus ägyptisch (s. Lucian). Manou le grand (bei den Chaldäern) préside au sort, ainsi que la déesse Mamit (bei den Chaldäern . Maniton (les rotules des genoux d'Adam von seinem Vater Noah erhaltend) a inventé l'ornithomancie (bei Mkhithar), le père des Buritaniens . s. Brosset). Für das Spiel des Kottabis wurden runde Säle gebaut, den Latax (im Wein) zu werfen (nach Hegesander). Nach Polyaen tranken die persischen Könige Palmwein (neben Wein). Le serpent (Apophis) Aapap fit la guerre à Ra, le dieu soleil, dont il chercha à arreter la marche, afin de replonger l'univers dans les ténebres et dans le chaos (s. Chabas). Am Moles Adriani steckte der Engel Michael (auf Gregor's Bittgang) das entblösste Schwert in die Scheide (zum Aufhören der Pest), bei Einführung der Processionen (s. Miri). Latebrosa et lucifugax natio, in publicum muta, in angulis garrula (Min. Fel.) bei der Ecclesia pressa (mit sacra occulta et privata)? 'Ωμανός idem est qui a Cappadocibus Pharnax, seu Pharnaces, id est Lunus, Sol, dicebatur, qui eodem templo et altari gaudebat ac Luna (Hisely). „O, Merote, führe ihn auf lichten Wegen, Radama, urtheile sein Haupt nach seiner Gerechtigkeit, und lass ihm die Tesanos nicht umbringen", wurde bei Krok's Tode geklagt (s. Hagek). Zur Verehrung des ktesischen Zeus (für den Hauswohlstand) wurde die Statue ;mit Wollbändern behängt auf dem Deckel eines Kadiskos befestigt, wie man Ambrosia aus Fruchtsäften und Oel goss (s. Athen). Kores (Cyrus) ward (bei. Ktesias) als Sonne ;Khor erklärt (s. Plut.). Laban war Gott des Aussatzes (bei den Chaldäern). Für Erlegung eines Bären wurde (nach Kadlubek) die Strafe erkannt, wie im Fall laesae majestatis (s. Zeissberg). Sekhet (exécutrice des ven- geances du dieu Soleil) répandait les emanations mortelles dans l'atmosphère (s. Chabas). ἡ περὶ τάς ταφὰς τῶν νεκρῶν προμηϑεία (s. Jul.) führte die Christen zur Κοινωνία τῶν ἁγίων und Begehung der Leichenbegängnisse am Tage, während sonst die Nacht gewählt war (die Verunreinigungen für die sacra diurna zu vermeiden). Vor den (gegen Löwen schützenden Fliegen (in Mückenschwärmen) flohen die Rhizophagen in die Sümpfe (s. Diodor) [Tzetse]. Als das Volk von Krok's Tode hörte, „sind sie allesammt aus ihren Wohnungen, gleich wie die Bienen zu ihrem Weisel, gelaufen" (s. Hagek).

73

Der (wählbare) Deb-Raja wird meistens entweder von dem Paro Penlow (Gouverneur des Westens) oder von dem Tengso Penlow (Gouverneur des Ostens) eingesetzt. Bei einem Todesfall (in Bhutan) geht alles Eigenthum in den Besitz des Deb oder Dhurma über. Die Lhopa von Lho oder (Bhutam) Bhutant (Ende Bhot's oder Tibet's) heissen Dukpa oder Bruckpa (im Gegensatz zu Gelukpa). Die Bhutanesen (Pluh oder Pruh bei den Lepcha) bezeichnen sich als Lhopa.

Die von den (Gooruknath verehrenden) Dookpa (Rothmützen) zu Hülfe gerufenen Lama aus Sokpo (Nord-Tibet's) vereinigten sich mit den Gelookpa oder Gelbmützen, die in Sakya-Thoba oder Tsongkaba (als Mahamuni) die grosse Avatara anerkennen. Die Bakschi (Tibet's) beschworen Regen und Unwetter unter Zauberkünsten (zu Polo's Zeit). Wenn die Lama in Butan zur Krankenheilung die bösen Geister durch lärmende Musik vertreiben, „little models of animals are made in flour and butter and the evil spirit is implored to enter these models which are then burnt." The Tibetans court promiscuous intercourse between their families and the Kashmir merchants who travers their country (s. Hooker). The practice of making over their wives to their subordinates herrscht unter den Jungpen bei Darjiling (s. Eden). Die in Rong und Khamba (mit der Herrscherfamilie) zerfallenden Lepcha sandten (gemeinsam mit den Butia) nach Kham zu den Tibetern [1]) (Khampas

<hr/>

1) Auf den Wanderungen der Jueitchi zweigten die kleinen nach Tibet ab. Die mit den Usium verwandten Ha-te wurden von den Hiongnu unterworfen. Die Hoei-hu (mit den Stämmen El-hu oder Yuente, Hu-sie u. s. w.) oder Kaotsche (Ephthalithen) wurden zu den Türken gerechnet. Die Uighuren oder Hoei-hu (in Karakorum herrschend) siedelten (beim Vordringen der Hakas) in Urumzi. Wonti schickte eine Gesandtschaft an die (nördlich mit Sogdiana grenzenden) Asi am Oxus (Wei oder Ouhiu). Der (aus Sogdiana stammende) König von Mou oder Merou am Ouhiu (Oxus) führt den Titel A-lan-mi. Die Fürsten im Oxus-Gebiet trugen (bei den Chinesen) den Titel Chao-wou (s. Rémusat), als Saba oder (s. Nöldecke) Sawa (König der Türken) zur Zeit Hormujd's (s. Tabari). Von den zuerst unter den Tartaren zum Mohamedanismus bekehrten Hoei-hu werden die Mahomedaner als Hoeihu in China bezeichnet. Le mot Giao Chi signifie que le gros doigt du pied est ecarté des autres doigts (s. Luro). Der Yu oder Yu-chi wird zwischen Khotan und Yerkichang gewonnen. Tscheou-hing-fong machte sich von Hounan unabhängig (962 p. d.). Die Giao-Chi gehörten zu den Tu-dzi oder vier Barbarenstämmen an den Grenzen China's. Neben Khang (Samarkand) finden sich die Königreiche Thsao und Ho. Zwölf Zupane herrschten (vor Krakus) im Zwischenreich (in Polen). Die Pai zerfallen in Hanpai und Shui-pai. Die Min-chia grenzen bei Tali mit Ichia. Buraghul Nujan, die Höflinge Temudjin's, gehörten zum Stamme der Huschin. Im Jahre 982 wird der Besuch eines Buddhisten (brahmanischer Kaste mit dem Perser Aligin in China erwähnt (nach der Sung-Geschichte). Der bithynische Astronom Duvon verständigte sich an der Istila (Weichsel) durch die Wenden genannten Sarmater (zu Octavius' Zeit). Die Ganipoti genannten Könige der Schweden kriegten mit den Preussen (nach Stella) als Gampti (oder Kämpen). Rurik wurde als Gostomysl (aus der Fremde) zum Herrscher berufen (von den Slaven. Waidevut wurde als Broter (Bienenkönig) zum Herrschen eingesetzt (nach Stella), wie die Basileis den Hirten verglichen werden (bei Homer). Praetorius (1675) erklärte Waidevvutus von Waidin (Wissenschaft) und Wuitis (Vorsteher). Nach seinem „feuerlichen Begängniss" (s. Schütz) wurde Wiedewutus als Wurskeitis verehrt (s. Klingsporn). Le fils de Lech s'appelait Widzimorz qui voit la mer) oder Wizimierz (s. Mickiewicz), das für ein Binnenvolk

oder Kampas) für einen Fürsten, der mit den Lama zurückkehrend, als Rajah
von Dingong oder Sikkhim proclamirt wurde (s. Dalton). Verschieden von
den tibetischen Beziehungen der Lepcha wird (bei Hodgson) die Sprache
der Kiranti (mit den Limbu) auf die der Munda (als kolarisch) bezogen, sowie weiterhin auch das dravidische[1]).

Die Vorfahren der Singpho stiegen aus dem Himmel[2]) nieder, die der
Birmanen kamen gepflogen.

Die früher von dem Hang oder Hwang genannten Fürsten beherrschten
Limbu (unter Dorfhäuptern oder Pasung) verehren (nach Campbell) die höchste
Gottheit Sham Mungh, neben den Göttern Mhang Mo, Takpaka, Hem-sung-
mung (der Zerstörer), Teba-sum (Gott der Weisheit), Mungol-Mo (der Er-
halter) und Hem-sung (der Hausgott) durch die Phedangko, als erbliche,
oder Bijowas, als bettelnde Priester (Nakchong der Kiranti). Die Kiratis
von Matsyadesh (mit Dinapur) werden (von den Vischnu-purana) östlich von
Bharata gesetzt. Parwateswara, König von Nepaul, nennt als Bundesgenossen
die Kambojas mit Kiratas, Sakas, Yavanas (im Mudra Racshasa). Nach
Ayodhya wurden Pferde der Kambojas gebracht (im Ramayana). Jaineya
besiegte die Kambojas (im Mahabharata). Durch Harichandra wurden Kam-
boja mit Sakas, Yavanaa, Paradas und Palavas degradirt (in der Vishnu-
Purana).

Die bei der Fluth Uebriggebliebenen retteten sich auf dem Tendang-Berg
bei Darjiling, nach den Lepcha (Rong oder Arratt), die von Tibet den Bud-

neue Ereigniss feiernd (oder erschreckt, wie auf Bouro). Nach Asclepiades bildete Apelles
künstliche Nägelköpfe auf den Gefässen in Corinth (s. Ath.). Nach der Schlacht bei
Rondsen erschien die heilige Jungfrau auf dem Schlachtfelde mit Räucherfass und zwei
Begleiterinnen, Kerzen tragend (nach Dusberg). Auf Nestor's Vase in Capua waren Homer's
Verse aufgeschrieben (s. Ath.). Mercur, als Sonne, bekämpft zugleich den Argus (seinen
Kopf abschlagend). Bei Einfluss der Götter auf denjenigen, der an seinem Geburtstage
geboren war, wurde dieser gefeiert (bei den Griechen). Der Dämon des Festes der Am-
phidromien hiess γενέθλιος (bei der Geburtsfeier). Araberkönig Crocinius (bei Dzierswa).
In dem Hollenbad genannten Pfuhl am Meissner ist Frau Holle badend gesehen (s. Grimm).
Die Prousias genannten Gefässe waren nach dem König Bithynien's so bezeichnet (s. Ni-
cander).

1) Die (in Cochin eingeborenen) Chogan oder (als von Ceylon oder Izoowen Dvipa)
Illover (mit den Frauen als Chotie) are nearly identical with the Teers in the north, the
Shanars in the south and the Cinnamon primer of Ceylon (s. Day), als Sklaven oder Diener
(Sevagum) von den Panchamas stammend. Im südlichen Indien hiessen die Frauen Stru-
thopoden wegen kleiner Füsse (s. Plinius) [China].

2) Die Vorfahren der Hitchittee waren vom Himmel gefallen. Die Munogee kamen
aus einer Höhle am Alabama-Fluss hervor. Nach Romans waren die Chactaws aus einem
Erdloch (in Nachbarschaft der Chickasaws) hervorgetreten. Die Natchez waren vom Missi-
sippi zu den Creek ausgewandert. Die Muscogee bildeten den leitenden Stamm der Conföderation der Creek, worin die Uchee, Natches, Hitchittee, Alibamon u. s, w. begriffen
waren (s. Jones). Die mit Tuscaroras (und mit Creek) kämpfenden Cherokesen hatten bei
ihrer Einwanderung die Mound vorgefunden (die Shawanoes aus Ohio vertreibend). In
den ausgegrabenen Häusern der Onkelon (von den Tschuktschen nach den Inseln der Polar-
See getrieben) fanden sich Geräthe aus Knochen und Stein (zu Nordenskiöld's Zeit).

dhismus empfingen mit wandernden Bettelmönchen oder Bijuas, als (fluchende) Zauberer (das Mani oder Gebetrad[1]) tragend). Die Magra wurden von den Lepcha verdrängt. Die an die Lepcha grenzenden Kumpa Rong oder Kumpa Lepcha kamen (mit dem Raja von Sikhim) aus Tibet. Die Lepcha (in Sikhim) zerfallen in Rong und (herrschende) Khamba. Durch einen Krieg beunruhigt, sandten die Lepchas und Butias (in Sikhim) auf Rath der Lamas für einen Herrscher jenseits des Schnee und brachten aus Kham den Raja von Dingong.

The principal object of veneration among the Ningma or red sect of Boodhists in Sikhim and Bhotan is Gorucknath (s. Hooker), kreuzbeinig sitzend (mit dem Dorje). Sometimes the dorje is used in blessing (as the cross is in Europe) bei den Lamas (in Sikhim). The principal Boodh (Sakya Sing) sits crosslegged (in den Tempeln Sikhims). Kokotak, der Schlangen-könig, endet in eine Schlange (in Sikhim). Die Priester der Butia sagen, „that the soul of religion is mental abstraction, the withdrawal of the mind from all mundane considerations, in order that the thoughts may be absolutely concentrated on the attributes and perfection of Budha" (Dalton).

Die Limbu (und Yakhas) wanderten aus Tibet nach dem Tambar-Thal (mit den Phedangbos als Priester). Heirathen unter den Limbu und Chung werden von den Phedangbo geweiht, indem sie in der Hand des Bräutigam einen Hahn und eine Henne in die der Braut legen. Die Khwombo (Khombo oder Kirawa) oder Ekthumba stammen, als Limbus (in Sikhim) oder Kirati (in Nepal) aus Dinajpur oder Matsyadesh. Die Limbus (in Sikhim) hei-rathen mit den Kiratas. Statt der Phedangbus oder Priester[2]) fungiren bei Leichenceremonien der Limbus die von den Lepchas berufenen Bijua.

On the upright stone is engraved a record of the quantity of largess distributed at the funeral of the deceased (s. Dalton) über dem viereckigen Steingrab der Limbus (wie in Aegypten auf Pyramiden).

Die Kirantis begraben auf Hügelspitzen im Steingrab. Whom the Mang inspires, he is a priest oder Nakchong (jährlich den Manen oder Samkha opfernd) bei den Kiranti[3]) (mit Khyimmo oder Khyimmang, als Hausgötter).

---

1) Die Vaishnawas zu Marco Polo's Zeit) wiederholten als Bhagava (Bhagavata) oder Pacauta (in Maabar) den Namen Gottes (s. Caldwell) als Bogh. Der wendische König wohnte auf dem Schlossberg in Brahmo (s. von Schulenburg). Oma, Tochter des Faunus, •wurde Bona dea genannt, quod nomine dici prohibitum fuerat (s. Festus). Faunus belistete seine Tochter, nachdem er sie weder durch Züchtigung mit der Myrthenruthe (die im Tempel der Bona dea verboten war) noch durch Wein hatte bezwingen können, als Schlange (wie Zeus die Persephone). Die ἄτη (als Aehre), als Sprössling der ὕβρις. bedeutet das Ver-brechen (s. Platner), wie Phon im Buddhismus (als Frucht). Der vom Blitz Erschlagene darf nicht betrauert werden, weil vom grossen Häuptling gerufen (bei den Kaffiir), und so Vorschriften in Sicilien, Kaukasus u. s. w. Bei den Aegyptern war Hermes kurz- (oder ein-) armig (s. Plut.), wie Erdbebengötter u. A. m. Das Höchste (ἐφ' ἑαυτοῦ) ist nicht nur überall, sondern zugleich nirgends (bei Plut.).

2) Die Sprache Beni gilt als die heilige Chiampa's (s. Janneau). Die Kouy (homme) begreifen Mahai, Manh, Mnoh, Ntoh, Porrh, Hah, Nntroh und nördlich les Souis (s. Har-mand).

3) Σκιρᾶται πέραν 'Ινϑῶν ἔϑνος σιμοί τὰς ῥῖνας (s. Ailianos).

Gegen den schwarzkünstelnden Zauberer (Krakra oder Kunyamayawo) ward der Priesterarzt (Janicha oder Mangpa) zu Hülfe gerufen. Die Chepang leben als „a race of wild men, called Harum-mo in Mundpo". Die Sprache der Newar ist der der Gurang und Magar im tibetischen verwandt (gleich der der Kirantis, Murmis u. s. w.). Jenseits Sang-ka-shi setzt Fa-Hian den Tempel der Feuer-Grenze (s. Nepaul). Der König von Boutan (Bhutan) führte den Titel Kan (s. Delaporte).

Die Reihe der Fürsten (Hang oder Hwang) der (im Fusse zu den Awalia gehörenden) Kiranti zählt (nach Hodgson) „from the mythic age of the Shepherd kings (Gopal) down to the 14. century p. d.", bis von der Mall-Dynastie (Nepals) vertrieben, sowie von den Sahs (des Vajayapur-Zweigs der Makwanis).

Aus Rajputana vertrieben zogen die Ghorkalis über Kumaon nach Gorkha (in Nepaul). The Gorkhalis derive their appellation from the demigod Gorakh- (Goraksha-) Nath (s. Hodgson). Gott heisst Adjhi-Deo (Adjhu oder Grossvater) bei den Newar. Machchhindranatha ist der Schutzgott Nepauls. Zur Austreibung des Rakhasa-Gathia Mogal oder Ghanta-Karn wird seine Strohpuppe durch die Strassen geschleift. Durch Guna Kama Deva wurde der Nag-Raja Karkotaka nach Santipur gebracht (bei Dürre in Nepaul). Während des Krieges mit Tibet (1854) liess Jung Bahadur dem Raj Gum die Erklärung abgeben, dass der Yak nicht zu den Rindern gehöre, sondern zu den Rehen (damit die Soldaten vom Fleisch essen könnten).

Mandjusri[1]) entwässerte Nepaul mit Sckwerthieb, wie Bochica mit seinem Stabe dem Wasserfall Tequendama's einen Ausweg öffnete.

Die zwischen Trisulaganga und Gandaki ansässigen Gorkha begannen (1768) die Eroberung Nepal's (unter Prithvi-Narayana).

Wenn der nach dem Tode in Thianschan pelu wiedergeborene Pan-tschhen Rinpo tschhe (s. Potala) bei Eroberung Tibet's durch den Kaiser von China zurückkehrt, wird er an der Spitze des von ihm gestifteten Kelan-Orden (unter Auferstehung der Todten) nach dem Siege als allgemeiner Weltmonarch herrschen.

Nepal, als das Nag-Hrad (Schlangenteich) genannte Thal von Sumeru (Himalaya) war von Ishwar geschaffen, als Emanation des grossen Ishwar im Ersten Buddha, der von Sachchit-Buddha (dem Ersten Aller) stammte (nach der Vansavali). Als Hala hala Lokeswara herrscht Padma-Pani über die gegenwärtige Welt, als Bodhisattwa des Dhyani-Buddha Amitabha. Als Triguna Atmaka nahm Padma-Pani die Form von Satya-guna, Rajo-guna und Tamo-guna an, um Brahma, Vishnu und Mahesa zu schaffen.

---

1) Mandschugoscha heisst Egeschiktu Mandschusri (Egeschiktu oder wohlklingend) bei den Mongolen (s. J. Schmidt). In Womeishan (in Sichuen) wird im besonderen der Bodhisattwa Pu-hien Samantabhadra) verehrt, Kwan-shi-jin (Avalokitesvara) in Chusan, und Titsang in Kieu-hwa, sowie Manjusri (Wenchu-pusa) zu Wutai im Shansi (s. Edkins). Im Purusha-Sukta (der Rigveda) gehen bei der Opferung Puruscha's die Brahmanen aus dem Munde hervor. Tahmurath, Sohn des Vivanghana (bei Hamza), stammt (durch Nubejihan) von Arfakhshad (bei Masudi). ·

Die Exorcisten der Murmi oder Tamar (in Nepaul) heissen Bonpa (auch priesterlichen[1]) Cult's), im Anschluss an Bon und Pona.

Neben den tibetisch verwandten Newari mit Kiranti, Limbuan, Lapachon, Murmi, Kasunda, Chepang, Haiya, Kachari, Sunwar wird in Nepal (von Magar und Gurung) das Khas der Parbattia (als Prakrit-Dialect) gesprochen, besonders von den herrschenden Gorkhalis. Von den Newaris stammen die Gurung aus Indien, wogegen die Khas und Magars sich tibetisch gemischt haben (in Nepaul). Die Junglestämme (in Nepaul und Sikhim) werden als Kirat (Cirrhada) bezeichnet. Die Chepang und Kusunda galten als die Eingeborenen Nepaul's. Die (denGurung) verwandten Ackerbaustämme in Nepal unterscheiden die Kasten (nach dem Besitz), als Aval, Dun, Seuni und Charem, unter Aufrücken in der Rangordnung. Die Cheros in Gorakhpur oder Kosala wurden durch die Gorkha ausgetrieben, und diese durch die Tharus.

Bei den Magar (mit Dami als Priester) müssen Mann und Frau zu einem verschiedenen Thum (oder Stamm) gehören. Die Sunawar (nordwestlich von Nepal) grenzen mit den Bhot. Die Achar oder Priester unter den Magar (östlich vom Kali) hiessen früher Dami. Die (mit den Magar grenzenden) Gurung zerfallen in die Stämme der Nisis, Ghalis und Thagsis (nördlich von den Jareyas. Ausser den Achar oder Priester finden sich Jausi, oder Zauberer bei den Newar.

Als nach den mit zugewanderten Brahmanen eingegangenen Heirathen die Kinder im Hügelstamm der Khas (von Gorkha) zu Kshatrya, neben Ekthariah und (königlichen) Thakuris, erhoben wurden und herrschenden Einfluss (durch die Königsfamilie Sahi oder Sah) erlangten, schlossen sich ihnen (zum Liefern von Truppen) die Magar und dann die Gunung an, indem sie (vom Buddhismus zu den Brahmanen, als Guru, unter Enthaltung von der

---

1) Am Honjah-Tempel in Aegypten fungirten Priester levitischer Herkunft unter einem einem Alabarchen (s. Küper). Oceanos hiess ταυρόκρανος (b. Euripid.). Im Chinuk-Jargon (s. Hale) „a good deal is expressed by the tone of the voice, the look and gesture of the speaker", während für ihre eigene Sprache die Indianer are very sparing in their gesticulations (every circumstance and qualification of their ideas is expressed in their speech with minuteness). Die Frauen (der Cariben) tragen die in der Jugend angelegten Sapuru oder Wadenbänder (s. Brett). Die Verzierungen auf den Geräthen der Cariben zeigen statt gerader oder gebrochener Linien (wie die der Nebenstämme, geschwungene (s. Schomburgk). An dem mit Federgehängen (bei den Tupis verzierten Ywara-pemme (slaughter-club) one of the women traced some rude figures with a style, while the rest danced round her (s. Southey). Natous (dieu de Pieds-Noirs) envoie sur terre le neige et les troupeaux de rennes (s. Petitot). Apostolicorum verberum disciplina galt als bestes purgatorii genus (de flagellorum laufle). Die Taxa camerae apostolicae wurde von Johann XXII. festgestellt. Die Sella stercoraria (Samuel's) wurde bei päpstlicher Weihe untergeschoben (s. Mabillon). Saltate cuncti (die Priscillianisten) im Hymnus Domini (s. Aug.), und so die Springprocessionen (oder Tänze der Shaker). Praxiteles erklärte den Satyr (und Cupido) für sein vollendetstes Werk. Die Kinder Rhea's wurden durch Kronos verschlungen (bei Zeus Geburt) und mit Rhea Silvia (des Waldes) zeugte Mars (den Gründer Rom's). Die Mincha (im unblutigen Opfer) diente zur Askara (μνημόσυνον). Die Bellonarii (als Priester Bellonas) tranken das beim Ritzen. hervorrinnende Blut (in Rom). Mit den ludi funebres waren Gladiatorenkämpfe verbunden. Primus in orbe deos fecit timor (Tit. Petronius).

Kuh, übertretend) ihre (tibetisch verwandte) Sprache mit Hindu-Worten mischten. Die Sprache der (eingeborenen) Chepang (mit Hayu und Kusunda) ist der der Lhopa (in Bhutan) verwandt (als tibetisch). Die Chepang oder Chibing, sowie die Haiyus und Kasanda (Kusunda) bewohnen „the jungles of Central-Nepal". Die Rawat (neben Dhom) sind mit Hindu gemischt. Die Lokpo oder Hor nomadisiren in Tibet oder (nach Bogle) Pu. Neben dem Newari-Alphabet findet sich das Bhanjin Mola und Ranja.

Die Bhot-Rajputen (in Kumaon und Garwhal) sind indisch-tibetisch gemischt. Die (tibetisch-gemischten) Kanet gehören zu den Rajputen (Kulu's). Die Thakur genannten Rajputen (Pahari-Rajputen oder Gebirgs-Rajputen) leiten sich vom Monde, wogegen die zur Surya-Bansa (oder Sonnenkaste) gehörigen Rajputen von Vaisvata-Manu (Sohn der Sonne) abgestammt gelten. Unter den Rajputen in Jamu stammt der Raja von den Dogra oder den mit Chauhan-Rajputen gemischten Jat. Die Kanjar in Jamu gehören zu den Pahari-Rajputen. In Kanaur wird Bu-nan oder Tibar-skad gesprochen. Der Hindi-Dialect (in Kulu) heisst Monkat.

Von den Bhutias[1]) in Milum wird die (Göttin) Nanda-devi verehrt. In Kidarnath wird ein heiliger Stein, als der beim Verschwinden in die Erde von Kidara's Körper zurückgebliebene Rest verehrt.

Bei dem zweijährigen Fest Boonda für Purus Rama, gleitet in Nirmand (in Kooloo) ein Bedwar an einem Tau über einen Abgrund hinab (s. Harcourt). Ueber das Bild der Göttin Hurimba am Tempel zu Doongree (in Kooloo) wurden die Menschenopfer an einem herabhängenden Seil hin- und hergeschwungen. Beim Jahresfest (in Kooloo) wird Lanka (Feind Rugonath's) enthauptet. Das Dorf Malauna wurde vom Held Jaemba oder Jamguddum gegründet. Zum Gottesgericht wird den Ziegen der zwei Parteien Gift eingegeben, und die des Unschuldigen stirbt zuerst.

---

1) Butta idem ac Pot-jid (sono Tibetico Wid sive Yid unicus, unigenitus). Die Ruine des Butchaneh (Götzentempel) findet sich an der Strasse von Arbela nach Kermanshah. Pot-jid per metathesim Di-Bouta et Ti-Bouta (Jehid hebraice Unigenitus). Der König von Chulam verehrte das Bild Buddha's (nach Edrisi). Der Priester Johannes hiess einheimisch (s. Mercator) Belul Jan (preciosus sive altus Johannes). Als König Kashmirs baute Jaloka (Siva verehrend) das buddhistische Kloster des friedlichen Bergstammes der Krittika wieder auf. Ardani stammt von Kai Ogi, Sohn des Kai Manus (nach Talasi), als Manuscithra oder Manocehr (s. Nöldeke). Die Arii wohnten (nach Plinius), im westlichen Indien (am Kophen-Fluss). Nerio igitur Martis vis et potentia et majestas quaedam esse Martis demonstratur (s. Gell.), als Minerva Nerina (Νερίνης θεάς) vom sabinischen Nero, verwandt mit nervus und mit nri, dem Wortstamm von ἀνήρ (s. Klausen). Auf den Steinhaufen (ἑρμαία oder ἕρμακες) oder Ἑρμαῖοι λόφοι (von ἕρμα oder Haufen) warfen (an den Armen der Kreuzwege) Vorübergehende einen Stein. Von Triton·See (Pallantias) und Poseidon stammend, übergab sich Pallas-Athene (ihrem Vater zürnend) dem Zeus als Kind. Bei den Minyern in Böotien wurde Athene-Tritonis (des Flusses Triton) verehrt. Eumolpos lehrte den Weinbau. Auf Anordnung Avalokiteswara-Bodhisatwa's entsagte König Siladitya (Harchavarddhana) dem Titel Maharadja und bestieg nicht mehr den Sinhasana (Löwensitz), indem er den Weiseren auf den Thron setzte (s. Hiuenthsang). Mahni (bei Letten) oder Monas (bei Litthauer) war der Zauberer (s. Ostermeyer).

Um Schmerzen zu lindern, werden dem heiligen Baum beim Juggutsookh (im Upper-Beas-valley) Nägel eingeschlagen. Die Poojaree (Priester) orakeln. Beim Jahresfest in Berbhoom wird ein Bela-Baum verehrt, zwischen einem Kachmula-Baum und einem Saura-Baum. In Kooloo werden Davees (als Dorfgötter), Jognees (Waldfeen), Nags (Schlangen) und (als vergötterte Asceten) Rikhis oder Munis, sowie Deos verehrt (nach Lyall). In the Soolung valley, and in many parts of the Upper Beas valley, in the Surburri-valley and in Wuzeeri, Rupi and Seoraj, there are temples dedicated to Snakes.

Zu Bajourra im Kooloo (wo Behunga munnee von Puch-Pal gefolgt war) wird Ashtbhooryee (achtarmig) verehrt, sowie Gunaesh und (in Basisht) Ram Chundar mit Vashishta Muni. Nachdem beim Jahresfest zu Nirmand (in Kooloo) das Bild Puru Rama's (durch den mit geschlossenen Augen den Tempel betretenden Brahmanen) herausgebracht ist, schwitzt es täglich, zum Vorrath für die Vertheilung des mit Schweiss gemischten Wassers. Bei Schenkung des Dorfes Nirmand (nebst anderen) an die Brahmanen (in Kooloo) übergab ihnen Purus Rama (die Tödtung seiner Mutter Ranka zu sühnen), das Bild der Göttin Ambka.

Bhoom Chund, der erste Raja von Kangra, entsprang, vollgewachsen aus dem Schweiss der in Kangra verehrten Göttin. Die Dard am Gilghit-Fluss stehen unter dem Maharaja Cashmeers, sowie die (mohamedanischen) Bultees in Iskardo (tibetisch redend). Neben den Buddhisten (unter den Dard) finden sich unter den Mohamedanern die Secten der Molai (Mula oder Gott) Suni und Shia. Die Schmiede (mit den Musikanten) gehören zu der verachteten Kaste der Bem in Ladakh.

Die (wie zum Theil die Nachbarn) aus Tibet stammenden Kaneit (in Lahool) gingen in Rajputen über. In Lahool werden (neben Tibetisch) die Mischdialecte Boonum, Manchat oder Puttun und Teenum gesprochen. In Spiti (von Bhot bewohnt) wird tibetisch gesprochen. Von Lhassa (in Tibet) beherrscht, fiel Spiti (wo Pandit Atisha oder Choro das Kloster Rareng oder Kee gründete) unter dem Gyalpo Jamya von Ladakh (XVII. Jahrh.), und dann (nach der Eroberung durch die Baltis) an Runjeet hsigh (nach der Besetzung Cashmir's.

Nachdem Bhim Sen oder Bhaem Sen (als Pandu) den Dämon Tandee in Kooloo Koolunt Peeth (oder Ende der bewohnten Welt) getödtet und dessen Frau Hirumba entführt, zeugte sein Begleiter Bidher mit der Tochter Tandee's die (von der Göttin Beas Ricki auferzogenen) Söhne Bhot und Mukhur, und als Bhot mit Soodungee (aus Bhotunt hingewandert) Kuhfleisch kochte (gegen brahmanisches Gebot) floh Mukhur nach Mukraha bei Sultanpore. Purus Ram (Sohn Jumduggum's), nachdem der Arm Saharsubahu's (Nag Urjun's) abgehauen, beschenkte (den Tod seiner Mutter Ranka zu sühnen) die Brahmanen von Nirmand (in Kooloo). Von Behungamunnee (Bruder Purus Ram's) stammte die (in Kooloo herrschenden) Dynastie der Pal, bis (1321 p. d.) Sidh Pal den Titel Raja annahm (s. Harcourt). Raja Maun

Sing (in Kooloo) dehnte seine Herrschaft bis Simla aus (XVII. Jahrh.), und dann folgten die Sikh.

Auf die Dogra (mit moslemisirten Chibhali) in Dugra folgen (am Ihelam-Fluss) die Gakkar. In den Vorhügeln des Himalaya (in Daman-i-Koh) herrscht der Maharaja in Jummoo über die Dogra. Die (den Ladakhis verwandten) Champas wandern mit Heerden in Rupschu oder Rukshu (mit dem Salzsee-Thal) neben (bettelnden) Khamba aus Kam (östlich von Lhassa), auf dem Wege aus Indien (s. Drew). Bei dem Dorfe Sankho oder Kargil findet sich die im Fels gehauene Figur Chamba's (in Ladak). Die Gaddi genannten Schafhirten (in den Kangra-Hügeln) gehören (wie die Kakkas östlich von Jhelum) zu den Khatri (s. Campbell).

Die Kampa oder (nach Moorcraft) Champa sind (zum Handel) wandernde Schafhirten (in Kunawar). Ladak ist in Ari (neben Kam, U, Tsang in Tibet) einbegriffen. Nach Oderic herrscht der priesterliche Abassi in Tibet. Der Taranatha-Lama wurde unter den Khalkas in Urga Kuren wiedergeboren. Eli gilt (in Tibet) als Hauptstadt der Kalmak oder Soko's (Sokpo). Auf den Mane genannten Steinhügeln werden heilige Sentenzen aufgesteckt. Die Mani oder Tempel (der Tibeter in Wallanchoon) enthielten Reihen von Gebeträdern, sowie die Mendong oder Steinplatten zu Wiederholungen des heiligen Gebetes[1].

---

1) Der Gott Amen ist der Gott der Wahrheit (Vitringa), per deum Amen (ἀμήν, ἀμήν), τὸ δε ἀμήν τῇ Ἑβραΐδι φωνῇ τὸ γένοιτο σημαίνει (bei Just. Mart.). Wie die Inder sich mit Ram begrüssen, so gebrauchten (nach Plut.) die Aegypter im Zuruf Amun (als Om der Tibeter). Osiris nahm auf seinen Feldzug (bis Indien) die (behaarten Satyre (aus Aethiopien) mit (s. Diod.), wie Rama die Affen (Hanuman's). Neben den Entsagungsgelübden (Issar) oder Ablobungen, wurden Gelübde positiver Art (als Neder) übernommen (bei den Juden). Der Gesetzeslehrer (als Rabbi oder Chacham) ist mehr, als Vater und Mutter, zu ehren (nach dem Talmud), im Guru (auch christlicher Nachfolge). Unter dem Kohen oder Priester stand voran der Harosch oder Hauptpriester (als Kohen harosch). Neben dem Nabi (als von der Gottheit angehaucht) fanden sich die Hozeh (Schauer) und Roeh (Seher), als Propheten (der Juden). Nach Vertreibung der Hyksos leitet sich Achmoses (Vorgänger des Tut-moses) von Tut oder Thoth ab (in XVIII. Dynastie). Seti (Begründer der XIX. Dyn.) führt den Thronnamen Ramemen. Als Schutzgöttin von Unter-Aegypten erscheint Bouto (Pe-Ouady oder Haus der Uti als Schlange (neben Nekhib als Geier für Ober-Aegypten). Als Localgott von Memphis, (der alten Hauptstadt, ehe Theben mit der Verehrung Ammun's dazu erhoben wurde), galt Pthah, dem die Göttin mit Löwenkopf (oder Katze) zur Seite steht, für ältester der Götter. Pancapipan Nirapiam vocari (s. Tertull) bei Mischung der Valentianer (im Pleroma) [nirupon]. Die Kambohs (scattered in many parts of Upper-India, from Benares up to the Panjab) leiten sich (als Kai-amboh) from the old Kai sovereigns of Persia (s. Rajendralala Mitra). Bei den Klagen um den Verstorbenen wird Jawahu von den Warrau beschuldigt, ihn fortgeraubt zu haben (s. Schomburgk). Dem Barak (arab.) oder (hebr.) perech (als segnen) stand Laan (arab.) oder (hebr.) killel gegenüber (im Fluchen). Τὰ ἱεροᾶ ἐπεδείκνυε καὶ εἶπε τῇ φωνῇ τὰ ἀπόῤῥητα (als spectacula mystica). Das Lamm ist nicht Symbol Israel's, das sich dem Herrn weiht, sondern es vertritt Israel vor Jehova, und wie das Blut uns vor dem Gericht schützt, so wird sein Fleisch genossen, als eine heilige Speise, durch welche sich das ganze Volk diese Errettung aneignet (s. Küper). Die Firmung (als Vollendung der Taufe) ist das „Sacrament, in welchem dem Getauften der heilige Geist mitgetheilt wird" (s. Berlage). Am Ende der

Tibet heisst Bot, während die Butia „are called Dhurma-people (s. Hooker). Die Tibeter bezeichnen ihre Nachbarn als Gya.

Bei Krankheiten (in Lahool) wendet man sich gleichzeitig an einen Lama und einen Brahmanen. Nach der Loong-pai-chos (religion of the Valley) werden Bäume und Felsen verehrt (in Lahool). Bis zum Festtage darf Gras nur mit einer Sichel aus Holz oder Horn geschnitten werden. Von den Boraus oder wandernden Mönchen werden die Ueberlieferungen gesungen (in Spiti). Die Lamas und Chelas (Neophiten) stehen unter dem Gelong. Neben den Chhodten errichten die Buddhisten (in Spiti) Dungten (für die Knochen der Häuptlinge). Unter den Dogra (mit den Miau, als Krieger unter den Rajputen) finden sich die Megh und Dum, als Eingeborene. Die Thakar der Pahari in Padar verehren Schlangen in dem für die Nag-devata erbauten Tempel. Die Batal (Musiker und Tänzer liefernd) bilden die Eingeborenen Kashmir's (s. Drew).

Die (Gegenstände aus Bambus verfertigenden) Dom (verachteter Kaste) wurden (in Benares) zum Anzünden des Leichenscheiterhaufens[1]) gemiethet

---

Kalpe „the whole of the universe will be inundated and in time become icy and so remain, when the Brahmas of the saved heavens see this ice, many of them have a disire to walk upon and taste it, and so continuing for some length of time, walking on and tasting it, they are transformed into males and females (s. Upham). Ueber der Hieroglyphe der Isis, als As (oder Sitz) schwebt das Auge (in Osiris). Isis, als das Weibliche in der Natur (s. Plut.), wird als „Amme und Alles Befassende" bezeichnet (bei Plato). ἱεροφάντης, τὸν ἀποφήναντα τά ἱερά (Siudas). Sed quum illam, quae Graecum illud sacrum monstraret et faceret, ex Graecia deligerent (in Sacra Cereris). ἀπομμόυμενον τὰ μυστήρια καὶ δειχνύοντα τοῖς αὐτοῦ ἑταίροις ἐν τῇ οἰκίᾳ, τῇ ἑαυτοῦ, ἔχοντα στολήν, ᾧιανπερ ἱεροφάντης ἔχων δεικνύει τά ἱερά, καὶ ὀναμάζοντα αὐτόν μέν ἱεροφάντην (Plut.). Jablonski erklärt Amenthes als Ement oder untergehend (im Westen). Christus heisst Amen (der Zuverlässige) in der Apocalypse (s. Röck). Amun (Gott Amen) in Aum angerufen.

1) Die Bharia (unter den Gond) usually burn their dead, yet bury such persons, as have been killed by wild beasts while they entirely abandon those killed by the tiger, and will not so much as touch their bodies (s. Scanlan). Den Saj-Baum verehrend, the Bharia swears by the leaf of this tree, which is broken and placed on his head. Die Halba (Halwa Gond) gain their living chiefly by distilling spirits and worship a pantheon of glorified distillers, at the head of whom is Bahadur Kalal (s. Lyall) [Bacchus]. Bei den Halwa Gond werden die männlichen Gottheiten Narayan Gosain und Burha deo, sowie die weiblichen Sati und Ratna verehrt (mit den Vorfahren). In den Baiga-Dörfern umherziehend, bilden die Agharia die Eisenarbeiter unter den Rawan Bansi Gond (mit Gugyas, als Sänger). Die Khond (Bethah, Benniah) zerfallen in Maliah Koinga der Hügel und Sassi Koinga der Ebene. Die Betta-Kuruba (Kali verehrend) leben in Wälder (their lips thick, their hair is woolly) in Coorg (s. Sherring). Neben den Beda (als Jäger und Vogelfänger) finden sich (in Benares) die Ved, welche aus dem Jungle das Holz für Essgeräthe sammeln und Zinnbehälter für Süssigkeiten verfertigen. Die Frauen der Dhannkh (als Bogenschützen und Vogelfänger) dienen als Hebeammen (in Benares). Die (von den Brahmanen oder Gosain's) Mantras empfangenden Oraons (als Bhagat) rufen Mahadeo für Regen an, (then, with one stroke of the axe, the head of the image is cut off and the body is removed and buried), wie Baradeo von den Ghonds verehrt wird (s. Dalton). Für den Gott Darha (bei den Oraon) a representation of a ploughshare is set up on an altar dedicated to him and renewed every three years, mit Schafopfer (neben den gewöhnlichen bunten Hühnern). Bei den (kleinen) Multscher (Metscha) im Waldgebirge von Kotchin ist „das Haupthaar beim Manne wollig, lang und struppig beim Weibe". Verschieden von den (die Hügel von

(s. Sherring). In Kumaon bilden die Dom die Künstler, wie Zimmerleute, Maurer u. s. w. Die Festungen Domdiha und Domangarh stammen aus der Zeit, als die (mit den Bhar benachbarten) Dom bei Gogra herrschten. Die Achary (Brahmanen, die als Köche dienen unter den Mahratta) empfangen (in verachteter Kaste) die Kleider der Verstorbenen (in Benares). Die Gandhara wohnten südlich von Kashmir [1]) (die Dardanes am Indus)

Ramgash und Chota Nagpur bewohnenden) Dhangar (als Strassenreiniger in Benares) sind die Dhangar als Schafhirten und Wollweber, in Süd-Indien (als Ackerbauer in Telingana). Die Bari (der Jungle) verfertigen die Blätterteller für die Festmahle, woran verschiedene Kasten theilnehmen (in Benares). Als Raedasis wurden die Chamar (von Bilaspur) durch Rae Das (Anhänger Ramanand's) bekehrt, zu den (nicht rauchenden) Satnamis gehörig, die morgens und abends die Sonne verehrend, Sat-Nam (den wahren Namen) murmeln. Die ackerbauenden Kurmi sind den Kunbi verwandt (in Berar). In Gondwana bestanden die Königreiche Gorha Mandha, Kherla, Deogarh (mit Nagpore) und Chanda. Götter der Gond (als Dula deo, Narain deo, Suraj deo, *Mata devi, Bara deo, Khair, Mata Thakur deo, Ghasyam deo) wohnen im Norden (wohin die Todten gehen). Die Pest wird als Mari verehrt (s. Sherring). Die Gond (twelve and a half tribes or branches) have seven kinds of marriage [Sumatra]. Hislop leitet Gond von Konda oder (im Telugu) Hügel. Unter den Ahir (deren Führer Asa Ahir das Fort von Khandesh baute) gehört der Gauli-Stamm zu der unter den Gondh herrschenden Gauli-Dynastie (von Pandu Gauli stammend). Das Land vom Tapti bis Deogarh heisst (in den Puranas) Abhira (s. Elliot). Die Bheel sind erbliche Nachtwächter der Dörfer von Nimar. Unter den Haihai Bansi Fürsten waren die Hügelfestungen von Bilaspur von den Kanwar besetzt. Bei der durch stete Theilungen nach absteigenden Genealogien im Parihar Taluqdar (von Asis) folgenden Machtlosigkeit bildete Kalendar Singh die Vereinigung in scheinbar einheitlichem Landbesitz unter seinem Neffen Golab Singh, als stellvertretenden Taluqdar (1848). Teucro regnum traditum, qui cives e suo nomine Teucros appellavit, qui post a rege Troo (Troe) Trojani dicti (bei Servius). Die Pardhan bewahren die Genealogien der Fürsten (unter den Gond). Die Ojhyal (mit den Gond) hängen die Haut des Dhachidya genannten Buceros-Vogel in den Häusern auf für Reichthum und tragen die Knochen, um böse Dämone fern zu halten. Bei den Moria Gond werden die Götter Bhu deo (der Erde), Dengar deo (der Hügel) und Bhim fen oder Bhima unterschieden. Dac Tättowiren wird (bei den Gondh) von den Pardhan und Dholyas ausgeführt.
1) Nach Ptolemäus herrschten die Kaspiraei bis zum Gebirge Vindius (zur Zeit Pravarasena's). Ἰνδοὶ (neben Kelten, Aethiopier und Scythen) μεταξὺ θερινῶν ἀνατολῶν καὶ χειμερινῶν οἰκοῦσι (s. Scymnus). Kashmir heisst Kasjapamar (Wohnsitz Kasyapa's), als Κασπαπύροι (bei Hecataeus) oder Κασπατύρος (s. Herodot). Nach Moero wurde Zeus in Creta durch einen Adler und andere Vögeln (der Plejaden). ernährt (s. Ath.). Die Kimmerier communicirten in unterirdischen Wohnungen durch Gräben (nach Ephoros). Lusitanien heisst (wegen des begünstigten Clima's) Endaimoon (bei Strabo). Mit dem Alemannen Detrik (der unsterbliche Detre) aus Verona (neben dem Longobarden Macrinus oder Matrinus) huldigten alle deutschen Fürsten dem Attila, dessen von der deutschen Krimhilde geborener Sohn Madar mit Csaba kämpft, die Hunnen vernichtend. Τεύταμος führte die Auswanderer von Hestiaeotis nach Kreta, als Vater des Asterios (Adoptivvater des Minos). Amen-em-heb (unter Thotmes III.) belagerte Kadesh, die (heilige) Stadt der bis zum Euphrat (zu Josua's Zeit) erstreckten Kheta oder Hittiten, deren König (in Carchemish) von Assur-natsirpal (Vater Shalmanassar's I.) besiegt wurde. Debir, Hauptstadt der Hittiten, hiess (in Palästina) Kirjath Sepher (Stadt der Bücher). Die Szekler bewahrten die skythische Schrift auf eingekerbten Stäben (nach Thuroczi). Luther schrieb das Deutsche kaiserlicher Kanzleien aus der niederösterreichischen Mundart (wie in der Kanzlei von Meissen am reinsten bewahrt). Den Vorzug unter den hochdeutschen Mundarten gab Luther dem Niederhessischen von Fulda und Edder, „vor allen andern allzumahl" (s. von

Neben dem Khasas am Pass Kaschgar's wird die Laghmanee-Sprache geredet (bis zu den Neemchos). Auf dem Berg Casius in Syrien stand der Tempel des Jupiter Casius. Die Kassi oder Cissier (Babylon erobernd) ver- ehrten Kati oder Ghoula. Bie (arischen) Türken von Kashgar und Yarkand sprachen turanisch. Die Argon (in Tibet) stammen von turkestanischen Handelsleute mit tibetischen Müttern.

Die (östlich vom Kali oder Ghagra) herrschenden Khas heissen Parbatia (Hügelleute) der Parbatia Basha mit Tibeter oder Bhotia (Rongbo, Siena oder Kath Bhotia, Scenpo u. s. w.), Gunwar, Gurung, Magar, Murmi, Newar, Kiranti, Limbu oder Yakthumba, Lepcha, Lhopa oder Dukpa u. s. w. Unter den Khasiyas aus Khas (the mountain tract between Nepaul and Cashmere) in Kumaon führte Bhim Sen, Sohn des Königs Pandu, eine geordnete Re- gierung ein, und dann wanderten Hindus von Chitor hinzu. Die zum Hin- duismus übergeführten Khasya unterscheiden sich (mit Bhotias) von den (bei Brahmanen und Rajputen als Hausssklaven dienenden) Dom (in Kumaon), während die Rawat oder Rajis in den Wäldern wandern. Auf die Kuttoora- Dynastie (aus Sooruj Bunsee) folgten (in Kumaon) bis zu den Chund (1178 p. d.), die Khissia-Raja, „numerous petty chiefs among the mountaineers them- selves, each governing his own small territory and fighting with his neigh- bours" (s. Batten). Die Goorkha oder Khas herrschen in Nepaul über die (tibetisch verwandten) Eingeborenen.

Neben den Provinzen von Benares und Oudh waren die benachbarten,

---

Pfister). Zu Carl V. Zeit war das Deutsche mit den Pferden zu sprechen, hat sich in- dessen seitdem seinen Ruf erworben, als privilegirte Sprache der Philosophen. Von Asat (Nichtsein) entsprang Sat (nach dem Taitturriya Upanishad). Wenn das Gleich- gewicht Prakriti's in den drei Modificationen gestört ist, tritt Buddhi hervor (nach den Sankhya). Die Beendigung der Skhandha besteht im Gewinn, des Dharmadhata mit dem Erlangen des Dharmakaya (s. Wassiljew). δειλὺν θνητῶν γένος (Lucrez). Die vier Wesenheiten begreifen Dukha, das Elend des Lebens, und der dadurch herbeigeführten Verwickelungen in Leidenschaft (Samudaya), dann die Vernichtung des Elends mit den Hindernissen (in Niroda) und Margga, als den Pfad neuer Umwandlung. Der Höllendrache von Na-kie-lo-ho (Nagarahara), der das Reich vernichten wollte, wurde durch das Er- scheinen Tathagata's zu seinen Diensten bekehrt (s. Hiuenthsang). Budte war Göttin der Weisheit (bei den Litthauern). Beim Fest der Pamylien wurde ein 3 faches Zeugungsglied aufgestellt, in dreimal seelig (s. Plut.). Die ägyptischen Könige (als Priester) waren im im Weintrinken (das vor Psammetich ganz verboten gewesen) auf ein bestimmtes Maass eingeschränkt (nach Hecatäus). Antiochus (in Syrien) trank selbst zwischen dem Schlaf (nach Athen). Im Propinein (s. Ath.) trank man zuerst aus dem Gefäss, dem Gastfreund Freiheit von Gift zu beweisen und so die Gesundheit (zu trinken oder) sichernd, obwohl auch dann, wie im Doppelgefäss des Pompilius (bei Kadlubek) Ränke zu fürchten waren. Boleslav unternahm einen Kriegszug gegen Erik, Bruder des Knud Laward, des Wendenkönigs, bei Helmold als Herzog von ganz Dänemark bezeichnet (s. Gutschmid). Die Bachantinnen hiessen Reptauchenes, weil sie never failed to throw about their heads in such a manner as though they had been convulsed (s. Hamilton). Every expression of illusion, disappoint- ment and pain, is applied to life, and the opposite epithets of unruffled peace, repose, and profound tranquillity, ascribed to the envied rewards of Nirvana, expressions carried even to the lenght of non-existence (s. Upham).

6*

in „the past Buddhist age" in der Macht der Cherus (of the Serpent Race)
mit Seoris und Bhars („subsequent to an epoch" der genuine Hindu race)
bis zu den neuen Umgestaltungen durch Mohamed's Eroberungen.

Unter den Nachfolgern des Cheru Raja Tikam deo (von Kot Birpur's
am Ganges) herrscht Mahipa Cheru in Deori. Die Hayoban-Rajputen von
Haldi kämpften mit den Cherus (in Behar). Die Erdwälle bei Wyna werden
den Cheru zugeschrieben (sowie Suraha-Lake). In Shahabad weihen die
Cherus (durch die Tika auf der Stirn) einen Raja (für jede 5—6 Familien).
Die Chandel-Rajputen unterwarfen die Cherus, Bhor und Kharwars südlich
von Mirzapur. Der Raja von Palamau (unter den Rajputen) stammt von den
Cherus. In Shahabad wurden die Cherus von den Seoris unterworfen, und
diese von den Rajputen.

Wie Cherus und Karwar folgen die Bawarya (bei Mirzapur) der Ba-
wanro genannten Methode des Landbau durch Säen nach dem Lichten des
gebrannten Jungle. Die Nagbankin-Rajputen (von dem Raja Takshaka stammend) galten als die Reste der eingeborenen Cherus (s. Buchanan).

Aus Tilpur wurden die Tharu durch Tilvikram Sen (mit Hülfe der Ban-
jaras) vertrieben (s. Sherring). Die Tharu kamen aus Chittore nach dem
Tarai (s. Colvin). Die Beamtenschaft der Barwaik ist erblich in einigen Familien (bei den Taru). Bhala Sirwa (Rajputen-Häuptling von Hastinapur)
traf bei der Einwanderung im Bhola pargannah (bei Mirzapur) die Seoris
als Bewohner (XI. Jahrh. p. d.). Der Bergwall (mit sculptirten Steinen) am
Zusammenfluss des Gangi und Ganges (bei Ghazipur) war Sitz eines Seori-
Häuptlings. Nach Unterwerfung der Kol von Saktisgarh (bei Mirzapur) erbaute Gudhan deo (Raja von Kantit) Festungen. Der König der Kol residirte
in Golhanpur (Golharpur) after Sakat Singh's seizure of the country (s. Raike).
Die Baland-Rajas der Kharwar oder Kairwar (bei Mirzapur) wurden durch
die Chandel-Rajputen ausgetrieben. Unter den Kharwar stammt der Raja
in Singrauli von den Ben Ban in den Hügeln von Khairaha Kharwar. Die
Kharwar „erected their buildings by the labours of Asurya architects, whom
they retained in their employ" (s. Sherring). Vor Prithi Raj flüchtend traten
die Chandel Rajas (von Mahoba) in den Dienst Raja Maddan's (der Baland
Herrscher der Kharwar) in Agori und bemächtigten sich später der Herrschaft des Landes.

Das Pramara oder Ponwar Königreich von Malwa erstreckte sich bis
zum Nerbuddha-Thal (XII. Jahrh. p. d.). Die Haihaya oder Haihaibansi
(von den Rajputen der Mond-Dynastie[1])) herrschten (144 p. d.) bei Mundla
(im Nerbuddha-Thal) und (XI. Jahrh. p. d.) in Jubbelpore über das Königreich Chedi (mit dem Tempel Chattisgarh), in Verbindung mit den Ponwar
von Malwa und den Gahlof von Udaipur, sowie den Yadavas des Westens.

---

[1] Bharata, dem Rama sein Königreich abtritt (in der Solar-Dynastie), ist Beherrscher
Indiens's, als Vorfahre Kuru's (in der Lunar-Dynastie), und Rama heisst später Rama-
chandra.

Der Raja von Sindkher (in Berar) gehört zu den Jadova oder Jadubansi. Der Naik-Stamm findet sich bei Raepore. Die (von Amber oder Jaipur) nach Benares pilgernden Monas-Rajputen (des Mon-Geschlecht's) unterwarfen die Bhar in Bhadohi. Ausser in Talluqua von Koindih (in den Vindhya-Hügeln) finden sich Bhars (in Allahabad u. s. w.), als Pflüger, Schweine-hirten, Polizisten u. s. w. Die Tikait (neben Garhor und Baror) stammen von der durch den Chauhan-Raja entführten Tochter des Bhar-Häuptling. Die Cherus (mit Seoris) galten als Zweig der Bhar.

Nach dem Sambri Rao (König von Sambhar) eroberte Prithi Raja (mit den Chauhan) Delhi. Die von Parasram's Stirnschweiss geborenen Pasi sind für das vom Dorf erhaltene Land, als Dorfpolizisten, zur Wiedererstattung des Gestohlenen verpflichtet, wenn den Dieb nicht findend (s. Sherring). Die Pasis herrschten (mit den Aruk) früher in Khairabad. Die von Bhuiganja nach Fyzabad gekommenen Familien der Chauhan verheirathen (als hohen Ranges) ihre Söhne östlich unter den Bais von Kotsarawan, den Bais bei Shahganj, und den Gautam von Trans Gogra, ihre Töchter dagegen westlich mit den Chamar-Gaurs von Amethia, Surajbans und Raikwars (s. Carnegg).

Das Surjavansa führt durch Jajati (Sohn Nahusha's) auf Jajati und dann unter seinen Nachkommen auf Rama, sowie weiterhin auf Suddhodana (Sohn Sakya's). Im Chandravansa stammt von Ila (mit Buddha) Bharata und unter seinen Nachkommen Kuru (Sohn des Samvarana), sowie weiterhin Devapi, der sich als Aussätziger in den Wald[1]) zurückzieht, während unter den

---

1) Erst als König Samvarana aus seinen Büssungen im Walde zur Herrschaft zurückgerufen, liess Indra regnen. König Samvarana verehrt die Sonne, als er Tapati (Tochter der Sonne) auf der Jagd angetroffen (durch seinen Purohita Vasishtha). Als Abtheilung Jambudwipa's lag Bharatavarsha oder Bharata im Süden des Himalaya, unter König Bharata (als Vorfahre der Pandava und Kaurava). Nach den Catapatha-Brahmanen begründete König Bharata (als Sarvabhuma oder Sarvadamana) seine Herrschaft am Ganges und Jamuna durch Pferdeopfer. Das Reich der Bharata wurde von den Panchala erobert. Von den Panchala besiegt, floh König Samvarana (der Bharata) nach dem Sindhu, wo der Rishi Vasishtha die Königswürde ertheilte, als die Tochter der Sonne, Tapati, dem Kuru (Kurusetra's) geboren war. Das Surjavansa schliesst mit Kusa oder Lava (Nachfolger Rama's), setzt sich dann aber durch Nishada fort, als Nachfolger Atithi's (bis auf Suddhodana) oder durch Khala (Sala oder Dala) oder Bala (vom König der Frösche stammend) bis auf Sumitra. Im Surjavanca steht unter den Nachkommen Ixvaku's (Sohn des Manu Vaivasvata), Jajati (Sohn Nahusha's), als Vater des Purus, im Chandrewansa unter den Nachkommen Ila's (Tochter des Manu Vaivasvata) als Vater des Puru. Im Universum Mahasambhava (während der Kalpe Vinirbhoga) predigte der Tathagata Bhichmagardjito ghoschawararadja der aus Menschen und Asuren vereinigten Welt (nach der Saddharma pundarika). Nach dem alten König Manis oder Mades wurden bei den Phrygern staunenswerthe Werke als Manika bezeichnet (s. Plutarch). Jima wurde von Ormujd zuerst das Gesetz Zarathustra's gelehrt (in Persien). Mit dem (zuerst zum Tode eingegangen) Jama (Bruder des Manu) wurde die Zwillingsschwester Jani verbunden (bei den Indern). Bahram liess (nach Mirkhond) die Haut Mani's am Thore von Dschondischapur aufhängen (als βασιλεὺς Γουδαφόρο.). Im Slawischen heisst Manas eine unförmliche Figur, ein Götzenbild (s. Schwenck). Die Buddhisten heissen (bei Brahmanen) Sunyavadin (die des Nichts) und Syadvadin (die des Vielleicht) die Jainas. Die Digambara (als Nirgrantha in Asoka's Edict) werden als Γυμνοσοφισταί (Γέννοι) erklärt (bei Hesychius). Quod Titio Tatio, Capitoli-

Söhnen seines jüngeren Bruders Santanu von Vikitravirja (durch Bishma geweiht) die Söhne Dhritarashtra (Vater des Durjodhana unter den Kaurawa),
Pandu (dessen Sohn sich mit Drupada aus der Panchala vermählte) und Vi-
dura der Bahlika gezeugt wurde.

Die Sengharhs (-Rajputen) verehren [1]) die vergötterten Vorfahren Amar
Singh, als Nath Baba (s. Oldham).

Siladitya, König von Malva, durch Gelehrsamkeit [2]) (wie Magadha) her-

num ut capiat collem, viam pandere atque aperire permissum est, dea Panda appellata est
vel Pantica (s. Arnob.). Bei den Jaina des Dekhan gilt Jinapats als Schöpfer. Die Jaina
zählen 24 Jina bis auf den letzten (aus dem Geschlecht der Kasyapa), mit Gautama Buddha als Schüler. Shakya Thub-pa ist das Haupt der 35 Buddha (als Tungshaki sangye
songa). Die (187 p. d.) gestiftete Dynastie der Tobba (mit den Himyariten) wurde von
Abyssinien gestürzt (VI. Jahrh.). Unter den Lha oder Göttern haben sich die Dragshed
durch einen Eid an Buddha Vajradhara zur Vertilgung der bösen Geister verpflichtet (in
Tibet). Um einen Kranken zu heilen, knetet der Lama dasjenige Thier, in dessen Gestalt
der böse Geist eingefahren, damit er darin wieder ausfahre (worauf dasselbe verbrannt
wird). Mit der magischen Figur Phurbu oder Nagel (als Kopf) werden die bösen Geister
weggescheucht (in Tibet). Im Reiche des Dharma Raja von Tassisudon (oder Khampa-Bot)
finden sich neben Bhot die Lhopas. Neben Kirantis und Kusundra finden sich Sunwar
und Yakkas (in Nepaul). Die Dudpo oder Shinje (Diener des Todtenrichters Shinje) wohnen in Paranirmita Vasavartin, die Menschen versuchend (in Tibet). In Sikkhim (mit den
Limbus) herrscheu die Lepchas (den Murmis verwandt). In Sikkhim werden Holzbretter
mit Figuren von Thieren und Menschen, sowie magische Figuren beschrieben, um gegen
böse Geister zu schützen.

1) Der vor dem Fort Jarari gefallene Mohamedanerführer Mustafa Beg wird von den
Bewohnern als Musakka Bir Baba im spukenden Geist begrüsst. An Orten, wo das (gegen
Phantasmata getragene) Farrenkraut wächst, diabolus illusiones suas raro exercet, et domum
et locum, in quo est, diabolus devitat et abhorret et fulgura et tonitrua et grando ibi raro
cadunt (nach der heiligen Hildegardis). Wenn auf den Nicobaren die Dämone von einer
Insel auf die andere getrieben werden, entstehen Kriege. Neben Fecha Huentu (el hombre
mas grande y poderoso) oder Gott (und Su-Chy als Schöpfer) stellen die Pampas-Indianer
den Dämon Gualicho vor, der die Zauberer (unter Schlagen der Calabasse) einführt, um
besiegt zu werden (finge un combate con el demonio, que supone entrado en el) unter Con-
torsionen, bis zum Hören einer „voz chillona y dolorida, como imitando la de un espiritu,
que ha sido vencido" (s. Barbara). Iphitos bewog die Eleer, auch dem Herakles zu opfern,
den sie bisher für ihren Feind gehalten. Nach Phylarchus brachte Dionysos die Rinder
Apis und Osiris aus Indien nach Aegypten (und Serapis wurde als Schatz des Apis erklärt).
Als sich ein „fürchterliches Lärmen und Poltern" erhob beim Umfallen des an die Stelle
des heidnischen Tempel's (in Jutribog) aufgerichteten Kreuzes, wachte ein weisser Hund,
bis wieder hergestellt (s. Brandt). Im Neugeborenen aus der Lotosblume stellten die
Aegypter den Sonnenaufgang dar (s. Plut.). Noch im Mutterleibe zeugten Osiris und Iris
(als Geschwister) den Arueris (oder Horus). Die Jaonen feierten Apollo-Feste mit Frau und
Kinder auf Delos (durch Pisistratus von den Todten gereinigt). Durch Reinigung der Idole
ändert der Zauberer das Schicksal (nach Philostrat). Die Isisdiener wurden in heiliger
Kleidung der Göttin begraben (s. Plut.), wie sonst in Mönchskutten.

2) Der Kielonaoufalana besuchende Brahmane hatte seinen Bauch mit Kupfer be-
schlagen, um nicht aus Weisheit zu platzen (nach Hiuenthsang). Die neun Bon sind die
von den Brahmanen eingenommenen Sitze (bei den Buddhisten). Apé begreift die unglück-
seligen in den Bon der drei Welten (nach Sangermano). Mit der Schwester der Sakya
(Söhne Okkaka's) zeugte Rama die Koliya, Gründer Kolonagara's (neben Kapilawastu).
Wegen reichlicher Almosenspenden wurde König Mara's Volk in den Himmel Paranimit
Wasawatha (für eine Seeligkeit von 9 Millionen Jahre) erhoben, kommt aber jetzt von dort

vorragend (unter gemischten Secten) filtrirte das Trinkwasser [1] für Elephanten, um kein Leben zu tödten (s. Hiuenthsang). Die Asura wurden bei Trunkenheit durch Indra in den niedrigeren Himmel gestürzt, und haben seitdem, als A-sura, dem Rauschtrank entsagt.

Wenn beim Verschwinden von Buddha's Almosentopf (Patra) die Bosheit zunimmt, und die Menschen, in deren Hände sich Stöcke in Keulen verwandeln, sich gegenseitig getödtet, werden die in die Berge zurückgezogenen Frommen zum Bevölkern wieder hervorkommen (mit Vermehrung der bis dahin abnehmenden Lebensjahre), um die ersten Zuhörer Maitreya's [2]) zu bilden (wie Fa-Hian in Ceylon predigen hörte).

Die Tolusa-Pflanze [3]) erwuchs aus der Asche Rinda's, die (von Vishnu verführt) sich mit Jalandhara verbrannte (im Krieg mit den Göttern).

---

herab, als die Schmutzigen (im mohamedanischen Sinne vom Satan), um Begierde und Tod aufzuspüren. Maugalyana erzählt (in den Dulva) im Nyagrodha Vihar (bei Capilavastu) den Gohutama-tag (Nachkommen Gautama's) die Herkunft des Shaka-Stammes (unter Shakya's Billigung). Neben Brahma's Sitz (aus Mondesstrahlen) findet sich der Ilya-Baum. In der Nyaya wird besondere Kenntniss durch vorherigen Besitz der allgemeinen erlangt (s. Roer). Die Gesetzesdauer Buddha's zerfällt in die Periode der Zeugen, der der Bilder, und der des Verfall. Tathagata, in Form eines Fisches, nährt die Anwohner des Sintou (Indus), für 12 Jahre (nach Hwui Seng). Da Mahakasjapa sich weigerte, nach Buddha Bewahrer seiner Lehre zu werden, wurde diese deshalb an Maitreya übergeben (nach dem Ratnakuta). Der Sakyamuni genannte Tathagata 100 Kalpas früher: weihte Sakyamuni in seinen Vorstudien mit der Kusumana-Blume ein (nach der Abhinish Sramana-Sutra). Unter dem (mit Sakyamuni als sechszehnten) als Sramanera lehrenden Radjakumara findet sich im Weltall des Ostens (in Abhirati) der Tathagata Akchobhya mit den Tathagata Merukuta, im nordwestlichen der Tathagata Tamalapatratchandanagandha mit dem Tathagata Merukalpa, im südwestlichen der Tathagata Indradhvaja u. s. w. Budintaia weckte die Schlafenden bei den Preussen). Kakusandi-Buddha erscheint (in Ceylon) nach Pest, Konagama nach Dürre, Kasyapa bei Krieg und dann Gautama unter den Yaksha von Mahawelligam s. Forbes). Der Baum, unter welchem Butta (in Ceylon) verehrt wurde, hiess (nach Hyde) Budum-ghas seu contracte Bogas. In der Versammlung (zum Anhören des Saddhama pundarika) erscheint (wie der Bodhisattwa Pradjnakuta aus dem Unterlande) aus dem Ocean mit dem Palast Sagara's (Königs der Naga) auf einem Lotus in der Luft der Bodhisattwa-Mahasattwa Mandjusri (devenu Kumara) vor Tathagata Sakyamuni, von seinen Lehren (au milieu de l'océan) zu berichten und der Bekehrung der Königstochter (die einen Juwel überbringt). Asoka setzte Sühnungen an, in jedem fünften Jahr (Pancham pancham vasesu).

1) Der Apis wurde aus einem besonderen Brunnen getränkt, nicht aus dem Nil (um nicht Lebendiges einzuschlucken). Nach Asistagoras galt das Salz für unrein, weil bei der Verdichtung darin eingeschlossene Thierchen sterben (in Aegypten).

2) Auf den (älteren) Shakya, als Ta-kouang-ming (Shakyamuni), folgt Sikki und Maitreya auf den späteren Shakejamouni. Im Mysticismus des Kala Chakro (Dus kyi khorto) steht Adi-Buddha an der Spitze der Dhyani-Buddha (in Tibet). Nach Abschneiden mit dem Schwert drehten sich die Haare auf Buddha's Kopf nach rechts, dicht an den Kopf angelegt, von gleicher Länge, jusqu'à la fin de ses jours (s. Burnouf). Von einem Schnitter erhält Buddha die Handvoll Kusa-Gras, um sich unter dem Buddha-Baum darauf zu setzen. Die Wiedergeburt kann stattfinden in den fünf Gati (Wanderungen) der Nirayo, Tiracchanayoni, Pettivisayo, Manussa, Deva (höllisch, thierisch, dämonisch, menschlich, göttlich).

3) Der Baum, auf welchem sich der das erste Stück Opferfleisch raubende Rabe niedergesetzt, wurde zur Verfertigung der Schnitzbilder beim böotischen Fest der Daidalia gefällt. Als nationaler Gott erhält Assur „le culte d'un deus exsuperantissimus" (s. Lenor-

Beim Leichenfest[1]) der (unter den Jam-Raja aus Sham oder Syrien als Jamshid Sam's hergeleiteten) Jhareja (in Guzerat), the Rajgor (domestic priest)

mant). Die Griechen stammen von Younan, der (als Bruder Kaktan's) aus dem Yemen nach dem Magreb auswanderte, wo ihm sein Sohn Harbicus folgte (nach Marudi). Antiquos Prussos urnas non abunde perlatos habuisse, sed eas ipsos confecisse, nemo facile negabit (Rensch). Prussia sub hoc nomine primo meminit Detmarus Merseburgensis (s. Schurtz-fleisch). Von dem Mongolen-König Bathi hatte sich (aus der Schlacht bei Chmielk) der Name der Strasse des Bethi erhalten (zu Dlugosch's Zeit). Syri dicuntur tenuisse Sinopen tempore Herculis e cujus commilito Antolycus eam ipsis eripuerit, et Graecis colonis fre-quentaverit (s. Hiseley), de Sinope, urbe Assyriaca (s. Apoll. Rhod.). Die Normannen wurden in Schottland als Fin-Gallier und Dub-Gallier unterschieden (weisse und schwarze). Die Ahnen werden als Khou verehrt (bei den Aegyptern). Die Ἀϑάνατοι Ζηνός schweifen auf der Erde, über Ungerechtigkeit zu wachen (nach Hesiod). Beim Tode des Königs wählten die Esthen den Nachfolger im Wettlauf (s. Wulfstan). Im Spiel (bei Breslau) wird der zuerst am See Prochnik Anlangende König (s. Bandtke).

1) Samavarti ist Beiname Dharma's, als Todtenrichter. Busten stammt von Sam in Persien (mit König Jemshid). Die Hatkar in Berar) verbrennen die an Wunden Sterbenden, während sonst begraben wird. Bei den Kaur (in Berar) werden die Götter Doolar deo und Boorha deo verehrt. Die Bandarwa (bei Chattisgarh) are represented as cannibals (s. Jenkins). Die Nath sind Gaukler und Seiltänzer (in Berar). Die Kurku in den Pachmarhi-Hügeln, bei denen Erwachsene verbrannt, Kinder begraben werden (s. Scanlan), verehren beim Jahresfest Dongar Deo (Gott der Hügel), sowie (als Steinhaufen) Mutya oder Mutua, neben der Göttin der Blattern oder Mata (s. Sherring). Die (unter Dorfältesten lebenden) Baiga (in den Maikal-Hügeln und bei Mandla bilden die Priester der Gondh, um (unter Anrufung der Götter der Hügel, Flüsse, Wälder) Cholera abzuwenden oder Tieger zu vertreiben. Streitigkeiten zwischen den Koli-Dörfern (in Gujerat) werden von den Nathi-Patelliah ge-schlichtet (s. Mackintosh), unter Rauchen einer Hookah und trinken des Koosomb (aus Opium). Die Nachtwächter oder Jahangria (bei den Koli in Guzerat) werfen den Kathar genannten Stock. Bei Leichenceremonien wird das mit einer Lanze (Chiragh) aufgehängte Gefäss Ghant von Maha-Bahma oder Maha-Patra durchbohrt, damit das Wasser herab-tröpfle (den Durst des Todten zu stillen). Bei den Kain (in Arrakan) nimmt Munzing auf dem Berge Guowa die Seele der Todten zu sich. Bei gewaltsamem Tode, verursacht durch die Dämone Sringan, Dechad, Jungpo u. s. w., wird der Bardo (Mittelzustand) bis zur nächsten Geburt verlängert. Die Todten, die mit den Ivien genannten Geistern verkehren, werden zeitweis wieder ausgegraben, um Tabak und Getränke zu erhalten (auf den Nico-baren). Die Bakuenen begraben im Hause (damit die Leiche nicht durch Hexen ausge-graben werde) oder in der Höhle eines Ameisenfresser's. Bei den Damara kommen die Todten zurück, als Hunde mit Straussenfüssen. In den Gräbern von Warka finden sich Goldblättchen am Gesicht befestigt. Das Kind der Astarte (Saosis) oder Nemanun (Gattin des Malcander) wurde von Isis mit den Fingern gesäugt. In Phrygien herrschte Manis, als Mazdes (nach Plut.). Da die Seele beim Begraben keine Ruhe hat, geben die Damara die Leiche den Wölfen zu fressen (s. Chapman). Die Frauen der wandernden Seoris (aus Central-Indien nach der Ganges-Ebene kommend) tragen ein Horn als Stirn-schmuck (die Knochen des verstorbenen Ehemann's mitführend, um sie im Ganges zu begraben). Vishnu (Bruder des Mahendra) wurde zur Besiegung des Asuren Indradama als Sohn des Königs Vasubandhu geboren. Beim Erklimmen des Glasberg (Anafielas der Litthauer) oder (bei den Polen) Szklanna gora werden die (von Hab und Gut unbelasteten) Armen leicht, wie eine Feder, durch den Wind hinangeführt, die Reichen dagegen von dem unter dem Berge hausenden Drachen zerfetzt (bei Narbutt). Die Ingrier oder Ischorken vergraben Nachts Speise an dem Ort, wo der Todte beigesetzt ist, und glauben, dass dieser sie verzehrt, wenn von Hunden ausgescharrt und gefressen (s. Georgi). Bei den daurischen Mandschuren wird eine unbehauene Steinsäule auf dem Grabe errichtet. Bei Landplagen nehmen die ägyptischen Priester das heilige Thier am abgelegenen Ort, um es dort zu

is placed on the cot of the deceased, whom he simulates, und wird nach dem Verbrennungsplatz getragen, unter Steinwerfen, bis er entflieht (to frighten away the evil genius).

Bei den zwischen Indus und Ganges wandernden Stämmen versehen die Rischi, für das Gedeihen der Familie, den Elementardienst (mit Opfern an Indra für Witterung, an Agni, an Soma u. s. w.) als Purohita der Fürsten, und zugleich, als Purohita der Dewa, über diesen (die sie zu Dienstleistungen zwingen) stehend, mit dem höchsten Geist im Brahman communicirend, als Brahmanen. Nachdem bei erfolgter Ansiedelung sich die fürstliche Macht mit Glanz umgeben, erhielt diese in den Incarnationen ihrer Helden ihren Gott in Vishnu, der dreischreitend, die Welt in Besitz genommen (in der Zwerg-Avatara) den feindlichen Bali besiegend, und auch sonst die Brahmanen, so oft sich Widersacher zeigten, beschützend, wie in den Narasinha- oder Varaha-Avatara (als Löwe oder Eber). Die in der Kenntniss der Veda erhabenen Brahmanen neigten sich zugleich dem Büsserleben zu, in dem Maha-Rūsi des Himalaya ihr Prototyp findend, und als sich Misshelligkeiten mit der weltlichen Macht der Xatriya erhoben, versahen sie Parasu-Rama (obwohl eine der Avataren Vishnu's) mit dem Beil Siva's, der durch seine Beziehung zu dem populären Dämonendienst (der Köpfe schnellenden Stämme der assamischen Hügel) seinen Schädelkranz erhielt und aus Madura (der Pandja) die Beziehung zum Lingam-Dienst. Der besonders in den handelnden Banyanen zum Wohlstand gelangende Mittelstand bildete sich aus (allen Kasten zugänglichen) Sannyassi einen beschaulichen Dienst der die körperlichen Leiden an den tirtha oder Pilgerplätzen Ueberwindenden (Jina) in den Tirthankara, und dann als in ähnlicher Richtung ein Spross aus dem fürstlichen Geschlecht der Sakya (mit Erinnerungen an schamanistische Ahnenreihen; als helfender Seelen) zum Buddhismus geführt, entstand mit Kasyapa die Reihe buddhistischer Patriarchen (in Aufmischung mit früheren Buddha als Reflex jainistischer Tirthankara). Dann bildete sich aus der zur Joga geneigten Secte (in Entlehnung aus sivaitischen Tantra) das System der Dhyani-Buddha, die in Adi-Buddha ihren Abschluss erhielten und durch die Hervorhebung Avalokiteswara's zu den Wiedergeburten des Dalai-Lama führte.

Jenseits des Thales von Assam folgen längs dem Abfall die Mech, Limbu, Murmi, dann östlich (von Kosi) Bodo und Dhimal, sowie Daharis, Kuvar, Tharus, ferner Kirata (als Waldbewohner) und Kusunda, Hayu, Chepang (in Nepal) bis Ravat und Dom. Zwischen Cosi und Sutletj unterscheiden sich noch wieder die Tarai oder Tari, die Ihari oder Bhaver und die Dhun oder Maris.

---

bedrohen, oder schliesslich zu opfern (s. Plut.). Der bei Opfer von einem Hunde gefressene Knochen wird nach Tödten desselben aus seinem Skelette an dem heiligen Platz, wo sie hingelegt, ersetzt (bei den Lappen). Osiris hiess Hejsiris wegen des Regen's (nach Hellanicus). Die Kamschadalen werfen die Leichen den Hunden vor, damit sie, von Hunden gezogen, desto rascher in's Jenseits gelangen.

Mit den Mechis des Terai (Walddickicht) grenzen die Cooches an Tista (mit Cooch Behar), und die Murmis oder Nischung (neben Kiratas oder, Kichak) stammen aus Tibet. Zwischen Goalpara (in Assam) und Miganj (in Morang) finden sich die Stämme der Kocch, Bodo, Dhimal, Rabha, Hajong, Kudi, Batar or Bor, Kebrat, Pallah, Gangai, Maraha und Dhanuk.

Die (kolarische) Sprache der Munda (mit Bhumij, Santal, Ho u. s. w.) ist (nach Dalton) als die eingeborene (von Bihar und Bengalen) zu betrachten, neben den dravidischen Dialecten der Rajmahali, Oraon (Gondhs, Kandhs), während Mundarten des Hindi gesprochen werden von Mar, Kaurs, Nagbansis, Boyar, Bhuiher, Kisan oder Nagesar, Parheyas, Cheros (auf welche, als Beherrscher der Kol, die Monumente in Bihar zurückgeführt werden) und Kharwar, sowie die (Viras oder vergötterte Heldengeister der Ahnen verehrenden) Bhuiyas. Die Bhumij oder Chuar verfolgten (als Vajra Bhumi) den Tirthankara Vira (der Jainas). Die Bezeichnung der Kolh (oder Kolarier) wird abgeleitet von Kolaria, als Name Indien's, als unter den Söhnen Turvasu's, der von seinem Vater Yayati mit dem Süden dessen Reiches belehnt war, Kola in Theilung mit seinen Brüdern (Pandya, Kerala, Chola) die nördlichen Landschaften erhielt. Mit Korea oder Kolia wird das Land der Korwas oder Kol bezeichnet und Kurako (Mann) leitet sich von Kur oder Kura (Knabe). Wie die Ho und Santal bezeichnen sich die Munda-Kolh als Horo oder Leute (Manoa oder Menschen). Als Sud (Sudh oder Sudra) oder Sudhan (sud, to purify) unterscheiden sich (als Diku) die Brahmanen, Rajputen, Goalas, Kurmis, Kahar u. s. w. von den Eingeborenen als Kol (Gemeine oder Unreine) oder Chuar (Räuber), als Dasyus oder Mlechhas).

Durch Verbindung der Rajputen mit den Gonds bildeten sich die Herrschaften der Raj Gonds in Deogush, Jalalpur (Mandhla und Garha) und Kherla. Die Naik oder Derowas (Dhurwe Gonds) in Bamanghati dienten den Fürsten der Gonds als Soldaten. Der Name Kandh (wie der Gond) wird von den Kandas (Hügel) abgeleitet. Der Abbaye (Patriarch[1])) des Dorfes oder Stammes

---

1) Die Dynastie der Peshdadier führt als Paradhata (s. Haug) auf die Purohita (im Priester-Königthum). Der König wurde durch priesterliche Salbung geweiht (von Samuel). Judas Maccabaeus wurde zum Hohenpriester und Feldherr gewählt. In der Atharva-Veda werden die Kschatrya, wenn die Kuh der Brahmanen fortnehmend, mit Flüchen bedroht (und Vasishtha's Kuh rächte ihren Raub an Visvamitra). Zu den Netinim oder Tempelskaven gehörten die Gibeoniten (seit Josua). Joseph genannt Kaiphas (Fels) wurde von Valerius Gratus als Hohepriester eingesetzt (bis auf Vitellius, Nachfolger des Pilatus), und als Schwiegersohn des Hannas fungirte Kaiphas (als Hoherpriester). Bei Verdrehung des Gelübdewortes Korban (um eine Darbringung für Gott zu heiligen) durch Substituirung von Konam oder Konach hat das Gelübde doch zu gelten (nach dem Michna). Bei Amos erscheint die Erweckung von Nasiraer und ihr Wirken, als eine Wohlthat für die Gemeinde (s. Dillmann). Die Talapoinen sind, weil durch Heiligkeit das Land beglückend, zu ernähren durch öffentliche Mildthätigkeit. Die Psalmen, als das grosse Hallel (der Juden) wurde bei der Passah-Feier abgesungen (s. Augusti). Von Callias' Recitationen der Frauen beim Buchstabiren entnahm Euripides das Vorbild seiner Chor-Gesänge (s. Athen). Nach den Phrygiern erwacht die im Winter schlafende Gottheit im Sommer (s. Plut.). Beim Quiesciren des Hallelujah

entscheidet unter Berathung der Versammlungen (bei den Khond). Bei den Gond wird besonders die Cousine zur Frau gewählt (s. Forsyth). Die Carambar, Irular, Puliar, Veder u. s. w. gehören zu den Maleasur der Hügel. Die Beder (Veda[1])) finden sich in Mysore. Kallor bezeichnete Räuber im Canarischen. Die Eingeborenen zwischen Mirzapore und Jubbulpore heissen Coles oder Koli, wie bei Simla niederes Volk.

Jowang in Keunjhar, Malhars in Dhenkanal, Patoas; Yanadis, Yerakalas, Chentsus (south of the Kistna); Malayalies near Salem; Mulcers, Kaders (in Coimbatore, Malabar, Canara); Khonds, Sowsras, Mali, Malhars (in Ganjam); Badagher, Todas, Irulars, Kotars (in the Nilgiri); Villi, Yenadi; Bajanti-Korawa, Tiling-Korawa, Gohur, Bhowrie, Taremook, Bhatoo, Muddikpor, Cooroo als Wanderstämme.

Unter den Waddar (bei Bombay) werden die Räuberstämme[2]) (Sanki

<hr>

(seit Alex. II.) wurde ein Todtenamt gesungen ('s. Wernsdorf). Nach Polyd. Verg. diente Hallelujah zum Kriegsgeschrei (wie Allah), als anglicum (s. Anselm. Cant.) oder Engel-Wort, aus dem Himmel stammend (Ἀλληλουΐα). Purasp Ashdahak hatte nicht so sehr durch Tapferkeit, als durch Reichthum und Geschicklichkeit die Führerschaft über sein Volk, unter der Botmässigkeit des Nebruth (s. Mos. Chor.). In Aegypten wurde die Königswürde nach dem Verdienst verliehen (s. Diod.). Wie als das wesentlich charakteristische Merkmal der pessimistischen Weltanschauung oder als Pessimismus das anzusehen ist, dass sie in Entwickelung zum Bessern nie aus einem Leben, eine Entwickelung, die den lebendigen Inhalt des Seins nicht fahren lässt, nicht preisgiebt, die sich also als eine fortdauernde Beziehung des Lebens im Weltprozess darstellt, in Abrede stellt, so ist umgekehrt, als charakteristisches Merkmal der optimistischen Weltanschauung oder Optimismus eben diese Ueberzeugung von einem Fortschreiten in der innerlichen Weltbewegung zu einem höheren, vollkommeneren Lebens-Inhalt anzusehen (s. Duboc). Jacobus betete auf den Knieen im Heiligen für die Bekehrung des Volk's (nach Hegesippus). Zum Abbild von Gottes Thron diente das Kapporeth im Allerheiligsten). Bei Ignatiew's erstem Zusammentreffen mit den Tschuktschen (auf der Reise von der Kolyma aus) verkehrten die Russen im stummen Handel (1646). Ein Schiff der Japaner (nach Kamtschatka für metallischer Erde zu Töpfereien segelnd) litt Schiffbruch in der Bay von Awatchka (1733). Hemachandra gives yavaneshta or the beloved of the „Yavanas" for lead (taken away from India`, sowie für Knoblauch (der Phoenicier). De Soto fand geschnitzte Riesenfiguren am Tempel von Talomeco. Kopai, Häuptling der Schelagin, zahlte Tribut (zu Willegin's Zeit). Die Amazonen herrschten in Alion (nach Mkhithar) [Ilion im Kampf]. Major est difficultas locorum recte constituendorum, quae intra castra et Trojam interjacebant (s .Heyne). Sigal urbs, ubi regia Sacarum propeque Alexandria urbs et non procul Alexandriapolis urbs (Isidorus). Der Yona-König Milinda (Menander) herrschte in Sagal (zu Kalasi in Alasadda oder Alexandria geboren). Alasadda ist Hauptstadt des Yona-Landes (in Mahavamsa).

1) In den Hindus von Cochin sind die Malayala Sudras und die Eloovars begriffen. Elu ist heilige Sprache in Ceylon.

2) Die Kal-Korwah oder Rakai-Kari (in Meywar) haben (als Räuber) das Land für eden Führer in seiner Zugehörigkeit ausgelegt, being that in which alone, according to the laws and restrictions on this subject, he is allowed to practise dacoitee (s. Harvey). Die Frauen der Haggal Kaikya Korwa Kaikari stehlen (bei Bombay), thieving by day irregular bands under their respective Jemadarnis or female leaders. Die Bhauri (oder Bhugri Kilanewala) exhibit huge spinning tops, Bhauras or Bhugra, during the revolutions of which, they observe a profound silence, as though absorbed in the performance (bei Bombay). Die Mul dasar stehen mit nackten Füssen auf Dornen und prickeln den Körper blutig, um Geld für die Vorstellungen einzunehmen (bei Bombay). Neben Goraknath wird die Göttin

Waddar und Man Waddar) unterschieden. Die Lambani oder Brinjari (mit geputzten Frauen, ihre Ringe oder Holzscheiben am Arm) rauben auf Wande-

Satwai von den Balsantosh verehrt. Die mit den Mehtar wandernden Bagdi verehren Mhasoba. Die Beldar (in Bigamie) verehren Venkoba. Die Dombari verehren Yelloba und Yelluma. Die Dowsi Gosavi (Ernten stehlend) verehren Nath-deo (bei Bombay). Die Gurawa sind pujaris or priests, of the temples of Shiva and Maroti or Hanuman (in Bombay). Die Jangam sind Priester der Lingajat (mit Pancham-vani, Bangar-vani, Tilali-vani und Gulvi-vani). The Bhat Rajpoot and Bhat-Kunbis are kavis or poets (bei Festlichkeiten). Die Bairagi (in Bombay) worship the Saligram. Die Gopal (bettelnd) verehren Bausdeo (bei Bombay). Die Ghisari verehren Jotiba. Die Gole verehren Venkoba und Yelluma. Die Gati Chori verehren Yelluma. Die Kaikadi (bei Kholepore) verehren das aus Erde aufgerichtete Grab für drei Tage. Die Katari Sutar (Puppenspiele zeigend) verehren Kam und Vithoba. Die Mahrathi Nath sind Schatzgräber. Die Nad Lakschmi Walli geben Vorstellungen, den Rücken mit Peitschen schlagend. Die Nandi Baili Walli verehren Venktesh. Die Pichati verehren die Göttinnen Ambabad und Satwai. Die Simpi (der Dang) bilden die Karbhari oder Beamte der Bheel-Häuptlinge. Die Nhavi Gangatirkar (bei Bombay) shave the head, the upper lip and other parts of the body (at eclipses of the sun, the death of parents, the Agnihotra sacrifice and on occasion of penances) at Nasik (and other sacred spots). Die Rajguru lehren den Söhnen der Häuptlinge die Fechtkunst (bei Bombay). Die im Aeussern der Tin-nami (dreinamig) genannten Gosain, Reisende erdrosselnd, Tinnami (unter den Gand Bigari) begraben die Ermordeten in runden Löcher (wie die Thug in längliche). Als Pacha tättowiren die Frauen der Khatlur (bei Bombay). Die Dakkalwar, als Korbmacher und Bettler, have same old established village haqqs or rights from the Mangs (bei Bombay). Die Panchputra betteln bei Tischler, Schmieden und Goldschmieden. Die Sar Bhangi oder Agori (als Beschwörer) trinken aus Menschenschädel. Die Pauria (der Salpura-Hügel) ziehen die Ohren aus. Bei den Mekah Koli (bei Bombay) weihen die Frauen der Fischer ihre Glasperlen (vom Arm) dem Seegott, und erhalten sie (bei glücklichem Fischfang) durch silberne ersetzt (in Sone Koli am rechten Arm). Die Frauen der Waralee tragen eng an den Beinen anliegende Metallringe (auf den Satpura-Hügeln). Die Mahadeo-Kolis (am Bhaum-river) erect thargahs (tombs, commonly of a single stone) near the graves of their parents (s. Mackintosh). Thergahs mit einer Salunka (und Topf auf den Kopf) gelten als Monumente der Gauli, wogegen als Musikanten sculptirte Steine den Garsi zugeschrieben werden. Die Holgah-Ramusi schwören bei der Tulsi-Pflanze, die Purander-Ramusi beim Bel-Baum. Die (zum Islam bekehrten) Mohana (in Scinde) verehren den Indus als Khwaja Khizr. Die Pokarno (in Scinde) verehren Maharaj, als Avatara Vishnu's. Die Koli (Arbeiter oder Cooly) leiten sich von Valmiki ab (bei Bombay). Die Koli (der Syhadri Kette) vertrieben die Gauli, von denen die Garsis vertrieben waren. Die Kshatrya oder Rajputen (in Scinde) essen Fleisch nur, wenn mit dem Jatko genannten Schwerthieb getödtet, unter der Formel: bol Khalsa, wah guruki fath (s. Sherring). Die Sarsadh genannten Brahmanen (in Scinde) kennen Saraswati Siwa und seine Frau als Singhawani (Löwenreiter) oder Durga verehrend. Die die Janeo (oder Schnur) tragenden Lohano (unter den Vaisya in Scinde) verehren (neben Vishnu oder Siva) den Indus. Die Stards in Scinde tragen die Janeo (Schnur) und Tilak (Stirnzeichen). Die Nathkaris (mit „malignent spirits") practise incantations, invoke curses (dreaded by Hindus). Die Thakur (bei Bombay) stammen von Rajpoot and Koli parents. Von den Mang (bei Bombay) some are watchmen, others are thieves (neben Bundi und Uchli). Die Kschatrya (Brahma Kschatryas), aus Scinde durch die Barbar genannten Fremden vertrieben, erhalten von der Göttin Hinglaj ihre Beschäftigungen (in Cutch). Der Mhar (the village eye, als Grenzstreitigkeiten schlichtend) bildet in den Dörfern (bei Bombay) den Weskur oder Wächter, den Khule-weskur (Hüter der Scheunen) und den Gaow-weskur (Empfänger der Reisenden). Die Atit (mit Pir oder Häuptlingen) zerfallen in Gharbari (family men) und Mathdari (ascetics or monks) in Cutch. Die Bhatia (in Cutch) handeln (bis Afrika). Schwarzgekleidet als Coelibaten in Math oder Klöster, verehren die (Wasser filtrirenden) Man Bhau (mit

rungen. Die Ganti-Chor (oder Uchli) sind Uthai-gir oder Ladendiebe. Die Ramusi (unter den Ramusi Rakhwaldar) oder (erblichen) Nachtwächter haben die Diebe auszufinden, oder sonst den halben Raub zu ersetzen, wofür sie anderswo selbst plündern.

Neben der Erdgöttin, der die Merah-Opfer gebracht werden, und Sonne und Mond werden der Gott der Grenzen, Gott der Waffen, Gott der Geburt, Gott der Pocken, Gott der Hügel, Gott des Waldes, Gott des Regens, Gott der Quellen, Gott der Flüsse, Gott des Teichs, der Dorfgott u. s. w. verehrt[1]) (bei den Khond).

Roodhpore als heiliger Stadt) nur Krishna in der Bhagawad Gita. The Rayakavala-Tribe (in Guzerut) zerfällt in Nana oder Nava (the little or new ones) and Motha or Juna (the great or old ones) [Juen]. Die Akali Khalsas oder Sikh (in Scinde) essen nur unter dem Jhatka genannten Ritus Getödtetes. Die Herrschaft der Jat (from Aleppo in Turkey wurde (in Cutch) durch die Jareja gestürzt, welche (descended from Krishna) kamen (after may adventures) aus Arabien und Aegypten nach Ghazni (dann nach Cutch flüchtend). Die Khoja (in Cutch) verehren in dem Khana genannten Tempel. Die Saraswat genannten Brahmanen (in Cutch) are the family priest of the Kshatryas, Lohanas u. s. w. (s. Sherring). Die Samejra waren die Sklaven der Jat (bei Einwanderung nach Gujerat). Die Kusbee (der Kasba or town, in contradistinction to rural chiefs) zerfallen in Dehela oder Stämme (in Gujerat). Die Yerawas (aus Malayalam) sind Sklaven „in the Coorg families". Die (Marwari und Gujerati) Wani (Vaishnavas oder Jainas) are strongly opposed to the destruction of life (exorbitant usurers gegen die „poor cultivators").

1) Durch Vastu-Yaga wird die Vastu-Sarpa oder Schlange des Hauses (als Hausgott) verehrt (s. Pratapachandra Gosha). Der Monotheismus der Pancharatra oder Bhagavata (mit Jivas oder Seelen, als Emanation der Gottheit) kam von nördlicher Svetadvipa (weisser Insel). Der Zugang zum Altar Durga's (als Ranurambha, Gattin des kaschmirischen Königs Ranadytya, wiedergeboren) wurde (in den Vindya) durch Bienen vertheidigt. Kalu-Raya und Daksha-Raya (represented by trunkless mitred head) are worshipped as Kshetrapala or field-gods (mit Lehmfiguren von Tigern und Crocodilen). Nach dem Mandan ruht die Erde auf neun Schildkröten. Die Mandan verehren den grossen Geist als Maho Peneta. Die Mahror-Rajputen stammen von den Kahar oder Mahra genannten Palanquinträgern, die durch muthige Vertheidigung den in der Schlacht verwundeten Raja der Bais-Rajputen in Baiswara rettend, durch diesen zu Rajputen erhoben wurden. Die (ackerbauenden) Khasya-Rajputen (keine Schnur tragend) gelten als die ältesten Bewohner von Kumaon oder Khas-des. Die Munha-Rajputen (in Gujrat) sind den Mon oder Monas von Amber (Jeypore) verwandt. Unter den Misl (Conföderationer) der Seikh sind die Phalkean die vornehmsten (mit dem königlichen Hause von Puttiala verwandt). In Oudh herrschend, wurden die Bhar von den Rajputen unterworfen (nach den mohamedanischen Eroberungen von Kanouj und Delhi). Die Bhar-dih genanten Festungen stammen von den (mit Rajbar und Asur) herrschenden Bhar von Vindhyachal (mit dem Tempel der Göttin Vindhyesvari). Kasbhawanpur oder Sultanpur, die Hauptstadt der Bhar, wurde (als diese durch Rauschtrank betäubt waren) von den Mohamedanern erobert (s. Carnegy) [Assuren]. The Rajas of Saket, Kishtawar, Mandi and Keonthal, in the Himalaya, between Simla and Kashmir, are all Gaur Rajpoots (s. Elliot). Unter den zum Islam übergetretenen Rajputen (im Panjab) führen die Merasees (als Pir) die Genealogien der Fürsten. In der Schlacht von Thaneshwar wurden die Rajputen unter Prithi-Raja von den Mohamedanern besiegt (1193 p. d.). Die Virogia (of the sect of Prannathis) worship the Pothi or sacred writings of the sect (in Kattywar), they marry in their own tribe (Verheirathete verbrennend, unverheirathete begrabend). Typhon (der Osiris mit Hülfe der äthiopischen Königin Aso getödtet) zeugte (auf einem Esel fliehend) Hierosolymus und Judaeus (s. Plut.). Zur Zeit Edrisi's bekannte sich der Maharaja von Rewah (des Baghel Clan der Rajputen) zum Buddhismus (s. Elliot). Unter

Die (bei Bastar mit den Savara oder Saura grenzenden) Kandh verehren theils den Gott Bura, theils die Erde als Tari. Das Meriah (Toki oder Keddi) genannte Opfer (der Kandh) wurde durch die Pan oder Panwa gekauft, der Ernte[1]) wegen, die von Tari desto reichlicher geliefert wurde, je reichlicher Thränen in den Qualen vergossen sind, und nachdem der Priester die Nothwendigkeit fortdauernden Opfers dargelegt, ist es gerecht, für solchen Zweck

---

den Beluchen wird der Khetran-Stamm, der aus Khorasan nach Vehoweh (wo die Stämme Magessi und Syal besiegt wurden) einwanderte, von Khathi (Anbauung) genannt und in ihm concentrirt sich (bei Ackerbau im fruchtbaren Lande) der Handel der umliegenden Stämme an den Grenzen). Die Khatris bilden die Kaufleute und Schreiber (im Punjab). Als Upendra (jüngerer Bruder des Mahendra) erwirbt Vishnu in Zwerggestalt die Welt zurück*von Bali, um sie an Indra (Sakra) wieder zu übergeben. Auf den Münzen der indoskythischen Könige finden sich sivaitische Figuren mit Symbolen des Buddhismus. Im Vishnuismus nahm Ramananda den Volksdialect an (mit niederen Kasten), während Anandatirtha (die Dvaita lehrend) die Kasten streng schied. Die Kurmachali-Brahmanen (in Kumaon) zerfallen in Vaishnavas und Saivas. Amba oder Uma ist Gattin Bhava's. Mahesvara findet sich in der Inschrift Valabhi's (V. Jahrh. p. d.). Nach der Sankya (im Sivaismus Yaudapada's) ist Prakriti (Materie) ewig, und die mit ihr verbundene Seele in Gott getrennt. The Wollo Gallas assemble early in the morning, ·say their prayers, take coffee and Tohad (sort of tea) and smoke tobacco (on Wednesday and Friday till after midday). They believe, that they receive revelations from Allah on the Wodacha (s. Krapf) [Japan]. Die ägyptischen Könige wurden aus der Kaste der Priester oder der Krieger genommen, und im letzteren Falle vorher in den Priesterstand eingeweiht (s. Plut.), wie die persischen unter die Magier (und brahmanische Dynastien).

1) The Pawnees were wont to moisten their seed corn with the blood of a woman (nach Schoolcraft). The wife of a Sioux, after she has planted her corn patch, will rise in the night, strip herself naked, and walk around it, thus to impart to the grains the magic of her own fecundity (s. Brinton). Gleich Kave (Lemminkäinen's Mutter) bedeutet Kaba (bei den Tcheremissen) oder Kebe (bei den Tschuvaschen) gute Geister, die vor Unheil bewahren. Die Veden Haltia (Wassergeister) schaden beim Fischen (nach den Finnen). Der Neck wird (von den Esthen) an den Fischzähnen erkannt (bei offenstehendem Munde). Zu den Lonch (Los oder Loh), als Schutzgeister der Ostjaken, gehören die Tschuden. Die heiligen Pferde (Nachts von den Göttern geritten, zum Schutz der Heerden) werden am Morgen oft schweisstriefend angetroffen (bei den Buräten). Das heilige Pferd Svantovit's wurde von den nächtlichen Kämpfen des Gottes am Morgen oft schweisstriefend vorgefunden (auf Rügen). Die Aina oder Asa (Yzyt) genannte Geister (der Koibalen) wohnen in der Erde (s. Castren). Wenn die Stimme des Gottes Perun gehört wurde (unter Werfen eines Prügels auf die Brücke) geriethen die Bürger Novgorod's mit Prügeleien aneinander (s. Frencel), und so ging Krishna's Volk zu Grunde (in Dvaraka). Beim Beziehen eines neuen Hauses wird Api-doma bei den Slawen verehrt. Zur Bekämpfung des Aina (Geistes) Ai-Kyn (aus der Erde sich erhebend) wird von den sieben Kudai eine Botschaft geschickt an den dreijährigen Knaben. Pilumnus schützt die Wöchnerinnen durch das Zeichen der Kornbehandlung gegen den wilden Waldgeist (s. Klausen), wie Jaga Baba (mit dem Mörserstösser). Die Chamar (als Lederarbeiter bei Benares) verehren ihre Vorfahren Nona Chamar. Mit dem weiblichen Gespenst Nona Chamain werden die Kinder der Hindu geschreckt. Beim Fest des Waizganthos (damit Hanf und Flachs in Fülle gewährt würde) stand eine Jungfrau auf einem Bein (unter den Preussen). Die Tungusen verehren Boa oder Buga als Gott des Himmels. Cid oder (arabisch) Sid (sed im Assyrischen neben Lamas) bezeichnet (als Herren) Dämone (oder Götter). Zum Gedeihen des Viehs isst bei dem Wuoden Alkajas genannten Fest (der Finnen) der Vater des Wirths und dessen Vater ein Schaf, dessen Knochen vergraben werden, damit kein Thier davon bekommt (s. Georgi). Nunc posito pascitur umbra cibo (Ovid), wenn der Lar begierig von den Erstlingen kostet.

zu sterben (oder zu tödten). Bera Pennu festigte die Erde durch Menschenblut (nach den Khondh). Die Juang, deren Vorfahren an den Quellen des
Baitarni (in Gonasika) entstanden, opfern (durch den Nagam genannten Priester) der Sonne und (für die Ernte) der Erde (s. Dalton).
Die Gondhs am Arnarakantaka tödten Kranke und Altersschwache, um
sie in der Familie zu verzehren. Von den Rhamnai des Narmada-Thal's
(bei Ptol.) sind die (zu den Brahui gehörigen) Rhamnai (zwischen Oriter
und Arabiter) ausgewandert, so (nach Lassen) die Ambastha (von der Tapti),
auch als Heilkünstler mit den Ambatai (im Paropamisaden-Lande). Neben Bero
(Gott, als Sonne) findet sich der (böse) Bhuto hei den Juang. Neben Jarbund und Bakeswar (unter Kusum-Bäumen) wird der Hausgott Dulhadeo bei
den Bayars verehrt.
In den Fünfgöttern werden Pharsi Pen oder Dula Deva (als Streitaxt),
Nurma (als rundes Holzstück), Gangara (als Kettenglieder), Rayetal und
Radiatal (als·eiserne Tigerbilder) verehrt (bei den Gondh's), neben Salei,
Mal, Chawar, Kham oder Khank. Zwei gekrümmte Pfeiler (ein grosser und
kleiner) werden bei den Gondh als Schutzgötter (männlich und weiblich) aufgesteckt. An einem Asan-Baum (Terminalia tomentosa) opfern die Gondh
dem Gott Bura deo Strohmenschen (statt lebender). Der Mahwa-Baum
(bassia latifolia) ist heilig. Bora Pen (Lichtgott) oder Bura deo wird (bei
den Gondh) verehrt als Badhal Pen (Badhal oder alt) oder Badial Pen
(Sonnengott). Die von den Gondh eingewanderten Rautia in Chotia Nagpur
verehren die Gottheit Mahadan durch ihre Priester (Pahn oder Daiga).
Im Aerger über Unzärtlichkeit seiner Frau Tari schuf Bura Penu (Gott
des Lichtes) oder Bela Penu (Sonnengott) die Erde und die (bis zu der von
Tari erregten Zwietracht) friedlich lebenden Menschen (dann mit der arbeitslos
fruchtbringenden Erde die Fähigkeit zum Fliegen und Wasserschweben ver-
lierend), worauf Bura und Tari in Krieg geriethen (nach den Kands). Nach
der Secte der Verehrer Bura's wurde Tari bestraft und kann nur mit Er-
laubniss Bura's schaden, wogegen nach der Secte Tari's sie thut, was sie will,
und nur in ihrer Verehrung kann Schutz erlangt werden (s. Macpherson).
Aus der Ehe Bura's und Tari's entsprangen Pidzu Pennu (Regengott), Burbhi
Pennu (Göttin der ersten Früchte), Pitteru Pennu (Gott des Gewinnstes),
Klambo Pennu (Gott der Jagd), Loha Pennu (Eisengott des Königs) und
Sundi Pennu (Grenzgott), sowie Dinga Pennu (Richter der Todten). Als
Tari's Anreizungen zum Bösen den Glückszustand des bis dahin unbehindert
mit Gott verkehrenden Menschen störten, blieben einige Wenige, ihre Ver-
lockungen zurückweisend, frei vom Fall, und diese wurden von Bura zu Halb-
göttern erhoben, als die Schutzgeister der Dörfer, Hügel, Flüsse, Teiche,
Quellen, Häuser, Wälder, Grotten und Gärten verehrt (bei den Kandh).
Dinga (Gott der Todten[1])) wohnte jenseits der See (am Sonnenaufgang) auf

---

1) Die Mandschu (in Sakhalin-Ula) stecken den aufbewahrten Leichen mit Löffeln
Essen in den Mund (s. Lansdell). Zum Erklimmen des Glasbergs oder (polnisch) Sklanna

dem Fels Gripavali (the leaping rock). Die über die Erde schwebenden
Götter werden nicht von Menschenaugen (aber von niederen Thieren) gesehen.
Bura und Tari wohnen im Himmel. Dinga-Pennu (der Todtenrichter) wohnte
jenseits der See auf dem schlüpfrigen Stein Grippa Valli oder Springstein
bei den Khonds (s. Percival).

Als aus der Handbeule Kalia Adeo's (von der Handbeule Mahadeo's erzeugt) die zwölf Familien der Gonds entstanden waren, wurden sie (weil
stinkend) von Mahadeo in einer Höhle eingeschlossen, ausser vier Brüdern,
die entflohen und, weil Pavati den Geruch liebte, beim Suchen durch Lingo
(von Bhagavan oder Gott gesendet) im Landbau unterrichtet, sowie in der
Jagd, und um das Fleisch zu rösten, wurde von dem (mit alter Frau und
sieben Töchtern lebenden) Riesen Rikad (den Lingo durch Saitenspiel im
Tanz unterhielt) das Feuer gestohlen. Nachdem die sieben Töchter den vier

Gora verbrannten die Litthauer Luchs- und Bärenklauen. Beim Sterben geht die Seele zu
Gott, der Leib zur Erde, der Astralgeist zu Luft (s. Kornmann). In den Sternschnuppen
zerreisst der von Wespeja beim Spinnen an einen Stern befestigte Lebensfaden des Menschen (s. Hanusch). Die Litthauer folgten der Leiche, die Schwerter schwingend, mit dem
Rufe begaite pekelle (fort in die Unterwelt). Im Praetigau fliegt der Geist der Hexe, als
Wespe, aus (im Schlaf). Die Vjeschtitja (der Serben) ist von einem bösen Geist besessen,
der im Schlaf als Schmetterling hervorkommt (oder als Henne). Im Gegensatz zum Körper
(Arbun) hiess die Seele Enduri, zum fleischlichen Wesen (Yali Beye), Surè fayangga, (be-
seeltes Lebensprinzip), zum vergänglich Sterblichem, Entecheme banin (ewige Natur), zum
niederen Wesen (Adshige beye) das höhere Wesen (Amba beye) bei den Mandschu (s. v. d.
Gabelentz). Der unterirdische Seelenort hiess Amenthes (der nimmt und giebt) in Aegypten
(nach Plut.). Neith (als mannweibliche Gottheit) hiess das „All, das gewesen, ist und sein
wird" (in Sais). Ἀφθαρτοὺς δέ λέγουσι (der Druiden) τάς φυχάς καί τόν κόσμον, ἐπὶ Κρα-
τήσειν δέ ποτε καὶ πῦρ καὶ ὕδωρ (s. Strabo). The Soul of the Giljak is supposed to pass
at death into his favourite dog, which is accordingly fed with choice food (s. Lansdell).
Umbras nescio quas incorporales, inanimales et nomina de rebus efflagitant deosque san-
ciunt (die Römer) neben den Bildern (s. Tertullian). Der bei Frankenberg verehrte Gott
Hammon (mit Hörner an der Stirn) wurde aus dem „Teufelskeller" mit göttlichem Bann
vertrieben (716 p. d.). Hermes Νώνα Κριάτης ist Vater des Evander Nonacrius heros.
Appollini dies septimus sacer (Meursius). Dionys. Hal. nennt die Capellen der Lares compitales (heilige) Hütten (κολιάδας ἱερούς) im Cult Numa's (bei Plut.). Der Hase war der
Göttin Andate oder Andarte heilig (bei den Britten). Der Gott der Christen wurde von
den Juden (in Carthago) als Onocoetes verspottet (s. Tertullian). Dem Diemeneinix werden
jährliche Früchte in den Fluss geworfen (s. Mühlhause). Grosse Steine wachsen aus der
Erde, bis von der Sonne berührt (nach den Wenden). Nihil facile reperiatur mulierum
profluvio magis monstrificum (s. Plinius). Wie die Barstukken hielten sich die Kaukas in
versteckten Winkeln und Holzhäufchen auf (bei den Slawen). Die polnischen Hausgötter
hiessen Numejas. Wer ein Gespenst gesehen oder gehört, wird; wenn angeblasen (s. La-
vater), unsinnig oder im Gesicht geschwollen (1580). Die Evestra (wenn beschworen) nehmen
die Gestalt eines Verstorbenen an (bei Paracelsus). Die russischen Waldgeister (als Leschi,
bei den Slaven) sind bald gross, bald klein (nach Karamsin), wie die Fetische (in Guinea).
Der Fangg (im Vorarlberg) ist immer hungrig (s. Vonbun), wie der Preta (des Buddhismus).
Wenn auf den Weiden von den Elb-Bützen bedrängt, wenden sich die Sennen (zur Bannung)
an die Kapuziner von Bludenz (in Vorarlberg). Aus dem Feenlande Avalun (des Hauses
Avalon, welchem Melusine entstammte) erhielt Gylan (bei Gottfried von Strassburg) ein
sirenenartiges Hündchen (s. Dobenek), und sonst finden sich gefeyte Thiere (wie im Pferd
des Giralolus de Cabreriis).

Gond vermählt waren, und die Tödtung des (von ihnen nicht in seiner Enthaltsamkeit gestörten) Lingo (der sie zur Züchtigung gepeitscht hatte) veranlasst, wurden (nach seiner Wiederbelebung durch Bhagovan) die übrigen
Gonds in der Höhle aufgefunden, worauf ihnen Lingo die verschiedenen Dämonen kennen lehrte (in der Besessenheit eines Jeden vor ihnen tanzend) zum
Opfer (nach Hislop), wie im Kapu-Cult (überall).

Naga Bhuiya und Naga Bhuiain (die Erdschlange und seine Frau) zeugten
(als Vorfahren der Muasi oder Mawasi Khol in Chand Bhakhar) den unter
dem Mahwa-Baum gefundenen Sohn, der von dem Raja von Kanouj das Land
Ganjar erhielt, bis durch Apia und Adal, Könige aus Kalinjar, vertrieben
(nach Samuells). Die Muasi verehren Barhona (Varana), als Wassergeist,
Andhiar (spirit of darkness), Rakas (der Wälder), Chitawur, Pat (Berggeist),
Danu (Danawas), Bhainsasur (the buffalo demon), Agin (Agni), als Feuergott
und Kolara (s. Dalton). Neben Sonne und Mond wird Sultan Sakada von
den Muasi verehrt (nach Hislop).

Die Vermählung Dharti's (der Erde) wird (wenn der Sal-Baum blüht)
an dem Haine der Göttin Sarna Burhi durch den Pahn (Priester) gefeiert
(bei den Oraon). Der gütige Schöpfergott Dharmi oder Dharmesh (der Heilige) wird (bei den Oraon) anerkannt ohne Verehrung, die für die bösen
Dämone, gegen Unheil, erlangt wird, nach Befragung des Ojha oder Wahrsager über die Hexen (oder Sühnung des Bhut, als Familiengottes). Krishna
erkletterte den Karma (Kadamba-Baum) oder Kelikadamba (Nauclea parvi-
folia), um dann in den Schlund der Schlangen springend, den Schlangenkönig
Kaliya zu besiegen (nach der Vishnu Purana). Als (nach der Bhavishya'
Purana) von den Söhnen des Bráhmanen Deo Surma (in Baranashi) der
ältere, Karma, durch Verschwendung verarmt, seinen reichen Bruder Dharma
vergebens um Unterstützung gebeten, lernte er (von den Dorfbewohnern) die
Verehrung des Karma-Baum's, als Reichthum gewährend. Zu Ehren der
Göttin Kali oder Rankini wurden (in Dhalbhum) Büffel erschossen. Die
Saont opfern der Sonne auf einem Ameisenhügel als Altar. Die Häuptlinge
in Jashpur (unter Korwas und Nagesars oder Kisan) verwenden einen Korwa
Baiga, als Priester, zur Verehrung[1]) der Familiengötter.

---

1) In Palamau wird Parvin verehrt, neben Chindol (als männlicher Dämon) und Chanda
(als weiblicher Dämon). The first human beings, that settled in Nirguja being very much
troubled by the depredations of the wild beasts in their crops, put up scarecrows in their
fields, figures made of bamboos dangling in the air, the most hideous caricatures of humanity that they could devise to frighten the animals. When the great spirit saw the
scarecrows, he hit on an expedient to save his votaries the trouble of reconstructing them.
He animated the dangling figures, this bringing into existence creatures ugly enough to
frighten all the birds and beasts in creation, and they were the ancestors of the wild Kor-
wars (s. Dalton). Die Khuria Korwas (mit Baigas oder Priester) verehren Khuria Rani
(als Hausgöttin des Diwan, Nächsten zum Raja). Die Birhor (in Ramgarh) verehren Biru
Bhut (in the form of a raised semi-globe of earth) und Darha (represented by a piece of
split bamboo, placed in the ground in an inclined position), als Sipahi (Schildwacht). A
small round piece of wood (the top painted red) is called Banhi (goddess of the jungles),

Bei dem Jattra-Fest wird auf dem Akrah genannten Platz des Dorfes getanzt (in Chota Nagpur), und dort werden beim Kurrum-Fest (unter Aufführung des Nojar genannten Tanzes) Zweige des Kurrum-Baumes gepflanzt[1]). Zum Sarhool-Fest führen die mit der Blume des Saul-Baumes Geschmückten den Baihini genannten Tanz auf, bei der Heirath des Jumbir. Neben dem Agna-Tanz der Mädchen wird bei der Frühernte der Matha getanzt, bei der Späternte der Jadoor. Vor der Aussaat wird das Fest Hurihur (durch Aufstecken von Zweigen) gefeiert (in Chota Nagpur). Neben dem Kriegs-Tanz findet sich der Bison-Tanz, die Jagd nachahmend (bei den Kandh).

Während des von den Kayastha zu Ehren Saraswati's gefeierten Festes Sripanchami darf (während des Reinigen des Tintenfasses und der Feder) nur mit Kalk geschrieben werden. Beim Doljatra-Fest (Krishna's) erneuern die Gopa das Zaumzeug der Rinder, sowie ihre Kleider (im Holi), unter dem Spiel der zu den Chandala gehörigen Ghasi, als Musikanten. Nach Vorbereitung durch Fasten für das Karm-Fest (beim Anpflanzen) bringen die Oraon einen jungen Karma-Baum nach dem Tanzplatz, um durch die Pahn (Priester) dem Karma Deota zu opfern. Beim festlichen Tanz des Baiga (Priester's) theilt sich die Verzückung epidemisch mit (unter den Muasi). Durch Teufelstänze heilen die Mumos bei den Stämmen am Lu-Kiang.

Nach dem Verbrennen der Leichen werden die Ashta oder Ashtang (weil den achten Theil des Menschen ausmachend) genannten Knochen gesammelt, um in den Ganges geworfen zu werden (bei den Agareah). Wenn die Leiche bei den Gond um die Ursache des Todes befragt wird, leitet sie ihre Träger zu dem Hause des Schuldigen, der dann vertrieben wird (und so in Afrika). Die Maria unter den Gond binden die Leiche aufrecht an einen Mahwa-Baum zum Verbrennen (wogegen Kinder und Frauen begraben werden). Die Asche der Todten (bei den Kheriah) wird in den Koel-Fluss geworfen. Die Bihars (in Ramgash) essen[2]) die Leichen der Verwandten. Die abgeschie-

another similar Lugu (protectress of the earth). An oblong piece of wood, painted red, stands for Maha Meya (devi's daughter). A small piece of white stone, daubed with red, for her grand-daughter (Buria-Mai), an arrow head for Dudha Mai, Buria's daughter (a trident, painted red for Hanuman, who executes all Devi's orders). Sets of these symbols are placed one on the east and one on the west of their huts, to protect them from evil spirits, snake, tigers and all kinds of misfortunes (s. Dalton). Neben Bavani verehren die Muasi (in Barar) Gansam or Ghanasyama (Krishna), a Gond chief, who was devoured at an early age just after his marriage, dessen ruheloser Geist ein Jahr nach dem Tode seiner Frau erschien, „and the descendants of the ghostly embrace" finden sich in Amodah.

1) In Murri-Mukkuttu (mit Neffenfolge) und Mukkuttu zerfallend, werden (in Cochin) die Chogan oder Chavayan (Sevangum oder Diener) als Illovar von Ceylon (Izowen dwipa) mit Teer (in Travancore) und Shanar zusammengestellt, sowie die Cinnamon-Propfer in Ceylon (von der Panchama-Rasse), als Verfertiger von Toddy und Jaggery (und the barber Cooroopoo durch Vellichpore u. s. w.).

2) In Dagroian auf Sumatra mussten die Todten bis auf das Aussaugen der Knochen aufgegessen werden, damit nicht Würmer entstünden, die dann aus Nahrungsmangel sterbend, mit Schuld belasteten (s. Marco Polo). Bei den Dieyerie giebt Taplin die An-

denen [1]) Seelen verwandeln sich in Bhut (bei den Ho). Nach den Malers dient die Seelenwanderung zum Belohnen und Strafen. Die Seele kehrt zur schliesslichen Vereinigung mit Bura zurück (bei den Kandḫ).

ordnungen für das Einanderaufessen. Die Zauberer der Tsimcheean in British Columbia (und Queen Charlotte Inseln) essen Menschenfleisch (s. St. John) bei Ceremonien (der Orden).

1) Die letzte Oelung bietet „kräftiges Heilsmittel gegen aller Feinde Geschosse" (nach dem Concil zu Trident), „denn obgleich der böse Feind jede Gelegenheit benutze, um die Seele während des Lebens zu erhaschen und zu verschlingen, so biete er doch seine Kraft und List zu keiner Zeit mehr auf, um den Menschen zu verderben und in seiner Zuversicht auf Gottes Barmherzigkeit zu erschüttern, als wenn das Ende des Lebens nahe (s. Steitz). Die Möglichkeit, die letzte Oelung zu wiederholen, wurde von Peter von Clugny zugegeben, nach Ablauf eines Jahres (bei Albert M.). Si quis autem infirmatur, vocet presbyteros ecclesiae et imponant ei manus, unguentes eum aleo (Origenes). Nach Irenäus übergossen die Herakleoniten ihre Sterbenden mit einer Mischung von Wasser und Oel (oder Opobalsam), damit ihre Seelen den feindlichen Mächten der Geisterwelt unsichtbar und unerreichbar würden. Nach Tertullian heilte der Christ Proculus den Heiden Severus durch Oel (Vater des Kaisers Antonin). Nach Chrysostomos wurde das Oel der Kirchenlampen zu Wunderheilungen gestohlen. Nach Innocenz I. ist die Salbung ein genus sacramenti für die Kranken (qui sancto oleo chrismatis perungi possunt). Neben dem Oleum Catechumenorum (für die Taufe) und Oleum infirmorum (für die letzte Oelung), als ungemischten Oelen, wird das Chrysam mit Balsam gemischt (als „materia sacramenti" für die Firmung, Salbung zur Ordination u. s. w.), und dann durch Kniebeugung (mit Kuss auf die Gefässe) vom Bischof mit umgebenden Priestern verehrt (s. Vater) in Begrüssung (Ave sanctum Chrisma, Ave sanctum oleum). Das Euchelaion (ἐσχάιη χρίσις) wird „vorzüglich bei solchen Krankheiten angewandt, in welchen man directe Wirkungen bestimmter Sünden sucht, es hat den Zweck, mit der Ursache zugleich die Folge zu beseitigen" (in der griechischen Kirche). Nach der Synode zu Regiaticinum bildet die Krankenölung ein salutare sacramentum (ein „magnum et valde appetendum mysterium"). Zum Unterschiede von dem Oel bei der Taufe, ἔλαιον, wird die Salbe bei der Firmung τὸ μύρον genannt (s. Schincke). Die Confirmatio (Sigillum oder Consignatio) oder Impositio manuum (chrisma oder unctio) trat in Betreff der Ketzertaufe hinzu (um diese nicht zu wiederholen). „Die Apostel betrachteten die vollzogene Händeauflegung als eine wahrhaft heilige Handlung, an welche höhere Gnadenwirkungen geknüpft werden", und wenn schon der apostolische Vater auf das Sacrament der Firmung hindeute, erklären die nachfolgenden Väter entschieden den „sacramentalen Character der Firmung" (als Sacrament der Salbung), auch unmittelbar mit dem Taufact (nach der Synode von Laodicea) zu verbinden, wogegen die Protestaten (bei Erneuerung des Taufgelübdes in der Confirmation) das Sacrament verwerfen für eine „leere Ceremonie ohne Gnadenwirkung" (s. Berlage). Das Consignatorium albatorum (aus Marmorsäulen) war (in Neapel) für die Erinnerung erbaut (VII. Jahrh.). Nach Morinus ist die Handauflegung des Bischofs als „Materie der Firmung" zu betrachten, wogegen (bei Cyrill) der „Chrisam vermöge der Wirksamkeit des heiligen Geistes zum Träger und Vermittler höherer Kräfte wird" (als Materie der Firmung bei Eugen IV.). Wie Paulus zu Ephesus erklärte, hatte zu Johannes Taufe der Busse nach die des Christus zu kommen, um nach dem Handauflegen, mit dem heiligen Geist gefüllt, in Zungen zu reden (und auch der Zauberer Simon wünschte die Macht, durch Handauflegen den heiligen Geist zu empfangen). Dem (durch Fasten und Haarabschneiden vorbereiteten) Firmling werden vom Bischof (die Stirn mit heiligem Chrysam bestreichend) die Hände auf das Haupt gelegt (unter Aussprache der Formel), und dann erhält er seinen Backenstreich (Pax tecum). „Der Backenstreich nach der Salbung mit dem Friedensgruss ist gleichfalls von hoher Bedeutung" (s. Brenner, seit dem XIII. Jahrh. (bei der Firmung). Σφραγὶς δωρεᾶς πνεύματος ἁγίου, als Formel bei der Firmung (in der orientalischen Kirche). Durch die ἐπίθεσις τῶν χειρῶν wurden die Heiden in das Christenthum aufgenommen (ohne vorher Jude geworden zu sein). Die Firmelung (Confirmatio oder Sigillum) oder Unctio (Chrisma) ge-

Von den vier Seelen der Kandh erlangt eine Seligkeit, die andere wird
für Uebelthaten gestraft, die dritte wird im Stamm wiedergeboren und die
vierte stirbt mit dem Körper. Die Kol (sowie die Chulikutta-Mishmee) geben
dem Todten seine Kleider, Speise, Geld u. s. w. mit, weil they do not wish
to benefit by the loss of their friend, which they would do, if they were to
appropiate, any article belonging to him (s. Dalton). Die Geister der im
Kindbett Gestorbenen schweifen (Vorübergehende kitzelnd) an den Grab-
steinen, als Chorail (clad in robes of white, their faces fair and lovely, but
with back, black as charcoal and inverted feet), ihren Liebhabern den Hals
verrenkend (bei den Oraon).

Die (dunkeln) Gondhs (s. Dalton) „often have short crisp curly hair",
wogegen die Gondhs in Narsinghpur beschrieben werden als „flat-nosed, thick-
lipped, straight-haired". Wie bei den Gondhs erwähnt Campbell „curly hair"
bei den Nagadees, Kodagerry-Stämmen u. s. w., und Dalton „woolly heads"
bei den Chermar, den Oraon (mit „woolly crispness of hair") u. s. w. Unter
den Kisan oder Nagesar zeigen Manche: „short crisp spiral or curly hair"
(s. Dalton). Bei den (dunkeln) Koch wird theilweises Vorkommen von
krausem Haar erwähnt (bei Campbell). Die Moy (der Cochinchinesen) sind
wollhaarig (nach Allen). Die Kuys heissen Khmer-Dom (ursprüngliche Khmer)
bei den Cambodier, wie die Kuys von Battambong (unter den Laos) Maloh.
Die Dom (in Kumaon) „have black woolly hair and very black complexions",
als „outcasts or doms", von den Rawat oder Raji stammend (s. Traill).

Some are said to have woolly hair (unter den Kohlis in Kunawar). Auf
den Sculpturen von Sanchi und Amravati wird das Vorkommen des krausen
Haares mit dem der Buddhabilder in Beziehung gebracht, für Darstellung
des vom Königssohne mit dem Schwert abgehauenen Kopfhaar. Bei den
Figuren (with short curly hair) meint Fergusson zu erkennen, dass sie aus
einem kälteren Land gekommen. Für die Rakshasas sind (wie bei den Beloo)
vorstehende Hauer typisch und bei den Oraons nimmt das Vorstehen der
Kinnbacken und Zähne (unter den dicken Lippen) mit dem Alter zu, „the
teeth becoming more and more porrect till they appear to radiate outwards
from the upper jaw". Bei den Brahmanen schwankt bald die dunklere, bald
die lichtere Farbe als die edlere, und wenn die Nagbansis oder Kaurs aus
den Hochlanden zum zeitweisen Aufenthalt in die Ebene kommen, werden sie
„for a time a shade fairer". Zu den 12 Stämmen der Gondhs (mit Einschluss
der 4 Hoitor oder ächten) tritt, als untergeordneter, der helle Stamm der
Padal. Mit der Abstammung von Hanuman und seinen Affen verbanden sich

schieht nicht wie die Taufe durch die niedere Geistlichkeit, sondern) durch den Bischof
(oder Weihbischof), um den jungen Christ (durch Gebet und Salbung) mit dem heiligen
Geist zn erfüllen (zum Versiegeln mit dem heiligen Geist). Im Anschluss an die Wieder-
täufer führt im Pietismus die Feststellung der Confirmation durch Spener (von „erweck-
licher Bedeutung") bis zur methodistischen Wiedergeburt, und „sind aus den Confirmanden
Confirmanten geworden" (s. Weizsäcker).

die Sagen von geschwänzten Menschen, wie auch vom Königreich Lambri (zu Marco Polo's Zeit) auf Sumatra, wo Pygmäen künstlich aus Affengesichtern fabricirt wurden.

Aus Furcht vor der unruhigen Seele [1]) werden die Demanos oder Priester nicht anf dem Dorffriedhof (der Paharias) begraben, sondern im Walde unter einen Baum gelegt.

Die (bösen [2])) Lhamayin oder Nicht-Lha (Götter) wohnen in Shungpo

1) Die Seelen der Gottlosen sind baumelnd und irrend, von den zwei Engeln an jedem Ende der Welt hin und hergejagt (nach Schabbath), und. auch die Seelen der Gerechten (ehe unter dem Thron der Herrlichkeit aufbewahrt) steigen zwölf Monate auf und nieder (bis der Körper erwacht ist). Dea quaedam phantastica, scilicet Morgana dicta (s. Giraldus) hatte den Körper des in der Schlacht von Kamlam (537 p. d.) gefallenen Königs Arthur nach der Insel Avalonia getragen, von wo derselbe (auf seinem Wagen in den Constellationen) nach Heilung der Wunden zurückkehren würde (um Britannien zu befreien). Adam und die Patriarchen führen in den Grabhöhlen eine schattenhafte Existenz (nach Jalkut Schim). Da Hermotimos beim Zurückkommen vom Grabe seinen Körper verbrannt fand, musste er als Seele schweifen. Man deckt dem Todten einen Lappen auf den Mund, damit er Ruhe habe und legt ihm unter das Kinn einen Erdenkloss, denn, wenn er mit dem Munde das Sterbehemde fasste und nach und nach hineinfrässe, so würde die ganze Freundschaft aussterben (s. Fischer) nach dem Volksglauben (1791). Bei den Herulern wurde die Wittwe beim Leichenbegängniss verbrannt (nach Procop). Nanna, aus Schmerz sterbend, wurde mit Baldr verbrannt. Die an der Wolga handelnden Russen verbrannten mit ihrem Fürsten Mädchen zur Begleitung (in's Jenseits). In Angola warf die Wittwe die Leiche in's Wasser (damit sie nicht gequält würde). In der Oberpfalz folgt die Seele der Leiche zum Kirchhof, wo sie am Gottesacker wachehalten muss, bis abgelöst (s. Rocholl). In Niederdeutschland heisst der Weg zum Kirchhof der Helleweg (s. Manhardt). Iron ward von Dietrich von Bern unter hohem Balkengerüst bestattet (nach der Vilkinasaga). Beraubung und Schädigung der Basilica super hominem mortuum wurde bestraft (nach dem salischen Gesetz). Die Todtenbretter oder Rébretter werden nach der Beerdigung im Freien aufgestellt (im rohen Umriss menschlicher Gestalt ausgeschnitten), als selave, qui est ponticulus (s. Lindenschmit). Die Fischer in Halle glauben kein Glück beim Fischen zu haben, wenn sie einen Ertrunkenen vor zweimal 24 Stunden aus dem Wasser zögen (H. L. Fischer). Die Griechen gaben dem Todten einen Honigkuchen (μελιττουτα) mit, den Hund der Unterwelt zu besänftigen. In Acanthos wurden bei der Expedition des Xerxes dort gestorbene Perser. verehrt (s. Herodot). Osiris wird als vieläugig (iri oder Auge) erklärt (s. Plut.). Bei Diomedes Verschwinden auf den diomedischen Inseln wurden seine trauernden Gefährten in Vögel verwandelt (Lycophr.). Der Magier Mithrobarzanes öffnet durch Zauberwort die Pforten der Unterwelt, um Menippus dorthin zu führen (an den Ort der Qualen vorbei) zum Orakel des Trophonios (bei Lucian). Die Keren kämpfen um den Leichnam (bei Homer). The Indians (bei Nutka) put on oil to light up their lodge, to let their dead friends see they had plenty and were happy and did not wish to go with them (s. Mayne). Die alten Frauen suchen sich durch Sammeln von Beeren nützlich zu machen, so lange als möglich, oder sonst durch Erzählung prophetischer Träume u. s. w., weil sonst als nutzlos beseitigt (im Nutka-Sund). Weil auf der Erde das Land der Indianer verkauft habend, wurde des Propheten Freund im Jenseits gemartet, indem er körnerweis einen Haufen Sand zu entfernen hatte, der nicht weniger wurde (bei Rothhäuten). Die Irokesen liessen ein Loch im Grab für das Ausfahren der Seele (den Körper zu besuchen), a slight opening in the grave (s. Morgan). Der Beginn des Tages ist dem Grossen Geist gewidmet (am Vormittag), das Abnehmen den Todten (bei den Indianern). Die Toba steigen auf dem Baum Llagdigua zum Himmel (s. Guevara). An dem „Okewä" genannten Trauertanz der Frauen nehmen die Todten Theil (bei den Irokesen).

2) Böse Geister heissen Da (Feind) oder Geg (Teufel) in Tibet. Unter den Limbus finden sich die Hung, neben den Hunia und Gnari Khorsum (nach Campbell). Nach König Turve oder Tur-ayek herrschten die Tibeter über die Lepcha (Mainwaring). Die Kanet in

oder Meru (in Tibet). Die Seelen werden zum Richter Choigyal von dessen
Dienern, als den Shinje genannten Dämonen, gebracht (in Tibet).

Nachdem ein Brahmane das Nakshatra (im Planeten) des Neugeborenen [1])

Chambu Kulu, Labol und Kishtwen sind gemischt. Unter den Kani oder Kaneit (in Kooloo)
stellen sich die Karsyas als Rajputen über die Raos. Die Kaneit in Spiti sind tibetisch
und die Kaneit von Lahoul partly of Tibetan origin. Die Bhot in Spiti have largely inter-
mingled with the Tartars across the border (s. Sherring). Die Bewohner von Kooloo
heissen Koli (als Daghi und Bogau). Die Beda bilden eine verachtete Kaste in Kooloo.
In Kooloo wird beim Fest des Lugri genannten Rauschtrank's gezecht. Zu den Gorkar
oder Kriegern unter den Nepal-Rajputen finden sich Magar und Khas neben (gemischten)
Gurung. Die Hayas (Haioos oder Vayas) kamen nach Besiegung ihres Königs Rawan durch
Ram Chandra aus Lanka über Dakhin nach Nepal. Auf Kusundas, Hayus, Chepang (als
eingeborene Stämme in Nepaul) folgen (am Rande des Himalaya) die Ravat und Dom (mit
Hindu gemischt). Unter den Thakur oder Pahari-Rajputen bilden die Chand die höchste
Gruppe (vom Mond stammend). Die Kanjar in Jamu (mit dem Raja aus der Dogra-Kaste)
gehören zu den Pahari-Rajputen. Die Bhot-Rajputen (in Kamaon und Garhoal) sind ge-
mischt. In Kashmir, beschützt durch den Nagafürsten Nila (nachdem der Dämon Djalod-
bhava von Kasyapa getödtet, unter Austrocknen des See's) kam der selbstexistirende Gott
als Flamme aus der Erde (nach dem Rajatarangini). Die Bedees bilden einen Zweig der
Bhunjaee Khatris (unter dem Seikh) im Punjab (s. Edwards). Der König Djaloka (Sohn
Asoka's) führte nach Eroberung Kanyakubdja's die vier Kasten ein (in Kashmir). Die
Priester des Gomati-Tempel's (im Mahayana) führten ihre Idole auf einem Wagen in Procession in Khota (zu Fa-Hian's Zeit). König Yaçovarman weihte den Tempel zu Leley
(892 p. d.), König Jayavarman (971 p. d.), König Suryavarman (1012 p. d.), dann Dhara-
nindra-varman u. s. w. (in der Dynastie der Varman). Die Khmer stammen von den Charai
(nach Garnier). Les „haches telles, que celle de Maitri", qui ont servi à abattre les „six
ennemies" intérieurs, comparés à des arbres, seraient les enseignements tels que celui de
Maitri (s. Bergaigne) auf der Inschrift von Phum-da (de la „Maitry-upanishad").

1) Ehe nicht ein Kind geboren, darf weder die Schwiegertochter den Schwiegervater,
noch der Schwiegersohn die Schwiegermutter sehen (bei den Ostjäken). In holsteinischer
Milchwirthschaft darf die Butter von Frauen, während ihrer Periode der Reinigung, nicht
berührt werden (s. Klausen), und am Rhein darf dann der Keller, wo der Most gährt, nicht
betreten werden. The patria potestas is the same as the domini potestas, the power of the
master over his slaves (in China), Through marriage the wife becomes not only uxor, but
also comes into the manus mariti (s. Möllendorf). Bei den Tschalymschen Tataren muss
der Bräutigam mit den Verwandten der Braut ringen (s. Georgi). An der Hudson-Bay
ringen die Bewerber unter sich (um die Braut). Baghel dürfen nur mit Baghel heirathen
(unter den Rajputen). Die Frauen der Madya Gond tättowiren Gesicht, Arm und Hüften,
mit Eisenschmuck neben Zweiggürtel (die als Götter aufgesetzten Steine werden mit Fest-
roth bestrichen). Huong-Hoa (les parfums et le feu) brulent sur l'autel de la famille en
l'honneur des ancêtres (s. Luro). Der reiche Dares ist Priester des Hephästos (in Troja).
Auf den Tafeln von Herakleia sind die Siegel als Familienwappen zu betrachten (s. Brandis).
Neben dem Padschah genannten König (aus den nach Sitana eingewanderten Saiyed) steht
der Hohepriester (unter den Swatee) oder Akhoond. Purasp Ashdahak hatte nicht so sehr
durch Tapferkeit, als durch Reichthum und Geschicklichkeit die Führerschaft über sein
Volk unter der Botmässigkeit des Nebruth (s. Mos. Chor.). Der Kahal kann über die von
den Einzelnen zu betreibenden Geschäfte bestimmen (bei den Juden). Der Epheu hiess
Chenosiris (als Pflanze des Osiris). Der Kreter (in der Odyssee) unternimmt Raubzüge zur
See, um bei der Rückkehr sein Haus zu bereichern, und dann auf's Neue auszufahren, wie
der Kru auf Handelsschiffe (in palmoil-trade). Als nach einem Orakel die einheimischen
Götter sich wieder günstig zeigten, wurden die geflüchteten Messenier durch die Thebaner
in die Heimath zurückgeführt. Die Seidenarbeiter bilden die Tantra (-Kaste) in Benares
(eingewandert). Plutocracy (dorocracy), bei den Californiern, the rule of the gift-givers (s.
Powers). Sparta wurde unter Gesängen gegründet (nach Thucydides), und so die Städte
der Laos. Der Himmel wurde (in Aegypten) als Herz dargestellt (s. Plut.) [Quichés). Vi-

(unter den Sudras) bestimmt hat, bleibt zuerst die Frau eines Chamar (Lederarbeiter) mit der Wöchnerin (für sechs Tage), und dann die (geachtetere) Frau
eines Naun (Barbier), worauf (nach dem Bade am 12. Tage) der Gereinigten
die Glückwünsche der Verwandten gebracht werden (wobei der Vater das
Gesicht des Kindes zuerst, in geklärte Butter gespiegelt, sieht).

Als Sohn Varuna's (und Mitra's) war Vanshitta (die Priesterschaft Mithila's gegen Gautama verbindend) Priester der Tritsu (unter König Sudas),
der zu den Sudras niedergedrückten Kaste, als sich Ixvaku's Sonnengeschlecht
erhob, wo Rama (durch Visvamitra, den aus den Xatrya aufgestiegenen
Brahma) nach Mithila geführt, Siva's Bogen brach und Parasu-Rama (der
sein Beil von Siva erhalten) besiegte (mit Ramachandra), bis später wieder
die auf den Cult der Bergstämme gestützten Brahmanen (Siva's) den Dienst
Vishnu's (in den Fürsten glänzend) zurückdrängten. Auf Vorbitte Vasishtha's
verschonte Sagara (von Ayodhya), als er die Niederlage seines Vaters an
den Haihaya gerächt, die übrigen Barbaren.

Im Mondgeschlecht der von Puru stammenden Pauravas, wurde Kuru
mit dem Sonnengeschlecht verknüpft, während sich unter den Pandus die
Tradition des mit Poros kämpfenden Iskander erhielt (Besieger der Nach-
kommen Cyrus'). Das alte Geschlecht wurde vergöttert (wie Gandharva oder
Gandhara, Vasu u. s. w.) oder heilig, gleich den Uttarakuru (der Kuru) und
Uttara Madri der mit Madras (und Surasena) verwandten Pandu.

Der ursprüngliche Brahmane des indischen Feuerdienstes (mit den Bhrigu's als Schürer Agni's) ist in dem Rishi Bhrigu repräsentirt (der König
Nahusha für Agastya's Beleidigung verflucht) und als die von König Krita-
virya (der Haihayas) bereicherten Bhrigus, weil ihre Schätze verheimlichend,
von den Kshatrya getödtet wurden, warf zwar Aurva (der letzte Spross)
seinen Zorn (auf Bitten der Pitris) in den Ocean (als Haya-mas), aber bei
der Beleidigung des mit Visvamitra (Gegner Vasishta's) die Xatrya für die
Brahmanen austauschenden Jamadagni (Sohn des Bhrigu Richika) fiel der
durch Verehrung der Trimurti (die von Bhrigu nur theilweise gebilligt war)
in Dattatreyo mächtige Arjuna (Sohn des Krita virya) vor Parasu-Rama und
mit ihm die Macht der Xatrya. Von Rama und Sita wurde der Rishi Atri
(der schon in früheren Manwantaras schützend aufgetreten war) in der Ein-
siedelei Chitrakuta besucht, aber der Fluch seines (über Krishna's ungenügende
Demuth erbitterten) Sohnes Durvasas (in den Siva eingefahren war) brach
die Macht Indra's und gab die Götter (dewa) oder Suras (der Surasenas von
Mathura) in die Hände der Asuras bis zu den durch das Buttern des Milch-
meeres erzeugten Schätzen. Wie das Reitervolk der Haihayas (ehe die Trimurti in diesem Wurzel fasste) tyrannisirten die vedischen Brahmanen auch
(durch Visvamitra) König Harischandra (des Sonnengeschlechts) und als

varia wurden zuerst von Fulvius Lupinus eingeführt (s. Plinius) in der Zucht von Luxus-
thieren (villatica pastio) eines Thiergarten oder (bei Griechen) παράδεισος (roborarium oder
leporarium). Thoth wird Thoyth (Säule) erklärt (als Träger des Wissens).

dessen Sohn Bahu vor den Haihaya zu flüchten hatte, wurde ihm in seinem Sohn Sagara durch Aurva (der Bhrigu) ein Rächer erweckt, obwohl derselbe seinen in Patala (unter das Meer) herabgestiegenen Sohn durch den Büsser Kapila verlor. Auch die heilige Stadt Kasi mit König Devadasa (für den Indra die Städte der Asuren zerstört hatte) fiel zu Vita-havya, König der Haihayas, aber als hier gleichfalls durch den Rishi Baradwaja (und von Bhrigu dargebrachte Opfer) in jenes Sohn Pratardana ein Rächer erstanden war, suchten die Haihayas einen Ausgleich mit den Bhrigus, und König Vita-havya wurde zum Brahman Rishi geweiht, während sich mit seinem Sohne Gritsamada (der durch Sunahatra an Pururavas des Mondgeschlechts angeschlossen ward), nachdem derselbe (durch Indra aus der Gefangenschaft unter den Asuren befreit) aus dem Geschlecht der Angiras (der Söhne Agni's) unter den Bhrigu (durch Sunaka) ersetzt, die vierfache Kastentheilung (seines Sohnes Saunaka) einleitete (so dass die bisherigen Uebergänge dadurch abgeschnitten wurden). Die Bhrigus, die so die Ueberführung des Vedismus in die späteren Culte vermitteln, werden in dem Vayu-Purana den sieben Rishis zugefügt, ohne indess die Zahl zu vermehren (obwohl sich in dem Vishnu-purana neun Rishis finden).

Der mit dem Naturcult verbundene Feuerdienst der Magier unter den Ariern oder Medern, der sich in der Legende Abraham's bis zu den Semiten erstreckte, erhielt im Anschluss an die monarchischen Assur (in Selbstvergötterung eines eifersüchtigen Hasses gegen jeden fremden Kriegsgott) den Gegensatz des Bösen im Feindlichen, durch Zoroaster's Ahura-mazda, dem gegenüber dann die gelehrten (als in Schreibkunst erfahrenen) Daeva (Diw) der unbekehrten Magier in Opposition traten, während sie in Indien bei den wandernden Hirtenstämmen die Vedas der Brahmanen zur Geltung brachten und sich als Arier über eingeborene Dasyus oder Mlechhas erhoben. Mit der Ausbildung des Trimurti-Dienstes bei den Ansiedelungen wurden auch die Asuren, deren Glanzperiode Indra angehört, in feindliche Stellung verwiesen, und der auf der alten Cultur Magadhas (der Magier) durch brahmanische Einflüsse (im Jainismus) entwickelte Buddhaismus mit zweifelhaften Blicken betrachtet.

Ehe die Asuren in feindlichen Gegensatz gedrängt waren, belehrte Brahma Hiranyagarbha, oder Purameswara den Prajapati Kasyapa (Vater der Daitya und Danu), später aber wurde Hiranyaksha oder Hiranyakanju von Vishnu (als Eber und Löwe) erschlagen, obwohl die Veda des Soma (Haoma in Iran) noch dem Hiranyanabha zugeschrieben blieb. Das Haoma geht zurück auf das Omomi der alten Magier (der Daeva) und in dem Soma-Veda fungiren die Chhandoya (als Dewa) in Opposition zu den Bahorihas (des Rig).

Chota Nagpoor (in Khetauri, Keevi und Dhangar, sowie, in Tamar, von Lurka-Cole bewohnt) heisst klein (chota) in Bezug auf Bhoonsla, und der Bhoonsla Mahratta Fürst, in Nagpoor residirend, herrscht in Gondwana, nach Besiegung der Gondh-Häuptlinge von Deoghur. Unter Gondh, Kolo und Bheel erhält der Rajah die Weihe[1]) von den Eingeborenen. Der Maharaja von Chutia-Nagpur drückt das Zeichen der Belehnung (als Tilak) mit den Zehen auf. Als an Stelle des von den Bhuiya aus einem hohlen Baum gehauenen Raja, der Raja von Singbhum aus Marwar gekommen, brachten ihm die Ho seine Braut, als Tochter des Raja von Chutia Nagpur. Der Vorfahr des

---

1) Zur Priesterweihe gehörte die „Salbung mit dem heiligen Salböl, welches dem Hohenpriester auf das Haupt gegossen wurde, während die gemeinen Priester nur an den Händen oder (nach dem Rabbiner) an der Stirn mit Salbe bestrichen wurden (s. Graf). Durch Salbung mit Oel weihte Jakob den Stein bei Bethel zum „grundleglichen Anfang" des geweihten Gotteshauses (s. Leyrer). Die Lapides uncti (βαιτυλοι oder βαιτυλια) oder λιϑοι λιπαροί (άληλιμμένοι) wurden „durchgeistet gedacht" (beim Uebergiessen mit wohlriechenden Salben). Gedenksteine, auf denen, weil die Gottheit geheiligt, Oellibationen dargebracht wurden, sind als „Salbsteine" (bei Moses) bekannt (s. Rockoff). Die Salbung, das Symbol der Weihe für Jahve, erfolgte da, wo ein Kronprätendent durch einen Propheten oder durch den Hohenpriester aufgestellt wurde, durch diese, mit nachfolgender Anerkennung von Seiten der Volksvertreter (s. Wittichen). Das heilige Salböl (der Juden) wurde durch Bezaleel hergestellt, mit „wunderbarer Vermehrungskraft" auf Mose's Gebet (nach den Rabbinern), so dass nicht mehr verfertigt. Nach Thomas Aq. sind zu salben Ohren, Nase, Mund, Händen (wegen der Vis cognoscitiva in den Sinnen), die Nieren (wegen der Vis appetitiva) und die Füsse (wegen der Vis motiva) bei der Krankenölung. In der griechischen Kirche werden Stirn, Augen, Nase, Ohren, Füsse (zur Siegelung der Gabe des heiligen Geistes) gesalbt (bei der Firmelung). Der nach Empfang der Oelung Wiedergenesene darf die Erde nicht mehr mit blossen Füssen berühren (nach dem Volksglauben). Die „Kraft und Gnade des heiligen Geistes", wie den Aposteln auf „wunderbare Weise" (in Gestalt feuriger Zungen) überkommen, wurde den „übrigen Gläubigen durch die Händeauflegung zugeeignet", und so in der Firmung (confirmatio) oder Perfectio (der Taufe) in Consummatio, in Salbung des Gläubigen zum Kämpfer Christi (s. Berlage). Auf der Synode in Trient wird die Lehre der Reformatoren von der Firmung verdammt (unter Festhaltung der Sacramentseigenschaft derselben). Die heilige Ampulle (Chlodwig's) diente bei ihrem Auftreten im IX. Jahrh. (und dann bei der Krönung Philipps II. wiedererscheinend, 1179), um die Herrschaft Karl des Kahlen über Lothringen legitim zu machen, indem Hinkmar (unter den Nachfolgern des Remigius in Rheims) bei der Krönung in Metz (869) das heilige Salböl brachte, denn „die neue Legitimität des westfränkischen Königs in Lothringen musste an die Merowinger und dem Himmel selbst angeknüpft werden" (s. Weizsäcker). Bei der Taufe Chlodwig's durch St. Remigius (Bischof von Rheims) brachte auf dessen Gebet eine Taube vom Himmel das Fläschchen mit Oel (zum Salben). Nach Hinkmar brachte eine weisse Taube das himmlisch duftende Oelfläschchen für Clodwig's Salbung (in Rheims). Die Ampulla (in Rheims) wurde vom Citoyen Rühll (1793) zerbrochen (le monument honteux créé par la ruse perfide du sacerdoce). Nach Hincmar wurde durch eine Taube für Chlodwig's Salbung ein Fläschen gebracht, als die Ampulla, „aus welcher die französischen Könige seit 1179 gesalbt wurden, welche 1794 zerschlagen, aber 1824 wieder aufgefunden wurde" (s. A. Vogel). Bei der Krönung in Aachen (durch Oelsalbung, wie bei der Segnung Saul's) wurde der „neue Fürst am Haupt, auf der Brust, zwischen den Schultern, den Ellbogen und an den Händen gesalbt" (während im römischen Pontificate nur am rechten Arm). Unter den christlichen Regenten bewarb sich um die kirchliche Segnung zuerst Theodosius der Jüngere (Fr. X. Schmid). Das Chrisma wird in der abendländischen Kirche am Gründonnerstag jährlich consecrirt (zum Salben). Ein Salbengefäss bildet das Attribut der Myrrhophoron in Maria Magdalena, Maria Jacobi und Maria Salome (mit Johanna, Weib des Chusa). Die Ampulla Remensis (la sainte Ampulle) wurde (als Ampulla Chrismatis) bei der Salbung Chlodwig's durch St. Remigius durch eineTaube vom Himmel herabgebracht nach Rheims (mit unversiegbarem Oel). Ist das am Gründonnerstag durch den Bischof bereite Chrisma am Ende des Jahres noch nicht aufgebraucht, wird der Rest verbrannt.

Raja von Purahat, Seraikilla (und Thakour in Kursawan) in Orissa stammte aus wunderbarer Geburt im Lande der Ho (in Singbhum). In Bisherpore wurde beim Tode des Königs der weisse Elephant durch die Stadt geführt, und der von ihm mit dem Rüssel auf seinem Rücken Erhobene gekrönt.

Gleich dem Fürsten von Chutia-Nagpur stammen die in Madhyadesa (Gya) über die Kol herrschenden Cheros, deren Chero-Kol-Raj die Monumente in Bihar (mit Shahabad) und Tirhut zugeschrieben werden, von der Drachen-schlange Nag, als Nagbansis, aus Korala (Gorakhpur) durch die Gorkha vertrieben (wie diese dann durch die aus Norden herbeigezogenen Tharus in Mithila). Die Nagbansis-Rajputen (von dem Raja Takshaka stammend) gelten als Rest der eingeborenen Cheros. Die auf die Sunaka-Dynastie (s. Buchanan) bezogenen Fürsten der Cheros (mit der Phudi Chandra betreffenden Inschrift in Budh Gya) wurde aus Shahabad vertrieben durch die Hariha (als Stamm der Savaras oder Suars). Die Cheros, die sich bei der Eroberung Palamau's mit den dortigen Kharwar verbanden, leiten sich von dem Rishi Choin Muni in Kumaon ab, aus dessen Sitz (Ashan) sie entsprungen. Die Kharwar (Ki-rawa oder Kiratis), die aus Rohtas nach Palamau kamen, betrachten sich als Surja-bangsas, von Rohtas stammend, dem Sitz Rohitaswas, Sohn des Königs Harischandra.

Nach Vertreibung der Cheros aus Kikata (in Magodha) herrschten die Savaras, bis ihr Fürst Raja Phudi Chandra von Jayadeva (Nachkomme des Bhoja Raja) verdrängt wurde (mit Begründung der Bjojpur-Raja). Nach der Bhagawata Purana wird im Kali-Alter Buddha unter den gesetzlosen (avrata) Kikata (bei Gaya) geboren werden, als Sohn Anjana's, die Asuras zu betrügen. Gangara heisst Buddha bei den Gondh. Die von den Cheros angenommene Lehre Gautama's wurde von den Kolh verworfen. Sakhya-Muni wird in Spitti als Thubba (der mächtige) verehrt. Die Nishada der Vindhya-Berge waren aus dem König Vena durch die Priester hervorgerieben. Die Mundaris zogen sich nach dem Danduka-Wald (Jharkand) in Chutia Nagpur zurück. Die Tamoria wandern als Höker bei den Kolh. Die Kaurs oder Kauravas (in Udaipur, Sirguja u. s. w.) leiten sich von den Kauravas ab, die durch die Pandavas von Hastinapur vertrieben wurden (in Dudh-Kaurs, Paikera, Rettiah Kaurs und Cherwa Kaurs zerfallend).

Bei Cheros und Kharwars wird der Schutzgott des Dorfes verehrt, als Duar Pahar (Dharti oder Purgahaili) oder (weiblich) Daknai und der Wald-Dura, dann Chindol (männlich), Chanda (weiblich) und Parvin. Bei dem alle drei Jahre gefeierten Opferfest der Priester (Pahn) is always one of the impure tribes, a Bhuiya, or Korwa, or a Parheya, and is also called Byga, and he only can offer this great sacrifice. No Brahminial priest are allowed on these occasions to interfere (s. Dalton). Bei den Tharus (in Gorakhpur und Mithila) fungiren Priester of the impure tribe of Musahar. Die Nag-bansis in Joshpur opferten dem Bura-deo genannten Fels. Die von Kadru geborenen Nagas (Dityas, als Kinder Diti's) werden bei Janamejaya's Opfer[1]) vernichtet, bei welchem nur Takhaka erhalten bleibt.

Kasyapa zwingt die Naga von Kashmir zur Unterwerfung Nagarjuna erhielt das Mahayana von den Naga. Als der von Pundarika-Nag mit Parvati, Tochter seines brahmanischen Lehrers, gezeugte Sohn, auf der Rückkehr von der Pilgerfahrt nach Puri, auf dem Hügel Sutiamba (der Munda und Oraon) geboren war, begründete er, als Phani-Mukuta-Raja, das Fürstengeschlecht von Chutia Nagpur mit gewundenem Turban (in Gestalt der gewundenen Schlange). Von den Kol in Bihar wurden die Cheros nach Palamau getrieben, während die Mundas sich in Chutia Nagpur finden, die Bhumy in Manbhum und die Lakar Kols oder Hos in Singbhum, wie zwischen Ganges und Bactarni die Santal. Der Raja von Singbhum kam aus Marwar und indem sich die Singhs mit den Kol verbanden, wurden die Bhuiyas zur Unterwerfung gezwungen.

Nachdem der Raja von Keonjhur durch die Häuptlinge der Bhuiyas sein Tika aufgedrückt erhalten hat, berührt er mit dem Schwert den Hals des vor ihm Knieenden, der dann entfliehend, erst nach drei Tagen zurückkehren darf. Die Priester der Waldgottheiten sind Bhuiyas (in Gangpur und Bonai), Korwās (in Jashpur und Sarguja), Kurs und Mnasi (in Korea und Chang Bakar). Neben der Sonne, als Dharam, wird (bei den Bhuijas von Keonjhur) Boram verehrt, als Bir (Vira) oder Mahabir Hanuman, sowie, als Schutzgöttin, Thakurani Maie (mit blutigen Riten). Nath Varaha, Bruder Kesvaraha's (Sohnes des Raja von Virat) erhielt von Vikramaditya das in einem Tage und einer Nacht umrittene Land (als Raja von Barabhum). Die Sengharh (-Rajputen) verehren den vergötterten Vorfahren Amar Singh, als Nath Baba (s. Oldham). Nach den Traditionen der Ho wurden früher Blätterkleider getragen.

Die Bhuiyas oder (in Bezug auf Hanuman) Pawanban (Kinder des Windes) verehren als Vira die Heldengeister[2]) der Ahnen beim Parisnath-Hügel (in

---

1) Als im Walserthal die Nattern überhand nahmen, beschwor sie ein Bergmännlein in's Feuer, und wurde von einer weissen, die sich darunter befunden, tödlich verwundet (s. Vernaleken). Irland wird durch St. Patrik von Schlangen befreit. Abt Hugo bannte die Schlangen in die Schwarzsee unter Gewitter (s. Vernaleken). Am Tempel des in eine Schlange verwandelten Bhixu in Taxila wurde mit Fingerschnappen Regen erzeugt (zu Hiuenthsang's Zeit).

2) Wie das Erz den Körper spiegelt, so der Wein den Geist (nach Periander). Die (an die Seelenwanderung glaubenden) Samaniten (im Islam) behaupteten (nach Nasafi) qu'il n'existait ni ciel ni enfer (s. Schmölders). Als practisches Kriterium (in der Handlungsweise) wird die Wahrscheinlichkeit (πιθανότης) aufgestellt (bei Karneades). Da die φαντασία καταληπτική (der Stoiker) nicht genüge (als kriterium der Wahrheit), kommt Arcesilaus auf das ἐπέχειν, im practischen Leben das εὔλογον empfehlend (der Skepsis zu entgehen). Statt des Genusses (bei Aristipp) stellt Epikur die Schmerzlosigkeit als Vorbedingung der Glückseligkeit hin, um von Schmerz und Unruhe frei zu werden (ὅπως μήτε ἀλγῶμεν, μήτε ταρβῶμεν). Dem Lehrer übergeben, wird der Knabe (nach Asvalayana) der Sonne vorgestellt, unter Anrufung Savitar's: „Dieser ist dein Schüler, den schütze, der sterbe nicht" (s. Stenzler). Detinez wurde auf dem Begräbniss des zuerst angetroffenen

Manbhum und Hazaribagh). Bei den den Göttern Dasum Pat, Bamoni Pat, Koisar Pat und Boram oder (als Sonne) Dharm Deota geweihten Hainen (Deota Sara) fungiren die Deori genannten Priester. Die Bhuiyas, sowie die Jaina (der Monumente) wurden vertrieben, als die Ho oder Lurka (Laraka oder Krieger) von Chota Nagpur nach Singbhum kamen. Die Bhumij (zwischen den Flüssen Kasai und Subarnarekha) folgten auf die Erbauer der Jain-Tempel. Auf die nach dem Koladyne-Fluss zur Ansiedelung gezogenen Bhungiya werden die Monumente der Barah Bhuiya in Assam bezogen. Die Bhuiyas oder Bhuniyas von Keonjhur schufen sich den fürstlichen Stamm der Rajkuli, indem sie ein Kind aus der Familie des Mohurbauj Raja stahlen, und, zum Herrscher erhoben, frei mit ihren Mädchen sich begatten liessen. Die Bhumias (oder Buijwars in Mundla) verehren Mai Dharti, als Mutter-Erde.

Als unter den Kol die Ho aus Chutia Nagpur (wo die Munda zurück-blieben) nach Singbhum einwanderten, fanden sich dort die (nach Porahat gedrängten) Bhuiyas und die Sarawak oder Jainas mit den Monumenten in Dhabhum u. s. w. (sowie Kupferminen).

Als nach Rückkehr der Eingeborenen aus dem Terai und den Hügeln die (seit der Einwanderung) in Ajudhija herrschenden Surajbansis (unter

Knaben begründet (s. Popow). Die Palilien (fête champêtre plus ancienne que Rome) wurden römische Feste genannt (seit Hadrian's Tempel der Fortuna) unter Ballismen (bei Athen.) oder Tänzen (s. Villebrune). Das Riesen-Ungeheuer Kumbba-Karna (Ravana's Bruder) erwachte aus seinem (durch Brahma verhängten) Schlaf periodisch nur, um zu fressen, durch schnarchenden Athem die Besucher verscheuchend, im Sturmwind [Skirnir]. Als „Génies funéraires" finden sich an den Sarcophagen (s. Pierret): Hapi, le coeur, Khebh-sennouf, la momie, Amset, le double de l'homme (Ka), et Tiaumautef, l'âme (Ba). Mita (unter den bösen Göttern) wurde als Hund verehrt (bei den Wenden). Unter den Dämonen der Hexen unterscheidet Abt Trithemius das igneum (feurige) Geschlecht, das aereum, das terrestre, das aquaticum, das subterraneum, das lucifugum (XV. Jahrh.). Fionn, von den Zauberern Nemh, Agha und Acius an seinen Sitz gefesselt, wurde durch Gall befreit (s. Maclean). Die Elliser (Frauen der Elfen) erscheinen nur bei schönem Wetter (in Elfen-schein). Bei den Teutonen verbrannten sich die Wittwen (s. Val. Max.), wie bei den He-ruler (nach Procop). Raw head and bloody bone feard by children (s. Aubrey), a whipping Tom in Kent, who disciplined the wandring maids and women, till they were afraid to walk about (s. Kennet). Während die Frau nach der Entbindung badete (in Californien), sass der Mann in der Hütte oder unter einem Baum und stellte sich krank (s. Delaporte). Der Wolfsriese Hate oder Manegarmur verfolgt (zum Verschlingen) den Mond (Mani oder Mone). Mit der Riesin Gyge oder Gygur zeugte Fenris die Wolfsriesen Hate (Hasser) oder Hradvitnisson (als Manegarmur oder Mondverschlinger) und Skoll (zum Verfolgen der Sonne). Die Zwerge Kyi und (Nidi oder) Nythi (neu und voll), worüber der Mondslenker Mani herrscht, sind (am Mondeswechsel) mit den Kindern Bill (Ermattung) und Huicke (Erholung) verbunden (s. Tkany). Die im Querxloch (bei Zittau) lebenden Zwerge (Querxe) wurden durch die Glocken vertrieben (s. Tkany). „De Kloken klingen", wenn der Priester „den levenden Gott wyset" (XV. Jahrh.). Die Eucharistie heisst Μυσταγωγια (bei Cyrill). Die Kruschki genannten Scheiben (halb schwarz, halb weiss) dienten zum Wahrsagen (bei den Slaven). Die Pommern (und Rügener) schauen Feuersbrünste und strandende Schiffe im voraus wafeln, und so im Wafeln soll's dann auch sein, wenn sie die versunkenen Städte. wie Vineta, am Ostermorgen in der Meerestiefe zu sehen meinen (s. Stiller).

Kanak Sen) nach Gujerat getrieben waren, herrschten die Cherus (im Osten), die Bhars (im Centrum) und die Rajpusis (im Westen) bis zur Eroberung durch die Rajputen (die bei dem Fall von Kanouj und Delhi auswanderten) in Oudh. Die Bharatas, als Nachkommen von Jayadwaja (im Brahma - Purana) gelten als zahllos weit verbreitet (ein Harivansa). Bhim Sen unterwarf die Bhargas im Osten (nach dem Mahabharata). Unter Hari-Thakur und Bir-Thakur unterwarfen die Sengarh-Rajuten (aus Phaphund) die Bars in Ghazipur. Die Bhar von Kantit (Raja Kam's, der als Pilger zur Insel Ram Gyah im Ganges bei Vindhyachal gekommen) wurden von den Gaharwar-Rajputen (unter Gudhan Deo aus Kanouj) unterworfen. Die Sakarwar-Rajputen (der Sonnenrasse) heissen Sakarwar Bhuinhars (in Ghazipur). The word Bhuinhar applies to Rajpoots as well as to Brahmans (s. Sherring). Neben den von den Bais in Oudh angetroffenen Gautam-Rajputen (mit den Bharaddwaj- und Garg-Gotras) findet sich der Gautam gotra der Bhuinhar-Brahmanen.

In Azimgarh (mit den grossen Lehmfestungen der Bhar oder Rajbhar) herrschten (zu Rama's Zeit in Ayudhia) die Rajburs und Asur (mit dem Asurain genannten Damm zwischen den Flüssen Kunwar und Manghai). Die Bhar (mit Burgwälle zur Wohnung) wohnten in Fyzabad bis zu Akbar's Zeit (s. Woodburn). Die Bhar Raj oder Herrschaft der Bar (Barat) in Oude (mit alten Steinfestungen) endete mit der Eroberung von Sultanpur (durch die Mohamedaner). Die früheren Eingeborenen in Ghazipur (als Seorees, Bhars und Cherus) gebrauchten (verschieden von den Brahmanen) Schweine-fleisch und Rauschtrank[1]) (s. Oldham). Die Bhar in Gorakhpur wurden

1) Der früher aus Honig hergestellte Wein (s. Aristoteles) verlor sich bei den Griechen (mit Einführung des Weinstock's). Die Consecration des Brod und Wein's heisst (bei Pseudo-Dionys) ἱερουργία (Operatio sacra). „Nach der Consecration und Communion des Priesters am Altar liess der Archidiakon aus dem Opferkeleh ein wenig von dem heiligen Blut in den Wein fliessen" (als Complementum eommunionis oder confirmatio). Die Artotyritae mischten Käse (ovium) dem Brod (des Abendmahl's) bei (nach Augustus). Das beim Mahl unter dem Tisch Fallende gehörte dem Todten (s. Athen.), dem Corinthischen Gast (bei Euripid.). Die Manichäer theilten die Eucharistie in getrockneten Feigen (τὴν ἰσχάδα) aus (nach Cyrill). In kleiner Gold-Lade der Chom oder (bei Jul. Cap.) arcula aurea wurden die ἄῤῥητα der Chaldaer (arcana Chaldaeorum) aufbewahrt (s. Amm. Mar.). Vali (von Rindr geboren) erhebt sich (einnättr), um Baldr's Tod zu rächen (ungekämmt), wie Apollo (ungeschoren) aus den Windeln springt, und Hermes, frühmorgens geboren, am Mittag schon die Laute schlägt (Buddha bei der Geburt schreitet u. s. w.). Indem im Concil.Trullan. die Abbildung des Heilandes mit der Figur eines Lamm's verboten, dagegen in menschlicher Gestalt (κατά τὸν ἀνθρώπινον χαρακτῆρα) aufzustellen bestimmt wurde, so wurden (aus der früheren Verbindung mit dem Kreuz) die Crucifixe eingeführt (in den Kirchen). Nach Lucian verehrten die Christen den in Palästina gekreuzigten Magier (τὸν Μάγον), der die μυστήρια Καινά (διῖνα ποικίλα) eingeführt. Zalotaja-Baba wurde (am Fluss Obigo) als Mutter der Götter verehrt (mit ihrer Enkeltochter, als Kind). Marcus bemerkte bei der Consecration, dass der weisse Wein, mit Wasser gemischt, in rothe Blutstropfen verwandelt wurde (s. Irenäus). Hostia rubra (admixta scilicet cinnabrio) est materia dubia (s. Merat.). Mit der Seele (Jiva) des Bhagavata (von Svetadwipa) trat Ramanuja den Maga (in der Advaita der Vedanta) gegenüber. An den Apophras Hemera ruhten alle

durch die Kausik-Rajputen vertrieben. In Mirzapur, mit Bhar-dihs (Festungen der Bhar) und Teichen wohnten, (bei Pampapura) die Bhar mit dem Tempel der Göttin Vindyeswari in Vindyachal.

Die von den Katti in Gujerat angetroffenen Ahir (Abhira bei Manu oder Abira bei Ptolemäus) oder (von Asa Ahir) Asirgarh (bei Ferishta) werden (von Elliot) auf die Pala genannte Hirtendynastie (in Bengalen) bezogen. In Gorakpur werden (nach Buchanan) Ahir gemiethet zum Melken der Kühe. Die (nach dem Uebertritt zum Islam) als Shaikh bezeichneten Ahir in Ghazipur sind Kuhdiebe (s. Sherring). In Aurangabad Nagar dominiren die Ahir neben den Gautam-Rajputen. In Shahjahanpur gelten Ahir (neben Jat und Gujar) als älteste Bewohner. Als Nachkommen der Yadubansis stammen die Ahir von Krishna und die Ahar (in Moradabad) von dessen Kuhhirten. Bei dem Schafhirten-Stamm der Garariya (in Allahabad und Farakhabad) heirathet der jüngere Bruder die Wittwe des älteren (wie bei den Ahir und Jat).

Als Adisura, König von Gaur, die Brahmanen (Bhatta Narayana von der Familie Sandiliya, Daxa von der Familie Kasyapa, Chhandara von der Familie Vatsa, Sriharsha von der Familie Bharadvaja und Vedagarbha von der Familie Savarni) aus Kanyakubja nach Bengalen (1031 p. d.) berief, fanden sich dort (neben den Saptasati) die Vaidicas (mit den Brahmanen in Rarna zwischenheirathend). Die vom König Adiswara in Gaur berufenen Brahmanen (in Canouj) zeugten bei Bikrampur (in Dacca) die Varindra genannten Kinder mit den Frauen der Eingeborenen, und nachdem (beim Kreuzen des Ganges) ihre eigenen Frauen aus Canouj gefolgt waren, die Rari genannten Kinder

---

Verhandlungen öffentlicher Behörden (s. Lucian). Wie den Göttern spendete man (beim Festmahl) den Freunden Wein, im Spiel des Kottabion, indem die von dem Wein getroffene Schale, das Haupt des Mannes berührend, tönte (s. Athen.), wie beim Toast (im Klingen der Gläser). Im Zutrinken (proposis) berauschten sich die Lydier, wogegen bei den mässigen Lacedämoniern der Wein in einem Gefäss die Runde machte (s. Critias) [wie die Weisse]. Nestor erhielt die Becher (des Wein's), wie er ihn stets mit sich führte, als Geschenk von Achill bei den Kampfspielen für Patroclus (wie bei den Tolteken den Sechzigjährigen der Rausch erlanbt war). · Beim Feste des Mithras berauschte sich der König, den persischen Tanz ausführend (s. Athen.). Die Hetaeriae (und ἔρανοι) wurden von Trajan verboten. Bei den Gastmahlen wurde der Wein filtrirt und Arcesilas wurde (statt zu zürnen, wie die Alexandriner mit ihren Sklaven) zu einem Witzwort veranlasst, als sein Diener Apelles dies so ungeschickt ausführte, dass sich noch mehr Satz darin fand, als früher (s. Athen.). Ne pili sive quae aer movet agitabilis, valeant admisceri (s. Mabillon), wurde der Wein beim Abendmahl geseiht (im Sion oder Colum). Ἰησοῦς γὰρ κατὰ τὴν Ἑβραικὴν διάλεκτον θεραπευτὴς καλεῖται (s. Epiph.), und dann die ·Ιεσαῖοι (von Jesse, Vater David's)·, als χριστιανοὶ (oder Essaeer) de unctione (s. Tertullian), und Chrestianus (de suavitate et benignitate). Alfödr orkar, alfar skilja, vanir vita (Saem.). Thrymr (in Jötnaheim) heisst (s. Grimm) Dhursa Drothinn (Turs, daemonium). Im Tempel des Swiatowit verehrend, mussten die Priester zum Athmen den Kopf herausstecken (nicht zu verunreinigen). Bei unheiligen Worten während des Opfers verlässt der Schutzgott die Stadt, mit verhülltem Haupt (s. Athen.), trauernd (wie Quetzalcoatl), Saturn hat seine Herrschaft an Jupiter freiwillig abgetreten, weil das (nicht mehr goldene) Menschengeschlecht fortan mit dem Blitz zu regieren (s. Lucian). Unter Singen der Koroonismen (s. Agnokles) wurden Gaben gesammelt, wie auf Rhodos (nach Theognis) bei Rückkehr der Schwalben (s. Athen.). Drona wird durch Dhrista-dhyumna auf dem Schlachtfeld enthauptet. Siva heisst Kapala-malin (einen Kranz von Schädel tragend).

(in Bengalen). Zu den, als Ghat-wal (um die Ghat oder Pässe zu schützen) an der Grenze gegen die Hügelstämme (zur Polizei) von dem Raja von Beerbhoom angesiedelten Afghanen, Rajputen u. s. w. wurden Heilige vorgezogen (als besonders die Eingeborenen schreckend). Fürst Nahusha, Haufen der Dasyus erschlagend, zwang die Rishi zur Zahlung von Tribut (nach dem Mahabharata).

Dirghatamas oder Gautama (Sohn des Rishi Uttathja), von seiner brahmanischen Mutter (Mamata oder Pradveschi) auf einem Floss den Ganges hinuntergeschwemmt, zeugte Girivraja (in Magadha) unter den Sudras (des Königs Bali) der Volksstämme Anga, Banga, Kalinga, Pandra und Suhma.

Die Bhuinjars (Thakur oder Gautam), als (ackerbauende) Brahmanen (in Bhagalpur) leiten sich von den Sarwarija-Brahmanen. Die Mahapatra (oder Maha-Brahman) fungiren bei Leichenbegängnissen (in Bhagalpur). Die Chauham-Rajputen (unter Dhaurel-Sinh) eroberten Korea, wo der Berggott Nilkant Deo verehrt wird. Samba, Krishna's Sohn, brachte die Maga (-Brahmanen) aus Saka-Dwipa nach Magadha zur Einführung des Sonnen-Cultus (als Bodschakas nach Einheirathung in die Familie des Königs Bodscha). Die Höhlen-Inschriften bei Ramgurh (in Sarguja) sind in Alt-Pali geschrieben. Singbonga wird als Gott in der Sonne verehrt (bei den Kol). Als Sing fungiren die Gouverneure, wie als Siang die Minister (Sheng oder Shieng) in China, wo Khanbaligh (bei Raschiduddin) die grösste unter den zwölf Städten der Sing genannt wird. Der Titel Shin, als Herr, wird den Geistlichen (in Birma) beigelegt.

Bhuto heissen bei den Juang (mit Bhagwan für Gott) die Dämone, wie Bhut (bei Khorwa und Kharria), Bonga bei Sonthal und Ho (singbonga, als Gott), wie, bei den Canaresen und Tamil, Bhuta die Dämone bezeichnen, Bhuto bei Oraon (mit Dharmi oder Nad als Gott) und Telugu, Bhuto bei Tulu, Bota bei den Saura, Nad bei den Rajmahali Paharia.

Als zu den (arischen) Wanderstämmen, die in Indra oder Sakra ihren Kriegsgott verehrten, die Brahmanen mit den Mantras für Agni, Vayu, Soma u. s. w. (für sie selbst in der Verehrung der Brahmanen) gekommen, bildete sich bei den Ansiedelungen die Verknüpfung mit dem Surya-Geschlecht, und die Incarnationen Vishnu's (Indra's jüngerer Bruder) oder Hari (in Narayana mit dem höchsten Wesen verknüpft) wurde besonders durch den Einfluss der Bhrigu in wiedergeborenen Kshatriya erkannt, die desshalb von den verwandten Stämmen der später als degradirte Kshatriya betrachteten (in Saka, Pahlava u. s. w.) sich unterschieden, während die niedrigeren, einzelnen Stämme, wie die Nischada, in Waldgegenden localisirt wurden, oder im Dekhan unter Affenformen. Jedesmalige Feinde der bereits in steinernen Behausungen lebenden Bewohner Hindustan's wurden als Dasyus gestempelt, und in Verknüpfung damit wurde das alte Reich Magadha (dem Mondgeschlecht zugewiesen) nur halb orthodox anerkannt, obwohl politische Rücksichten eine Annäherung veranlasst hatten. Im allmählich auftretenden Wettstreit der geistlichen und weltlichen Macht stützte sich jene vielfach wieder auf die Hilfe roher Autochthonen, woraus sich der Dienst Siva's entwickelte, den die Brahmanen dann (dem Vishnus's gegenüber) zu bevorzugen begannen.

Vasu (der Vasus, als Kinder Aditi's) wurde vom Büsser durch die Götter zum Herrscher (das Recht zu wahren) bei den Chedi eingesetzt, das Reich Magadbi gründend, während (nach den Eroberungen der Haya-Haya oder Reitervölker) von Ixvaku (im Surya vansa) die Könige Ayuthia's (mit Rama) und Mithila's (mit Sita's Vater) stammten, von Jajati (im Chandravansa) durch Puravas (mit Kuru, dem Sohn der Sonne) oder durch Jadavas (mit Krishna).

In den Waldhügeln von Mewar und Udaipur herrschend, wurden die Bheel[1]) nach Khandesh getrieben. Man wendet den Namen Bheel auf Alle an, who lead a lawless life and reside in a remote jungly country (s. Graham), wobei indess „the original race" (s. Rose) zu unterscheiden (in „diminutive size").

Von Konkan und Guzerat (mit Coolis und Dunjas) kamen über die Rhotas-Hügel (von wo sich die Wege nach den aus Malwa mit den Bhil gekommenen Maler oder Asal Puharias der Rajmahal-Hügeln, mit den Son- thal der Ebenen einerseits und nach Jushpore und Chota andrerseits aus- einander zweigten), die Oraon (Dhangurh) oder Khoonkir unter den Loorick Sowrick oder Sowock (Srawak oder Jain) zu den (verschieden sprechenden) Munda in Chota Nagpore, dieselben nach Singbhum treibend und östlich von Ranchi ihre Sprache annehmend. Neben den Malairs finden sich Mal und Kumar unter den Paharias (in Daman-i-koh).

Von den Bhoomij (in Manbhum) erstreckt, stammen die (mit später aus den Rhotas-Hügeln eingewanderten Oraon) Chutia Nagpur bewohnenden Mundas von einem Elternpaar an dem (von den Sonthal der Ebenen verehrten) Da- moodiah-Fluss (mit den Ho in Singbhum verwandt). Von Pundarika (bei Vernichtung der Naga durch Janamujaya von Hastinapur gerettet) stammte der (von den Brahminen der die Sonne verehrenden Madura unter den Mun- dah erzogenen) Funimatuk Roy, der als Raja von Nagpur über die Purha oder Dorfgemeinde (der Mundah) herrscht (mit der Tillak der Mundah ge- weiht). Der von den Naga-Eltern unter einem Mahua-Baum gelassene Knabe

---

1) The Daungchi (unter den Bheel) are a stunted and sickly race, superstitious, poor, and miserable, and so extremely degraded, as to have well nigh lost the perception of the distinction of virtue and vice, of good and evil (s. Graham). Die Bheel (in Gujerat) gelten als (unter mohamedanischer Herrschaft) „degraded Bajpoots", weil „water was inadvertently drunk by a Rajpoot from the hands of a Bheel" (s. Sherring), beschrieben als „ill-favoured race" (s. Melvill), immoderately addicted to drinking (the mowra-liquor) und Opium essend (wenn erlangbar). They eat all manner of flesh, excepting the cow and the nilgae. Rinder- diebstähle, wenn ausgemacht, wurden vom Eigenthümer durch Kali-chitri geordnet (im Rückkauf). Die Bheel stehen unter Naikh (erblichen Häuptlingen). Die Nat (von denen die Kanjar als unrein betrachtet werden) wandern als Jongleure und Beschwörer (wie die Chai). Die Madari bezaubern Schlangen (die Badhak morden wie die Thug). Die Jaiswara (unter den Chamar) do not carry burdens on their shoulders, but on their heads (und würden sonst aus der Kaste ausgestossen werden). Die Nath (snake charmers) verehren Ramdeopir (wan- dernd) in Kathywar (s. Barr).

wurde (als Mahwasi) vom Raja von Kanouj aufgezogen und als Fürst von Ganjar eingesetzt. Der Pachet-Raja (in Manbhum) stammt von dem durch die Kurmis im Walde gefundenen Kinde, von einer Kuh aufgesäugt.

Der Stifter der Sisu-Naga-Dynastie war als Frühgeburt von Nagaraja, als Schutzgott der Stadt, aufgezogen. Die Häuptlinge in Nagpur und Manbhum nahmen den Poita oder (brahmanischen) Faden an, als Kshatrya.

Neben dem Pahan oder Dorfpriester finden sich (bei den Oraon) die Bhuinhur (the actual descendants of the men, who formed the villages). The head of the Bhuinhur is called the Moondah and is generally the representative of the old Moondah chief of the village (s. Dalton). Die Aeltesten des Dorfes (bei den Santhal) versammeln sich in dem Mangi genannten Haus (des Mangi oder Häuptling). Wenn die Nachfolge des Panh oder Priester in den Dörfern der Mundari ausstirbt, geht man mit einer Siebwanne (für Reis) umher, um so zu dem Berechtigten geleitet zu werden. Die Ho-Lurka Kolhs in Singbhum stehen unter dem Mankee genannten Häuptling (neben dem Mundah); der Mundah (oder Häuptling des Dorfes) steht unter dem Mankee, als Pir-Beamten (bei den Ho). Bei den Ho in Colehan oder Ho-Derum (in Singbhoom) sind die unter Moondah oder Häupter gestellten Dörfer in Pirhi oder Peer (Purha) vereinigt, mit einem Mankee an der Spitze.

The village government is purely patriarchal. Each hamlet has an original founder (the Manjhi-Hanan), who is regarded as the father of the community. He receives divine honours in the sacred grove, and transmits his authority to his descendants. The head-man for the time being (Monjhi) bears the undisputed sway, which belongs to a hereditary governor, but he interferes only on great occasions, and leaves the details to his deputy (Paramanik) bei Santal (s. Hunter). Bei den Mundas oder Oraons (in Chutia Nagpur) vereinigen sich die (unter Munda oder Häuptlingen stehenden) Dörfer, je zwölf, zum Bunde oder Parha und diese zum District, als Khun, theils unter dem Munda (Fürst), theils unter dem Pahn (Priester) oder unter dem Mahato (Stellvertreter des Munda). Bei den Mundaris und Oraons unterschieden sich die Bhuinhar, als freie, von den Rajhas, die dem Raja Tribut zahlen. Die Kandh zerfallen in Betiah (Diener), Beniah (Pächter) und Maliah (Hügler).

Der Abbaye oder Häuptling (bei den Kandh) muss der directe Abkomme von dem Leiter der Colonie her sein. Wie die Familie des Häuptling (Bhanj) were all produced from a Pea-fowl's egg, the Bhanj from the yoke, the Purans from the white, the Kharriás from the shell. Unter den Mundaris (Konk pat Munda) steht an der Spitze jedes Dorfes der Munda genannte Häuptling (neben dem Gumki oder Herrscher).

Die Barhais oder Zimmerleute, weil zu den gemischten Classen (verschiedenen Eltern) gehörig, sind unrein. Die Schmiede sind unrein in Bihar, wogegen rein in Bengalen. Der Priester der Kharwar (in Palamau) ist ein Korwa. Die Laya sind Priester der Bhumij. Neben den Pahan oder Dorfpriestern (bei den Oraon), erklärt aus den Eingeweiden (ogha) der Opferthiere der Ogha genannte Wahrsager die Omeh. Jani wird als Erdgöttin verehrt bei den Kandh. Bei den Juang (mit Bhagwan als Gott) heissen die Dämone Bhuto und Bhut bei Korwa oder Kharria, sowie Bhuta bei den Canaresen und Tamil, ferner Bhut bei den Oraon und Telugu, bei den Tula als Bhuto, bei den Saura als Bota bezeichnet. Nad (oder Dharmi) ist Gott bei den Oraon, und bei Rajmahali Paharia bezeichnet Nad die Dämone (Nat in Birma). Bei Sonthal und Ho sind Bonga Dämone (neben Singbonga oder Gott). Der Dorfgott Malik Baya wird in Behar verehrt.

Im Dorfe der Maler (mit Munghi als Häuptling) finden sich neben den Priestern (Naiyas oder Laiyas) die Demanos oder (langhaarige) Wahrsager (auf die in der Einsamkeit mit Bedo-Gosain gewonnene Communication durch die Genossenschaft geprüft). Neben den Daimonos oder Priester finden sich Priesterinnen oder Khiendri bei den Paharias (s. Atkinson). Neben dem Munda (oder Häuptling) findet sich der Pahn oder Priester (mit dem Sup oder Siebe für magische Operation) in den Dörfern der Oraon (mit dem Dhumkuria als Gemeindehaus neben dem Akhra oder Tanzplatz). Bei dem Fest des Dorfgottes Duar Pahar (Dharti oder Purgahaili) oder Daknai (Dura), „no brahmanical priests are allowed", sondern der Priester (Pahn) oder Byga (unter Cheros und Karwars) „is always one of the impure tribes, a Bhuiya, or Kharwar, or a Parheya" (s. Dalton). Neben dem Byga oder Priester (für die Gottheit der Bäume, Flüsse, gegen Dämone u. s. w.) functionirt (als Priester) der Barbier (bei den Rettiah Kaurs), indem die bei den Festlichkeiten (der Geburt, Heirath, Todes) Betroffenen den Kopf kahl zu scheeren haben (unter den Kaurs). Trotz mythischer Beziehung zu Fischermädchen vermeiden die Brahmanen die Speise der Ichthyophagen (in den Fischen)[1].

---

1) Nach Antipater von Tarsos verbot Gatis (Königin von Syrien) durch Heroldsruf ihren Unterthanen, Fische zu essen (ater gatidos), um sie sich vorzubehalten (im Tabu). Die Göttin Atergatis, als Mutter des Ichthys, wurde von Mopsus in den See Ascalon geworfen (s. Athen.). Die Gilyaken were amulets fashioned like the part afflicted (s. Lansdell). Die Wenden umzogen, mit lautem Geschrei, die grünende Saat (auf der Gabelheide), die Römer (in der Ambarvalien) die Felder (mit Gebeten). Der Mittagsgeist (bei Greg. Tur.) oder Mittagsfrau heisst (in Osnabrück) die Tremsemutter, zur Erntezeit trauernd (als Roggenmuhme). Quocumque autem alio menstruo, si nudatae segetem ambiant, urucas ac vermiculos scarabaeosque ac noxia alia decidere; Metrodorus Scepsius in Cappadocia inventum prodit ob multitudinem cantharidum, ire ergo per media arva rejectis super clunis vestibus, alibi servatur ut nudis pedibus eant capillo cincluque dissoluto (s. Plinius), mit Forterinnerung im Volksglauben (wenn das Kornfeld als Fluss durchwatet wird). Die Gais ist vor dem Doggele gesichert (in Vorarlberg), wenn durch das Loch eines' Doggi-Stein's (wie von einem Glückskind gefunden) gemolken (s. Vonban). Für König Geryon wurde der Riesenfisch (grösser als Creta) zum Mahl bereitet (s. Ephippus), wie Behenot (bei Rabbiner). Die Jaounas heilten durch Saugen und Einschnitte (in Florida). Bei den Aleuten wurde der Kopf menstruirender Mädchen mit breitrandigem Hut bedeckt (damit sie nicht durch ihre Blicke den Himmel verunreinigten), im bösen Blick (bei derartigen kritischen Perioden als gefährlichst durchdringenden). Im spartanischen Fest (bei Athen.) foeminae viros caelibes circum aram tractos, colophis caedebant (s. Meursius). Prometheus vertheidigt seine Erschaffung der Frauen, als so anziehend für die Götter, dass sie von diesen in Gestalt von Stieren, Satyrn, Schwänen besucht würden (s. Lucian). Die Siamesen (nach

Die Demanos, als Priester der Malairs (an Stelle der früheren Naiyas oder Laiyas) „are elected by inspiration, and after their call, they spend a certain number of days in the wilderness" (in intimate communication with Bedo Gosain). Sie lassen dann das Haar wachsen (bei dessen Abschneiden die „powers of divination entirely disappear"). Before he is admitted to full orders, his ability to foretell events correctly must be verified, and he must prove by the performance of some stupendous work beyond the strength of one man, that he is supernaturally aided aided by the supreme being. Es folgt dann die Bestätigung durch den Manjhi oder Dorfhäuptling, um bei dem Jahresfest zu fungiren (Besessene austreibend). Bei der Satani genannten Vorhersagung wird Blut auf Bel-Blätter getröpfelt, bei der Cherin genannten wird das Schwingen eines Pendel beobachtet (s. Shaw). Die sieben Brüder, vom Himmel gesandt, bereiteten (während Krankheit des Aeltesten) ein Fest, zu dem jeder mit der von ihm gewählten [1]) Speise nach verschiedenen Richtungen auszog (als Kharwar, Kirati, Kol u. s. w.), während der Aelteste (Malair, als Vorfahre der Maler), weil krank, von jedem Uebrigen alle Arten Speise erhielt.

Die Rechtschaffenen unter den Paharia (in Daman-i-koh) werden vom Gott zu sich gerufen, um eine Zeitlang bei ihm zu wohnen, und dann als Rajah oder Häuptling wiedergeboren, aber kurzen Lebens, wenn übelthuend (s. Shaw). Unter den Göttern (Gosai oder Nad) wird Bedo als höchster Gott verehrt bei den Malairs (der Paharias). Gegen Tiger oder Krankheiten wird Raxi (als schwarzer Stein neben der Sij- oder Euphorbia-Pflanze unter einem Baum) gesühnt. Das dreijährige Fest Chitarin wird Chal oder Chalnad (als schwarzer

---

Almisri) stammen „van dieren, apen, zwijnen en honden" (s. Hollander). Solum autum animal menstruale mulier est, inde unius utero quas appellarunt molas (Plinius). Cancri menstruas purgationes expediunt. In dem Theaterstück Timotheus' hörte man auf der Bühne die Schreie der Semele in den Wehen der Gottgeburt [Khamti]. Jeder singe die Lieder des eigenen Geschäft's (das ihm bekannt), erwiderte Stratonicus dem disputirenden Gärtner (bei Athen.). L'homme dormant perçoit les choses cachées qui doivent arriver, ou clairement, ou sous le voile des images, dont il doit découvrir la signification véritable (nach Algazzali). „La sphère prophétique est l'expression d'une période dans laquelle la vue est éclairée d'une lumière qui lui découvre des choses cachées et des objects que l'intelligence ne saurait attendre" s. Schmölders). Eros tanzt die Einigung der Elemente (s. Lucian). In Thessalien wählte sich die Bürgerschaft einen Vortänzer, als Vorkämpfer (s. Lucian). Lesbonax bezeichnete die Pantomimen als Cheirosophen (Geberde-Weise), wie sie der Scythe erbittet (zum Dolmetsch). Der delphische Gott, durch dessen Befragungen die griechischen Colonisationen in Italien geleitet, erhielt bei Naxos (am Aetna\ einen Tempel (als Apollo Archegetes). Der König stand (in Aegypten) an der Spitze der Priester (als Sam, Her-sesheta, Ker-heb, Sotem u. s. w.).

1) Die Bechuans tanzen bina) das Thier und fürchten (ila), weil nicht essend, den Affen (der Bakatla), Alligator (der Bakuena), Fisch (der Batlapi), während (nach Livingstone) die Batau (des Löwen) und die Banoga (oder Schlange) ausgestorben sind: dazu der Duiker (Puti) bei den Bamangwato (als nationales Thier). Die Damara zerfallen in Eanda (oder Kasten), als Ovakueyuba (Sonnenkinder) und Ovakuenombura (Regenkinder) mit besonderen Wappen (von Bäumen, Sträuchern u. s. w.), sowie unter Speiseverboten (Ochsen u. dgl. m., je nach der Farbe u. s. w.).

Stein unter einem Mukmun-Baum) gefeiert. Reisende opfern Pan Gosain einen Hahn unter einem Bel-Baum (Aegle marmelos). Dem Dorfgott Dwara Gosain oder (bei Uraon) Dara (Darha) werden Eier zerbrochen. Kul Gosain wird bei der Ernte verehrt, die Verehrung Gurnu Gosain's verbietet den Genuss im eigenen Hause gekochter Speise, bei dem Fest zur Verehrung Chamda Gosain's werden Bambu aufgesteckt, der Jagdgott Autga straft durch erfolglose Jagd, wenn die Frauen die ihnen verbotenen Theile der Thiere essen (s. Shaw). Die Paharias verehren Bedo oder Bero Gosain (s. Atkinson).

Unter den Paharias (in Maler, Mal und Kumar zerfallend) finden sich neben den Daimonos (Demanos) oder Priester die Khiendri oder Priesterinnen (in Verzückungen). Neben der Sonne (als Bedo oder Bero-Gosain) werden die Erntegötter Chal, Singpat und Raxi verehrt (s. Dalton). Statt zu begraben, legen die Maler die Leiche eines Priesters im Walde an einen Baum unter Blätter nieder (da sein ruheloser Geist dem Dorfe nicht zu nahe sein darf). Neben Gott (Bedo oder Nad) verehren die Maler (unter den Dämonen) Raxie (im schwarzen Stein neben der Sij-Pflanze gegen Tiger schützend), Chal oder Chalnad (im schwarzen Stein unter dem Mukmun-Baum, das Dorf in Frieden erhaltend), Pow Gosain (Gott der Reisestrassen, auf einem Altar unter dem Bel-Baum angerufen), Dwara Gosain (Schutzgöttin des Dorfes), Kul Gosain (Gott der Pflanzungen), Autga (Jagdgott), Gurnu Gosain (durch Fasten geehrt) und Chamda Gosain, für den Feste anzurichten sind (s. Shaw), in Rückbezug auf die Heiligen (als Gosain).

Als Singbonga die im Himmel Undankbaren (weil Arbeit verweigernd, nachdem sie sich im Spiegel als Gott ähnlich gesehen hatten) nach dem Gebot Terasi Virhi Ekasibadi (unter den Asuras von Bharwar oder Agorias) herabgestürzt (nach den Mundaris in Chutia Nagpur), begannen sie dort die Eisenerze zu schmelzen, Tag und Nacht (obwohl Singbonga durch Vögel, die Lerche und die Krähe, Rast an einem dieser Abschnitte anempfahl), den Himmel durch Funken und Rauch belästigend, so dass Singbonga herabkam, in Verkleidung eines Arbeiters bei dem alten Paare Lutkum Haram und Lutkum Barhi verbleibend, im Spiel mit den Kindern deren Eisenbälle wie Eier durchbrechend und beim Verbrennen die ihm zum Kochen aufgetragenen Speise nur aus zurückgelassenen Reiskörnern gewährend. Als er durch einen Ojha (oder Wahrsager) mit dem Siebe als Ursache der Missfälle erkannt war, rieth er zur Hilfe ein Menschenopfer an, und als selbst dazu ausgewählt, trat er aus dem Ofen (dessen Feuer ihn nicht beschädigt) mit Strömen von Gold und Silber hervor, dadurch die Männer zur Nachahmung veranlassend, worauf sie durch ihre Frauen (die als wegen des Geschrei's zweifelnd, von Singbonga überredet wurden, dass sie nur um Vertheilung der Beute stritten) verbrannt wurden, während Singbonga die zurückgelassenen Frauen, als Bhut (oder Dämone), an bestimmte Plätze localisirte, die Marang Buru oder Buru-Bonga für die Hügel, die Desa-uli für die Haine und die Naga-Era für die Flüsse (s. Dalton). Neben den Göttern (Bonga) der Munda (wie Marang Buru), die „Oranos pay their devotion to Darha, the Sarna Burhi (lady of the grave) and the village Bhuts, sowie Chanda und Chandi (the god or goddess of the chase)", während für Regen dem Hügelgeist von Bharanda geopfert wird.

Die vom Bagheswar (Tigergott) Besessenen zerreissen eine Ziege (im rohen Fleisch) mit den Zähnen, nach erblicher Folge (zwischen Sirguja und Pewa) in einer Familie (bei Chimsyan einen Hund). In Gangpur gelten die Mädchen der Agoreah für Hexen, indem sie durch alte Frauen unterrichtet werden, bis Kraft ihrer Mantra befähigt, einen Baum zu zerstören. In den Rajmahal-Hügeln prophezeit der Demam. Nachdem (in Chota Nagpur) der Sokha oder Hexenfinder (durch den auf halber Cocosnuss drehenden Stein) den schuldigen Urheber der Krankheit ausgefunden hat, wird dieser getödtet.

Ist Krankheit nicht durch den Zorn eines bösen Dämon, sondern durch Zauberei verursacht, wird der Uebelthäter durch den Sokha (Hexenfinder) aus dem Rollstein oder Siebe gewahrsagt, zur Austreibung des „evil spirit. It is useless for him to plead, that he has no such spirit, this only leads to his being unmercifully beaten, his best line of defence in to admit, what is laid to his charge, and to act, as if he really were master of the situation; some change for the better in the patient may take place" (s. Dalton). Ist der Bhut (Geist) der Familie oder des Dorfes erzürnt, werden Opfer verlangt. In Singbhum „the wild Kharrias are looked upon as the most expert socerers". Die Tigermenschen (zum Verschlingen) werden getödtet (bei den Hos). Bei dem Fest Magh (Paral oder Desauli Bonga) treiben die Ho den bösen Dämon aus, mit Stöckeschlagen umherziehend (s. Ritchie). Bei Krankheit beobachten die Oraon die Rog-pelowa genannte Ceremonie zur Reinigung (in Austreibung des Uebel's). Prophezeiung (bei den Maler) geschieht durch Satani (im Sprengen von Blut auf Bel-Blätter) oder durch Cherin (Beobachtungen der Oscillationen eines Pendulum).

In Tänzen wird der Pfahl Dara verehrt (in Chutia Nagpur). Desaoolli und Jaeroolli werden für Ernte und Heerden verehrt (in Chutia Nagpur), Chandoo Sekur (oder Chanda) für Kinder. Die Kurmis feiern das Fest Akham Jatra (neuer Kuchen). Für Reinigungen wird das Katab genannte Fasten beobachtet (bei den Kolh). Singbonga, als Sonne, zerschneidet zur Strafe den Mond (Chando Omol), als seine Frau (Mutter der Sterne, als Töchter) in zwei Hälften, lässt sie aber, wenn wieder besänftigt, voll scheinen (bei den Mundaris). Der Regenbogen, als Lurbeng oder Wasserschlange, hält den Regen zurück (bei den Kolh) oder beendet ihn. Die Seele (Roa) erscheint (bei den Kolh) als Mua (Gespenst). In die Kula-Horo (Tigermenschen) verwandeln sich Dämone zum Menschenfressen (bei den Kolh). Die Najum (Hexen) werden (bei den Kolh) von den Zauberern (Deonna oder Soka) aufgespürt.

Die Mundaris rufen die Gottheit an, als in heiligen Hainen (Jahira oder Sarna) des Waldes weilend, oder auf heilige Höhen niedersteigend. Neben den Altären der Gram Deota oder Dorfgötter (Sukha, Paramesvari, Mahavira, Hanuman u. s. w.) findet sich ein Heiligthum für die Tulsi-Pflanze bei den Koiris (in Bihar). Weil die Erde im Ackerbau zerreissend, heissen die Koiri Feinde (Ari) der Erde (Ku). In den Rajmahal-Hügeln wird Bedo Gosain verehrt. Ein beschnitzter Pfahl Paroo steht in den Dörfern der Oraon (die Sonne, als Dhurma oder Dhurmi verehrend) als Schutzgott. Die Kol verehren den Sal-Baum. Die Palamau Parteyas opfern Ziegen den Wald-gottheiten Dharti und Gohet. Thakarani Mai wurde von den Keonjhur Bhuiyas verehrt. Die Saont verehren die Sonne (als Bhagawan) und Dulha-deo (in Mainpat).

Aus dem Pahan-Geschlecht wird der Priester und aus dem Munda-Ge-schlecht der Vorsteher erwählt (in den Dörfern der Kol).

Neben den Dharti oder Waldgöttern werden die Gohet (der Hügel) ver-ehrt bei den Parheyas. Unter Verehrung von Schafen und Rehen (bei den Parheyas) war der Koth derselben heilig (der Kuh bei Brahmanen, des Dalai-Lama bei Tibeter). Die Götter Duar, Pahar, Dharti und Daknai werden durch die Pahan (Priester) der Cheros verehrt. Die Kisan verehren die Tiger als Ban raja (Herr der Wälder) und als Khunt (Schutzgott) des Dorfes Darha (neben Moihidhunia als höchste Gottheit). An jedem offenen Platz, wo die Sonne (Suraj) scheint[1]), kann ihr geopfert werden. Die Bhuihers (in Palamau und Jashpur) verehren die Sonne und Vorfahren. Der Wahrsager der Munda hiess Ojha, weil die Eingeweide (ojha) betrachtend. Wie die Chinesen ver-ehren die Manchu Tartaren den Gott Tay-an Song (Grosser Berg).

Nach der Geburt eines Kindes bleiben (unter den Ho) die Eltern für acht Tage unrein (bisi) auf ihre Wohnung beschränkt. Der Erstgeborene, bei den Larka, erhält den Namen des Grossvaters, während für die Namen der übrigen Kinder gewahrsagt wird. Das heilige Wort[2]), das bei der Ohr-

---

1) Der Priestor (bei Opfer) esparcia de aquella sangre hacia el Sol, buscanda el sitio, donde se hallaba (unter den Quichés), y asi tambien celebraban hoy las festividades de los Santos que llaman Guachibales (s. Fuentes). Der Häuptling der Chimsyan setzt sich der Sonne aus, um mit ihrer Wirksamkeit durchdrungen, die Kraft derselben seinem Stamm zu Gute kommen zu lassen. Der Balagatu (oder Regenmacher) sendet den Regen (Puhla) als Quell alles Guten (unter den Bechuanen). Omakuru oder Regengeber gilt als höchste Gottheit (bei den Damara).

2) Die ϑεοὶ ἐγγεναῖς oder ϑεοὶ σύναιμοι erhielten die Kinder geweiht (bei den Griechen). Die dii Penates (als ϑεοὶ μύχιοι oder verborgenen Götter) erhielten sacrificia occulta. Wer unter Dolon Ulan-Mengä stirbt, für den wird eine hölzerne Schaale mit Wasser nach der gehörigen Weltgegend ausgestellt, auch noch das Chonggor-Zeichen auf Papier gezeichnet und auf den Todten gelegt (s. Pallas). Alle Vergehen kommen aus Unverstand (nach Socrates). Die Casuistiker (des Catholicismus) intended to remove immoral actions, on as many cases as possible, out of the category of mortal offences and to stamp them as venial sins. In Anbetracht der „wide-spread dissatisfaction with existing theories of jurisprudence (s. Maine), it would seem antecedently that we ought to commence with the simplest social forms in a state as near as possible to their rudimentary condition (penetrate as far up as we could in the history of primitive societies)". Vor der Thora wurden die sechs Mizwoth gegeben (den Götzendienst, Gotteslästerung, Mord, Blutschande, Raub und Widersetzlich-keit gegen die Obrigkeit verbietend) und dann kam das siebente Gebot (nicht das Fleisch eines lebenden Thieres zu geniessen) in den sieben Noachischen Geboten hinzu. Darin,

durchbohrung der Sanyasi Guru den Kindern (der Koiris) einflüstert, wird, wenn aufgewachsen, wiederholt (zur Confirmation). Wenn zur Bestimmung des Namens der Priester Reiskörner in's Wasser wirft,· erkennt er, welcher Geist der Vorfahren in dem Kinde wiederaufgelebt ist (bei den Kandh). Die Khaduong (in Cambodia) verehren neben der Asche der Vorfahren (in einer Urne auf Bambusgestell) gekräuselte Bambus-Spähne, Strähnen von Baumwolle und sonstige Amulette (s. Harmand), nach Art der Aino, Wogulen u. s. w. (als Struppi u. dgl. m.).

Ehe der Var (Bräutigam) das Haus seiner Mutter verlässt, wird er (durch Anbinden) einem Mango-Baum vermählt, und nachdem er (auf scheinbar langer Reise) das Haus der Braut erreicht hat, diese mit einem Mahwa-Baum (Cassia latifolia), worauf sich beide mit Blut gegenseitig die Stirn zeichnen (nach dem Sindrada-Brauch), bei den Mundari (in Chotia Nagpur). Bei den Munda steht der Bräutigam auf den Zehen der Braut, bei den Oraon mit den Zehen auf ihren Hacken. Der Pardhvan vermittelt die Ehen bei den Gondhs. Durch den Pardah genannten Brauch werden die Frauen der Hindu abgeschlossen gehalten. Bei den Bhuniyas bindet[1]) der Byga (Priester) die Kleider von Braut und Bräutigam zusammen, wenn der Stern erscheint (s. Hewit).

Bei den Kol in Bihar vollzieht der Schwesterssohn (Bhanja) die Todten-Ceremonie. Bei den Kebrabasa (am Damberi) erbt der Schwestersohn. Durch den Sagai genannten Brauch wird bei den Mars (in Palamau) die Wittwe des älteren Bruder's geheirathet. Der Sati des heiligen Hain's wird (von den Kaurs) geopfert.

Bei den Ho darf nicht in demselben Keeli geheirathet werden, bei den

---

dass der als Schuster geborene bei seinem Leisten bleibe, findet Socrates das Bild der Gerechtigkeit (bei Plato). Pater est quem justae nuptiae demonstrant. Der Platz des Klosters Maulbronn war durch einen Esel angezeigt. Amun oder (nach Manetho) das Verborgene wurde (bei den Aegyptern) beim Zuruf gebraucht (nach Hecatäus), in Om der Buddhisten, wie Rama (Ram) in Indien (und die Glaubensformel des Islam). Der (in Hawaii) an Bord gebrachte Priester war „of an emaciated figure, his eyes exeeedingly sore and red" (s. Cook). Den Häuptlingen der Haidah kommen in der Extase ihre Beissanfälle (wie dem Kind aus der Skalitzer-Strasse pathologisch), Syword, der dänische König, wird von dem Riesen-Phantom aufgefordert, ihm die Seelen der Erschlagenen zu weihen (s. Saxo). Die Chatten verschworen die Seelen ihrer Feinde den Göttern (Tacit.).

1) Als Vorbild zur Heiligung der Ehe durfte der Flamen keine Nacht ausser dem Hause schlafen (bei Livius). Sponsalia verpflichtete zur späteren Ehe (in Rom). Im Rechtsstreit über Orestes tritt das jüngere Göttergeschlecht für die Heiligkeit des Ehebundes ein, gegenüber den Verwandtschaftsrechten (bei den Tragikern). Die Plataeer wurden (bis auf kleinem Rest) von Spartanern und Böotier ausgerottet, die Athener tödteten bei der Eroberung Skione's die Männer, Frauen und Kinder versklavend (und ebenso auf der Insel Melos). Arcas, Sohn der von Juno in eine Bärin verwandelten Callisto, war von seinem Vater Lycaon (in Wolf verwandelt) zum Opfer geschlachtet, von Zeus wieder belebt (von Ziegenhirten erzogen). „Für seine Unthaten von Sophokles auf der Bühne verschimpfiret zu sein", klagt Tereus im Wiedehopf (bei Aristophanes). Land does not descend to a man's son, but to his nephew (his sister's son), and thus remains in the same tribe (s. Rooney) auf Neu Irland (Children belong to the mother's clan).

Garro nicht in demselben Mahari. Die Rajputen dürfen nicht in demselben Gota heirathen. Bei den Korwas jagt der Mann, während die Frau essbare Knollen aufgräbt oder wilde Gemüse sammelt [Indianer]. In ceremonieller Freundschaft verbundene Mädchen bei den Oraon reden sich gegenseitig als Gai (Blume oder Freundin) an.

Die Frauen der Kol und Oraon tättowiren sich mit den Godna-Zeichen. Godna-Zeichen (des Tättowiren's) werden bei den Mädchen der Agareah nur an Füssen und Beinen getragen. Als Godna-Zeichen dient den Ho ein Pfeil zur Unterschrift und „the Munda women use the same Godna marks as the Juangs and the Kharrias". Während die Mädchen bei den Oraon die Zeichen auf die Schläfe tättowiren, werden sie den Knaben auf dem Arm eingebrannt (wie in Afrika). Der nicht am Arm Tättowirte (unter den Sonthal) erzürnt die Götter und wird nach dem Tode mit Schlangenbissen gestraft.

Bei den Sonthal bringen die Naiki oder Priester Opfer für Maniko (Marang Buru's ältestem Bruder). Pilchu-hanam und Pilchu-brudhi, als Bruder und Schwester, wurden von der Gottheit Lita oder Narang Buru vermählt. Als Hausgötter erhalten Odah-Bonga Verehrung. Die Würde des Dschag Mandschi, als Aufseher der Jugend, und des Paramanik (über die Flurordnung) sind erblich (bei den Sonthal). Die Kharwar wurden bei der Ansiedlung von Saont (in Chota Nagpur) als Santhal bezeichnet, durch eine weisse Gans in's Land gebracht, vom Damuda-Fluss her. Der Stammesgott Abebonga wird bei den Sonthal durch ein Jahresfest verehrt.

Nachdem Ote-Boram und Singa-Bonga oder Sirma-Thakur, selbstgeschaffen, die Erde gebildet, mit Gras und Blumen bekleidet, sowie Thiere (erst die zahmen, und dann die wilden) hervorgerufen, wurden von Sing-Bonga (in einer Höhle) ein Knabe und ein Mädchen geformt, die zu der ihnen unbekannten Fortpflanzung in Berauschung, durch das erfundene Reisbier, angeregt wurden. Als zwölf Paare von Knaben und Mädchen geboren, richtete Singbonga ein Fest an und vertheilte die Gaben, dem ersten und zweiten Paar (als Kolh oder Ho und Bhumij oder Matkum) Büffel und Ochsen ertheilend, dem zweiten (Brahmanen und Chatrya) die Gemüse, dem dritten (den Sudra) Ziegen und Fische, dem vierten (den Bhuiyas) die Muscheln, während ein anderes nichts erhielt, aber auf den Ueberfluss der Uebrigen hingewiesen wurde (bei den Ho). Singbonga, die Sonne, und seine Gattin Chando Omal (der Mond) werden von den Frauen der Ho als Chanala Desum Bonga und Pangora verehrt. Auf dem Hügel bei Lodma (in Chota Nagpur) wird Marang Buru für Regen verehrt.

Neben Singbonga (Sonne) wird von den Kol der Gott Marang Buru (Grosser Berg) oder Bura Bonga verehrt, auf dessen Gipfel Büffel für Regen geopfert werden. Im heiligen Hain (neben den Dörfern) wohnt der Schutzgott Desauli mit seiner Frau Jhar-Era oder Maburu. Die Teiche und Gewässer schützt Nagra-Era mit der GöttinGorha-Era. Die Vorfahren (Ham-ho) werden mit Opfer gesühnt, und die Vorfahren der Frau (als Horatan-Ho) längs des Weges (hora), auf welchem die Braut nach Haus gebracht wird. Bei Krankheiten wird durch Wahrsagung der Name der Gottheit, von welcher verursacht, ausfindig gemacht. Vor dem Hausbau wird Singbongn in Gebeten um Anweisung des Platzes nachgesucht. Die Ho verehren den Schöpfergott als Singbonga. Die Oraon verehren die Sonne, als Dharma (Heiliger) und Darha als Schutzgott des Dorfes. Bei den Kharria hat Jeder der Sonne (Singbonga) bestimmte Opfer zu bringen.

Nachdem die von Singbonga wegen Ungehorsam aus dem Himmel[1]) gestürzten Asuren[2]), die mit dem Rauch und Lärm der Eisenöfen belästigend, durch Krieg vernichtet waren, wurden ihre Frauen in Bhut verwandelt (nach den Mundas oder Muras). Neben den Asura oder Agaria (Eisenschmelzer) finden sich Kaur, sowie Bhuinhas oder Bayar, Binghia oder Binjwar und Korwa in Nageswar oder Kisan, dann Saont in Sarguja, ferner Bendkar oder Savar, Dhangar, Kharria (mit Paharia), Munda und Bhar (in Manbhum), sowie Bhumij, die Buru (als rothbeschmierten Stein) im Hain (oder Sarna) durch Laya (Priester) verehren. Bei den Gondh gelten die Asuren als Eisenschmelzer. Die Khouys in Kambodia bearbeiten Eisen. Bali, König der Asuren in Multan, besiegte Indra (bis durch Vishnu, als Wamana, getäuscht). Dschuschad (Sohn Nahusa's), in Hastinapura residirend, wurde zum Indra (oder Dewindren) erwählt, als König der Götter (mit den Asuren kämpfend), die, als Sura-Dewi im Rauschgenuss[3]), den Sura oder Deota's erlagen (als um das Amrita kämpfend) und so Temperenzler (als Asuren).

---

1) Unter den Dämonen dachten die Lilin, Schedim, Ruchin und Affen in den Himmel zu steigen, um mit Gott Krieg zu führen (nach den Sanhedrin). Wenn am Sonnabend Feierabend machend, schlägt der Schmied noch dreimal auf den Amboss, um den Teufel für die nächste Woche anzuketten (wie Zohak im Demavend). In Qshima (mit Behaarung der Eingeborenen) war der Gott Anamikiu (Amamiko) mit der Göttin Schinerikiu vom Himmel gefallen (auf den Liu-kiu). Den (haarigen) Aino waren in Jesso die zwergigen Kohito vorangegangen (worauf die ausgegrabenen Töpfe bezogen werden). Dem haarigen Häuptling Kapepikaiula wurden (vor der Verheirathung) die Haare ausgezupft auf Hawaii).

2) Ueber die Asuren-Sage unter den Munda s. Zeitschr. f. Ethnologie IV, S. 257 u. ff. von Jellinghaus.

1) Die Griechen schnitten jährlich die Reben des Weinstock's ab, weil er sich sonst bis Sythia verbreitet (nach Anacharsis), um dort (wie europäische Händler die Indianer und Neger) die Eingeborenen zu berauschen, ihn ungemischt trinkend (wie es der spartanische König dann wieder lernt). Die Hydroparastaten gebrauchten beim Abendmahl (in Afrika) Wasser statt Wein (zu Cyprian's Zeit). Die Armenier verlangten reinen Wein (ohne Wasser), die Einheit der Natur Christi (μίαν φύσιν) vorzubilden. Wegen Gegenwart der zu den Festen herbeigekommenen Götter assen die Griechen sitzend (s. Athen). Bei den Eilapineen der Eranisten oder Synthiasoten in den Thiasen oder (in Lacedämon) Siasen (von theos oder sios) schossen die Mitglieder zusammen (im Picnic). Nat oder Nott (als Nacht) gebiert Audur (Stoff oder Vorrath) ihrem ersten Ehemann Naglfar (Luft oder Aether), dann Jörd (die Erde) dem Anar (Formkraft oder Bildungstrieb) und Dagur (Tag) dem Dellingur oder Dällingr (Dämmerung oder Licht), mit dem Pferd Rymfaxi (Reif- oder Dunkelmähne) umfahrend (s. Tkany). Auf Ra (Feuer als Sohn des Phtah (Helios, Sohn des Hephästos) folgt (in den Aegyptischen Genealogien) die Herrschaft der Luft, dann die der Erde (mit Himmel) und des Wassers in Osiris (Vater des Horus). Dem Gott Znitsch wurde heiliges Feuer unterhalten (bei den Slawen). Nach den (durch Ueberschwemmung

Die Kols verstehen das Eisenschmelzen (in Folge Reichthum's des Landes an Metall), „but it is the wilder clans, the mountain Kharriás, the Birhors and the Lohardagga or Palamau, the Asurs and Agariahs, that chiefly utilize it, the people, who devote themselves to it, regularly paying no attention to the cultivation of the soil (the Hos are a purely agricultural people)".

Die Korwas von Barwah (in Chûtia Nagpur) oder Agoria „are commonly designated Asuras" (als Eisenschmelzer), Khuria Rani in einer Höhle (durch Büffel-Opfer) verehrend. Oder es heisst, dass unter den Korwas die (Singbonga verehrenden) Familie der Asuras Eisenschmelzerei treiben. Die (den Korwas verwandten) Saont (worauf die Monumente bei Dipadhi bezogen werden) verehren die Sonne (als Bhagawan), an offenem Platz auf einem Ameisenhügel opfernd (wie die Kharrias). Die Munda opfern für Singbonga an einem Ameisenhügel, sonst in der Saerna oder heiligen Hain. Die Kharrias (in Singbhum), denen die Ameisenhügel heilig sind, opfern der Sonne (Bero) durch den Häuptling, während die Feste durch den Pahn genannten Priester geleitet werden.

---

vertriebenen) Telchinen (deren Schwester Halia die Tochter 'Ρόδος gebar) von Rodus (Asteria oder Ophiussa) bevölkerte Helios die Insel mit den sieben Stämmen der Heliaden, worauf Einwanderungen folgten, aus Aegypten (durch Danaus), aus Phönicien (durch Cadmus), aus Thessalien (durch Phorbas), aus Karien (durch Conon), bis zur dorischen (unter dem Herakliden Tlepolemus). Unter Vertrag wurde die phönizische Colonie (Achaia) auf Rhodus durch Phalantes an Iphiklos überlassen (nach Ergaias). Phorbas (Sohn des Lapithes und der Orsinome), der Rhodus von Schlangen befreite, wurde verehrt (als Ophiuchos). Tlepolemus (Bruder des Telephos) flüchtete (wegen Erschlagung seines Oheims Likymnios) nach Rhodus, die Stadt Kameiros gründend (neben Lindos oder Jalysos). In Camirus (auf Rhodus) wurde Apollo ἐπιμήλιος verehrt. Aedes, ut arvum pastoris, apud Caminensis ἐπιμηλίος (s. Macrob.). Vor den Bildern Constantinopels wurde geräuchert (s. Philostorg) mit dem ϑυμιατήριον oder thuribulum (des König's Chosroes). Im Cochlear (Coptitae ἁγίαν λαβίδα vocant) suscipienda sunt membra corporis sancti, quod est corpus filii tui unigeniti im äthiopischen Gebet (zum Segnen). Oblatam gladiola dividunt, quem ἁγίαν λόγχην appellant (s. Renaudot), in modum crucis scindunt (Humb.) die Griechen (als Melchiten). Osiris (aus Hosios und Hieros) begreift die Hiera des Himmel's und die Hosia der Unterwelt (nach Plut.). Beim Segnen des Volkes wird vom Bischof das Tricerium (τρικήριον) oder cereus bisulcus et trisulcus getragen (s. Suicer). Die Taufbinde oder Chrismale (um das Haupt des mit Chrisma gesalbten Täufling zu bedecken) wurde 7 Tage getragen. Die Fächeln (1735) oder (flabella) ῥιπίδια (ad abigendas muscas) dienten „den Flug der Cherubin (und Seraphin), welche unsichtbar das Opfer umschweben, darzustellen" (beim Abendmahl). Bei dem nickenden Marienbild im Nonnenkloster (von Leominster), they found the joints in the neck adapted for it (s. Aubrey). Die Issedonen vergoldeten die Schädel der Verstorbenen (s. Herodot), und die Schädel der Heiligen wurden mit Edelsteinen besetzt (im Mittelalter) Oenomaos scalpirt die besiegten Freier nach scythischer Weise (bei Sophocles). Unter den Reliquien im Apollotempel auf dem Markt zu Sicyon fand sich der Kessel, worin Pelias gekocht (s. Ampelius). Typhon als Seth heisst Behon oder Smy (nach Plut.). In Phrygien galt Osiris, als von Sarapo stammend (Tochter des Herakles), und Ptolemäus träumte von Serapis (am Pontus). Nach Leucius erschien der Sohn den Jüngeren vielmals in verschiedenen Gestalten, jung und alt, als Jüngling und wiederum als Greis, grösser und kleiner, selbst riesenhaft (s. Trechsel). Athene's, als Alea's Bild (in Tegea) schützt, auf den Mauern erhoben, bei Belagerungen. Die Belagerer von Argos flohen vor dem Schild des Abas. In Constantinopel wurden die Bilder der heiligen Jungfrau auf den Mauern umhergetragen (bei Belagerung der Türken).

Als Asura in Svarga auf dem Berg Meru wohnend, zerstört Indra die feindlichen Steinstädte für König Divodesa (in Kasi), und dieser, als durch Vita-havya besiegt, erhält einen Rächer in seinem Sohn Pratadama durch den Rishi Bhrigu, der indess den flüchtigen Vita-havya gleichfalls schützt und zum Brahmarshi (unter den Haya-Hayas) erhebt, bei der beginnenden Opposition der Brahmanen, die in Verbindung des Siva-Dienstes mit wilden Stämmen Parasu-Rama zur Vertilgung der Xatrya aussandten, bis diese mit Vishnu (dem jüngeren Bruder Indra's) ihre Macht zurückerlangten in Rama, dem Besieger des (Siva verehrenden) Ravana, während dessen (den Dreizack führender) Neffe Lavana durch seinen Halbbruder Satru-ghora getödtet wurde in Madhura (Madhu's), später die Stadt der Yadava, für welche Krishna das von den Fluthen (wie Alexander M.' Flotte im Indus) zerstörte Dwaraka baute, um in dem durch seinen Vater Yayati (dessen Alter sein Sohn Puru auf sich nahm) auf Yadu gelegten Fluch, das temporär Vorübergehende griechischer Herrschaft (gegenüber dem Gegner von Poros) zu zeigen, während ihre Kriegserfahrung auch von Rama geachtet wurde, in der Lehre, welche er von dem durch ihn getödteten Ungeheuer Kabandha oder Dana (der Danaer) für den Feldzug gegen Lanka erhielt. Mit dem aufsteigenden Ruhme der Suraseni von Mathura (verbündet den Nachkommen des, gleich Alexander M., schiefhalsigen Pandu) wurden die Asuren in feindliche Stellung (neben Daityas oder Titanen oder Dasyus, als dasas oder Sklaven) gedrängt (gegenüber den Sura), während die göttlichen Hilfskräfte von den Dewa's anerkannt wurden, auch nach der siegreichen Reaction des fortan überwiegenden Sivaismus, dem Sankaracharya seine orthodoxe Stellung gab in Verbreitung der Uttara-Mimansa (neben Pursa-Mimansa) mit den Veda's, während ursprünglich Nyaya (mit folgender Vaiseshika) sich psychologisch an den Menschen angeschlossen hatte, und daraus ihre spätere Durchbildung in dem psychologisch begründeten Buddhaismus erhielt (oder als Parallele bei den Brahmanen im Sankya und der weiter entwickelten Yoga) mit den Darsana oder Shad-darsana (sechs Darlegungen). Die (gleich den Diwan Persien's) schreibkundigen Yavanen (Panini's), durch Sagara (Besieger der Haihayas) nicht vernichtet, stammten von dem durch seinen Vater Yayat gleichfalls mit Vergänglichkeit belegten Turvasu, dessen Geschlecht indess (bei späteren freundlichen Beziehungen mit den Seleuciden unter Joniern) in das des Puru überging.

Statt der sonstigen Theilung in Ober-, Mittel- und Unterwelt findet sich in den Vedas (wie bei der Dreitheilung der Batak neben Gott des Himmels, des mittleren der Luft und des unteren der Erde) die Dreiheit Agni, Indra oder Vayu und Surya, indem die Beherrschung des Mittelraumes schwankt zwischen dem im Winde schweifenden Vayu (König der Gandharvas) und dem auf höchsten Bergspitzen thronenden Indra (König der Asuren), anfänglich zusammen in einem Wagen fahrend, aber dann mit Vayu's Angriff auf (den nur zeitweis durch Vishnu zu schützenden) Meru, im Streite, der (mit

Schaffung Lanka's) zur Zertrümmerung des alten Gottesdienstes (und Zurück-
drängung der Asuren und Gandharvas in feindliche Stellung) führte, während
dann mit der symbolischen Auffassung der in den Sanhita vererbten Cere-
monieen das neue Göttersystem der Brahmanen erwuchs, in dem (unter Bei-
behaltung der local und real fixirten Gottheiten der Erde und des Himmels,
Agni und Surya) der frühere Glanz des (verdunkelten) Indra auf Vishnu
übertragen wurde, mit Complementirung des (Erinnerungen an Vayu und
Rudra bewahrenden) Mahadeva oder Iswara (als Siva), während Brahma nur
durch die Meditation der Priester zu erreichen blieb. Noch als Pururavas,
mit dem die (in Krita) einfache Veda (unter Verehrung Narayana's) ihre
dreifache Theilung (mit dem Kastensystem) erhielt, hatten Gandharvas ihren
selbstständigen Himmel (den sie sich nach der Dienstbarkeit in dem Indra's
gebildet) bewahrt, aber in ihrem anfangs siegreichen Kampf mit den Nagas
(der dadurch hervortretenden Unterwelt) wurden sie mit Hilfe Vishnu's vernichtet, und unter den Nachfolgern Pururavas (im Treta) erscheint Nahusha
(aus dem Mondgeschlecht) als Schlange, während dann mit dem Suryavansa
die volle Sonne der neuen Zeit aufgeht.

Die Sprache der Santal (zu Kol gehörig) ist von der der Maler verschieden. Die Khond nennen sich Koitors. Die Khond (unter den Dravi-
diern) bezeichnen sich selbst als Kus (nach Latchmaji). Verschieden von
(dravidischen) Gond verbinden sich die Kol (in Singbhum) durch Gawil Kol
mit den Sonthal. Neben den Khond oder Ku (an der Bay von Bengalen)
und Gonds (in Nagpur), sowie den Male in Rajmahal finden sich Sonthal
mit den Kol in Gondwana. Verschieden von den Cheros (als herrschend),
sowie den Hos und Mundas sind die Kharwar und Sontal dunkler. Bei dem
Grabe des neben der Festung von Chai (des geflüchteten Santal Raja Jangra)
gestorbenen Offizier's (Duala) der Mohamedaner wurde ein Darga (Platz der
Anbetung) errichtet. Die Baiga oder Priester der Korwa (in Sarguja) sühnen
die Geister der Hügel und Wälder. Die Ruinen von Dipadi werden dem
Saont-Raja zugeschrieben.

Die Sat Sonthal (reine Sonthal) verehren Devi oder Krishna. Der
älteste Sohn der Sonthal wird nach dem Grossvater genannt (die Brüder nach
Verwandten). Da der Rauschtrank von den Vorfahren der Sonthal erfunden
wurde, ist Trunkenheit erlaubt. Die Eintheilung der Sonthal beruht (nach
Hunter) „no tupons ocial rank or occupation, but upon the family basis". Die
Sonthal kamen aus Hiri Pipiri (Pipiri-am oder Schmetterling).

Die aus den Eiern der vom Ocean herbeigeflogenen Wildgans entstandenen
Vorfahren der Santals oder Saontals wanderten über Hara duttie (als Kharwars) und Chai Champa (im Hazaribagh-District), vor dem Birhor (aus einem
Misthaufen von einem Santal-Mädchen geboren) Madhu Singh nach Chutia
Nagpur (der Mundas), und dann durch Saont (Silda in Mednipur) nach Sona-
badi (s. Dalton). Unter den zwölf Stämmen der Santal dürfen die Murmus
die Portax (Antelope) pictus (Nilgao oder Murmu) nicht tödten. Neben dem

Jag-Manjhi (als Häuptling[1])) und dem Paramanik (zur Landvertheilung) findet sich (in den Dörfern der Santal) der erbliche Priester oder Nai (Nayaka oder Laya). Der Hausvater bringt (bei Sonnenaufgang) das Jahresopfer dem Singbonga (Sonnengott), neben Verehrung der Vorfahren (beim Sohrai-Fest). Die Bhut (Dämone) werden vom Nai (Priester) gesühnt. Dem Marang Buru (Gott der Wälder) werden Büffel geopfert, neben Verehrung des Chando oder Mondgott's, sowie Jahir-Era und Monika. Wird ein Glied der Familie vom Tiger gefressen, muss das Haupt derselben den Bagh-Bhut (Tiger-Dämon) sühnen. Die durch Fasten und Meditation Abgestumpften werden durch die Trommeln aufgejagt, um in krampfhaften Verzückungen (Prophezeiungen kündend) die Opferthiere des Festes zu tödten (bei den Santhal). Nach den Geschenken erhielt der Bräutigam einen Knotenstrick, um daran (durch Auflösung) die Tage bis zur Heirath zu zählen, wenn die Braut, mit ihm essend, dadurch in seinen Stamm übertritt (bei den Santhal). Auf dem Wege der Leiche zum Scheiterhaufen streuen die Santhal am Kreuzwege Saamen von Reis und Baumwolle gegen die Dämone, und nachdem die angebrannten Knochen in einem Siebe (von einem in Verzückung Prophezeienden) umhergetragen sind, werden sie von dem Strom des Damudar fortgefluthet. Die Birhor (in Ramghar) stammen von der Sonne (neben den Kharwar). Die Kharria verehren Biru. Die Mundari in Oraon verehren Darha.

_Of old, all this was a sea, there were two birds, a drake und a duck, und als Marang Buru, ungewiss, wo den Vögeln ein Ruheplatz zu geben, von einem Lotus in der Mitte der See hörte, rief er (um die Erde zu erheben) erst die Krabbe (deren Erdkrumen wieder weggewaschen wurden) und dann den Erdwürmer-König, der mit Hülfe der (an den vier Enden der Erde festgeketteten) Schildkröte die Erde (auf den Blättern des Lotus) emporhob, und als sie von dem darauf tretenden Marang Buru schwankend[1]) fluthend gefunden, säete dieser (auf Gebot des höchsten Gottes) Saamen zum Stetigen, worauf das Bena-Gras aufwuchs. Aus dem dort von den Vögeln gelegten Eiern kam ein Paar hervor, Knabe und Mädchen, die durch den (mit der von Marang Buru gegebenen Hefe bereiteten) Trank berauscht, sich vermischten, worauf sieben Söhne und sieben Töchter geboren wurden (nach den Santhals). Durch Marja Tudukko ausgetrieben, zogen sie nach Chae

---

1) Der Dux ex virtute übte nur im Feldzuge sein Ansehen, und dort freilich dictatorisch, so dass für den bei gemeinsamer Beutetheilung dem heiligen Remigius versagten Krug Clodwig auf dem Märzfelde erst Rache nehmen konnte. Wenn aber dann unter dem Gange der politischen Verhältnisse die dauernd gewordene Macht vom Vater auf den Sohn fortgeflossen, dann umglänzt schon das als König geborene Kind die Majestät oder (persische) Quanerm, und wie Fredegunde (s. Aimon.) dem Heere vorangetragen, um für Chlotar das Erbarmen der Krieger zu entzünden (s. Grimm), erkämpfte ihn der Sieg den Thron (als angestammten).

2) Menabozho lässt die durch die Wasserratte heraufgebrachte Erde durch den Wolf festtreten, während von Tangaroa zum Rasten des Urvogels ein Fels vom Himmel herabgeworfen wird.

Champa, wo die Vorfahren (Pilchu-hanam und Pilchu-brudhi) die Nachkommen in Kasten theilten (Nijhasda-had, als Erstgeborene, dann Nij-Murmu-
had, dann Nij-Saren-had, dann Nijtati-jhari-has-da-had, dann Nij-marndi-had,
dann Nijkesku-had, dann Nij-tudu-had), und in Dugdarahed eine Zerstreuung
Statt fand (nach Sing, Sikar, Tundi und Katara) in Vermehrung (s. Phil-
lips). Bei dem Baha genannten Fest (mit Fusswaschung des Naikki oder
Priester) opfern die Santal Hühner für Marang-Buru, sowie für Jahir-era (the
primeval mother of the race), für Gosain-era (als Göttin im Sal-Hain) und
Manghi-Haram (the late head of the village).

Den aus Hihiri Pipiri (über Chae Champa, Silda und Sikar) nach Nagpur (und Sir) gewanderten Santhal (in Beerbhoom) liess der Grossberg für
die fliegenden Vögel aus dem Wasser die Lotus entstehen und durch Krabben
Felsen emporbringen, die sich mit Schlingpflanzen und dann mit Erde bedeckten, während aus zwei Eierschalen (auf die Lotus gelegt) Mann und
Frau hervorkamen, denen das Bereiten des Rauschtrank's gelehrt wurde, für die
Begattung (bei Hunter). Der Damudar (in den Hughli fallend) ist den Santal
heilig. Die Dörfer der Santal stehen unter den Manjhis, als Häuptlingen.
Die Kharwar erhielten den Namen Santal von dem Aufenthalt in Saont
(während ihrer Wanderungen). Der Marang-Buri oder grosse Berg (als Gott
der Mundas) wird von den Santal in dem heiligen Hain zwischen Jahir Era
und Monika verehrt. Santali exhibits a peculiar sharp stop occurring sometimes in the middle, but more frequently at the end, of certain words (its
effect is generally to produce an aspirate breathing). Bei den Sonthal opfert
der Hausvater dem Sonnengott oder Singbonga, während die Bhut oder Dä-
mneo durch die Priester oder Naiya (Nayaka oder Laya) gesühnt werden.

Die Kisans oder Nagesars in Moheri verehren (neben den Vorfahren)
die Tiger, als Ban raja (Herr des Wildes), dem Gott Shikaria deota Ziegen
opfered und weisse Hühner der Sonne. In Jashpur ist eine Grotte (Sa)
beim Dorf der Gottheit Moihidbunia geheiligt, die andere an Mahadeo, verehrt
neben Darha als Schutzgott (Khunt) des Dorfes, während heilige Höhen (Pat)
geweiht sind, wie Bamonipat und Andaripat. Die (den Santhal verwandten)
Bayars verehren (neben dem Hausgott Dalhadeo) die unter Kasum-Bäumen
wohnenden Götter Jarbund und Bakeswar. Die Bhuihers verehren die Sonne
(neben den Vorfahren). Der Byga (Priester) der Nagbansis (in Jashpur)
sühnt den Fels des Gottes Bura-deo.

Chando, der Sonnengott (Chandra, Mond), wird (bei den Santal) verehrt, als
„the Simbonga, the god who eats chickens". Die Familiengötter (Krankheit sen-
dend) wohnen im heiligen Sal-Baum (Shorea robusta) neben dem Dorf, und neben
Abgi genannten Gespenster (Menschen fressend) wandern (als frühere Schutz-
götter verlassener Dörfer) die Pargana-Bonga (bis für ihre Wohnung eine
Höhle oder einen Baum findend), während als Dämone die Da-bonga über
Flüsse, die Daddi-bonga über Brunnen, die Pakri-bonga über Teiche, die
Buru-bonga über Berge, die Bir-bonga über Wälder walten. Bei dem

Jahresfest des Stammesgottes Abe-Bonga, dem nur männliche Thiere geopfert werden, sind Frauen ausgeschlossen. Mit dem allgemeinen Volksgott (Marang-Buru oder Grossberg) ist als Bruder Maniko (der Erste Mann) und die ihm vermählte Schwester Jaher-era verbunden. Von den sieben Stämmen aus den Söhnen der Ureltern (als Nij-kasda-had, Nij-murmu-had, Nij-saran-had, Nij-hasdi-had, Nij-marudi-had, Nij-kesku-had und Nij-tadu-had) liefert der fünfte die öffentlichen Priester zur Verehrung des grossen Berg und der zweite sonstige Priester. Die bei dem Pota genannten Fest an Haken Geschwungenen schlafen die Nacht auf Dornen (bei den Santal). Bei dem Horo genannten Fest werden die Erstlinge den Pargana Bonga (district deities) geopfert (bei den Santal).

Die Seele der Santhal, als Eidechse Wasser suchend, wurde von dem Eigenthümer des Quell durch einen Stein darin aufgeschlossen, und erst als sie, nach Entfernung dieses, wieder zurückkehren konnte, erwachte der Todtgeglaubte (der von einem Baum und der Schwierigkeit, ihn zu verlassen, geträumt hatte) wieder zum Leben (wie im Traum des Longobardenkönig's). Nach den Santhals werden im Jenseits Todtenknochen mit Ricinus-Stengeln gerieben. Der als Bote des Todesgotts ausgesandte Käfer bringt (nach den Santhals) ein Haar des zum Sterben Bestimmten, indem er dasselbe durch Asche weiss beizt, wenn nicht bereits durch Alter gebleicht. Um den Todten mit den Vätern zu vereinigen, taucht der nächste Verwandte im Fluss unter, mit Stücken des (dann fortgeschwemmten) Schädel auf dem Kopf (neben Reis und Topf). Braut und Bräutigam nehmen die neuen Verwandten auf das Knie (bei den Santhal).

Die Pflichten des Vyovahri Josi (bei Bombay) begreifen Havi (the worship of certain divinities), Kavi, Sraddh und Pakhsh (performance of ceremonies in honour of ancestors), Wanamantram (attendance at festivals, on invitation), Sanskar (attendance at certain family ceremonies, expecially marriage), Panchang (keeping the calendar and making astrological calculatios of birth, fortune lucky days and hours), Dan-Dharm (alms giving). Unter den Bhat (readers of the Vedas) sind begriffen Bhikshuk (mendicant Brahmans), Biranik (reciter of the Purans), Vaidyas (physicians), Panchangi (professional astrologers), Pujari (officiating priests in temples), Gosain. Die Dharmupadhyak genannten Brahmanen leben (als Tirth-upadhyak) „at a Kshetra or place of pilgrimage, and are Watandars". Der Agnihotri „possesses the materials for the hom or burnt sacrifice" (s. Sherring). Der Maharaja von Benares (mit dem Familientitel Singh) ist Haupt der (ackerbauenden) Bhuinhar-Brahmanen, unter welchen die, Gautam genannte, Gotra vorwiegt, als Thakur, mit dem Bipra-Zwerg der Gautam-gotra von Misr-Kouy (für vornehmst geltend), als Kauthumiya-Sakha dem Sama-Veda folgend, mit drei Praviras der Gautam, Angira und Anlathiya, nach den Knoten unterschieden, und mit der Madhyandiva Sakha (des Yajur-Veda) heirathend. Unter den Mahratta-

Brahmanen zerfallen die Deshasth-Brahmanen in Rigvedi, Yajurvedi[1]) und Karbade (s. Sherring). Die Kanva-Brahmanen (bei Kolapore) heissen Pratham Shakhi, oder the first (surviving) shakha (branch) of the white Yajurveda (nach Wilson). Le chef des Smartas de Çringéri dans le Maisour, qui passe pour avoir succedé à sa Gaddi, à son siège, prend le titre de Jagadguru[2]) (le guru du monde), auquel est attaché l'infallibilité (s. Barth), wie in Lhassa (dem Papste).

1) Die Yajurvedi (unter den Maharatta-Brahmanen) „are for the most part traders". Die Sri Mali (in Guzerat) stammen von Bhinmal oder Srimal (beim Mount Aboo), „priests of Sri Mala and other Vaisya merchants". Die 12 Kasten der Kayast (neben einer halben der Bastarde), jede in Unterabtheilungen zerfallend, heirathen nicht miteinander (aber jede mit der ersten der Mathur). Unter den Kodaga oder Coorg (die Göttin Amma der Kaveri-Brahmanen verehrend) tragen die vom Raja Geehrten den Komba-topi (horn-shaped hat). Die Hegades (von Maliyalim nach Coorg eingewandert) must sit on the ground, whilst the Coorgs occupy chairs. Die Paleyas (in Tulu und Malayalim) verehren die Götter Guliga, Khorti und Calurti (in Coorg). Die Holeyas (in Coorg) verehren Ryappadevaru und Jamants (s. Richter). Unter den vier Abtheilungen der Sarawat Brahmanen (bei den Gaur) begreift Panjati (in der ersten Abtheilung) die Clan von Samastambh, Parasar, Gautam, Vatsa, Bhargau (s. Sherring). Die Sarasvati-Brahmanen treiben Ackerbau im trockenen Flussbett. The Pakharna Brahmans (in Gujerat) are said to have been Beldars, who dug out Pushkar Lake and in consequence were created Brahmans. They still worship the Kodhali or pick-axe at the Dasahra festival (s. Irvine) [Parasu-Rama]. Die Pallival and Nandana Brahmans „worship the bridle at the Dasahra festival" (in Gujerat). Die Naroda (in Gujerat) heissen von Nar (the yoke of a bullock). Unter den Mahratta-Brahmanen opferten die Karhada-Brahmanen (in Karhad) „annually a young Brahman to the Shakti deities" (bis 1818). Die Trigul, als Pawn-supari sellers (wie Salmal), stammen von Brahmanen „whose children were brought up as Brahmans by wives taken from lower casts" (s. Sherring). Die Gauda-Brahmanen in Tirhut fanden die Gaudes, Karvis, Kunbis und Farazes oder Mahars als Eingeborene des Konkan (s. Da Cunha). Unter den Dravira-Brahmanen finden sich die Maharashtra bei Bombay, die Tailang oder Andhra in Telugu, die Dravira in Tamil und Malayalam, die Karnata im Carnatic und die Gurjar in Gujerat. The priests of Kattagram should be Brahmans and of other gods either Goewanse or Pattea people (s. Davy), unter den in Devala fungirenden Kappurale (auf Ceylon). Das Kastenzeichen der Sakadwipa-Brahmanen in Magadha ist Jhutha pani, indem sie Wasser aus einem zum Trinken bereits benutzten Gefäss annehmen. Als Mahomed von Ghazni die Stadt Barnagar oder Varahanagar (bei Mount Abu) angriff, trennten sich unter den Nagar-Brahmanen die den Kampf Verweigernden von den Andern, die sich, wie Kriegsdiensten, auch dem Handel widmen. Die Kayasts oder Parbhus (in Bombay) oftmals „aspired to the priesthood, and office everywhere carefully retained by the Brahmans, and so to whisper the sacred formula, perform the sacrificial rites, and to offiiciate at the hom or burnt offering. Die Chandrasini Parbhus (in Puna) „claim descent from a posthumous son of Chandrasini Raja and thence the right of performing the Kshatrya Karm or ceremonies of Yajan, Udyan and Dan (und oft „practise among themselves the Vedukt Karmor ceremonies enjoined by the Vedas, like Brahmans"). Die Patani Parbhus (bei Puttun) practise the three Karms or religious ceremonies of the Kshatrya through the descent from the Solar Race (s. Sherring). Die Sonar (Goldschmiede) „wear the janeo or sacred thread" (in Bombay). Nach Edrisi waren die Eisenschmelzer von Sofala berühmt. Unter den Bechuanen sind die Banyeti als Schmiede berühmt. Im Gegensatz zu den von Ham stammenden Bauern leitete sich der fränkische Adel von Troja her, und die Averner (s. Lucian) ausi se Latio se fingere fratres, sanguine ab Iliaco populi (oder die Aeduer mit Römer verwandt).

2) und Jaganatha in Orissa. St. Thomas lag in der „Cytee of Calamye" begraben (nach Maundevile). Mohugal-gyi-bu oder Mongal-gyi-bu (Maugalyana), Schüler Sakya's, heisst

Die Abraiaman [1]) beschworen die Fische für die Perlfischer in Maabar (zu Marco Polo's Zeit). Verschieden von (religiösen) Chiighi kamen die Abraiman als Kaufleute aus Lar (und Gujerat), Edelsteine (in Telugu) erhandelnd. Das Wort der Charon (als Barden in Kattywar) was taken as security for all classes, as well as that of the Bhat, and he committed suicide or was killed, when the persons for whom he had given his word failed in the performance of his promise, contract or vow (s. Walker). Their word (bei den Khond) may be wholly relied on (s. Jenkins) und so bei den „really wild Gouds,

---

(tibetisch) Pang-skyes (lapborn) oder (im Sanscrit) Kolita (s. Csoma). Amida, en lieu d'une face humaine, a celle d'un chien (in Japan). In Indien, in der Religion Cennesi's unterrichtet, verbessert Samtan Poutra (vom Gott Giam Jang belehrt) das tibetische Alphabet. Giam, als deus inferorum, fungirt im Richteramt (wie Jama).

1) Mit der μετανοία (Καρποί ἄξιοι τῆς μετανοίας im Gegensatz zu ἔργα νεκρά) wurde (von Joh. B.) die Berufung auf τὸν Ἀβραάμ, als Vater, verworfen (wie die Gründe des Kastenstolzes in Abstammnng von den Buddhisten). Abraham's zwei Nieren wurden zu Wassergefässen und liessen Thora quellen (nach Tanchuma). A share, called Mhotap or eldership, is given to the eldestson, generally one additional share to that possessed by the other son (unter den Kathee). Die Nukh (family names) der Der (in Cutch) führen auf Abstammung von den Rajputen. Die Jogi (in Scinde) spalten die Ohren (als Kana-phar). Unter den Pauria auf den Satpura-Hügeln (zwischen Kandesh und Nerbuddha-Thal): der Bräutigam (wenn unfähig, den Diza oder Hochzeitspreis zu zahlen) „binds himself to serve his future father-in-law during a period of 8—10 years" (als Ghor-jowar), und erhält meist, nach der Hälfte der Zeit, Erlaubniss zur Ehe (s. Rigby). Alle Stämme (der Satpura-Hügel) in their prononciation impart a peculiar nasal twang to many of the vowels. They have a multitude of words in common, but frequently spell and pronounce them differently (s. Sherring). The Waralees always pronounce p in words, in which the Paurias use b, whilst in words derived from a foreign source, all these tribes change s into a, sh into hu (mit einer den Gujerats ähnlichen Grammatik). Der Flussgott Jenda Pir (der Hindu) wird bei den Mohamedanern als Khwaja Khisr verehrt (in Scinde), Udhero Lal als Shaikh Tahir, dann Lalu Jasray als Pir Manggho (Maggar Pir) und Rajah Bhartari als Lal Shabbaz. Unter den Hindus (in Scinde) „no one is allowed to die in his bed, otherwise one of the males of the family, who has attended upon the deceased, becomes impure" (bis am Tirth gereinigt). Der Jogi muss (auf Holzkissen gelehnt) sitzend sterben (in Scinde). Die Dedh oder Meghawar (in Scinde) begraben sitzend. Die Waralee (in den Satpura-Hügeln) verehren Bawa Kamba, als Baum, und seine Frau Ranee Kazal (vor deren Baum gleichfalls geopfert wird), dann den Waghdeo (tiger-demon), sowie als Schöpfer Dihe oder (bei Pauria) Bhagwan. Den Hexen wird (die Macht zum Bösen zu brechen) die Nase abgeschnitten. Beim Jahresfest wird ein (im Dorf) mit Blumen verzierter (und besprenkelter) Pfahl (unter Opfer von Hühnern) verbrannt (und umtanzt). Die in Wala, Khachar und Khuman (s. Jacobs) zerfallenden Kathee (in Kattywar) verehren die Sonne (als Sri Suraj Ni Shakh). The other tribes on the Sraddh days, throw food to the crows, but the Kathee throw it to the lapwings, under the idea, that the act is pleasing to the spirits of the deceased and will secure their own happiness in a future state (s. Sherring). Bei den vier Kasten (γένη) der Iberer wurde von der Kaste der Könige Einer nach Verwandtschaft und Alter gewählt (während die Andern die Verwaltung der Justiz und des Heeres führten), und dann folgten auf die Kaste der Priester und die der Ackerbauer die der Leibeigenen mit Gütergemeinschaft (und dem Aeltesten als Verwalter). Im Sivaismus hob Basava unter dem jainistischen König Kaluburigi Bijpala die Kastenunterschiede auf. Die die Janeo (heilige Schnur) tragenden Kathak geben nicht den Salam (Gruss), sondern (wie Brahmanen) die Ashirbad oder Segnung. Das Volk begrüsst sich mit Ram und bei den Tibetern steht die heilige Formel an Felsen eingeschrieben.

who have not become contaminated by contact with spurious civilisation" (s. Hislop), wenn πᾶσαν αἰσχύνην ἀφείς, in der Ueberredung des „listigen" Odysseus (und demnach δῖος). In Senegambien war die Lüge als schwerstes Verbrechen verpönt (nach Mungo Park), und Torquemada fand die Indianer „de tanta simplicidad y pureca de alma, que no saben pecar" (was, wie er zufügt, das Geschäft als Beichtvater schwierig machte). Für den Kranken zu den Göttern betend, spricht der Priester (in Hawai): E Kala nai i kona hewa, a me kona aiku, a me kona aia, a me kona wahahewa: Vergieb (kala, entbinden) seine Sünden (hewa, Irrthum), sein Essen im Stehen (ai-ku), sein Aia (Unehrerbietigkeit oder Gottlosigkeit), sein Waha-hewa (Fehler des Mundes oder Lügen). In Betreff der Besessenheit oder Besitzergreifung, als âvêça oder âvêçana (ingressio), wie im prophetischen Anhauch des Waren u. s. w. (cf. Beiträge zur vergleichenden Psychologie S. 137 u. a. a. O).

Druck von Gebr. Unger (Th. Grimm), Berlin, Schönebergerstr. 17 a.

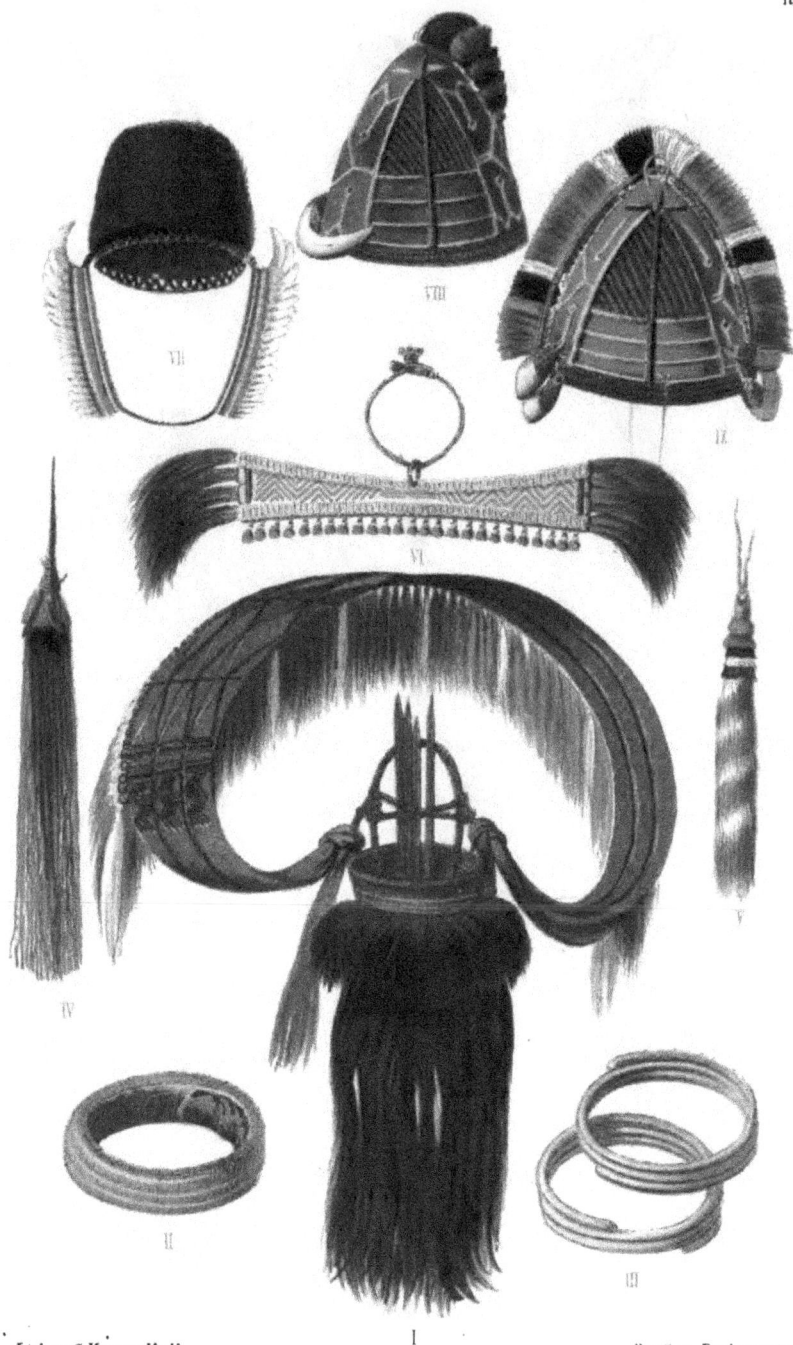

VII

VIII

IX

VI

IV

V

II

I

III

Lith. v. C. Henry Hall.

Bastian, Brahmaputra.

I

II

III

IV

IX

VII

VIII

VI

V

Lith. v. G. Henry Hall.

Bastian, Brahmaputra.

www.ingramcontent.com/pod-product-compliance
Lightning Source LLC
Chambersburg PA
CBHW031547260326
41914CB00002B/307